中华译学佳言佳字与

以中华为根 译与学并重

弘扬优秀文化 促进中外交流

拓展精神疆域 驱动思想创新

丁酉年冬月许钧撰 罗卫东书

〔罗卫东印〕

中华译学馆·汉外翻译工具书系列

总主编◎郭国良　许　钧

法汉–汉法
冰雪体育运动项目
词　典

曹克洁　著

ZHEJIANG UNIVERSITY PRESS
浙江大学出版社

中国翻译协会"2020'傅雷'青年翻译人才发展计划"项目
"法汉-汉法冰雪体育运动项目词典"最终成果

鸣谢：中国翻译协会、上海市浦东新区文化体育和旅游局、上海市浦东新区周浦镇人民政府、上海浦东傅雷文化发展专项基金、《中国翻译》杂志、上海傅雷图书馆

前　言

　　2022 年北京冬季奥林匹克运动会及冬季残疾人奥林匹克运动会（以下简称 2022 年北京冬奥会及冬残奥会）的成功申办使得冰雪运动专业从业人员如运动员、教练员、裁判员、官员、广大志愿者、冬奥会和冰雪运动爱好者以及冰雪运动项目的中法研究人员对深入了解冬奥会及冰雪运动项目产生更为强烈的愿望和需求。2022 年北京冬奥会及冬残奥会在我国的成功申办也成为推动中国冬季体育运动发展的重要引擎，进一步激发了国内尤其京津冀地区冬季体育运动的活力。近年来为了促进冬季运动项目发展，国家旅游局、体育总局等部门推出了一系列的利好政策全面普及推广冰雪运动，力争让直接参加冰雪运动的人数超过 5000 万，并"带动 3 亿人参与冰雪运动"。近十年，我国冰雪运动产业呈现高速增长态势，冰雪体育运动市场开发潜力诱人。

　　法语是联合国、国际奥委会等多个国际组织的官方语言之一，以法语为官方语言的法国、加拿大和瑞士等国家都是冬奥会奖牌榜排名靠前的国家，这些以法语为唯一官方语言或官方语言之一的国家拥有良好的冰雪运动产业基础及浓厚的冰雪文化，有相当比例人口参与冰雪运动。法国也是第一届冬奥会（1924 年霞慕尼冬奥会）的举办地，拥有浓厚的奥运体育文化及冰雪文化氛围。而中国的冰雪运动虽然发展迅速，但仍然处于起步阶段，虽然内需潜力不断释放，但是我们仍需要不断从包括法国、加拿大以及瑞士这样冰雪体育运动具有悠久发展历史的冰雪体育强国借鉴发展经验。

　　在 2022 年北京冬奥会及冬残奥会的成功申办以及我国冰雪体育运动寻求可持续发展的大背景下，必然会有越来越多的冰雪体育运动领域的中法学者、冰雪体育项目专业从业人员以及爱好者需要查阅和借鉴相关法语资料和文献，与法语为官方语言的冰雪体育强国进行沟通，而语言上的不通以及缺乏专门的冰雪体育运动项目法汉对照词汇等问题可能会是横亘在中间的一大障碍。

在 2008 年奥运会举办之际，我国涌现了一定数量有影响力的英汉、英法汉体育类词典，这些词典为体育及相关领域的专业从业人员以及爱好者提供了有益的参考及语言服务。而目前国内中法对照的冰雪体育运动项目词典并不多见，相信本词典将会对冬奥会、冬残奥会冰雪体育项目相关领域的中法学者、专业从业者以及冰雪运动爱好者提供更有针对性、更为全面的参考及语言上的有力支持，本词典对市面上已经出现的体育类词典将会是有益补充。

本词典的编纂过程参考了大量官方的文献资料，力求出处可靠、权威，务求精益求精、准确规范、实际通用。可参考资料为法国官方以及加拿大官方颁布的冬奥会及冬残奥会法英双语文献和资料，中国官方发布的有关冬奥会及冬残奥会的汉法英三语文献和资料，还包括国际奥委会及国际冬残奥委会官方网站、2022 年北京冬奥会和冬残奥会组织委员会官方网站、冬季体育运动国际单项组织官方网站等提供的信息和资源以及相关国际体育组织发布的最新法英双语竞赛规则和裁判手册以及国内外教科书、现行词典等。

作者所在的北京体育大学有很多在外国语言方面和体育人文社会学方面具有相当水平和造诣的学者和老师，他们具有较高的科研水平，掌握多种科研方法，有些老师曾承担并圆满完成多项国家级、省部级、市级及校级课题，本人有幸能够随时向这些老师请教并寻求合作。

本词典主要收录冬奥会、冬残奥会以及亚洲冬季运动会、国际雪联自由式滑雪世界杯等重要冬季体育运动赛事通用词条；还包括 2022 年北京冬奥会设置的 15 个分项即高山滑雪、自由式滑雪、单板滑雪、跳台滑雪、越野滑雪、北欧两项、短道速滑、速度滑冰、花样滑冰、冰球、冰壶、雪车、钢架雪车、雪橇、冬季两项以及 2022 年北京冬残奥会的 6 个大项即残奥高山滑雪、残奥冬季两项、残奥越野滑雪、残奥单板滑雪、残奥冰球、轮椅冰壶等运动项目相关词条。本词典收录的词条还包括运动项目的历史文化背景、场地与装备、比赛规则、基本技术、竞赛程序、竞赛裁判、体育理论、社会体育等常用词条或有体育特色的词条。

本词典旨在为广大冬奥会、冬残奥会、冬季体育运动爱好者以及相关领域如外语、外事、新闻、传媒、体育等领域的学者和从业者提供参考和帮助；可以为冰雪体育运动项目的直接或间接参与者，如冬奥会、冬残奥会以及冰雪体育运动项目领域的中外籍官员、工作人员、志愿者、教练、运动员、裁判，以及观众提供直接的语言服务；还可以为规范冰雪体育运动项目的法汉-汉法互译以及推广冰雪体育运动项目在我国的可持续发展及相关知识的普及尽一分力量，同时也希望能够对 2022 年北京冬奥会及冬残奥会的成功举办以及我国冰雪产业的发展尽一份微薄之力。

本书是中国翻译协会"2020'傅雷'青年翻译人才发展计划"项目"法汉-汉法冰雪体育运动项目词典"的最终成果。在此特别感谢中国翻译协会相关领导、专家、工作人员在项目申报、实施及评估过程中给予的指导和协助。衷心感谢浙江大学文科资深教授、中国翻译协会常务副会长许钧老师及跳台滑雪国际裁判梁冰老师为本词典做诚恳推荐；衷心感谢北京体育大学国际体育组织学院的领导和同事们给予我的大力支持，感谢浙江大学出版社领导和编辑老师们尤其是策划编辑包灵灵老师及责任编辑陆雅娟老师在本词典出版过程中给予的专业指导和耐心帮助，另要衷心感谢王伟先生及中付（深圳）技术服务有限公司的大力支持，还要感谢我的家人和朋友们在词典编写过程中给予我的理解和鼓励。

由于时间及知识面有限，本词典中的谬误错漏在所难免，还望广大热心读者及专家们提出宝贵意见，不吝赐教。

体例说明

一、法汉部分

1. 词条排序和格式

- 以数字起首的词条在前，按数字从小到大排序；以字母起首的词条在后，按首字母 A—Z 排序。

- 一个词条的主要构成部分是词目和释义。如：

à domicile	【冰球】【残奥冰球】loc.adv. 主场

2. 词条体例

- 词目均不采用音标注音，专有名词或特指体育项目的词组首字母大写。

- 词目中需要使用缩写的，其完整词组在对应的字母条目下写明，不在缩写后补充完整词组

- 释义中以词性缩略形式注明词性，但由两个及以上单词构成的词目不注词性。词性按语法范畴用法语缩略形式标注，本词典使用的词性缩略形式主要有：a.(形容词)，n.f.(阴性名词)，n.m.(阳性名词)，pl.(复数)，v.i.(不及物动词)，v.t.(及物动词)，adv.(副词)，a.inv.(不变形形容词)。

- 逗号"，"和小括号一起用于区分单个单词的阴阳性，如"accroupi(,e)"，也用于分隔相近的释义，如"开始，着手"。

- 分号"；"用于分隔含义较远的释义，如"支持；助攻"，或用于分隔词目的不同词性释义，如"a. 截肢的；n. 截肢的人"。

- 小括号"（）"用于补充词目中词组的缩写形式，如"acuité visuelle (AV)"，或在词目和释义中用于增加限定或补充说明内

容，词目中的说明内容使用与正文不同的字体，如"à plat (un type de glissade)"，释义中字体不变；或表示词目中可有可无的字母、单词、词组，可有可无的部分与正文字体一致，如"avec erreur(s)"。

● 鱼尾号"【 】"用于标注释义所属的体育项目名称，如"【高山滑雪】"。为了便于标注涵盖范围较广的词条，释义中用【通用】指可涵盖所有冰雪体育项目，用【冬残奥通用】指只限于冬残奥项目，用【滑雪通用】指可涵盖所有滑雪类项目，用【滑冰通用】指可涵盖所有滑冰类项目。

● 尖括号"< >"用于标示词源、语体、语域或修辞色彩，如"<欧洲><加拿大><统称>"等。

● 等于号"="用于数字与其代表意义之间

● 词目中的词语有若干选择时，可选词之间用斜线"/"分隔，并用下画线标注可供选择的单词或词组，如"amortir l'impact/le choc à la réception"。

● 在词目中，若词组中两个及以上单词均有阴阳性形式，则用斜线"/"分隔词组的阴阳性写法。如"compétiteur dépassé/compétitrice dépassée"。

二、汉法部分

1. 词条排序和格式

● 以数字起首的词条在前，按数字从小到大排序；以字母起首的词条在后，按首字母 A—Z 排序，继而是以汉字起首的词条，按汉语拼音首字母 A—Z 排序。

● 一个词条的主要构成部分是词目和释义。如：

安全网	【通用】filet de sécurité

2. 词条体例

● 释义均不用音标注音，也不标明词性；专有名词或特指体育项目的词组首字母大写。

● 逗号","和小括号一起用于区分单个单词的阴阳性，如"accroupi(,e)"，也用于分隔同一个词目的多种释义，如"【通用】affrontement, match, rencontre, jeu"。

- 分号";"用于分隔多个带有阴性变化的释义，如"vertical(,e); longitudinal(,e)"。

- 小括号"（）"用于补充释义中词组的缩写形式，如"acuité visuelle（AV）"；或在词目和释义中用于增加限定或补充说明内容，词目中的说明内容使用与正文不同的字体，如"à plat (un type de glissade)"，释义中字体不变；或表示词目中可有可无的字母、单词、词组，可有可无的部分与正文字体一致，如"avec erreur(s)"。

- 鱼尾号"【】"用于标注释义所属的体育项目名称，如"【高山滑雪】"。为了便于标注涵盖范围较广的词条，释义中用【通用】指可涵盖所有冰雪体育项目，用【冬残奥通用】指只限于冬残奥项目，用【滑雪通用】指可涵盖所有滑雪类项目，用【滑冰通用】指可涵盖所有滑冰类项目。

- 尖括号"< >"用于标示词源、语体、语域或修辞色彩，如"<europe><canada><加拿大><欧洲><统称>"等。

- 等于号"="用于数字与其代表意义之间。

- 释义中的词语有若干选择时，可选词之间用斜线"/"分隔，并用下画线标注可供选择的单词或词组，如"amortir l'impact/le choc à la réception"。

- 在词目中，若词组中两个及以上单词均有阴阳性形式，则用斜线"/"分隔词组的阴阳性写法。如"patineur dépassé/patineuse dépassé"。

目　录

法汉部分

Chiffre

0=non patiné	【花样滑冰】0=未完成
1=très mauvais	【花样滑冰】1=非常糟糕
2=mauvais	【花样滑冰】2=糟糕
3=médiocre	【花样滑冰】3=中等
4=bien	【花样滑冰】4=好
4-traces	【残奥滑雪】四板滑雪运动员
5=très bien	【花样滑冰】5=很好
6=sans faute et parfait	【花样滑冰】6=完美

A

à domicile	【冰球】【残奥冰球】loc.adv. 主场
à égalité	【通用】名次并列
à genoux	【冬季两项】【残奥冬季两项】跪下
à l'unisson (en couple et en danse)	【花样滑冰】（双人滑或冰舞）动作和谐，一致
à la fin du vol	【跳台滑雪】空中飞行结束时
À la ligne de départ !	【速度滑冰】各就各位！
à plat (un type de glissade)	【冰壶】【轮椅冰壶】平刃（一种滑行方式）
à retardement	【冰球】【残奥冰球】迟缓地
A vos marques!	【速度滑冰】各就各位！
abandonner la rondelle/le disque	【冰球】【残奥冰球】失球，丢球
absence approuvée	【冬残奥通用】获得批准的缺席（未能参加颁奖仪式的运动员或领队须获得准许）
accélération	【通用】n.f. 加速
accessoire fonctionnel	【冬残奥通用】辅助装置（辅助有需要的残疾运动员）
accorder des notes	【通用】打分
accréditation d'un officiel	【通用】官员资格认证

accorder des notes pour un saut	【跳台滑雪】为一个跳跃动作打分
accorder des points (pour les éléments sauts, chorégraphie, difficulté technique, etc.)	【通用】打分（在跳跃、编舞、技术难度等方面）
accrochage (infraction)	【冰球】【残奥冰球】n.m. 用杆勾人（犯规）
accrochage des dents de pointe (sur la glace)	【花样滑冰】（冰上的）点刀齿
accrocher	【冰球】【残奥冰球】v. 用杆勾人【冰壶】【轮椅冰壶】v. 分进，分壶
accroupi(,e)	【跳台滑雪】a. 蹲下的，蹲的
accumulation de givre	【残奥轮椅冰壶】n.f. 结霜（由于冰和周围空气温度之间的差异，在冰表面形成的不均匀冷冻水颗粒层）
acquis(,e)	【冬残奥通用】a.（残疾人运动员）后天（残疾）的
action stratégique	【短道速滑】战略技巧，战略技能
activité sportive	【通用】体育运动
acuité	【冬残奥通用】n.f. 敏锐
acuité visuelle (AV)	【冬残奥通用】视力水平（用于残疾运动员的分组）
adaptation du départ	【残奥高山滑雪】【残奥冬季两项】【残奥越野滑雪】n.f.（专门为盲人运动员设计的）出发
addition des temps	【残奥冬季两项】总时长
admissibilité visuelle	【冬残奥通用】视力条件（视力障碍运动员参赛资格条件）
admissible	【冰球】【残奥冰球】a. 可接受的，可以参赛的
adversaire	【通用】n. 对抗队，比赛对方，对手
adverse	【冰壶】【轮椅冰壶】a. 相对的，敌对的
aérodynamique	【雪车】a. 流线型的
affiler des lames	【滑冰通用】打磨冰刀刃
affiliation	【通用】n.f. 参加，注册
affrontement	【通用】n.m. 比赛，对抗
affûtage	【滑冰通用】n.m. 磨冰刀刃
affûtage à la main	【滑冰通用】手动打磨（冰刀刃）

affûtage moins <u>marqué/profond</u>	【花样滑冰】浅槽磨刃
affûtage parallèle	【花样滑冰】平行磨刃
affûter	【滑冰通用】v.t. 磨刃，磨快，削尖
affûter des lames	【滑冰通用】打磨冰刀刃
agir en qualité de juge officiel	【跳台滑雪】以官方裁判身份行使裁判职责
aide	【通用】n.f. 帮助，协助，支持；助攻
aide artificielle	【冬残奥通用】人工辅助，人工援助
aide de tiers	【雪车】外力协助
aiguisage	【滑冰通用】n.m. 磨冰刀刃
aiguiser	【滑冰通用】v.t. 磨快，磨尖
aiguiser des lames	【滑冰通用】打磨冰刀刃
aile	【冰球】【残奥冰球】n.f. 边锋
aile droite	【冰球】【残奥冰球】右边锋
aile gauche	【冰球】【残奥冰球】左边锋
ailier	【冰球】【残奥冰球】n.m. 边锋
ailier droit	【冰球】【残奥冰球】右翼
ailier gauche	【冰球】【残奥冰球】左翼
aire	【雪车】n.f. 区域，平地
aire clôturée	【滑雪通用】围栏封闭区
aire clôturée (de la piste)	【高山滑雪】【残奥高山滑雪】【自由式滑雪】【跳台滑雪】（赛道上）被隔离开的区域
aire d'accueil des patineurs	【花样滑冰】运动员集合接待区
aire d'arrivée	【通用】终点区域，终点区
aire d'observation du jeu	【残奥冰球】比赛观赛区域
aire de classification	【冬残奥通用】分级中心
aire de compétition	【冬残奥通用】比赛区域
aire de dégagement (après la piste de décélération)	【雪车】【雪橇】终点区（减速缓冲道之后）
aire de départ	【滑雪通用】【雪车】【雪橇】出发区
aire de jeu	【轮椅冰壶】比赛区域，比赛场
aire de préparation des équipes	【残奥越野滑雪】团队准备区

法
汉

aire de raccordement (entre la piste d'atterrissage et la piste de dégagement)	【自由式滑雪】（着陆跑道和终点跑道之间的）衔接区
aire des bancs	【残奥冰球】球队席区域
aire des chronométreurs	【越野滑雪】【残奥越野滑雪】计时员区域
aire des joueurs	【残奥冰球】球员区域
aire réservée au dignitaire	【通用】VIP 区域，贵宾区
«aire spéciale» de l'aire d'arrivée	【高山滑雪】【残奥高山滑雪】终点区的"特殊区域"
ajourner	【冰球】【残奥冰球】v.t. 延期，推迟
ajourner un match/une partie	【冰壶】【轮椅冰壶】【冰球】【残奥冰球】推迟一场比赛
ajustement	【残奥冬季两项】n.m. 调校，校准
ajustement de hausse	【残奥冬季两项】瞄准器调校
ajustement de la mire	【残奥冬季两项】调整瞄准焦点
alignement	【花样滑冰】n.m. 排成直线，排成行【冰球】【残奥冰球】n.m. 队员阵容
alignement du corps	【花样滑冰】身体姿势
allégement des skis	【滑雪通用】滑雪板重量的减轻
Allez!	【越野滑雪】【残奥越野滑雪】出发！开始！
allongé(,e)	【雪橇】a. 延长的，平躺的
altitude à/de l'arrivée	【高山滑雪】【残奥高山滑雪】终点海拔，终点高度
altitude au départ	【高山滑雪】【残奥高山滑雪】起点海拔
altitude des pistes/du parcours	【越野滑雪】【残奥越野滑雪】赛道海拔
amateur(,euse)	【通用】n. 爱好者，业余爱好者，业余运动员
aménagé(,e)	【自由式滑雪】【越野滑雪】【残奥越野滑雪】a. 布置好的，调整好的
aménagement (d'une piste)	【滑雪通用】n.m. 赛道布置，赛道整理
aménagement des pistes	【滑雪通用】布置雪道，压实雪道
aménagements techniques	【越野滑雪】【残奥越野滑雪】（比赛用）技术设备
amende	【通用】n.f. 罚款
amorce	【残奥冬季两项】n.f. 发爆器，导火线
amorcer	【冰球】【残奥冰球】v.t. 开始，着手
amorcer un jeu	【冰球】【残奥冰球】开始比赛
amorcer une descente	【越野滑雪】【残奥越野滑雪】开始滑降

amortir	【跳台滑雪】v.t. 减弱，减轻，缓和
amortir l'impact/le choc à la réception	【跳台滑雪】减轻着陆冲击
amortisseur	【冰壶】【轮椅冰壶】n.m. 减速装备，缓冲条【残奥高山滑雪】【残奥越野滑雪】【残奥冬季两项】n.m. 减震设备，悬挂装置（坐式滑雪板上的一种装置，可以减轻重量并改善滑行）
amortisseur de recul	【残奥冬季两项】后坐辅助器
amplificateur	【残奥高山滑雪】【残奥越野滑雪】【残奥冬季两项】n.m. 扩音装备（领滑员和运动员均可佩戴的可改善无线电通信接听效果的设备）
amplification de signaux vocaux	【残奥高山滑雪】【残奥越野滑雪】【残奥冬季两项】声音信号扩音（领滑员和运动员之间）
amplitude	【自由式滑雪】n.f. 幅度，差值
amplitude articulaire (AA)	【高山滑雪】【残奥高山滑雪】动作幅度，活动范围
amplitude du mouvement (ADM)	【高山滑雪】【残奥高山滑雪】【自由式滑雪】动作幅度，活动范围
amputation	【冬残奥通用】n.f. 截肢
amputation bilatérale/double	【冬残奥通用】双侧截肢
amputation de membre	【冬残奥通用】截肢
amputation simple/unilatérale	【冬残奥通用】单侧截肢
amputé(,e)	【冬残奥通用】a. 截肢的；n. 截肢的人
amputé(,e) d'un bras	【冬残奥通用】单臂截肢者
amputé(,e) des deux bras	【冬残奥通用】双臂截肢者
amputé(,e) des deux jambes au-dessous des genoux	【冬残奥通用】双侧膝下截肢者
amputé(,e) des deux jambes au-dessus des genoux	【冬残奥通用】双侧膝上截肢者
analyse de la glace	【轮椅冰壶】冰面分析
analyse de la partie/de la rencontre/ du match	【残奥冰球】比赛回看分析
ancien(,ne)	【冰球】【残奥冰球】a. 年长的，资历深的；古老的；旧的；前任的

ancien joueur/ancienne joueuse	【冰球】【残奥冰球】老将，老资格运动员，退役运动员
anémomètre	【滑雪通用】n.m. 风速表，风速记录仪
angle	【跳台滑雪】n.m. 角，拐角；角落
angle aigu (entre les jambes et les skis)	【跳台滑雪】锐角（双腿和滑雪板之间）
angle au moment de l'appel	【花样滑冰】起跳角度
angle d'inclinaison de la table du tremplin	【跳台滑雪】起跳台倾斜角度
angle de l'appel	【花样滑冰】起跳角度
angle de prise de carres	【高山滑雪】【残奥高山滑雪】立刃角度
angle de tir	【残奥冬季两项】射击角度
angle droit	【花样滑冰】右面的角度，正确的角度
angle véritable de départ (composante de l'appel d'un saut)	【花样滑冰】实际起跳角度（起跳的组成部分）
anneau	【速度滑冰】n.m. 环，圈
anneau central (d'une cible circulaire)	【冬季两项】【残奥冬季两项】内环（圆形靶标）
anneau (de patinage) de vitesse	【速度滑冰】速度滑冰椭圆形跑道
anneau scellé	【冰壶】【轮椅冰壶】皮垫圈
Année olympique	【通用】奥林匹克年
Année sportive	【通用】体育年
annuaire des sports	【通用】体育年鉴（总称）
annuaire du sport	【通用】体育年鉴（某一年的）
annulé(,e)	【冰球】【残奥冰球】a. 被舍弃的，被取消的
aplanisseur de bosses	【高山滑雪】【残奥高山滑雪】n.m. 雪丘平整机
appareil	【雪车】n.m. 仪器
appareil d'extension	【轮椅冰壶】投壶杆，投掷杆，推杆
appareil d'extension approuvé	【轮椅冰壶】批准使用的推杆
appareil de mesure	【轮椅冰壶】测量仪器
appareil de mesure de la dimension des patins	【雪车】滑刃尺寸的测量仪器
appareil de mesure de la température des patins	【雪车】滑刃温度测量仪器

appareil de mesure de la vitesse de l'élan (du sauteur)	【跳台滑雪】（跳台滑雪运动员）助滑测速仪器
appareil de sécurité pour la tête	【短道速滑】安全头盔
appareil de ski assis	【残奥高山滑雪】【残奥越野滑雪】【残奥冬季两项】坐式滑雪板
appareil de suspension	【残奥高山滑雪】【残奥越野滑雪】【残奥冬季两项】减震设备，悬挂装置（坐式滑雪板上的一种装置，可以减轻重量并改善滑行）
appareil de traçage mécanique	【越野滑雪】【残奥越野滑雪】压制雪槽机
appareil fonctionnel	【冬残奥通用】辅助器具（残疾人运动员用来协助步行）
appareil fonctionnel pour la hanche	【冬残奥通用】髋关节支撑装置
appareil fonctionnel pour le tronc	【冬残奥通用】躯干支撑装置
appareil orthopédique	【冬残奥通用】矫正器（支架、背带等）
appareil orthopédique pour la jambe	【冬残奥通用】腿支架，膝-踝-足矫正器
appareillage orthopédique	【冬残奥通用】矫形装置，矫正装置
appareils de mesure	【跳台滑雪】测量仪器，测量设备
appel	【通用】n.m. 点名【花样滑冰】n.m. 起跳（跳跃的第二部分动作）
appel au départ	【雪橇】起点点名
appel de Salchow	【花样滑冰】后内结环跳起跳，沙霍夫跳起跳
appel de saut de pointe	【花样滑冰】点冰起跳
appel de saut valsé	【花样滑冰】华尔兹跳起跳
appel dérapé	【花样滑冰】侧滑起跳
appel des noms	【通用】点名
appel extérieur avant	【花样滑冰】前外起跳
appel intérieur avant	【花样滑冰】前内起跳
appel sur deux pieds	【花样滑冰】双足起跳
appel sur un pied	【花样滑冰】单足起跳
appréciation (des juges)	【通用】n.f.（裁判的）裁决，判决
appréciation des chutes	【跳台滑雪】对跌倒的评判
apprécier	【跳台滑雪】v.t. 评判

法汉

apprécier un saut	【跳台滑雪】评判一个跳跃动作
apprêt	【自由式滑雪】n.m. 准备，整理
apprêt d'un tremplin	【自由式滑雪】一个跳台的制作和准备
apprêter	【自由式滑雪】v.t. 准备好，整理
apprêter un tremplin	【自由式滑雪】制作准备一个跳台
approbation des cibles	【残奥冬季两项】核准的靶子
approche stratégique (de la piste)	【雪橇】（跑道）战略路径，战略方法
appui	【自由式滑雪】n.m. 支撑，倚靠
appui à carabine	【残奥冬季两项】步枪支架
appui pour le pouce	【冬季两项】【残奥冬季两项】拇指凹槽，拇指座
appui-joue	【残奥冬季两项】n.m. 贴腮片
appui-main	【残奥冬季两项】n.m. （步枪）支架
appui-pied	【轮椅冰壶】起踏器，起滑架
appui-pouce	【残奥冬季两项】拇指凹槽，拇指座
appuyer sur la détente	【冬季两项】【残奥冬季两项】扣动扳机，扣扳机
appuyer sur une pierre	【轮椅冰壶】粘壶
après la saison	【通用】季后赛
après-saison	【通用】季后赛
aptitude	【冬季两项】【残奥冬季两项】n.f. 才能，资质
aptitude à retenir le fart	【滑雪通用】滑雪板底蜡性能
aptitude du concurrent	【冬季两项】【残奥冬季两项】参赛运动员的能力
arabesque avant	【花样滑冰】向前燕式旋转
arabesque côte à côte (couple)	【花样滑冰】肩并肩燕式旋转（双人滑）
arbitrage à deux	【冰球】【残奥冰球】双裁判制
arbitre	【通用】n.m. 裁判
arbitre adjoint(,e) en chef/principal(,e)	【轮椅冰壶】主裁判助理
arbitre au croisement (là où les patineurs ou les patineuses changent de couloir)	【速度滑冰】换道区裁判
arbitre de but	【冰球】【残奥冰球】球门裁判
arbitre de hockey (sur) luge	【残奥冰球】残奥冰球裁判
arbitre de l'arrivée	【通用】终点裁判

法汉

arbitre en chef	【冰壶】【轮椅冰壶】主裁判
arbitre international	【通用】国际裁判
arc (partie de la fixation qui retient à semelle de la chaussure)	【越野滑雪】n.m. 滑雪靴固定装置
aréna <Canada>	【残奥冰球】n.m. 赛场<加拿大>
arête extérieure (du patin)	【雪橇】（雪橇滑刃的）外刃
arête intérieure (du patin)	【雪橇】（雪橇滑刃的）内刃
argent (médaille)	【通用】n.m. 银牌
arm à feu	【冬季两项】【残奥冬季两项】枪，火器
arme	【冬季两项】【残奥冬季两项】n.f. 枪，步枪
arme automatique	【残奥冬季两项】自动武器
arme de petit calibre	【冬季两项】【残奥冬季两项】小口径步枪
arme de rechange	【冬季两项】【残奥冬季两项】备用枪
arme libre	【冬季两项】【残奥冬季两项】自由式步枪
arme semi-automatique	【残奥冬季两项】半自动武器
arme standard	【冬季两项】【残奥冬季两项】标准步枪
armurier	【冬季两项】【残奥冬季两项】n.m.枪械师；武器制造商，军火商
arrêt	【花样滑冰】【冰球】【残奥冰球】n.m. 停止；中止
arrêt (par le gardien avec la mitaine)	【冰球】【残奥冰球】n.m. （守门员用手套）停球，扑球
arrêt d'une manche	【雪车】一局比赛暂停
arrêt de la musique	【花样滑冰】音乐干扰
arrêt du jeu	【冰球】【残奥冰球】比赛暂停，比赛中断
arrêt en chasse-neige	【花样滑冰】内刃停止
arrêt en T	【花样滑冰】T 字停止法
arrêt latéral	【花样滑冰】侧停
arrêter	【冰球】【残奥冰球】v.t. 阻止，使停止；v.i. 停止
arrêter la rondelle	【冰球】【残奥冰球】挡球，停球
arrière	【冰球】【残奥冰球】n. 后卫，防守队员【雪车】【雪橇】n. 后方，后部；a. inv. 后面的，在后部的

arrière droit (joueur de défense)	【冰球】【残奥冰球】右后卫
arrière du patin (de la luge)	【雪橇】后橇刃，雪橇刃后部
arrière extérieur (ARE)	【花样滑冰】后外
arrière gauche (joueur de défense)	【冰球】【残奥冰球】左后卫
arrivée	【通用】n.f. 比赛终点，终点线；通过终点线
arrivée en retard	【滑雪通用】迟到
arrondi(,e)	【冰球】【残奥冰球】a. 圆形的
arrondir	【跳台滑雪】v.i. 二舍三入计算
arrondir la mesure de la distance	【跳台滑雪】将测量距离二舍三入计算
arroser la glace	【冰球】【残奥冰球】浇冰
arroser la patinoire	【冰球】【残奥冰球】冰场浇冰
arthrodèse	【冬残奥通用】n.f. 关节固定术，人为关节强硬术
artificiel(,le)	【滑雪通用】a. 人工的
Assemblée sportive pour le ski nordique de l'IPC	【残奥越野滑雪】国际残疾人奥林匹克委员会北欧滑雪体育大会
assis(,e)	【雪橇】a. 坐着的
assistance	【残奥冰球】n.f. 帮助，助攻
assistance pour charger la carabine	【残奥冬季两项】协助给步枪装子弹
assistant pilote	【雪橇】雪橇副舵手，在后面的雪橇运动员
assistant(,e)	【残奥冰球】n. 边线裁判员
Association des organismes nationaux antidopage (ANADO)	【冬残奥通用】国家反兴奋剂组织
Association nationale de ski	【滑雪通用】全国滑雪协会
atelier de réparation des bobs	【雪车】修理雪车的工作坊
atelier de réparation des luges	【雪橇】修理雪橇的工作坊
athlète à un ski	【残奥高山滑雪】单滑雪板运动员
athlète amputé(,e)	【冬残奥通用】截肢运动员
athlète amputé(,e) au niveau de l'articulation de la cheville	【冬残奥通用】踝关节截肢的运动员
athlète amputé(,e) au-dessous du coude	【冬残奥通用】肘下截肢运动员

athlète amputé(,e) au-dessous du genou	【冬残奥通用】膝关节以下截肢运动员
athlète amputé(,e) au-dessus du coude	【冬残奥通用】肘关节以上截肢运动员，肱骨截肢运动员
athlète amputé(,e) au-dessus du genou	【冬残奥通用】膝关节以上截肢运动员
athlète amputé bilatéral/amputée bilatérale	【冬残奥通用】双侧截肢运动员
athlète amputé(,e) d'un bras	【冬残奥通用】上肢截肢运动员，手臂截肢运动员
athlète amputé(,e) d'un membre inférieur	【冬残奥通用】下肢截肢运动员，腿部截肢运动员
athlète amputé(,e) d'un membre supérieur	【冬残奥通用】上肢截肢运动员，手臂截肢运动员
athlète amputé(,e) d'une jambe	【冬残奥通用】下肢截肢运动员，腿部截肢运动员
athlète amputé(,e) de deux membres	【冬残奥通用】双侧截肢运动员
athlète amputé(,e) de l'avant-bras	【冬残奥通用】肘下截肢运动员
athlète amputé(,e) de la cuisse	【冬残奥通用】膝关节以上截肢运动员
athlète amputé(,e) de la jambe	【冬残奥通用】膝关节以下截肢运动员
athlète amputé(,e) du bras	【冬残奥通用】肘关节以上截肢运动员，肱骨截肢运动员
athlète amputé fémoral/amputée fémorale	【冬残奥通用】膝关节以上截肢运动员
athlète amputé tibial/amputée tibiale	【冬残奥通用】膝关节以下截肢运动员
athlète amputé transfémoral/amputée transfémorale	【冬残奥通用】膝关节以上截肢运动员
athlète amputé transhuméral/amputée transhumérale	【冬残奥通用】肘关节以上截肢运动员，肱骨截肢运动员
athlète amputé transradial/amputée transradiale	【冬残奥通用】肘下截肢运动员
athlète amputé transtibial/amputée transtibiale	【冬残奥通用】膝关节以下截肢运动员
athlète ataxique	【冬残奥通用】（由于大脑机能障碍导致的）运动机能失调的运动员

athlète atteint de paralysie cérébrale	【冬残奥通用】患脑瘫痪的运动员，患脑性麻痹的运动员
athlète atteint de sclérose en plaques (SEP/SP)	【冬残奥通用】多发性硬化症运动员
athlète aveugle	【冬残奥通用】盲人运动员
athlète ayant des séquelles de polio	【冬残奥通用】脊髓灰质炎致残的运动员
athlète ayant un handicap	【冬残奥通用】残疾人运动员
athlète ayant une déficience (visuelle)	【冬残奥通用】视障运动员，视力残疾运动员，视力部分残疾运动员
athlète blessé médullaire	【冬残奥通用】脊髓损伤运动员
athlète de (classe) LW	【冬残奥通用】LW 组残疾人运动员
athlète de luge	【雪橇】雪橇运动员
athlète de petite taille	【冬残奥通用】侏儒运动员
athlète déficient visuel/déficiente visuelle	【冬残奥通用】视障运动员，视力残疾运动员，视力部分残疾运动员
athlète diplégique	【冬残奥通用】两侧瘫痪的运动员
athlète double amputé	【冬残奥通用】双侧截肢运动员
athlète en fauteuil roulant	【冬残奥通用】坐轮椅的残疾人运动员
athlète handicapé(,e) (AH)	【冬残奥通用】残疾人运动员
athlète handicapé(,e) par la polio	【冬残奥通用】脊髓灰质炎致残的运动员
athlète hémiplégique	【冬残奥通用】偏瘫运动员
athlète infirme moteur cérébral (IMC)	【冬残奥通用】患脑瘫痪的运动员
athlète malvoyant(,e)	【冬残奥通用】视障运动员，视力残疾运动员，视力部分残疾运动员
athlète nain	【冬残奥通用】侏儒运动员
athlète olympique	【通用】奥运会运动员
athlète paralympique	【冬残奥通用】残奥会运动员
athlète paraplégique	【冬残奥通用】截瘫运动员
athlète partiellement paralysé(,e)	【冬残奥通用】部分瘫痪的运动员
athlète poliomyélitique	【冬残奥通用】脊髓灰质炎致残的运动员
athlète quadriplégique	【冬残奥通用】四肢瘫痪的运动员
athlète scoliotique	【冬残奥通用】脊柱侧凸的运动员

athlète tétraplégique	【冬残奥通用】四肢瘫痪的运动员
athlète totalement aveugle	【冬残奥通用】完全失明的运动员
attache sous le menton	【速度滑冰】在下巴处系紧
attacher les jambes sur la luge	【残奥冰球】将腿固定在雪橇上
attaquant	【残奥冰球】n.m. 进攻球员，锋线队员
attaque	【冰球】【残奥冰球】n.f. 攻击，进攻
attaque <u>à cinq/en avantage numérique</u>	【残奥冰球】以多打少，集中攻势
attaque massive	【冰球】【残奥冰球】以多打少
atteindre	【跳台滑雪】v.t. 到达，赶上
atteindre la zone de dégagement	【跳台滑雪】到达终点缓冲区
atteindre le point K (à la réception)	【跳台滑雪】到达 K 点（着陆）
atteinte variable	【冬残奥通用】可变条件（因为残疾水平不一）
attelle <u>de jambe/jambière</u>	【冬残奥通用】腿支架，膝–踝–足矫正器
atterrissage	【自由式滑雪】n.m 着陆（空中技巧的裁判评分项目；空中跳跃动作的第三阶段）
attitude <u>calme/sûre du sauteur</u>	【跳台滑雪】运动员平稳安全的姿势
attribution des points (par un juge)	【通用】（裁判）给分，评分
au début et à la fin de l'exécution	【自由式滑雪】动作的开始和结束
au hasard	【雪橇】随意，随机
au vol	【冰球】【残奥冰球】凌空，在空中；飞快地
augmentation	【速度滑冰】n.f. 增加，增大
augmentation <u>de l'élan/du balancement</u> d'un bras	【速度滑冰】增加摆臂
augmenter	【冰壶】【轮椅冰壶】v.t. 增加
augmenter la distance couverte sous l'impulsion du lancer	【冰壶】【轮椅冰壶】增加投壶距离
Autorisation d'usage à des fins thérapeutiques (AUT)	【冬残奥通用】治疗用药豁免
aval	【通用】n.m. 下坡，山下
avance	【通用】n.f. 领先，优势；前面【冰球】【残奥冰球】n.m. 前锋，前锋球员

avant droit (joueur)	【冰球】【残奥冰球】右前（球员位置）
avant extérieur (AVE)	【花样滑冰】前进外转
avant gauche (joueur)	【冰球】【残奥冰球】左前（球员位置）
avant intérieur (AVI)	【花样滑冰】前内
avantage	【冰球】【残奥冰球】n.m. 优势，利益
avantage de la dernière pierre/du marteau	【轮椅冰壶】后手优势
avantage indu	【轮椅冰壶】不当优势
avantage numérique	【冰球】【残奥冰球】人数优势（人数多于对方的队），以多打少
avant-centre	【残奥冰球】中锋
avant-saison	【冰球】【残奥冰球】季前
avec erreur(s)/faute(s)	【花样滑冰】a. 有过失的，有缺点的
avertissement écrit	【通用】书面警告
avoir accroché (infraction)	【冰球】【残奥冰球】用杆勾人（犯规）
avoir dardé (infraction)	【冰球】【残奥冰球】杆刃刺人（犯规）
avoir donné du genou (infraction)	【冰球】膝顶人（犯规）
avoir fait trébucher (infraction)	【冰球】【残奥冰球】绊倒（犯规）
avoir frappé un officiel (infraction)	【冰球】【残奥冰球】击中裁判，击中官员（犯规）
avoir porté son bâton trop élevé (infraction)	【冰球】【残奥冰球】高杆犯规
avoir retardé le jeu (infraction)	【冰球】【残奥冰球】延迟比赛（犯规）
avoir retenu (infraction)	【冰球】【残奥冰球】抱人（犯规）
avoir une bonne glisse	【越野滑雪】【残奥越野滑雪】（滑雪板）有好的滑行性能
avorter	【冰球】【残奥冰球】v.i. 中断，失败
axe	【花样滑冰】n.m. 轴，轴线
axe de la pirouette	【花样滑冰】旋转轴
axe de tir	【残奥冬季两项】轴线校准，膛内瞄准
axe longitudinal (danse)	【花样滑冰】纵向轴（冰舞）
axe transversal (danse)	【花样滑冰】横轴，短轴（冰舞）
axe vertical (dans un virage)	【花样滑冰】竖直轴线（转体）

法汉

axe vertical du corps	【自由式滑雪】身体的垂直轴线
axel intérieur (un saut)	【花样滑冰】内刃阿克塞尔跳（跳跃动作）
axel retardé	【花样滑冰】延迟的阿克塞尔跳

B

B1	【冬残奥通用】B1 组别（完全失明的运动员）
B2	【冬残奥通用】B2 组别（部分失明的运动员，有限视力的运动员）
B3	【冬残奥通用】B3 组别（部分失明的运动员，比 B2 组别运动员更好的视力水平）
bagarre	【冰球】【残奥冰球】n.f. 打架，斗殴
baie vitrée	【冰球】【残奥冰球】玻璃保护墙
balai	【冰壶】n.m. 冰刷，冰壶刷
Balai d'argent (trophée, emblème de la suprématie mondiale au curling)	【冰壶】【轮椅冰壶】银刷杯（20 世纪 60 年代冰壶世界锦标赛最高荣誉）
balai de curling	【轮椅冰壶】冰壶刷
balancement	【短道速滑】n.m. 摇摆，摆动，平衡
balancement (des bras et de la jambe libre)	【花样滑冰】（双臂以及浮腿的）摆动
balancement des bras	【速度滑冰】双臂摆动
balancement du bras	【短道速滑】【速度滑冰】摆臂
balancement sur la lame (au-dessus de la lame)	【花样滑冰】冰刃上摇摆寻找平衡
balancement vers l'avant (des bras)	【速度滑冰】向前摆臂
balayage	【冰壶】n.m. 刷冰，扫冰
balayage approprié	【冰壶】适当的刷冰
balayage efficace	【冰壶】有效的刷冰
balayage en équipe	【冰壶】团队刷冰
balayage vigoureux	【冰壶】用力刷冰，用力扫冰
balayer	【冰球】【残奥冰球】v.t. 清扫

balayer la glace <Canada>	【冰壶】刷冰<加拿大>
balayer la piste	【冰壶】刷冰
balayer la piste (après une chute de neige)	【雪车】清扫跑道（下雪后）
balayer le «rink» <Europe>	【冰壶】刷冰<欧洲>
balayeur(,euse)	【冰壶】n. 刷冰队员
balisage	【滑雪通用】n.m. 标示设置【速度滑冰】n.m. 赛道标记（用橡胶、木头或者其他适合的材料制成的小标记块）
balisage de la ligne d'arrivée	【高山滑雪】【残奥高山滑雪】终点线标记
balisage de la piste	【滑雪通用】【残奥冬季两项】赛道标记
balisage du parcours	【滑雪通用】赛道标示
balise (cônes ou blocs)	【速度滑冰】n.f. （跑道线）标记（用橡胶、木头或者其他适合的材料制成）
balisé(,e)	【越野滑雪】【残奥越野滑雪】a. 设置旗子标志的
baliser	【越野滑雪】【残奥越野滑雪】v. 设置路标
baliseur(,euse) (de piste)	【滑雪通用】n. 设置（赛道）标志的人
ballant(,e)	【速度滑冰】a. 摇摆的，摇晃的
balle	【残奥冬季两项】n.f. 子弹
balle égarée	【残奥冬季两项】流弹
ballet	【自由式滑雪】n.m. 雪上芭蕾（自由式滑雪中的一个项目）
ballon d'entraînement/d'exercice	【冬残奥通用】健身实心球，药球
balustrade	【残奥冰球】n.f. 界墙
banc de l'équipe	【残奥冰球】球队席，运动员席
banc de(s) pénalité(s)/des punitions	【冰球】【残奥冰球】受罚席
banc des joueurs	【冰球】【残奥冰球】运动员席
bande	【冰壶】【轮椅冰壶】n.f. 分道物【冰球】【残奥冰球】n.f. 板墙，界墙
bande à l'extrémité de la patinoire	【冰球】【残奥冰球】端线界墙
bande d'adhésive non fluorescente	【残奥冰球】无荧光胶布
bande de fond de piste	【轮椅冰壶】减速装备，缓冲条

bande en plastique	【残奥冰球】塑料界墙
bande latérale	【冰球】【残奥冰球】侧板，边线界墙
bande latérale de piste	【轮椅冰壶】冰场边界
banderole	【高山滑雪】【残奥高山滑雪】n.f. 横幅
banderole déchirée	【高山滑雪】【残奥高山滑雪】被损坏的横幅
banquette de tir	【冬季两项】【残奥冬季两项】射击踏垛，射击场地
bar horizontale (d'un but)	【冰球】【残奥冰球】球门横梁
barème	【跳台滑雪】n.m. 计算表
barème de notes	【花样滑冰】评分表，评分标准
barème pour la pénalisation des fautes	【跳台滑雪】错误惩罚计算表
barème pour les calculs	【跳台滑雪】计算表
barillet	【残奥冬季两项】n.m. 弹巢
barre	【雪车】n.f. 杆，杠
barre de poussée	【雪车】推杆，把手
barre de poussée arrière	【雪车】后推杆，后把手
barre de poussée du pilote	【雪车】舵手一侧把手
barre de poussée latérale	【雪车】侧边推杆
barre de poussée rétractable (celle du pilote seulement)	【雪车】可收缩推杆（仅供舵手使用）
barre de séparation	【冰壶】【轮椅冰壶】分道物
barre de séparation de piste	【轮椅冰壶】冰场边界
barre de stabilité	【雪橇】平衡杆
barrière	【冬残奥通用】n.f. 栅栏，围墙
barrière de lumière	【越野滑雪】【残奥越野滑雪】挡光板
barrière de sécurité	【冬残奥通用】安全栏；防护栅
bas(,sse)	【自由式滑雪】a. 低的
bas	【冰球】n.m. 冰球袜【雪橇】n.m. 下部，下端，下方
bas de ski	【滑雪通用】滑雪袜
bas du corps	【自由式滑雪】下肢
bâtiment de départ	【高山滑雪】【残奥高山滑雪】起点，出发台
bâton	【滑雪通用】n.m. 滑雪杖【冰球】【残奥冰球】n.m. 冰球杆

bâton <u>brisé/cassé</u>	【高山滑雪】【残奥高山滑雪】被弄断的滑雪杖，被弄坏的滑雪杖
bâton à deux fonctions	【残奥冰球】一杆两用的冰球杆
bâton court	【残奥冰球】短球杆
bâton de hockey	【冰球】【残奥冰球】冰球球杆
bâton de hockey adapté	【残奥冰球】经过改装的冰球杆
bâton <u>de métal/métallique</u>	【滑雪通用】金属杆
bâton de ski	【滑雪通用】滑雪杖
bâton de ski adapté	【残奥高山滑雪】【残奥越野滑雪】【残奥冬季两项】经过特别改装的滑雪杖
bâton(s) (de ski) <u>d'appoint/d'appui</u>	【残奥高山滑雪】助滑器
bâton droit	【残奥冰球】右杆
bâton du gardien de but	【残奥冰球】守门员球杆
bâton élevé	【冰球】【残奥冰球】高杆击球，举杆过高；举杆过高犯规处罚
bâton gauche	【残奥冰球】左杆
bâton stabilisateur	【残奥高山滑雪】助滑器
battre	【冰球】【残奥冰球】v.t. 战胜，打垮
battre un adversaire	【冰球】【残奥冰球】击败对手
battre un adversaire à zéro	【冰球】【残奥冰球】完胜对手
bavure	【花样滑冰】n.f. 失误
biathlète	【冬季两项】n. 冬季两项运动员
biathlète paralympique	【残奥冬季两项】残奥会冬季两项选手
Biathlon	【冬季两项】n.m. 冬季两项滑雪射击（项目）
Biathlon 2×6 km femmes+2×7,5 km hommes	【冬季两项】冬季两项混合接力（女子2×6公里+男子2×7.5公里）（项目）
Biathlon 10 km Poursuite femmes	【冬季两项】冬季两项女子10公里追逐（项目）
Biathlon 10 km Sprint hommes	【冬季两项】冬季两项男子10公里短距离（项目）
Biathlon 12,5 km départ groupé femmes	【冬季两项】冬季两项女子12.5公里集体出发（项目）
Biathlon 12,5 km Poursuite hommes	【冬季两项】冬季两项男子12.5公里追逐（项目）
Biathlon 15 km départ groupé hommes	【冬季两项】冬季两项男子15公里集体出发（项目）

法
汉

Biathlon 15 km Individuel femmes	【冬季两项】冬季两项女子 15 公里（项目）
Biathlon 20 km Individuel hommes	【冬季两项】冬季两项男子 20 公里（项目）
Biathlon 7,5 km Sprint femmes	【冬季两项】冬季两项女子 7.5 公里短距离（项目）
biathlon d'été	【冬季两项】夏季两项
biathlon paralympique	【残奥冬季两项】残奥会冬季两项
Biathlon relais 4×6 km femmes	【冬季两项】冬季两项女子 4×6 公里接力（项目）
Biathlon relais 4×7,5 km hommes	【冬季两项】冬季两项男子 4×7.5 公里接力（项目）
biathlonien(,ne)	【冬季两项】【残奥冬季两项】n. 冬季两项运动员
biche	【花样滑冰】n.f. 母鹿
bien terminer la course	【速度滑冰】顺利完成比赛
bifurcation	【残奥越野滑雪】n.f. 分岔路，分路
biomicroscope	【冬残奥通用】n.m. 裂隙灯，缝灯，狭缝灯（对运动员眼睛进行测试，以便对运动员进行分组）
bipied	【残奥冬季两项】n.m. （机枪等的）两脚架
biplace	【自由式滑雪】a. 双座的；n.m. 双座
biscuit	【残奥冰球】n.m. 挡球手套
bi(-)ski	【残奥高山滑雪】【残奥越野滑雪】【残奥冬季两项】n.m. 双滑雪板
blanc intentionnel	【冰壶】【轮椅冰壶】空局策略
blanchir un adversaire	【冰球】【残奥冰球】完胜对手
blanchissage	【冰球】【残奥冰球】n.m. 完胜
blesser	【冰球】【残奥冰球】v.t. 使受伤，打伤
blesser gravement	【冰球】【残奥冰球】致使严重受伤
bloc (en caoutchouc, en bois ou autres matériaux appropriés)	【速度滑冰】n.m. （跑道线）标记（用橡胶、木头或者其他适合的材料制成）
bloc au sommet du premier virage	【速度滑冰】第一个弯道顶端标记
bloc de départ	【雪车】出发板【冰壶】【轮椅冰壶】起踏器，起滑架
bloc en bois	【速度滑冰】（跑道线）木质标记
bloc en caoutchouc	【速度滑冰】橡胶标记物
bloc en matière plastique	【速度滑冰】塑料标记物
bloc manquant	【速度滑冰】缺失的标记
bloc marquant un virage	【速度滑冰】弯道标记

法
汉

bloc mobile	【速度滑冰】活动的标记
bloquer	【冰球】【残奥冰球】v.t. 阻止，阻塞
bloquer la rondelle/le disque	【冰球】【残奥冰球】挡球
bloquer une ouverture	【轮椅冰壶】阻碍通道
blouson	【通用】n.m. 防风夹克
Blues	【花样滑冰】n.m. 蓝调
bob	【雪车】n.m. 雪车
bob à deux	【雪车】双人雪车
Bob à deux femmes	【雪车】女子双人雪车（项目）
Bob à deux hommes	【雪车】男子双人雪车（项目）
bob à quatre	【雪车】四人雪车
Bob à quatre	【雪车】四人雪车（项目）
Bob à quatre hommes	【雪车】男子四人雪车（项目）
bob de réserve	【雪车】备用雪车
Bob individuel femmes	【雪车】女子单人雪车（项目）
bob inscrit	【雪车】注册登记的雪车
bob prenant le départ	【雪车】启动的雪车
bob sur route	【雪车】行驶中的雪车
bo(b)beur	【雪车】n.m. 雪车运动员
boblet	【雪车】n.m. 双人雪车
bobsleigh	【雪车】n.m. 雪车；雪车项目
bobsleigh inscrit	【雪车】注册登记的雪车
bois	【通用】n.m. 木，木材，木质
boîte-cible	【残奥冬季两项】靶框
boiterie	【冬残奥通用】n.f. 跛行，残废
bon angle des jambes	【速度滑冰】两腿之间很好的角度
bon départ	【高山滑雪】【残奥高山滑雪】有效出发
bon esprit sportif	【通用】运动员精神
bon tireur/bonne tireuse	【冬季两项】【残奥冬季两项】神枪手，神射手
bonne accessibilité	【轮椅冰壶】便于登上（轮椅）
bonne forme	【通用】好的身体状态，好的健康状况
bonne position basse/de base	【速度滑冰】正确的低姿势

法汉

bonne vue sur l'installation	【通用】观测有利位置
bonnet (de course)	【速度滑冰】n.m. 速度滑冰帽；无边软帽
bonspiel	【冰壶】【轮椅冰壶】n.m. 冰壶比赛
bord de piste	【轮椅冰壶】冰场边界
bord du <u>revêtement de plastique</u>/ <u>tapis de plastique</u>	【跳台滑雪】塑料保护层边缘
bord extérieur (de la piste)	【轮椅冰壶】（冰壶赛道的）外沿
bord extérieur (des cônes)	【速度滑冰】（跑道线标记的）外沿
bord extérieur (de la piste)	【冰壶】【轮椅冰壶】（冰壶赛道的）外边缘
bord inférieur du devant du pontet	【冬季两项】【残奥冬季两项】扳机护圈前端下部边缘
bord intérieur (de la piste)	【冰壶】【轮椅冰壶】（冰壶赛道的）内边缘
bords (latéraux) de la piste d'élan	【跳台滑雪】助滑道两侧边缘
bords de la piste de réception	【跳台滑雪】着陆坡两侧边缘
bordure de piste	【轮椅冰壶】冰场边界
bosse	【通用】n.f. 雪包，小雪丘
bosses (une épreuve de ski acrobatique)	【自由式滑雪】雪上技巧项目
botte de ski	【滑雪通用】滑雪靴
botte de ski de fond	【残奥越野滑雪】【残奥冬季两项】越野滑雪靴
botter	【冰球】【残奥冰球】v.t. 射门
bottine	【滑冰通用】n.f. 冰鞋
bottine de ski	【残奥高山滑雪】【残奥越野滑雪】【残奥冬季两项】滑雪靴【滑雪通用】滑雪鞋<加拿大>
bouche	【残奥冬季两项】n.f. 枪口
boucle	【残奥越野滑雪】【残奥冬季两项】n.f. （赛道）圈
boucle (un saut)	【花样滑冰】n.f. 后外跳，后外结环跳（跳跃动作）
boucle avant	【花样滑冰】前结环步
boucle courte (de la piste)	【残奥越野滑雪】【残奥冬季两项】（赛道）短圈
boucle de pénalité	【冬季两项】【残奥冬季两项】罚圈，惩罚赛道
boucle de pénalité omise	【冬季两项】免去的罚圈
boucle et demie	【花样滑冰】后外一周半跳
boucle extérieure	【花样滑冰】外结环步
boucle intérieure	【花样滑冰】内结环步

boucle intérieure avant	【花样滑冰】前内结环步
boucle piqué	【花样滑冰】后外点冰跳
boucler	【速度滑冰】v. 超过（另外一位滑冰运动员）一圈
bouclier	【残奥冰球】挡球手套
boulon	【轮椅冰壶】n.m. 螺栓
bousculade	【冰球】【残奥冰球】n.f. 推挤，接触，冲突
bout	【轮椅冰壶】n.m. 局（比赛）
bout de la crosse/du bâton/en pointe	【残奥冰球】冰球杆尖端
bout supplémentaire	【冰壶】【轮椅冰壶】延长赛
bout volé	【冰壶】【轮椅冰壶】偷分局
bouton	【冰壶】【轮椅冰壶】n.m. 圆心，中心，圆心线
brancard	【通用】n.m. 担架，担架式搬运工具
bras	【花样滑冰】【短道速滑】n.m. 胳膊，手臂
bras ballant	【速度滑冰】摇摆的手臂
bras qui dirige le mouvement	【速度滑冰】主导臂，摆动臂（引导运动的手臂）
brassard	【残奥冬季两项】n.m. 臂章
brèche (sur la lame)	【冰球】【残奥冰球】n.f. （刀刃上的）裂口，缺口
bretelle	【冬季两项】【残奥冬季两项】n.f. 背带
bretelle de portage/transport	【冬季两项】【残奥冬季两项】枪支背带
bretelle de tir	【冬季两项】【残奥冬季两项】步枪背带
bris d'égalité	【通用】平局决胜制；平分决胜的比赛【残奥冰球】正赛未分胜负后的加赛
bris du système de chrono-métrage	【通用】计时系统故障
brossage(infraction)	【轮椅冰壶】n.m. （用冰刷）刷冰（犯规）
brosse	【冰壶】n.f. 冰刷，冰壶刷
brosse écossaise	【冰壶】苏格兰冰刷
brosse de curling	【冰壶】冰壶刷
brosseur(,euse)	【冰壶】n. 刷冰运动员
bruit	【残奥高山滑雪】【残奥越野滑雪】【残奥冬季两项】n.m. 噪音（噪音需要被控制到最小限度以保证视力有障碍的运动员能够听到指示）
brutal(,e)	【冰球】【残奥冰球】a. 粗暴的，粗鲁的

bureau de calcul des résultats	【通用】计分办公室
bureau de pointage <Canada>	【通用】计分办公室<加拿大>
busc	【残奥冬季两项】n.m. 贴腮片
buste complètement tendu	【跳台滑雪】充分伸展紧绷的上半身
but	【冰壶】【轮椅冰壶】n.m. 大本营【冰球】【残奥冰球】n.m. 球门；进球【残奥冬季两项】n.m. 靶心
but (marqué) sans riposte	【冰球】【残奥冰球】未被拦截的射门
but annulé/refusé	【冰球】【残奥冰球】进球无效，射门无效
but contesté	【冰球】【残奥冰球】有争议的射门
but décisif	【残奥冰球】制胜进球
but désert	【冰球】【残奥冰球】空门
but égalisateur	【冰球】【残奥冰球】双方人数均等进球
but gagnant/vainqueur	【残奥冰球】决胜得分
but marqué en avantage numérique/ sur un jeu de puissance	【冰球】【残奥冰球】多打少进球
but marqué en désavantage/infériorité numérique	【冰球】【残奥冰球】少打多进球
butée (partie avant d'une fixation)	【滑雪通用】n.f. 固定器前端

C

cabane de départ	【高山滑雪】【残奥高山滑雪】起点，出发台
cabine de fartage	【残奥越野滑雪】【残奥冬季两项】打蜡小屋
cabine de juge/pour les juges	【跳台滑雪】裁判隔间
cabinet de consultation de médecine sportive	【通用】运动员医务室
câble de direction	【雪车】操舵索
câble de remontée	【滑雪通用】上山缆索
cache-oreilles	【通用】耳套，护耳
cacher une pierre	【轮椅冰壶】藏球（将冰壶投掷到防卫球的后面，从另一端看不到该冰壶）

法
汉

cachot	【残奥冰球】n.m. 受罚席
cadence de tir	【残奥冬季两项】射击节奏
cadre	【残奥冰球】n.m. 冰橇架
cadre de la cible	【残奥冬季两项】靶位框架（用来固定靶位）
cadre de la luge	【残奥冰球】冰橇架
cadre de métal	【残奥冰球】金属框架，金属结构
cadre principal	【残奥冰球】（冰橇的）主体框架
cage	【冰球】【残奥冰球】n.f. 球门
calcul des points	【通用】计分，评分
calcul des résultats	【通用】（比赛）结果处理，（比赛）结果计算
calcul électronique du classement (et affichage électronique des résultats)	【通用】电子记分牌
calendrier	【通用】n.m. 日历，时间表，日程表
calendrier des épreuves/matchs	【通用】比赛日程安排
calendrier des compétitions internationales	【滑雪通用】国际竞赛日程
calendrier des épreuves de biathlon	【冬季两项】冬季两项比赛日程
calendrier international du biathlon	【冬季两项】国际冬季两项比赛日程
Calendrier sportif de la FIL	【雪橇】国际无舵雪橇联合会体育年历
cambré(,e)	【花样滑冰】a. 弓形的
cambrure	【残奥越野滑雪】【残奥冬季两项】n.f. （滑雪板的）曲度（用于把滑雪者的体重分布到整个滑雪板上）
cambrure du ski (partie de la courbe au centre du ski)	【滑雪通用】滑雪板中部弯曲弧度
cambrure du ski (rayon de courbure du ski)	【滑雪通用】滑雪板弹性，滑雪板弯度，滑雪板弧度
caméra de chrono	【越野滑雪】【残奥越野滑雪】连续拍摄相机
caméra de contrôle d'arrivée	【残奥越野滑雪】终点处监控摄像头
caméra de vidéo	【通用】摄像机
camp d'entraînement	【冰球】【残奥冰球】集训营
camp de sélection	【冬残奥通用】选拔营（挑选国家队队员）

法汉

candidature pour obtenir la tenue d'une compétition	【通用】申请主办权的候选
canon	【冬季两项】【残奥冬季两项】n.m. 枪管，炮管
canon à neige	【滑雪通用】人工造雪机
caoutchouté(,e)	【雪橇】a. 橡胶材质的
capacité fonctionnelle	【冬残奥通用】机能水平
capacité physique	【冬残奥通用】体能，体质能力
capitaine	【冰壶】【轮椅冰壶】【冰球】【残奥冰球】n. 指挥，队长
capitaine adjoint(,e)/assistant(,e)	【残奥冰球】副队长
capitaine (de l'équipe) adverse	【轮椅冰壶】对方球队队长
capitaine d'une équipe	【冰球】【残奥冰球】（球队）队长【雪车】（两位或四位队员团队的）队长
capitaine désigné(,e)	【轮椅冰壶】代理队长
capot	【雪车】n.m. 流线型罩，整流罩，防护罩
capsule	【冬季两项】【残奥冬季两项】n.f. 雷管
carabine	【残奥冬季两项】n.f. 步枪，枪支
carabine à air (comprimé)	【残奥冬季两项】气枪
carabine à visée laser	【残奥冬季两项】激光枪
carabine de calibre 0.22 utilisant des cartouches à percussion annulaire	【冬季两项】【残奥冬季两项】0.22 口径边缘式发火式步枪
carabine de rechange/réserve	【冬季两项】【残奥冬季两项】备用枪
carabine électronique	【残奥冬季两项】电子步枪（盲人或视力不佳的运动员用电子步枪射击，能够通过声音瞄准）
carabine standard	【冬季两项】【残奥冬季两项】标准步枪
carabinier(,ère)	【残奥冬季两项】n. 步枪射手
caractères lumineux (sur un tableau d'affichage)	【通用】（记分牌上）发光的字符
carénage (enveloppe aérodynamique)	【雪车】n.m. 流线型罩，整流罩
carré	【冰球】【残奥冰球】n.m. 方形物
carre	【花样滑冰】【速度滑冰】【短道速滑】（冰鞋冰刀的）刃【滑雪通用】n.f. （滑雪板）刃
carre d'acier/métallique	【滑雪通用】（滑雪板）钢制板刃

carre d'appel	【花样滑冰】起跳进入刃
carre d'appel avant	【花样滑冰】前起跳刃
carre d'appel extérieure	【花样滑冰】外起跳刃
carre d'appel intérieure	【花样滑冰】内起跳刃
carre d'arrivée/de réception	【花样滑冰】落冰刃
carre d'entrée (dans une pirouette)	【花样滑冰】（旋转动作中的）进入刃
carre de départ	【花样滑冰】起跳刃
carre de glissade	【花样滑冰】滑行刃
carre de poussée	【花样滑冰】蹬冰刃
carre de sortie	【花样滑冰】滑出用刃
carre de spirale	【花样滑冰】螺旋线滑行刃
carré du gardien	【残奥冰球】守门员挡球手套
carre extérieure(d'une lame de patin)	【花样滑冰】【速度滑冰】（冰鞋冰刀的）外刃
carre extérieure droite	【花样滑冰】右外刃
carre extérieure droite arrière	【花样滑冰】右后外刃
carre extérieure droite avant	【花样滑冰】右前外刃
carre extérieure gauche	【花样滑冰】左外刃
carre extérieure gauche arrière	【花样滑冰】左后外刃
carre extérieure gauche avant	【花样滑冰】左前外刃
carre intérieure (d'une lame de patin)	【花样滑冰】【速度滑冰】（冰鞋冰刀的）内刃
carre intérieure droite	【花样滑冰】右内刃
carre intérieure droite arrière	【花样滑冰】右后内刃
carre intérieure droite avant	【花样滑冰】右前内刃
carre intérieure gauche	【花样滑冰】左内刃
carre intérieure gauche arrière	【花样滑冰】左后内刃
carre intérieure gauche avant	【花样滑冰】左前内刃
carre spiralée (carre décrivant la courbe)	【花样滑冰】螺旋线滑行刃
carre spiralée d'entrée	【花样滑冰】螺旋线进入刃，螺旋线滑入用刃
carte d'identité de l'athlète	【通用】运动员身份证明
carte de contrôle	【通用】检查卡
carte de marquage	【通用】记分卡
carte de piontage <Canada>	【通用】记分卡<加拿大>

carte de résumé des notes	【花样滑冰】评分总表
cartouche	【冬季两项】【残奥冬季两项】n.f. 子弹，枪弹
cartouche défectueuse	【冬季两项】【残奥冬季两项】不符合规定的子弹
cartouches de réserve (course de relais)	【冬季两项】【残奥冬季两项】备用弹（接力比赛）
cas <u>de force majeure/fortuit</u>	【通用】不可抗力，意外事故
casque	【跳台滑雪】【越野滑雪】【残奥越野滑雪】n.m. 头盔，防护帽
casque d'écoute	【残奥冬季两项】双耳式耳机
casque de hockey	【残奥冰球】冰球头盔
casque <u>de protection/protecteur</u>	【通用】防撞头盔，安全头盔
casque protecteur	【冰球】【残奥冰球】保护头盔（前锋和后卫佩戴）
cassé(,e)	【跳台滑雪】a. 弯腰曲背的；被弄碎的；被打断的
catégorie assis	【冬残奥通用】坐姿组
catégorie de handicaps fonctionnels	【冬残奥通用】残疾身体机能分类
catégorie de ski <u>assis</u>/<u>en position assise</u>/<u>sur luge</u>	【残奥高山滑雪】【残奥越野滑雪】【残奥冬季两项】坐姿滑雪组别
catégorie debout	【冬残奥通用】站姿组
catégorie junior	【跳台滑雪】少年组
catégorie senior	【跳台滑雪】青年组
cavité (pour le pouce dans la crosse)	【冬季两项】【残奥冬季两项】n.f. （枪托）塞入拇指的孔
cécité des neiges	【滑雪通用】雪盲症
céder la piste	【越野滑雪】【残奥越野滑雪】让出赛道，让出雪道
céder le contrat d'un joueur (à une autre équipe)	【冰球】【残奥冰球】将球员转让（给其他球队）
ceinture de sécurité	【残奥冰球】安全带
cellule photo-électrique	【通用】光电技术
centième de seconde	【通用】百分之一秒
central(,e)	【冰球】【残奥冰球】a. 中心的，中央的
centre	【花样滑冰】n.m. 中心，中点【轮椅冰壶】n.m. 圆心，中心【冰球】【残奥冰球】n.m. 中锋；中区
centre d'équilibre sur la lame	【花样滑冰】冰刃上的平衡点

Centre d'Opération du Village olympique	【通用】奥运村运行中心
centre de classification	【冬残奥通用】分级中心
Centre de Documentation pour le Sport (CDS)	【通用】体育信息资源中心
centre de gravité	【跳台滑雪】【越野滑雪】【残奥越野滑雪】【单板滑雪】平衡点，重心
centre de la maison	【轮椅冰壶】圆心线
centre de ski	【滑雪通用】滑雪中心
centre du T <Canada>	【冰壶】【轮椅冰壶】中心，圆心<加拿大>
centre du tee <Europe>	【冰壶】【轮椅冰壶】中心，圆心<欧洲>
centre noir	【残奥冬季两项】靶心
centre sportif	【通用】体育运动中心，运动场
cercle concentrique	【冰壶】【轮椅冰壶】同心圆
cercle d'engagement	【残奥冰球】争球圈
cercle de 12 pieds	【冰壶】【轮椅冰壶】12 英尺圈
cercle de 4 pieds	【冰壶】【轮椅冰壶】4 英尺圈
cercle de 8 pieds	【冰壶】【轮椅冰壶】8 英尺圈
cercle de mise au/en jeu	【冰球】【残奥冰球】争球圈
cercle extérieur	【冰壶】【轮椅冰壶】外圈
cercle intérieur	【冰壶】【轮椅冰壶】内圈
cercles (concentriques)	【冰壶】【轮椅冰壶】n.m. pl.大本营
cérémonie d'ouverture	【通用】开幕式
cérémonie de clôture	【通用】闭幕式
cérémonie de remise de prix	【通用】颁奖典礼，发奖仪式
cérémonie de remise des médailles	【通用】颁发奖牌仪式
cerf	【花样滑冰】n.m. 鹿，雄鹿
chaise	【冬残奥通用】n.f. （坐式单板或双板的）座位
chaise roulante	【轮椅冰壶】轮椅
chalet à flanc de montagne	【高山滑雪】【残奥高山滑雪】半山腰木屋
chambre (à cartouche)	【残奥冬季两项】n.m. 弹膛
chambre des joueurs	【残奥冰球】运动员更衣室

champ	【冬季两项】【残奥冬季两项】n.m. 场地
champ de tir <Canada>	【冬季两项】【残奥冬季两项】射击靶场<加拿大>
champ de tir de 32 postes	【冬季两项】【残奥冬季两项】32 靶位射击靶场
champ de tir de biathlon	【冬季两项】冬季两项射击场地
champ de vision/visuel (CV)	【冬残奥通用】视野（用于运动员分组）
champ de vision libre de la course	【速度滑冰】无阻挡视野观看比赛
champion marqueur	【冰球】【残奥冰球】得分王
champion mondial	【通用】世界冠军
champion olympique	【通用】奥运会冠军
championnat	【通用】n.m. 锦标赛
championnat national	【通用】全国锦标赛，全国冠军赛
championnat à l'étranger	【花样滑冰】海外锦标赛
championnat du monde/mondial	【通用】世界锦标赛，世界冠军赛
Championnat du monde de curling en fauteuil roulant	【轮椅冰壶】世界轮椅冰壶锦标赛
Championnat mixte de curling	【冰壶】【轮椅冰壶】混合冰壶锦标赛
Championnat mondial de hockey sur luge de l'IPC	【残奥冰球】国际残疾人奥林匹克委员会冰橇冰球世界锦标赛
championnat mondial senior	【速度滑冰】青年组世界锦标赛
championnat outre-mer	【花样滑冰】海外冠军锦标赛
championnats de divisions	【花样滑冰】小组冠军赛
championnats de patinage de vitesse d l'ISU	【速度滑冰】国际滑冰联合会速度滑冰锦标赛
Championnats du monde de bob à deux	【雪车】双人雪车世界锦标赛
Championnats du monde de bob à quatre	【雪车】四人雪车世界锦标赛
Championnats du monde de patinage artistique	【花样滑冰】花样滑冰世界锦标赛
Championnats mondiaux pour les handicapés	【冬残奥通用】残疾人世界锦标赛

法汉

Championnats nord-américains de patinage de vitesse	【速度滑冰】北美速度滑冰锦标赛
Championnats nord-américains sur piste extérieure	【速度滑冰】北美室外锦标赛
Championnats nord-américains sur piste intérieure	【速度滑冰】北美室内锦标赛
chandail	【通用】n.m. 运动衫
chandail d'équipe	【通用】队衣
changement	【通用】n.m. 变换，改变，更换
changement de bob	【雪车】更换雪车
changement de carre	【花样滑冰】变刃步
changement de carre avant	【花样滑冰】前变刃步
changement de carre en «S»	【花样滑冰】S 型换刃
changement de carre en diagonale	【花样滑冰】斜向变刃
changement de carre long	【花样滑冰】变长刃
changement de couloir	【速度滑冰】换道
changement de direction	【残奥高山滑雪】方向改变
changement de joueurs	【冰球】【残奥冰球】变换阵型，调换运动员
changement de la classification	【冬残奥通用】分组变化，分级变化
changement de ligne/trio	【冰球】【残奥冰球】变换阵型
changement de patin	【雪车】更换滑刃，更换冰刃
changement de pied	【花样滑冰】换足
changement de piste/trace	【越野滑雪】【残奥越野滑雪】更换雪道
changement des cibles	【残奥冬季两项】靶位的变化
changement rapide (de joueurs)	【冰球】【残奥冰球】迅速换人（运动员）
chant (d'un ski)	【滑雪通用】n.m. （滑雪板）侧面
charge avec la crosse/le bâton	【残奥冰球】横杆推挡
charge contre la bande	【残奥冰球】板墙挤贴
chargé de l'entretien de la piste	【雪车】【雪橇】跑道维护人员
charge de plomb	【残奥冬季两项】弹丸，枪弹
chargement	【残奥冬季两项】n.m. （给步枪）装弹药

chargement (d'une arme) à l'aide d'un chargeur	【冬季两项】【残奥冬季两项】用弹夹（给步枪）装子弹
charger une arme	【冬季两项】【残奥冬季两项】给步枪装子弹
chargeur	【冬季两项】【残奥冬季两项】n.m. 弹夹，弹仓
chargeur à cinq coups	【残奥冬季两项】五发子弹弹夹，五发子弹弹仓
chargeur à un coup	【残奥冬季两项】一发子弹弹夹，一发子弹弹仓
Charte paralympique	【冬残奥通用】残奥会章程
chassé	【花样滑冰】n.m. 并步
chassé-croisé (un pas de danse)	【花样滑冰】交叉并步（冰舞中的一种滑翔步，两脚交替滑行）
chassé glissé (un pas de danse)	【花样滑冰】滑行并步（冰舞的一种舞步）
chasse-neige	【滑雪通用】n.m. inv. 犁式滑降，犁式制动；扫雪机，犁雪机
châssis	【雪车】n.m. 雪车底盘【残奥冰球】n.m. 冰橇架【残奥高山滑雪】【残奥越野滑雪】【残奥冬季两项】n.m. 坐式滑雪板底架
châssis de la luge	【残奥冰球】冰橇架
châssis du fauteuil-ski	【残奥高山滑雪】【残奥越野滑雪】【残奥冬季两项】坐式滑雪板底架
chauffer	【通用】v. 加热
chauffer la semelle des patins/les patins	【雪橇】加热雪橇滑刃
chauffer les patins	【雪车】加热滑刃
chaussette	【通用】n.f. 短筒袜
chaussette de ski	【滑雪通用】滑雪袜
chausson	【通用】n.m. 软底鞋
chaussure	【通用】n.f. 鞋，靴
chaussure à boucles	【高山滑雪】【残奥高山滑雪】滑雪靴
chaussure de confection	【花样滑冰】长筒靴
chaussure de course	【雪橇】比赛用鞋
chaussure de descente <générique>	【高山滑雪】【残奥高山滑雪】滑降雪鞋<统称>
chaussure de hockey	【冰球】冰球鞋
chaussure de patin	【滑冰通用】冰鞋

chaussure de patinage de vitesse	【速度滑冰】速度滑冰鞋
chaussure de poussée	【雪橇】比赛用鞋
chaussure de ski <générique>	【滑雪通用】滑雪鞋<统称>
chaussure de ski de fond	【越野滑雪】【残奥越野滑雪】【残奥冬季两项】越野滑雪靴
chaussure de slalom	【高山滑雪】【残奥高山滑雪】回转滑雪靴
chaussure en peau d'élan	【花样滑冰】鹿皮冰鞋
chaussure faite sur mesure	【花样滑冰】定制冰鞋
chaussure pour le style libre	【花样滑冰】自由滑冰鞋
chaussure pour les figures (imposées)	【花样滑冰】花样滑冰冰鞋（规定动作用）
chaussures à clous	【雪橇】鞋底有钉子的鞋
chaussures à pointes	【雪车】鞋底为刷形的鞋
chef à l'arrivée	【雪橇】终点负责人
chef au départ (à la ligne de départ)	【雪橇】（起点线处的）出发负责人
chef chronométreur	【冬季两项】【残奥冬季两项】计时负责人
chef contrôleur des pistes	【冬季两项】【残奥冬季两项】雪道检查负责人
chef d'équipe	【通用】（国家队）队长；（某国家某运动队）队长
chef de départ	【通用】起点负责人，发令员
chef de l'estrade	【残奥越野滑雪】看台负责人
chef de la logistique	【冬季两项】【残奥冬季两项】物流主管，后勤主管
chef <u>de piste/du parcours</u>	【冬季两项】【越野滑雪】【残奥高山滑雪】【残奥越野滑雪】【残奥冬季两项】雪道负责人，雪道检查负责人
chef de presse	【滑雪通用】新闻官员
chef de stade	【残奥越野滑雪】体育场负责人
chef (du bureau) des calculs	【冬季两项】【残奥冬季两项】计算部门负责人
chef <u>des services de soutien/organisateur</u>	【雪车】后勤服务部门主管
chef du <u>champ/stand</u> de tir	【残奥冬季两项】射击场负责人
chef du chronométrage et du traitement des données	【残奥越野滑雪】【残奥冬季两项】计时和数据处理负责人
chef du contrôle et de la sécurité de la compétition	【残奥越野滑雪】【残奥冬季两项】赛事安保负责人

法
汉

chef-technicien(,ne) de glace	【残奥冰球】【轮椅冰壶】首席冰面技术技师
cherry flip	【花样滑冰】后外点冰跳
chevaucher	【花样滑冰】v. 重叠，交叠
cheville	【雪橇】【速度滑冰】n.f. 脚踝
chicane (succession de portes verticales)	【高山滑雪】【残奥高山滑雪】n.f. 蛇形门（闭口旗门组）
chicane à quatre portes	【高山滑雪】【残奥高山滑雪】四门旗门组
chien	【残奥冬季两项】n.m. 枪机的撞针
chiffres lumineux (sur un tableau d'affichage)	【通用】（记分牌上）发光的数字
chirurgical(,e)	【冬残奥通用】a. 外科的，外科手术的
choc	【跳台滑雪】n.m. 冲击，撞击，碰撞
choisir la piste	【北欧两项】选择赛道
choix de (l'emplacement sur) la glace (pour commencer une routine)	【花样滑冰】（赛前）选择冰上占位
choix de la glace	【花样滑冰】冰面的选择
chorégraphique	【自由式滑雪】a. 舞蹈的
chronométrage	【通用】n.m. 计时，测时
chronométrage d'un tour	【速度滑冰】一圈计时
chronométrage électronique	【滑雪通用】【冬残奥通用】电子计时
chronométrage manuel	【通用】手动计时
chronométrage photo-électrique	【自由式滑雪】光电计时
chronométrage pour l'épreuve/la compétition	【通用】比赛计时
chronomètre	【通用】n.m. 秒表，计时器
chronomètre à affichage numérique/ électronique	【通用】电子计时器
chronomètre à rattrapant (pour les temps de passage)	【通用】双秒表
chronomètre du match	【残奥冰球】比赛计时器
chronométreur(,euse)	【冰球】【残奥冰球】n. 计时员，测时员
chronométreur des pénalités/punitions	【冰球】【残奥冰球】处罚计时员
chronométreur du match	【冰球】【残奥冰球】比赛计时员

chute	【通用】n.f. 跌倒，落下
chute avec rotation	【跳台滑雪】转体着陆
chute de neige	【通用】降雪，降雪量
chute délibérée sur <u>la rondelle/le</u> <u>disque</u> (infraction)	【冰球】【残奥冰球】故意将球挤至边墙，使之无法移动（犯规）
chute due à une mauvaise réception	【跳台滑雪】不正确的着陆后跌倒
chuter	【通用】v. 降落；跌倒（运动员）
chuter sur la rondelle	【冰球】【残奥冰球】跌倒在冰球上
cible	【冬季两项】【残奥冬季两项】n.f. 靶子
cible électronique	【残奥冬季两项】电子靶
cible en papier	【冬季两项】【残奥冬季两项】纸靶（用于射击训练）
cible indiquée	【轮椅冰壶】预定目标
cible manquée	【残奥冬季两项】未命中的靶位
cible mécanique	【冬季两项】【残奥冬季两项】机械靶
cible métallique (dans un carton)	【冬季两项】【残奥冬季两项】金属靶（硬纸板中）
cible ratée	【残奥冬季两项】未命中的靶位
cinglage (infraction)	【冰球】【残奥冰球】n.m. 用杆击打（犯规）
cingler	【冰球】【残奥冰球】v. 用杆击打
circonférence maximale (de la pierre) (36 pouces ou 91,4 cm)	【冰壶】【轮椅冰壶】（冰壶的）最大周长（36英寸，91.4厘米）
circonstance <u>fortuite/inusitée</u>	【通用】异常情况
Circuit de la Coupe de Monde de ski acrobatique	【自由式滑雪】自由式滑雪世界杯巡回赛
ciseaux	【越野滑雪】【残奥越野滑雪】n. 剪刀；八字蹬坡
civière	【通用】n.f. 担架，担架式搬运工具
claquage	【通用】n.m. 扭伤；肌肉撕裂
classe B	【冬残奥通用】B组（B组需要配备领滑员）
classe B1	【冬残奥通用】B1组别
classe B2	【冬残奥通用】B2组别
classe B3	【冬残奥通用】B3组别
classe de handicaps fonctionnels	【冬残奥通用】功能障碍组
classe des skieurs assis	【冬残奥通用】冬季运动坐姿滑雪运动员组

法
汉

classe des skieurs debout	【冬残奥通用】冬季运动站式滑雪运动员组
classe fonctionnelle	【冬残奥通用】功能障碍组
classe LW assis	【冬残奥通用】残疾人坐姿滑雪运动员组
classe LW debout	【冬残奥通用】残疾人站式滑雪运动员组
classement	【通用】n.m. 战绩；等级，排名（根据以往比赛成绩确定）
classement après l'épreuve	【通用】比赛之后的排名
classement de la Coupe du Monde	【滑雪通用】世界杯（个人）排名
classement de la Coupe du Monde par nation	【滑雪通用】世界杯国家排名
classement des concurrents(,es)	【通用】运动员排名
classement des pointeurs	【残奥冰球】得分手排名
classement final	【通用】最后的排名
classement non officiel par équipe	【滑雪通用】非正式的小组排名
classement officiel	【通用】官方排名
classement par groupe	【通用】分组
classement par points	【通用】计分，评分，打分
classement par série	【高山滑雪】【残奥高山滑雪】分组
classement provisoire	【通用】临时排名
classification des athlètes	【冬残奥通用】运动员分组
classification fonctionnelle (par sport)	【冬残奥通用】按照运动机能进行分组（同一级别的所有运动员在动作范围、协调和平衡方面的功能水平相似）
classification par handicap/par type de déficience/par type de handicap/ selon le type de déficience/ selon handicap	【冬残奥通用】残疾分级，残疾分组
classique	【残奥越野滑雪】【残奥冬季两项】a. 传统的；n. 传统技术，传统风格
claudication	【冬残奥通用】n.f. 跛行，残废
cloison	【跳台滑雪】n.f. 隔墙，隔板

clôture	【冰球】【残奥冰球】n.f. 板墙，界墙【冬残奥通用】n.f. 栅栏，围墙，防护板
clôture à neige	【滑雪通用】防雪栅栏，防雪篱
clôture de sécurité	【自由式滑雪】安全围栏
clôturé(,e)	【高山滑雪】【残奥高山滑雪】【自由式滑雪】【跳台滑雪】a. 被隔离开的
club d'appartenance	【花样滑冰】会员俱乐部
club de curling	【冰壶】【轮椅冰壶】冰壶俱乐部，冰壶社团
cochon	【轮椅冰壶】n.m. 前掷线壶
Code Antidopage de l'IPC	【冬残奥通用】《国际残疾人奥林匹克委员会反兴奋剂条例》
Code Mondial Antidopage (CMAD)	【冬残奥通用】《世界反兴奋剂条例》
coefficient	【自由式滑雪】【花样滑冰】【雪橇】n.m. 分值系数，权数
coefficient de difficulté	【花样滑冰】难度系数
coefficient de frottement	【雪车】【雪橇】摩擦系数
coefficient de frottement entre le patin et la glace	【雪车】滑刃和冰面之间的摩擦系数
coefficient du degré de difficulté	【自由式滑雪】难度系数
coefficient multiplicateur	【花样滑冰】倍率，放大率
coéquipier(,ère)	【通用】n. 队友
coin	【冰球】【残奥冰球】n.m. 墙角
coin arrondi de la patinoire	【冰球】【残奥冰球】冰场的圆形角边
coin de la patinoire	【冰球】【残奥冰球】冰场角落
col de cygne	【轮椅冰壶】（冰壶）鹅颈形把手
collision	【残奥冰球】n.f. 碰撞，冲突
combinaison	【花样滑冰】【短道速滑】n.f. 联合，组合
combinaison de deux sauts de boucle	【花样滑冰】后外结环两周连跳
combinaison de deux sauts de boucle piquée	【花样滑冰】两个后外点冰组合跳
combinaison de pirouette	【花样滑冰】联合旋转
combinaison de sauts	【花样滑冰】连跳

combinaison de sauts faisant partie du même groupe	【自由式滑雪】组合跳跃动作
combinaison de ski	【残奥高山滑雪】【残奥越野滑雪】【残奥冬季两项】滑雪服
combinaison mono-pièce	【速度滑冰】滑冰连体服
Combiné nordique	【北欧两项】北欧两项（项目）
Combiné nordique individuel hommes: saut à ski grand tremplin/ski de fond 10 km	【北欧两项】北欧两项男子个人：跳台滑雪大跳台/越野滑雪 10 公里（项目）
Combiné nordique individuel hommes: saut à ski tremplin normal/ski de fond 10 km	【北欧两项】北欧两项男子个人：跳台滑雪标准台/越野滑雪 10 公里（项目）
Combiné nordique par équipe hommes: saut à ski grand tremplin/ski de fond relais 4×5 km	【北欧两项】北欧两项男子团体：跳台滑雪大跳台/越野滑雪 4×5 公里接力（项目）
Comité d'organisation de la FIS	【滑雪通用】国际雪联组织委员会
Comité de discipline	【通用】纪律委员会
Comité de l'épreuve (comprenant directeur de l'épreuve, chef au départ, chef à l'arrivée, directeur du parcours)	【雪橇】竞赛领导委员会（包括竞赛总监，起点负责人，终点处负责人，跑道负责人）
Comité de la presse de la FIS	【滑雪通用】国际雪联新闻媒体委员会
Comité de sécurité (comprenant des compétiteurs)	【自由式滑雪】安全委员会（包括参赛运动员）
Comité des tests (d'un club)	【花样滑冰】（俱乐部）测试委员会
Comité du service d'ordre de la FIS	【滑雪通用】国际雪联警务委员会
Comité international paralympique (CIP)	【冬残奥通用】国际残疾人奥林匹克委员会
Comité médical de la FIS	【滑雪通用】国际雪联医务委员会
commanditaire	【通用】n. 赞助商
commanditaire officiel	【通用】官方赞助商
commandite	【通用】n.f. 赞助
commencer sa routine	【自由式滑雪】开始做规定动作

commentateur sportif	【通用】体育评论员，体育解说员
commentateur(,trice)	【通用】比赛实况解说员，评论员
commettre une faute	【通用】失误，犯错误
Commission de discipline	【通用】纪律委员会
Commission des arbitres	【冬季两项】【残奥冬季两项】【越野滑雪】【残奥越野滑雪】裁判委员会
Commission technique	【冬季两项】【残奥冬季两项】技术委员会
communication radio/radiophonique	【通用】无线电通信
compactage de la neige	【自由式滑雪】对雪的压实
compensateur de recul	【残奥冬季两项】后坐辅助器
compétiteur(,trice)	【通用】参赛运动员，竞争对手
compétiteur(,trice) d'élite	【通用】优秀的参赛运动员，有力的竞争对手
compétiteur(,trice) de grande classe	【通用】高水平参赛运动员，高水平竞争对手
compétiteur(,trice) de l'étranger	【通用】国外参赛运动员，国外竞争对手
compétiteur(,trice) de luge	【雪橇】雪橇参赛运动员
compétiteur dépassé/compétitrice dépassée	【越野滑雪】【残奥越野滑雪】被超过的参赛选手
compétiteur doublé/compétitrice doublée	【越野滑雪】【残奥越野滑雪】被（对手）超过一圈的参赛选手
compétiteur étranger/compétitrice étrangère	【通用】国外参赛选手，国外竞争对手
compétiteur(,trice) ne prenant pas le départ	【跳台滑雪】还未出发的参赛选手
compétiteur qualifié/compétitrice qualifiée	【通用】有参赛资格的选手
compétiteur(,trice) qui suit	【通用】紧随其后的参赛选手
compétition	【通用】n.f. 比赛，竞赛
compétition à départ individuel par intervalles	【残奥越野滑雪】个人间隔起跑比赛
compétition à une épreuve	【自由式滑雪】单项比赛
compétition d'essai (un an avant les Jeux Olympiques d'hiver) <Canada>	【通用】（冬奥会一年前举办的）测试赛<加拿大>

法
汉

compétition d'une journée	【通用】为期一天的比赛
compétition de combiné nordique	【北欧两项】北欧两项比赛
compétition de départ individuel	【残奥越野滑雪】个人起跑比赛
compétition de division(s)	【花样滑冰】小组比赛
compétition de hockey (sur) luge	【残奥冰球】冰橇冰球比赛，残奥冰球比赛
compétition de la danse	【花样滑冰】冰舞比赛
compétition de luge	【雪橇】雪橇比赛
compétition de patinage de vitesse sur piste courte	【短道速滑】短道速滑比赛
compétition de patinage synchronisé	【花样滑冰】花样滑冰比赛
compétition de relais	【雪车】【冬季两项】【残奥冬季两项】【北欧两项】【越野滑雪】【残奥越野滑雪】接力赛
compétition de saut à ski	【跳台滑雪】跳台滑雪比赛
compétition de ski assis	【残奥高山滑雪】【残奥越野滑雪】【残奥冬季两项】坐姿滑雪比赛
compétition de ski de fond	【越野滑雪】【残奥越野滑雪】越野滑雪比赛
compétition de ski sur luge	【残奥高山滑雪】【残奥越野滑雪】【残奥冬季两项】坐姿滑雪比赛
compétition de slalom géant	【高山滑雪】【残奥高山滑雪】大回转比赛
compétition de sous-section	【花样滑冰】分区比赛
compétition de sprint	【残奥越野滑雪】短距离比赛
compétition de sprint individuel	【残奥越野滑雪】个人短距离比赛
compétition de sprint par équipes	【残奥越野滑雪】团体短距离比赛
compétition de style libre	【花样滑冰】自由滑比赛
compétition de test (un an avant les Jeux Olympiques d'hiver) <Europe>	【通用】（冬奥会一年前举办的）测试赛<欧洲>
compétition des femmes	【花样滑冰】女子比赛
compétition individuelle de sprint	【残奥越野滑雪】个人短距离比赛
compétition interclubs	【花样滑冰】俱乐部之间的竞赛
compétition internationale	【通用】国际比赛
compétition internationale d'hiver	【冬残奥通用】国际冬季比赛
compétition invitation	【花样滑冰】邀请赛

compétition junior de l'UIP	【花样滑冰】国际滑联青少组比赛
compétition mondiale	【通用】世界级大赛
compétition officielle	【冬残奥通用】官方比赛
compétition ouverte	【通用】公开赛
compétition par équipe	【通用】团体赛
compétition par équipe au combiné nordique	【北欧两项】北欧两项团体赛
compétition paralympique	【冬残奥通用】残奥会比赛
compétition senior de l'UIP	【花样滑冰】国际滑联高级赛事
compétition sportive	【通用】运动竞赛
compétition sur courte piste de l'ISU	【速度滑冰】国际滑冰联合会短距离速滑比赛
compétition sur grand tremplin (90 m)	【跳台滑雪】大跳台比赛（90 米）
compétition sur piste extérieure	【速度滑冰】室外比赛
compétition sur piste intérieure	【速度滑冰】室内比赛
compétition sur tremplin normal	【跳台滑雪】标准台比赛
compétitionner assis	【残奥高山滑雪】【残奥越野滑雪】【残奥冬季两项】以坐姿参加比赛
compétitionner debout	【残奥高山滑雪】【残奥越野滑雪】【残奥冬季两项】以站姿参加比赛
compilateur	【速度滑冰】n.m. 记录员，记录器
complémentaire	【雪橇】a. 补充的
compléter son exécution	【自由式滑雪】完成动作
complexe sportif	【通用】体育运动中心，运动场
comportement de l'équipe	【残奥冰球】团队行为
composante horizontale (de l'appel d'un saut)	【花样滑冰】（起跳）水平分力
composante verticale (de l'appel d'un saut)	【花样滑冰】（起跳）垂直分力
composition (de l'équipe)	【冰球】【残奥冰球】n.f. （冰球队）队员阵容
composition harmonieuse	【花样滑冰】和谐的编曲，和谐的节目编排
compresse	【越野滑雪】【残奥越野滑雪】n.f. 纱布
compte	【冬残奥通用】n.m. 分数，得分

compte à rebours	【跳台滑雪】倒计时
compte rendu	【自由式滑雪】汇报，报告
compter	【残奥冰球】v. 进球得分
compter un but	【残奥冰球】进球得分
comptes rendus des juges	【自由式滑雪】裁判议定书
compteur de tours	【速度滑冰】记圈员，记圈器
concave	【花样滑冰】a. 凹的，凹面的
conception de la <u>balustrade</u>/<u>bande</u>/ <u>clôture</u>	【残奥冰球】围栏设计
conception du parcours	【冬季两项】【残奥冬季两项】【高山滑雪】【残奥高山滑雪】赛道设计，赛道布局
concours d'une journée	【通用】为期一天的比赛
concurrent(,e)	【冬季两项】【残奥冬季两项】n. 竞争者，参赛者
condition physique	【通用】身体状态，健康状况
conditions de neige	【滑雪通用】雪况
conduire le jeu	【冰壶】【轮椅冰壶】【冰球】【残奥冰球】指挥比赛
conduite	【雪橇】n.f. 驾驶
conduite antisportive	【通用】违反体育精神的行为，缺乏运动道德的行为
conduite de l'équipe	【残奥冰球】团队行为
cône (en caoutchouc, en bois ou autres matériaux appropriés)	【速度滑冰】n.m.（跑道线）标记（用橡胶、木头或者其他适合的材料制成）
cône au sommet du premier virage	【速度滑冰】第一个弯道顶端标记
cône en bois	【速度滑冰】（跑道线的）木质标记
cône en caoutchouc	【速度滑冰】橡胶制标记物
cône en matière plastique	【速度滑冰】塑料标记物
cône manquant	【速度滑冰】缺失的（跑道线）标记
cône marquant un virage	【速度滑冰】弯道标记
cône mobile	【速度滑冰】活动的（跑道线）标记
configuration du parcours	【冬季两项】【残奥冬季两项】赛道设计，赛道布局
configuration mentale (de la descente)	【雪橇】（滑行的）心理建设
configuration naturelle (du tracé de la piste)	【越野滑雪】【残奥越野滑雪】（赛道的）原始天然构造

conformité	【跳台滑雪】n.f. 符合，一致，相似
conformité à la musique (de chorégraphie)	【花样滑冰】（编舞）与音乐的搭配
confrontation	【冰球】【残奥冰球】n.f. 比赛，交锋
congédier	【冰球】【残奥冰球】v.t. 辞退，解雇
congénital(,e)	【冬残奥通用】a. 先天的（残疾），天生的（残疾）
congère	【滑雪通用】n.f. （风吹积成的）雪堆，吹积雪，随风飘飞的雪
connaître la piste à fond	【雪橇】对赛道有深入了解
conseiller sportif	【通用】体育指导员
constance d'un sauteur (fluidité des mouvements)	【跳台滑雪】跳台滑雪运动员动作稳定性（动作的流畅）
constant(,e)	【自由式滑雪】a. 持续的，恒定的，不变的
contact à la réception	【跳台滑雪】着陆冲击
contact physique	【残奥高山滑雪】【残奥越野滑雪】【残奥冬季两项】身体接触（比赛期间，领滑员与运动员之间不得进行任何身体接触）
contenu technique (d'un programme)	【花样滑冰】（节目动作）技术内容
contestation (de la décision de l'arbitre)	【冰球】【残奥冰球】n.f. （对裁判裁定的）抗议，争议
contesté(,e)	【冰球】【残奥冰球】a. 有争议的，被怀疑的
continuité	【花样滑冰】n.f. 连续性，持续
contournement	【轮椅冰壶】n.m. 旋球（投出一只冰壶，使其在防卫球附近）
contourner	【冰球】【残奥冰球】v.t. 绕过
contourner la cage/le but/le filet	【冰球】【残奥冰球】绕过球门
contre-accolade (figure imposée)	【花样滑冰】内勾步转体（规定图形）
contre-attaque	【冰球】【残奥冰球】反击，反攻
contre-pente	【越野滑雪】【残奥越野滑雪】背坡
contrepoids	【花样滑冰】n.m. 平衡重量，平衡力量
contre-rotation	【花样滑冰】外勾转
contre-trois (figure imposée)	【花样滑冰】外勾步转体（规定图形）

contrevenir aux dispositions d'un article du règlement	【跳台滑雪】违反规则中的一个条款规定
contrôle	【通用】n.m. 管理，监督，检查；控制【自由式滑雪】n.m. 控制（雪上技巧基本元素）
contrôle antidopage	【通用】反兴奋剂检查
contrôle de dopage	【通用】兴奋剂管控
contrôle de féminité	【通用】女性性别检查
contrôle de l'équipement	【冬残奥通用】器械设备检查
contrôle de l'équipement de compétition	【冬季两项】【残奥冬季两项】比赛装备检查
contrôle de la foule	【通用】人群控制
contrôle de la pression	【通用】压力控制，压力调节
contrôle de la rondelle	【冰球】【残奥冰球】控球
contrôle de poids	【雪车】重量控制
contrôle des armes (par marquage)	【冬季两项】【残奥冬季两项】枪支核验（通过标记方式）
contrôle des carres (des skis)	【自由式滑雪】（滑雪板）刃控制
contrôle des passages aux portes	【高山滑雪】【残奥高山滑雪】旗门裁判检查
contrôle des skis	【滑雪通用】滑雪板检查
contrôle du départ et de l'arrivée	【残奥高山滑雪】【残奥越野滑雪】【残奥冬季两项】出发和终点检查
contrôle du disque	【冰球】【残奥冰球】控球
contrôle du palet	【轮椅冰壶】控球
contrôle du passage des portes	【高山滑雪】【残奥高山滑雪】旗门裁判检查
contrôle du poids (des engins et des bobbeurs)	【雪车】（雪车及雪车运动员的）重量监控
contrôle du tronc	【冬残奥通用】身体躯干的控制
contrôle et sécurité de la compétition	【冬残奥通用】比赛安检和安保
contrôle postural	【冬残奥通用】姿势的控制，姿势的稳定性
contrôle préliminaire de l'équipement	【冬季两项】【残奥冬季两项】提前的设备检查
contrôle préliminaire facultatif de l'équipement	【冬季两项】【残奥冬季两项】可自选提前设备检查
contrôleur(,euse)	【通用】n. 检查员，监督员；检票员

法
汉

法
汉

contrôleur(,euse) à l'arrivée	【高山滑雪】【残奥高山滑雪】【自由式滑雪】【跳台滑雪】终点检查员
contrôleur(,euse) de l'armement et de l'habillement/des vêtements	【冬季两项】【残奥冬季两项】枪支和服装检查员
contrôleur(,euse) de la boucle de pénalité	【冬季两项】【残奥冬季两项】罚圈检查员，惩罚赛道监督员
contrôleur(,euse) de la piste	【冬季两项】【残奥冬季两项】雪道检查员
contrôleur(,euse) des cibles	【残奥冬季两项】靶位监督员
contrôleur(,euse) des skis	【冬季两项】【残奥冬季两项】滑雪板检查员
contrôleur(,euse) du marquage des skis	【越野滑雪】【残奥越野滑雪】滑雪板做标记检查员
contrôleur(,euse) du parcours	【冬季两项】【残奥冬季两项】雪道检查员
coordinateur de la compétition/rencontre	【速度滑冰】比赛组织协调人
coordination (des mouvements)	【自由式滑雪】n.f. 协调，时机（身体动作）
coordonnateur de la compétition/rencontre	【速度滑冰】比赛协调人
coque de protection des jambes	【冬残奥通用】腿部保护装备
coquille	【冰球】【残奥冰球】n.f. 运动员护裆，护身
corps	【自由式滑雪】【雪橇】n.m. 身体，躯体
corps étranger	【滑冰通用】（冰面上的）异物，杂物
corps légèrement incliné	【跳台滑雪】稍微躬身
corps tendu	【跳台滑雪】伸展的身体，直体
correspondant sportif/correspondante sportive	【通用】体育记者
corriger un tracé	【花样滑冰】更改滑行轨迹
Cossack (saut)	【自由式滑雪】哥萨克跳（空中技巧）
côte à côte	【北欧两项】并肩的
côté amputé	【冬残奥通用】身体截肢的一侧
côté de la pierre	【轮椅冰壶】冰壶一侧
côté faible	【通用】弱方，比赛场上人少的一方
côté poli (de la pierre)	【冰壶】【轮椅冰壶】（冰壶）光滑的一边

法
汉

côté rugueux (de la pierre)	【冰壶】【轮椅冰壶】（冰壶）粗糙的一边
cou d'oie/de cygne	【轮椅冰壶】（冰壶）鹅颈形把手
cou de cygne de la pierre	【冰壶】【轮椅冰壶】（冰壶）鹅头形把手
Coubertin, Père du mouvement olympique moderne	【通用】顾拜旦，现代奥林匹克之父
couche de neige	【滑雪通用】雪层
couche de sciure (sur la zone de dégagement)	【跳台滑雪】（着陆区上的）锯木屑层
couché(,e)	【雪橇】a. 躺着的
coude	【通用】n.m. 肘，肘关节
coudé(,e)	【自由式滑雪】a. 肘形的，弯曲的
coudière	【雪车】【冰球】【残奥冰球】n.f. 护肘
couleur de la poignée	【轮椅冰壶】冰壶把手颜色
couleur du marquage	【残奥越野滑雪】【残奥冬季两项】标记颜色
couloir	【跳台滑雪】【冰壶】【轮椅冰壶】n.m. 滑道【速度滑冰】n.m. 跑道；通道；走廊【越野滑雪】【残奥越野滑雪】n.m. 回转线路【高山滑雪】【残奥高山滑雪】n.m. 通道（平行排列的开口旗门构成）
couloir coudé	【自由式滑雪】急转弯线路
couloir d'entraînement	【速度滑冰】训练跑道
couloir de tir	【残奥冬季两项】射击道；射击区域（B 组和 LW 组）
couloir extérieur	【速度滑冰】外道
couloir intérieur	【速度滑冰】内道
coup	【轮椅冰壶】n.m. 投壶【冬季两项】【残奥冬季两项】n.m. 发射（子弹），射击
coup à sec	【残奥冬季两项】哑射，空弹射击
coup clé	【轮椅冰壶】决定性的投壶
coup d'essai	【冬季两项】【残奥冬季两项】射击训练，瞄准训练【速度滑冰】信号枪测试
coup de balai/brosse	【冰壶】【轮椅冰壶】刷一下冰
coup de départ	【通用】发令鸣枪
coup de feu (signal de départ)	【速度滑冰】信号枪响（出发信号）

coup de patin donné à un joueur	【冰球】踢到其他球员身上
coup de patin donné sur la rondelle/ le disque	【冰球】踢球
coup de pistolet	【通用】发令鸣枪【速度滑冰】发令枪响起
coup de sifflet	【冰球】【残奥冰球】哨声响起
coup décisif	【轮椅冰壶】决定性的投壶
coup déloyal	【通用】犯规行为
coup double	【冬季两项】双弹射击
coup facile	【轮椅冰壶】常规投壶
coup franc	【冰壶】【轮椅冰壶】打定（己方球将对方球击出大本营后，定住不动停留在大本营）
coup manqué/raté	【冬季两项】【残奥冬季两项】未击中目标，漏击
coup simple	【冬季两项】【残奥冬季两项】单发射击
coup tiré	【冬季两项】【残奥冬季两项】已经完成的一次射击
coupe	【通用】n.f. 奖杯
Coupe des Nations	【滑雪通用】国家杯
Coupe du Monde	【滑雪通用】世界杯
Coupe Olympique	【通用】奥林匹克奖杯
couple	【花样滑冰】n.m. 一对，一双；双人，双人滑
coupure	【速度滑冰】n.f. 割破的伤口，割伤
courbe	【通用】n.f. 弧线【雪车】【雪橇】n.f. 弯道，曲线；a. 弯曲的【冰壶】【轮椅冰壶】n.m. 旋转，曲线【越野滑雪】【残奥越野滑雪】【冬季两项】【残奥冬季两项】n.f. 弯道
courbe relevé	【雪车】坡面弯道
courbe	【花样滑冰】n.f. 弧度，曲线（冰上圆圈）【花样滑冰】【速度滑冰】（冰刀）弧度
courbe avant	【越野滑雪】【残奥越野滑雪】前刃
courbe AVE	【花样滑冰】前外刃
courbe AVI	【花样滑冰】前内刃
courbe d'accélération	【雪车】【雪橇】加速弯道；加速弧线，加速曲线
courbe d'appel (d'un saut)	【花样滑冰】（跳跃动作的）起跳弧度

法
汉

courbe d'entrée (d'une pirouette)	【花样滑冰】（旋转的）滑入弧度
courbe de départ	【花样滑冰】蹬冰弧线
courbe de la carre (dans un saut)	【花样滑冰】（跳跃动作中的）刀刃弧度
courbe de la carre d'appel	【花样滑冰】起跳刀刃弧度
courbe de <u>lame</u>/<u>palette</u> de bâton illégale (infraction)	【冰球】【残奥冰球】冰球杆刃违规弧度（犯规）
courbe de raccordement (RJ) (entre la piste d'élan et la table du tremplin)	【跳台滑雪】过渡曲线（助滑跑道和起跳台之间）
courbe de sortie	【花样滑冰】滑出弧度
courbe de transition douce	【雪橇】平滑的过渡曲线
courbe de vol (du tremplin)	【跳台滑雪】飞行弧线（跳台）
courbe des lobes (danse)	【花样滑冰】弧线弧度（冰舞）
courbe en «S»	【花样滑冰】S 弧度
courbe en S	【残奥越野滑雪】S 弯道
courbe en spirale (de la carre sur la glace)	【花样滑冰】（冰刃在冰面的）螺旋曲线
courbe extérieur avant	【花样滑冰】前外刃
courbe intérieure	【花样滑冰】内刃
courbe intérieure avant	【花样滑冰】前内刃
courbe pivotante	【花样滑冰】枢轴曲线
courbe plate	【花样滑冰】平缓弧线
courbe serrée	【残奥越野滑雪】急转弯道
courbe spirale	【花样滑冰】螺旋弧度
courbe uniforme	【花样滑冰】均等的曲率
courbure	【花样滑冰】n.f. 弯曲，曲度
courbure de la lame	【花样滑冰】冰刀侧面，冰刀曲度
courbure du lobe	【花样滑冰】弧线曲度
coureur(,euse) <u>de courtes distances</u>/<u>de sprint</u>	【短道速滑】短距离速度滑冰运动员
coureur(,euse) de demi-fond	【速度滑冰】中距离速度滑冰运动员
coureur(,euse) de fond	【速度滑冰】长距离速度滑冰运动员
coureur(,euse) de l'étranger	【通用】国外运动员

coureur(,euse) de ski de fond	【越野滑雪】【残奥越野滑雪】越野滑雪运动员
coureur(,euse) de ski de fond au combiné nordique	【北欧两项】北欧两项越野滑雪运动员
coureur étranger/coureuse étrangère	【通用】国外运动员
courir	【冬残奥通用】v. 跑（用于运动员分组）
courir assis	【残奥高山滑雪】【残奥越野滑雪】【残奥冬季两项】以坐姿参加比赛
courir avec l'élan d'/en balançant un bras	【速度滑冰】单臂摆动滑跑
courir avec l'élan des/en balançant les deux bras	【速度滑冰】双臂摆动滑跑
courir les mains dernière le dos/sur le dos	【速度滑冰】手背后滑跑
courroie	【冬残奥通用】n.f. 皮带，带子
cours privé	【花样滑冰】私教课程，私人课程
course	【通用】n.f. 比赛，竞赛；线路【花样滑冰】n.f. 交替蹬冰
course à/de relais	【雪车】【冬季两项】【残奥冬季两项】【北欧两项】【越野滑雪】【残奥越野滑雪】接力赛
course à relais sur piste intérieure	【速度滑冰】室内接力赛
course d'élan (élan de départ)	【雪车】（出发时的）助跑
course d'essai	【通用】训练跑道，练习跑道
course de biathlon	【冬季两项】【残奥冬季两项】冬季两项比赛
course de demi-fond	【速度滑冰】中距离比赛
course de/en descente	【高山滑雪】【残奥高山滑雪】滑降比赛
course (de ski) de fond	【速度滑冰】长距离竞速赛【越野滑雪】【残奥越野滑雪】越野滑雪赛事
course (de ski) de fond par équipe au combiné nordique	【北欧两项】北欧两项越野滑雪团体赛
course de poursuite	【速度滑冰】追逐赛
course de ski de fond au/du combiné nordique	【北欧两项】北欧两项越野滑雪比赛

course de slalom	【高山滑雪】【残奥高山滑雪】回转滑雪比赛
course de vitesse	【残奥越野滑雪】短距离速度比赛【速度滑冰】冲刺
course éliminatoire	【通用】淘汰赛
course en <u>groupe</u>/<u>peloton</u>	【短道速滑】团体赛
course en ligne droite	【速度滑冰】直线跑道，直道
course individuelle	【通用】个人项目，个人赛，单项比赛
course par équipes	【残奥越野滑雪】团体赛
court(,e)	【通用】a. 短的
court virage	【残奥滑雪】短弯道
courte distance	【速度滑冰】【越野滑雪】【残奥越野滑雪】短距离比赛
courte piste	【短道速滑】短道
courtoisie	【轮椅冰壶】n.f. 礼仪，礼节
courve de raccordement entre…et…	【跳台滑雪】某两处之间的弧度
coussin	【冬残奥通用】n.m. 垫子
coussin de siège	【残奥冰球】（冰橇座斗）座垫【残奥高山滑雪】【残奥越野滑雪】【残奥冬季两项】座垫（坐姿滑雪部件）
couverture de neige	【滑雪通用】n.m. 积雪覆盖
couvre-chaussure de poussée	【雪橇】比赛用鞋罩
couvre-moignon	【冬残奥通用】残肢保护器
crampit <Europe>	【冰壶】【轮椅冰壶】起踏器，起滑架<欧洲>
crampon	【残奥冰球】n.m. 齿状顶端（冰球杆的一端，用来扎冰推动冰橇）
cran	【冬季两项】【残奥冬季两项】n.m. 枪栓，枪机
cran de sûreté	【冬季两项】【残奥冬季两项】保险枪栓，安全制动装置
credo	【通用】n.m. 口号
credo olympique	【通用】奥林匹克口号
creux (entre deux bosses)	【自由式滑雪】（两个雪包之间的）凹陷部分
creux (sur la lame)	【花样滑冰】n.m. （刀刃的）凹槽
creux (terrain)	【越野滑雪】【残奥越野滑雪】n.m. 凹陷部分（场地）

法
汉

creux de la lame/incurvé	【花样滑冰】（刀刃的）凹槽
crevassé(,e)	【速度滑冰】a. 裂开的，有裂缝的
crevasser	【速度滑冰】v.t. 使裂开，使产生裂缝
critère	【自由式滑雪】n.m. 标准，准则
critères des juges	【自由式滑雪】裁判标准，裁判准则
crochet	【花样滑冰】n.m. 钩状【冰球】【残奥冰球】n.m. 勾球
croisé	【花样滑冰】n.m. 压步【速度滑冰】n.m. 弯道交叉步
croisé arrière	【花样滑冰】倒滑压步
croisé avant	【花样滑冰】前滑压步
croisé(,e)	【花样滑冰】a. 交叉的，相交的
croisement	【冰球】n.m. 压步【速度滑冰】n.m. 换道区
crosse	【残奥冰球】n.f. 球杆
crosse à deux fonctions	【残奥冰球】一杆两用的冰球杆
crosse de hockey adaptée	【残奥冰球】经过改装的冰球杆
crosse droite	【残奥冰球】右杆
crosse du gardien de but	【残奥冰球】守门员球杆
crosse gauche	【残奥冰球】左杆
cubitière	【冰球】【残奥冰球】n.f. 护肘
cuissard	【冰球】n.m. 护腿甲
culasse	【冬季两项】【残奥冬季两项】n.f. 枪栓
culbute	【自由式滑雪】n.f. 翻滚转身动作，空翻
culbute (impulsion à l'aide des bâtons) (ballet)	【自由式滑雪】n.m. （手撑雪仗助力的）空翻（雪上芭蕾）
culbute avant (ballet)	【自由式滑雪】前空翻（雪上芭蕾）
culbute en appui sur les bâtons (ballet)	【自由式滑雪】撑杆空翻（雪上芭蕾）
culotte	【冰球】n.f. 短裤，裤子
culotte de hockey	【冰球】冰球裤
cumulatif(,ve)	【冰球】【残奥冰球】a. 累积的
curler	【冰壶】【轮椅冰壶】v. 从事冰壶运动
curleur(,euse)	【冰壶】【轮椅冰壶】冰壶运动员
curleur(,euse) admissible	【冰壶】【轮椅冰壶】合格的冰壶运动员
curleur(,euse) ambidextre	【轮椅冰壶】双手通用的冰壶运动员

curleur(,euse) d'élite en fauteuil roulant	【轮椅冰壶】轮椅冰壶精英运动员
curleur droitier/curleuse droitière	【轮椅冰壶】用右手的轮椅冰壶运动员
curleur(,euse) en fauteuil roulant	【轮椅冰壶】轮椅冰壶运动员
curleur gaucher/curleuse gauchère	【轮椅冰壶】用左手的轮椅冰壶运动员
curleur gaucher et droitier/curleuse gauchère et droitière	【轮椅冰壶】双手通用的冰壶运动员
curleur qualifié/curleuse qualifiée	【冰壶】【轮椅冰壶】合格的冰壶运动员
curleur remplacé/curleuse remplacée	【轮椅冰壶】被替换下来的冰壶运动员
curleur retiré/curleuse retirée	【轮椅冰壶】被罚下场的冰壶运动员，退出比赛的冰壶运动员
Curling	【冰壶】【轮椅冰壶】冰壶（项目）
Curling double	【冰壶】【轮椅冰壶】混合双人冰壶（项目）
curling en fauteuil roulant	【轮椅冰壶】轮椅冰壶
curling mixte	【冰壶】【轮椅冰壶】混合冰壶
Curling tournoi femmes	【冰壶】【轮椅冰壶】女子冰壶（项目）
Curling tournoi hommes	【冰壶】【轮椅冰壶】男子冰壶（项目）
curling traditionnel	【轮椅冰壶】传统冰壶运动（健全人的冰壶运动）
cylindre de culasse	【冬季两项】【残奥冬季两项】弹巢锁

D

Daffy (saut en ski sur bosses)	【自由式滑雪】纵大一字跳（雪包上的空中技巧）
damage des pistes	【滑雪通用】压实雪道
damé ferme	【跳台滑雪】夯实紧密的
damer	【滑雪通用】v.t. 夯实，用滑雪板压实（雪）
damer la piste	【跳台滑雪】夯实跑道
dameur (de piste)	【滑雪通用】n.m. 夯实雪道的机器
dameuse (à neige)	【残奥高山滑雪】【残奥越野滑雪】【残奥冬季两项】n.f. 踩雪履带车
dance imposée	【花样滑冰】规定舞蹈
dangereux(,euse)	【雪车】【冰球】【残奥冰球】a. 危险的

法
汉

dans des conditions de course (état de la piste)	【越野滑雪】【残奥越野滑雪】（赛道状态）竞赛条件下
dans les airs	【高山滑雪】【残奥高山滑雪】空中
danse	【花样滑冰】n.f. 舞蹈
danse junior bronze	【花样滑冰】少年冰舞铜牌
danse lente	【花样滑冰】慢舞
danse libre	【花样滑冰】自由舞
danse rapide	【花样滑冰】快舞
danse sur glace	【花样滑冰】冰舞（滑冰运动员类别及比赛项目类别）
danse sur tracé original prescrit	【花样滑冰】原创设定图案舞蹈
Danse Swing (danse)	【花样滑冰】摇摆舞（冰舞）
danseur(,se) de compétition	【花样滑冰】参赛的冰舞运动员
darder	【冰球】【残奥冰球】v. 杆刃刺人
dardage (infraction)	【冰球】【残奥冰球】n.m. 杆刃刺人（犯规）
de loin	【冰球】【残奥冰球】loc.adv. 从远处，远远地
de plain-pied	【残奥冰球】loc.adv. 处于同一水平；平等地
déambulateur sur ski	【残奥滑雪】滑雪板助行器
déblaiement refusé	【冰球】【残奥冰球】死球
déblayage	【冰壶】【轮椅冰壶】n.m. 清占位，削剥击石
debout, en position Kilian	【花样滑冰】直立背后交叉握手双人旋转
débris (sur la glace)	【滑冰通用】（冰面上的）异物，杂物
début	【冰球】【残奥冰球】n.m. 开始
début de l'épreuve/la course	【通用】比赛开始
début de saison	【通用】赛季开始
début du plateau	【自由式滑雪】跳台前平台区前端
début officiel de la partie/du match	【残奥冰球】比赛正式开始时间
débutant(,e)	【通用】n. 新人
décélération	【雪橇】n.f. 减速
décentré(,e)	【滑冰通用】a. 偏离中心的
décharger	【冬季两项】【残奥冬季两项】v. 退弹，退膛
décharger une arme/carabine	【冬季两项】【残奥冬季两项】将枪中的弹药退出
déchet de glace	【滑冰通用】冰面杂物

法汉

déchets	【滑冰通用】n.m.pl.（冰面上的）异物，杂物
décimale	【花样滑冰】n.f. 小数
décisif(,ve)	【冰球】【残奥冰球】a. 决定的，决定性的
décision de l'arbitre	【花样滑冰】裁判的裁定
décision exécutoire	【通用】应该执行的决定
décision officielle	【通用】官方决定
déclarer forfait	【通用】宣布退赛，宣布退出
déclenchement	【滑雪通用】n.m. 发起
décocher un <u>lancer</u>/<u>tir</u>	【冰球】【残奥冰球】射门
décompte de 20 secondes	【跳台滑雪】倒计时 20 秒
décousu(,e)	【冰球】【残奥冰球】a. 脱线的，不连贯的
défaillance	【跳台滑雪】n.f. 故障，失灵
défaillance des appareils de mesure technique des longueurs	【跳台滑雪】技术测距装置故障
défaillance technique	【冰球】【残奥冰球】技术错误
défaire	【冰球】【残奥冰球】v.t. 打败，打垮
défaire un adversaire	【冰球】【残奥冰球】击败对手
défait(,e)	【通用】a. 失败的，被打败的
défaite	【冰壶】【轮椅冰壶】【冰球】【残奥冰球】n.f. 失败，败北
défarteur	【残奥越野滑雪】【残奥冬季两项】n.m. 去蜡器
défectueux(,euse)	【冬季两项】【残奥冬季两项】a. 有缺陷的
défectuosité du système de chronométrage	【通用】计时系统故障
défectuosité technique (du fusil)	【冬季两项】【残奥冬季两项】（步枪）技术缺陷
défectuosité technique des cartouches	【冬季两项】【残奥冬季两项】子弹发射技术故障
défense	【冰球】【残奥冰球】n.f. 防守
défenseur	【冰球】【残奥冰球】n.m. 后卫，防守队员
défensif(,ve)	【冰球】【残奥冰球】a. 防守的，防御的
déficience	【冬残奥通用】n.f. 残疾，不健全
déficience <u>comparable</u>/<u>équivalente</u>	【冬残奥通用】同等程度残疾
déficience <u>grave</u>/<u>sévère</u>	【冬残奥通用】重度残疾

déficience légère	【冬残奥通用】轻度残疾
déficience moyenne	【冬残奥通用】中度残疾
déficience visuelle	【冬残奥通用】n.f. 视力障碍，视力残疾，视觉缺陷
défilé d'ouverture	【通用】奥运会入场式
dégagement (composition d'un saut)	【跳台滑雪】n.m. 缓冲（跳跃动作的一部分）
dégagement refusé	【冰球】【残奥冰球】死球
dégager	【冰球】【残奥冰球】v.t. 把（球）传离本场
dégager sa zone/son territoire	【冰球】【残奥冰球】射球出界
degré	【自由式滑雪】n.m. 程度，度数
degré de courbe	【轮椅冰壶】（投壶路线的）曲度
degré de difficulté (D/D)	【自由式滑雪】难度系数
degré de la déficience/du handicap	【冬残奥通用】残疾程度
déjouer	【冰球】【残奥冰球】v.t. 使受挫，击败
déjouer un adversaire	【冰球】【残奥冰球】击败对手
délai	【越野滑雪】【残奥越野滑雪】n.m. 期限；延迟
délai prescrit	【越野滑雪】【残奥越野滑雪】规定期限，规定的限制时间
délégué(,e)	【自由式滑雪】a. 被委派为代表的；n. 代表
délégué technique (DT)	【残奥高山滑雪】【残奥越野滑雪】【残奥冬季两项】技术代表
délégué technique de la FIS	【滑雪通用】国际雪联技术代表
délibéré(,e)	【冰球】【残奥冰球】a. 故意的，有意识的
délimitation	【速度滑冰】n.f. 界限，划界限；规定，规定范围
délimitation (de piste)	【速度滑冰】n.f. （跑道）划分
déloger une garde centrale/médiane	【轮椅冰壶】削剥中心防卫石
déloger une pierre	【轮椅冰壶】移除一个冰壶
demande de mesurage	【冬残奥通用】测量申请
demande en appel écrite	【通用】呈交书面申诉
démarrage (d'une partie)	【冰球】【残奥冰球】n.m. 开始（一场比赛）
demeurer	【跳台滑雪】v. 保持
demeurer à découvert	【轮椅冰壶】（冰壶）未被遮挡
demeurer en position accroupie	【跳台滑雪】保持下蹲的姿势

法
汉

demi-boucle	【花样滑冰】n.f. 后外半周跳
demi-boucle piquée (un saut)	【花样滑冰】后外点冰半周跳（跳跃动作）
demi-cercle	【花样滑冰】n.m. 半圆
demi-distance	【速度滑冰】n.f. 中距离
demi-finale	【通用】n.f. 半决赛
demi-flip	【花样滑冰】n.m. 半周后内点冰跳
demi-fond	【速度滑冰】中距离【越野滑雪】【残奥越野滑雪】n. m. inv.中距离比赛，中距离项目
demi-Lutz	【花样滑冰】n.m. 半周勾手跳
demi-révolution	【花样滑冰】n.f. 半周转体
demi-vrille	【自由式滑雪】n.f. 转体半周
dénivellation	【高山滑雪】【残奥高山滑雪】n.f. 高度差，落差【自由式滑雪】n.f. 起伏不平
dénivellation de la piste de bobsleigh	【雪车】雪车赛道落差
dénivellation maximale	【高山滑雪】【残奥高山滑雪】最大落差
dénivellation minimale	【高山滑雪】【残奥高山滑雪】最小落差
dent	【残奥冰球】n.m. 齿状顶端（残奥冰球杆）
dent de lame de patin	【花样滑冰】冰鞋冰刀的刀齿
dents (de patin)	【花样滑冰】n.f. pl. 刀齿
dents de pointe	【花样滑冰】冰刀齿
départ	【雪橇】【越野滑雪】【残奥越野滑雪】【自由式滑雪】n.m. 出发，起点
départ avant le temps	【自由式滑雪】提前出发
départ avec élan	【残奥高山滑雪】快速起动（坐姿滑雪者只能在出发门前被推一下，不允许快速起动）
départ côte à côte (relais au combiné nordique)	【北欧两项】同时出发（北欧两项接力赛）
départ dans la zone de passage des relais	【冬季两项】【残奥冬季两项】（接力）交接区出发
départ de groupe/de mass/en groupe/en masse/groupé	【越野滑雪】【残奥越野滑雪】【速度滑冰】集体出发
départ de saut	【花样滑冰】跳跃起跳

départ debout	【速度滑冰】站立式出发
départ décalé/échelonné (dans le temps)	【残奥越野滑雪】【残奥冬季两项】间隔出发
départ du relais	【滑雪通用】【残奥越野滑雪】接力赛出发
départ en groupe sur piste extérieure	【速度滑冰】室外跑道集体出发
départ en groupe sur piste intérieure	【速度滑冰】室内跑道集体出发
départ en parallèle (2 skieurs/skieuses en slalom parallèle)	【高山滑雪】（平行回转中两位滑雪运动员）同时出发
départ en retard/retardé	【通用】延迟出发
départ femmes	【雪橇】女子出发
départ hommes	【雪橇】男子出发
départ individuel	【残奥越野滑雪】单独出发
départ lancé	【通用】疾速出发，良好开端
départ par deux (en slalom parallèle)	【高山滑雪】【残奥高山滑雪】双人出发（平行回转）
départ par intervalle	【越野滑雪】【残奥越野滑雪】【冬季两项】【残奥冬季两项】间隔出发
départ pour les épreuves de luge double	【雪橇】双人雪橇出发，双人雪橇出发起点
départ pour les épreuves de luge simple	【雪橇】单人雪橇出发，单人雪橇出发起点
départ poursuite	【越野滑雪】【残奥越野滑雪】追逐出发
départ valable	【高山滑雪】【残奥高山滑雪】有效出发
départs à intervalles fixes/réguliers	【北欧两项】【越野滑雪】【残奥越野滑雪】固定间隔出发
départs à intervalles raccourcis	【滑雪通用】缩小间隔出发
départs à intervalles rallongés	【滑雪通用】加长间隔出发
départs à intervalles spéciaux	【滑雪通用】特定间隔出发
départs décalés/par intervalles	【通用】间隔出发
départs simultanés	【冬季两项】【残奥冬季两项】【短道速滑】同时出发【越野滑雪】【残奥越野滑雪】集体出发
dépassement	【速度滑冰】【短道速滑】n.m. 超过，超越
dépassement de l'intérieur/à l'intérieur	【短道速滑】（跑道）内侧超出
dépassement sans difficulté	【越野滑雪】【残奥越野滑雪】轻松赶超

法汉

dépasser	【通用】v.t. 超出，越过，赶超
dépasser dans le dernier 100 mètres	【通用】最后 100 米超出
dépasser le point K (à la réception)	【跳台滑雪】（着陆时）超过 K 点
dépasser le temps	【花样滑冰】超时
dépasser sans difficulté	【越野滑雪】【残奥越野滑雪】轻而易举地超过
dépasser une pierre de justesse	【轮椅冰壶】刚好越过一个冰壶
dépisteur(,euse)	【冰球】【残奥冰球】n. 球探
déplacement (sur glace)	【花样滑冰】n.m. （冰上）位移
déplacement de poids/du poids du corps	【通用】重量转移，体重转移
déplacement du poids du corps avec rythme et de façon coulée	【速度滑冰】节奏流畅的中心转移
déplacer la piste	【短道速滑】换道
déplacer le poids du corps	【通用】身体中心转移
déplacer une garde centrale/médiane	【轮椅冰壶】削剥中心防卫石
déplacer une pierre	【轮椅冰壶】移除一个冰壶
dépôt d'un protêt <Canada>	【通用】提出抗议，对……有所争议<加拿大>
dépôt d'une réclamation <Europe>	【通用】提出抗议，对……有所争议<欧洲>
dépression (sur la lame)	【花样滑冰】n.f. （刀刃的）凹槽
dérapage	【滑冰通用】n.m. 打滑，滑行不稳，失去控制
dérapage latéral	【滑雪通用】侧滑【雪车】（制动时候的）侧滑
déraper	【雪车】v.i.（失去控制）滑出跑道【滑冰通用】v.i.滑行失误，滑行失控，打滑
déraper latéralement	【滑雪通用】侧滑
dernier bout	【冰壶】【轮椅冰壶】最后一局
dernier jeu	【轮椅冰壶】最后一轮比赛
dernier tour	【速度滑冰】最后一圈
dernière manche	【冰壶】【轮椅冰壶】最后一局
dernière partie de vol	【跳台滑雪】空中飞行动作的最后部分动作
dernière pierre	【冰壶】【轮椅冰壶】后手（最后一次投壶），近防卫
dernière places au classement	【通用】排名最后的几名
déroulement	【花样滑冰】n.m. 进展，展示，展开

déroulement de la danse	【花样滑冰】流畅的舞蹈动作
déroulement ordonnée d'une compétition	【通用】秩序井然的比赛
déroulement technique d'une compétition	【通用】竞赛的技术部分
désapprovisionner une <u>arme/carabine</u>	【冬季两项】【残奥冬季两项】将枪中的弹药退出
désarticulation	【通用】n.f. 脱臼
désavantage	【冰球】【残奥冰球】n.m. 劣势，不利
désavantage numérique	【残奥冰球】以少打多，场上人数比对方球队少
descendeur(,euse)	【高山滑雪】【残奥高山滑雪】n. 滑降高山滑雪运动员
descendre en chasse-neige	【滑雪通用】做犁式滑降
descente	【高山滑雪】【残奥高山滑雪】【雪车】【雪橇】n.f. 滑下，滑行【越野滑雪】【残奥越野滑雪】n.f. 下降，下滑【高山滑雪】【残奥高山滑雪】n.f. 滑降（高山滑雪比赛项目之一）
descente chronométrée	【通用】计时滑行
descente d'entraînement	【高山滑雪】【残奥高山滑雪】【雪车】【雪橇】滑行训练
descente d'entraînement de jour	【雪橇】白天滑行训练
descente d'entraînement de nuit	【雪橇】夜间滑行训练
descente d'essai	【高山滑雪】【残奥高山滑雪】【雪车】【雪橇】下滑训练，试滑
descente de compétition	【雪橇】比赛滑行
descente de jour	【雪橇】白天滑行，白天比赛
descente de nuit	【雪车】【雪橇】夜间滑行，夜间比赛
descente en biais	【高山滑雪】横滑降
descente en trace directe	【高山滑雪】【残奥高山滑雪】直滑
descente glissée	【残奥高山滑雪】直滑降
descente imaginaire (préparation mentale)	【雪橇】赛前心中演练（心理准备）
descente reprise	【雪车】【雪橇】再次滑行，重新开始滑行

法
汉

désert(,e)	【冰球】【残奥冰球】a. 空的，无人的
dessin du parcours	【冬季两项】【残奥冬季两项】赛道设计，赛道布局
détendu(,e)	【跳台滑雪】a. 放松的，舒展的，轻松的
détenir un record	【通用】保持一项纪录
détente	【冬季两项】【残奥冬季两项】n.f. 扳机【跳台滑雪】 n.f. 起跳（跳跃动作的一部分）
détenteur d'un record	【通用】纪录保持者
détenteur d'un record olympique	【通用】奥运会纪录保持者
déterminer au sort	【冰壶】【轮椅冰壶】由命运决定，抽签
deux <u>bâtons</u>/<u>crosses</u>	【残奥冰球】双冰球杆（残奥冰球运动员使用两个 冰球杆）
deux pistes parallèles	【越野滑雪】【残奥越野滑雪】双平行雪道
deux traces	【残奥越野滑雪】【残奥冬季两项】双雪槽
deuxième	【通用】n. 亚军，第二名；亚军队（多名中的第二名）
deuxième demie	【冰球】【残奥冰球】下半场；后半时
deuxième joueur(,euse)	【轮椅冰壶】二垒队员，二垒
devancer l'adversaire	【轮椅冰壶】领先对手
devant	【冰球】【残奥冰球】【雪橇】prép. 在……前面；adv. 在前面；n.m. 前面，前部
devant de but	【冰球】【残奥冰球】球门前区域（非球门区）
devant de la maison	【冰壶】【轮椅冰壶】大本营前面
devant de la tribune des entraîneurs	【跳台滑雪】教练席前面
devant de la tribune des juges	【跳台滑雪】裁判塔前面
devant du filet	【残奥冰球】球门区
devant du patin de la luge	【雪橇】雪橇滑刃前端
dévers (de la glace)	【冰壶】【轮椅冰壶】n.m. （冰面的）变形
déviation	【花样滑冰】n.f. 偏差，偏斜，偏向【跳台滑雪】 n.f. 轻微偏差
déviation de parcours	【速度滑冰】偏离路线
déviation du cercle	【花样滑冰】偏离圆形
dévier	【冰壶】【轮椅冰壶】v.（刷冰）角度过大【冰球】 【残奥冰球】v. 偏离，偏向，偏斜

dévier de son parcours	【速度滑冰】偏离路线
devise olympique	【通用】奥林匹克格言
diagonal	【花样滑冰】【冰球】【残奥冰球】n.f. 斜线，斜向，对角线
diamètre de la cible	【残奥冬季两项】靶面直径
différé(,e)	【冰球】【残奥冰球】a. 推迟的，延迟的
différence d'altitude/de hauteur	【越野滑雪】【残奥越野滑雪】【跳台滑雪】高度差（最高点和最低点之间），落差
différend	【通用】n.m. 分歧，争论
difficulté	【自由式滑雪】【越野滑雪】【残奥越野滑雪】n.f. 困难，难度
difficulté à amortir l'impact/le choc à la réception	【跳台滑雪】减缓着陆冲击力的难度
difficulté technique	【自由式滑雪】技术难度
diffusion télévisée	【通用】电视转播
dignitaire	【通用】n.m. 重要人物，VIP，贵宾
dimension	【花样滑冰】【速度滑冰】n.f. 尺寸，大小
dimension du tremplin	【跳台滑雪】跳台尺寸，跳台大小
dimensions de la glace	【轮椅冰壶】冰面尺寸
dimensions de la piste de curling	【轮椅冰壶】冰场尺寸
dimensions de la piste de glace	【速度滑冰】冰上赛道尺寸
dimensions égales du cercle	【花样滑冰】等圆形大小
diplégique	【冬残奥通用】a. 两侧瘫痪的；n. 两侧瘫痪的人
diplôme de juge de saut de la FIS	【跳台滑雪】国际雪联跳台滑雪裁判证书
directeur(,trice)	【冰球】n. 负责人，指导，领队
directeur(,trice) de l'épreuve	【通用】赛事总监
directeur(,trice) de l'équipe	【通用】（国家队）领队
directeur(,trice) de la compétition	【通用】比赛负责人
directeur(,trice) de la piste	【雪橇】滑道负责人
directeur(,trice) de tir	【冬季两项】【残奥冬季两项】射击指导；靶场主任，靶场官员（射击场）
directeur(,trice) du parcours	【雪橇】滑道负责人

法
汉

directeur général/directrice générale	【冰球】总领队，主管
directeur gérant/directrice gérante	【冰球】总领队，主管
direction de l'épreuve/la compétition/ la course	【通用】比赛管理，竞赛管理
direction du déplacement	【花样滑冰】移动方向
diriger le jeu	【冰壶】【轮椅冰壶】【冰球】【残奥冰球】指挥比赛
discipline paralympique	【冬残奥通用】残奥会纪律
disciplines du combiné nordique (saut à ski et ski de fond)	【北欧两项】北欧两项比赛项目（跳台滑雪和越野滑雪）
dislocation	【通用】n.f. 脱臼，脱位
dispersion	【冬季两项】【残奥冬季两项】n.f. 散布
disponibilité de la patinoire	【花样滑冰】冰场可用性
disposer la porte	【高山滑雪】【残奥高山滑雪】设置旗门，部署旗门
dispositif acoustique	【残奥冬季两项】声音信号系统（盲人运动员或视力障碍的运动员依靠声音信号系统发出的信号判断步枪何时瞄准目标）
dispositif optique (sur une carabine)	【冬季两项】【残奥冬季两项】（在步枪上的）光学设备
disqualification (DSQ)	【通用】n.f. 取消资格，被罚下场
disqualification pour des raisons explicites/précises	【冬季两项】【残奥冬季两项】因为某些特殊原因被取消比赛资格
disqualification pour une porte manquée	【高山滑雪】【残奥高山滑雪】因为错过旗门被取消比赛资格
disqualification répétée	【通用】被再次（多次）取消比赛资格，被再次（多次）罚下场
disqualifié(,e)	【冰球】【残奥冰球】【跳台滑雪】a. 被取消资格的
disqualifier	【冰球】【残奥冰球】v.t. 取消比赛资格
disque	【冰球】【残奥冰球】n.m. 冰球
disque ayant touché/touchant l'arbitre	【冰球】【残奥冰球】击中裁判的冰球
disque chez les spectateurs/hors de la patinoire/par-dessus la bande	【冰球】【残奥冰球】被打出冰场的冰球
disque en mouvement	【冰球】【残奥冰球】运动中的冰球

disque hors-jeu	【冰球】【残奥冰球】界外球
disque libre	【冰球】【残奥冰球】待争夺的球
disque sous la luge	【残奥冰球】冰橇下的冰球
disquette de plomb ajoutée (à la veste)	【雪橇】（加在负重背心中的）铅板
distance	【通用】n.f. 距离
distance cumulative	【轮椅冰壶】累积距离（所有冰壶距离营垒圆心构成的距离之和为累积距离，累积距离越短的团队获得的排名越高）
distance de la surface des cibles (distance entre la ligne de tir et la surface des cibles) (50 m)	【冬季两项】【残奥冬季两项】（射击靶位和靶子之间的）射击距离（50 米）
distance de tir	【冬季两项】【残奥冬季两项】射击距离
distance entre les fanions	【高山滑雪】【残奥高山滑雪】旗门宽度，旗子之间距离
distance horizontale (d'un saut ou d'un parcours)	【高山滑雪】【残奥高山滑雪】水平距离（跳跃动作或者赛道中）
distance parcourue à ski	【残奥越野滑雪】【残奥冬季两项】滑雪路线长度，滑雪距离
distinct(,e)	【自由式滑雪】a. 分开的，不同的
division	【冰球】【残奥冰球】n.f. 划分
division de la glace/surface glacée	【冰球】【残奥冰球】冰球场区域划分
dixième de seconde	【通用】十分之一秒
domaine skiable	【滑雪通用】滑雪区域，滑雪中心
données officielles concernant les résultats	【通用】比赛结果的官方数据
données techniques (relatives à la piste)	【雪车】（和跑道相关的）技术数据
donner du coude	【冰球】肘击
donner le signal de départ	【速度滑冰】（向运动员）发出出发指令
donner un coup de patin sur la rondelle/ le disque	【冰球】【残奥冰球】踢球
dopage	【通用】n.m. 兴奋剂，使用兴奋剂
doping	【通用】n.m. 使用兴奋剂
dos	【跳台滑雪】n.m. 后背，背部

dos cassé	【跳台滑雪】躯干前倾
dos droit	【雪橇】（直背）坐姿
dos rond	【跳台滑雪】曲背
dossard	【通用】【越野滑雪】【残奥越野滑雪】n.m.（运动员比赛时别在背后的）号码布
dossard d'entraînement	【通用】训练号码布
dossard de départ	【残奥高山滑雪】【残奥越野滑雪】【残奥冬季两项】（运动员比赛时别在背后的）出发号码布
dossard de guide	【残奥高山滑雪】【残奥越野滑雪】【残奥冬季两项】领滑员标志布（必须是荧光橙色，带有 G 字样）
dossard No.	【通用】（运动员比赛时别在背后的）号码布号码
dossier (de la luge)	【残奥冰球】n.m. 冰橇座椅靠背
dossier des résultats de tests	【跳台滑雪】测试记录
dossier surélevé	【残奥冰球】高靠背
double	【通用】a. 双人的【冰壶】【轮椅冰壶】双飞【雪橇】双人雪橇项目
double Axel (Paulsen)	【花样滑冰】阿克塞尔两周跳
double boucle	【花样滑冰】后外二周跳
double boucle piqué	【花样滑冰】后外点冰二周跳
double couloir	【速度滑冰】双跑道
double détente	【冬季两项】两段扳机
double échec	【残奥冰球】横杆推挡
double élastique (pour lunettes)	【高山滑雪】【残奥高山滑雪】双带（护目镜用）
double flip	【花样滑冰】后内点冰两周跳
double godille (exercice de conditionnement)	【花样滑冰】两周葫芦步（适应性训练）
double Lutz	【花样滑冰】勾手二周跳
double poussée	【越野滑雪】【残奥越野滑雪】【冬季两项】【残奥冬季两项】双推，双推技术，同时推进
double Salchow	【花样滑冰】后内两周
double saut	【花样滑冰】二周跳
double saut de boucle	【花样滑冰】后外二周跳

double saut de boucle piqué	【花样滑冰】后外点冰二周跳
double saut périlleux	【自由式滑雪】两周空翻
double saut périlleux avec vrille(s)	【自由式滑雪】两周空翻加转体
double sortie	【冰壶】【轮椅冰壶】双飞
double tirage (numéro de dossard et concurrent(,e))	【高山滑雪】【残奥高山滑雪】双抽签（号码布号码及对手）
double trois	【花样滑冰】双三
double (porte) verticale	【高山滑雪】【残奥高山滑雪】发卡门
double vrille	【自由式滑雪】两周转体
double Walley piqué	【花样滑冰】二周点沃里跳
double-échec (infraction)	【冰球】【残奥冰球】横杆推挡（犯规）
doubler	【通用】v.t. 超出，越过，重复
doubler dans le dernier 100 mètres	【通用】最后 100 米超出
doubler sans difficulté	【越野滑雪】【残奥越野滑雪】轻而易举地超出
douille	【残奥冬季两项】n.f. 弹壳
douille de laiton	【冬季两项】【残奥冬季两项】黄铜弹壳
dragonne	【越野滑雪】【残奥越野滑雪】【高山滑雪】【残奥高山滑雪】【残奥越野滑雪】【冬季两项】【残奥冬季两项】n.f. 滑雪杖握带，滑雪杖腕带
drapeau	【残奥越野滑雪】【残奥冬季两项】n.m. （标志赛道的）旗子
drapeau indicateur	【通用】信号旗
drapeau jaune	【高山滑雪】【残奥高山滑雪】黄旗
drapeau olympique	【通用】奥林匹克旗帜
drapeau rouge	【速度滑冰】红色旗子
dribbler	【冰球】【残奥冰球】v.t. 带（球），运（球）
dribbler la rondelle	【冰球】【残奥冰球】运球
drogue améliorant la performance sportive	【冬残奥通用】增强体能药物，兴奋剂
droit arrière extérieur (DARE)	【花样滑冰】右后外
droit arrière intérieur (DARI)	【花样滑冰】右后内
droit avant extérieur (DAVE)	【花样滑冰】右前外

droit avant intérieur (DAVI)	【花样滑冰】右前内
droit d'enregistrement <Europe>	【通用】注册费<欧洲>
droit d'inscription <Canada>	【通用】注册费<加拿大>
droit d'une piste	【雪车】【雪橇】跑道的直道部分
droit de participation	【通用】参赛资格
droit(,e)	【花样滑冰】【雪车】a. 右面的，向右的【冰球】【残奥冰球】a. 直的，笔直的
droits de télédiffusion et de radiodiffusion	【通用】广播电视转播权
durée	【花样滑冰】【冰球】【残奥冰球】n.f. 时间，期限，期间，时长
durée de la partie/du match	【冰球】【残奥冰球】比赛时长
durée du jeu	【冰球】【残奥冰球】比赛时间
durée du programme (de style) libre	【花样滑冰】自由滑节目时长
dynamique (mouvement pour conserver l'équilibre)	【自由式滑雪】a. 动态的；n.f. 动态，动力（保持平衡动作）
dysmélie	【冬残奥通用】n.f. 肢体畸形（胚胎发育障碍导致的肢体畸形）

E

écart	【花样滑冰】【北欧两项】n.m. 差距，差别，间距【跳台滑雪】n.m. 严重偏差
écart de points (au saut de ski)	【北欧两项】（跳台滑雪）比分差
écart entre les skis	【跳台滑雪】滑雪板之间的距离
écart étroit/mince	【轮椅冰壶】限定投壶距离
écarté	【花样滑冰】n.m. 分腿跳
écarts entre les temps de départ (ski de fond)	【北欧两项】出发时间差（越野滑雪）
écarts par rapport aux normes de style	【花样滑冰】偏离动作标准

法
汉

échange de relayeur	【冬季两项】【残奥冬季两项】【北欧两项】【越野滑雪】【残奥越野滑雪】接力，移交接力棒
échauffement	【花样滑冰】n.m. 热身，加热
échauffement (en début de journée)	【通用】n.m. 热身（一天刚开始的时候）
échauffement d'avant-match/d'avant-partie	【残奥冰球】赛前热身
échec	【冰球】【残奥冰球】n.m. 失败，败北
échec arrière	【冰球】【残奥冰球】回守区阻截（应对对方的进攻，快速回到本方守区）
échec-plongeon	【冰球】【残奥冰球】鱼跃戳球阻截
échelle des notes	【花样滑冰】评分表，评分标准
éclairage	【速度滑冰】n.m. 照明，灯光
éclairage de la piste	【速度滑冰】赛道上的照明
éclaireur(,euse)	【冰球】【残奥冰球】n. 球探
école d'été	【花样滑冰】夏季学校
école de patinage hors-saison	【花样滑冰】淡季滑冰学校
écoper	【冰球】【残奥冰球】v.t. 遭受，受到
écoper d'une pénalité/punition	【冰球】【残奥冰球】受到处罚
écoulé(,e)	【冰球】【残奥冰球】a. 已经过去的
écoulement du délai de 20 secondes	【跳台滑雪】倒计时 20 秒
écraser	【冰球】【残奥冰球】v.t. 碾压，超越，战胜
écraser un adversaire	【冰球】【残奥冰球】征服对手，制服对手
écusson	【花样滑冰】n.m. 盾徽，臂章
écusson national	【花样滑冰】国家徽章
effet	【冰壶】【轮椅冰壶】n.m. 旋壶（进营）；效果，作用；旋转，曲线
effet de freinage latéral	【残奥越野滑雪】【残奥冬季两项】横向制动效果
effet extérieur	【冰壶】【轮椅冰壶】外旋（使用右手投壶时逆时针，使用左手投壶时顺时针）
effet grossissant (du système de visée)	【冬季两项】【残奥冬季两项】放大效果（瞄准系统）
effet intérieur	【冰壶】【轮椅冰壶】内旋（使用右手投壶时顺时针，使用左手投壶时逆时针）

effet perdu	【冰壶】【轮椅冰壶】无旋转
effleurement	【冰壶】【轮椅冰壶】n.m. 擦过，轻触
effleurer	【冰壶】【轮椅冰壶】v.t. 轻触，掠过【冰球】【残奥冰球】v.t. 擦过，掠过
effleurer la glace de la main (infraction)	【花样滑冰】触冰，扶冰（犯规）
effleurer <u>la mitaine/le gant du gardien de but</u>	【冰球】【残奥冰球】（冰球）擦过守门员手套
effort directionnel	【自由式滑雪】转向力
égaler un record	【通用】平一项纪录
égalisation	【冰球】【残奥冰球】n.f. 公平
égaliser	【短道速滑】v.t. 使平等，使平均，使平整
égaliser la marque	【冰球】【残奥冰球】【残奥冰球】扳成平局，打成平局
égaliser la surface de la glace	【短道速滑】磨平冰面
égaliser un record	【通用】平一项纪录
égalité	【通用】n.f. 平局，不分胜负
éjecteur	【冬季两项】【残奥冬季两项】n.m. 抛壳挺，弹出器
élan	【花样滑冰】n.m. 麋鹿，驼鹿【跳台滑雪】n.m. 冲，跃起；（跳台）助滑道，起跳平台【速度滑冰】n.m. 蹬冰，前冲
élan (composante d'un saut)	【跳台滑雪】（跳跃动作中的）助滑动作
élan arrière	【冰壶】（投壶过程中运动员投壶手臂的）向后摆动
élan naturel	【跳台滑雪】天然助滑区
élastique de lunettes	【通用】护目镜固定带
électronique	【通用】a. 电子的
élément prescrit	【花样滑冰】规定动作
élevé(,e)	【冰球】【残奥冰球】a. 高的
éliminatoire	【冰球】【残奥冰球】a. 淘汰的【冰壶】【轮椅冰壶】n.f. 平局后的加时决赛
éliminatoires	【冰壶】【轮椅冰壶】n.f.pl. 淘汰赛【冰球】【残奥冰球】n.f.pl. 季后赛【速度滑冰】n.f.pl. 淘汰赛，预赛

法
汉

éliminatoires pour la composition d'une équipe (nationale)	【速度滑冰】国家队淘汰赛
éliminatoires pour la composition de l'équipe nationale (de patinage de vitesse)	【短道速滑】国家短道速滑队淘汰赛
éliminatoires pour la composition de l'équipe nationale de patinage de vitesse sur courte piste intérieure	【短道速滑】国家队室内短道速滑淘汰赛
éliminé(,e)	【雪车】a. 被淘汰的
éloignement	【花样滑冰】n.m. 分开
emblème	【通用】n.m. 标志，标记，会徽
emblème olympique	【通用】奥林匹克会徽
emboîture de la prothèse	【冬残奥通用】假肢接受腔
embouchure du <u>but/filet</u>	【冰球】【残奥冰球】进攻得分最佳区，球门区
émission sportive	【通用】体育新闻广播
empilage	【冰球】【残奥冰球】n.m. 混战，并列争球，密集扭夺
emplacement	【通用】n.m. 比赛场地【雪车】【冬季两项】【残奥冬季两项】【花样滑冰】n.m. 场地，位置
emplacement d'une installation sportive	【通用】体育场馆的位置
emplacement de l'arrivée	【雪车】终点区域
emplacement de tir	【冬季两项】【残奥冬季两项】射击场地
emplacement des plates-formes de départ	【跳台滑雪】设置出发点
emplacement du départ	【雪车】出发区
emplir	【冰球】【残奥冰球】v.（赛事观众在场馆内）坐满
emporter	【通用】v. 获得，赢得
empreinte de la lame sur la glace	【花样滑冰】刀刃在冰面上留下的印记
empreinte du virage	【花样滑冰】转体图案
emprise (sur une position au classement)	【花样滑冰】n.f. 占据（某个排名）
en amont	【滑雪通用】上坡侧
en aval	【滑雪通用】下坡侧

en dehors de la patinoire	【冰球】【残奥冰球】冰场外（的）
en deuxième place/position	【通用】第二名，第二位（多名中的第二名）
en jeu	【冰壶】【轮椅冰壶】比赛进行中（的）
en parfait/plein équilibre	【跳台滑雪】处于完美平衡
en seconde place/position	【通用】第二名，第二位（只有两位）
en solo	【花样滑冰】单独地
enceinte/enclave du but	【残奥冰球】球门区
enchaîné(,e)	【自由式滑雪】a. 连贯的
enclave du gardien	【冰球】【残奥冰球】球门区
endurance mentale	【冬残奥通用】意志力，精神耐力
engagement	【冰球】【残奥冰球】n.m. 一局（冰球比赛）；开球，对峙
engin	【雪车】n.m. 雪车
enjambée	【冰球】【残奥冰球】n.f. 大步；步幅；进展
enlever une garde centrale/médiane	【轮椅冰壶】削剥中心防卫石
enlever une pierre	【轮椅冰壶】移除一个冰壶
enneigement	【滑雪通用】n.m. 积雪，积雪覆盖
enneigement artificiel	【滑雪通用】人工造雪
enregistrement	【通用】n.m. 注册，登记
enregistrement d'un participant/d'une participante supplémentaire	【通用】增补参赛者的注册
enregistrement des temps	【雪车】时间记录
enregistrement en retard/tardif	【滑雪通用】迟到的登记，迟到的注册
ensemble de la performance	【自由式滑雪】总体表现
ensemble de protection	【冬残奥通用】保护装置，安全防护服装
ensemble des installations	【通用】全部设施
entasser	【冰球】【残奥冰球】v.t. 堆积，挤紧
entente sur le pointage	【轮椅冰壶】分数认同（比赛结束时双方队长对分数的共同认可）
enthousiaste	【通用】n. 爱好者，业余爱好者，业余运动员
entorse	【通用】n.f. 扭伤
entracte	【冰球】【残奥冰球】n.m. 比赛间歇

entracte entre deux périodes	【冰球】【残奥冰球】n.m. 两局比赛之间的暂停，休息
entraînement	【花样滑冰】【雪橇】n.m. 训练
entraînement chronométré	【通用】计时训练
entraînement croisé	【冬残奥通用】交叉训练
entraînement de demi-fond	【速度滑冰】中距离速度滑冰训练
entraînement de fond	【速度滑冰】长距离速度滑冰训练
entraînement de résistance	【通用】抗阻训练
entraînement de sprint	【短道速滑】短距离速滑训练
entraînement en luge sur roues	【雪橇】车轮雪橇训练
entraînement fonctionnel	【速度滑冰】功能性训练
entraînement hors-glace	【通用】旱地（非冰面）训练
entraînement hors-neige	【通用】旱地（非雪地）训练
entraînement hors-piste	【通用】旱地训练
entraînement officiel	【通用】正式训练，官方培训
entraînement par intervalles	【通用】间歇训练
entraînement prévu (avant une compétition)	【通用】（比赛前的）既定训练
entraînement sérieux/soigné	【通用】严格训练
entraînement sur les lieux de la compétition	【花样滑冰】比赛现场指导
entraînement sur les lieux du test	【花样滑冰】测试现场训练
entraînement technique	【速度滑冰】技术训练
entraîneur(,euse)	【通用】n. 教练
entraîneur attitré/entraîneuse attitrée	【花样滑冰】被任命的教练
entraîneur(,euse)-chef	【冰球】【残奥冰球】n. 主教练
entraîneur(,euse) du club	【花样滑冰】俱乐部教练
entraîneur(,euse) en chef	【残奥冰球】主教练
entraîneur indépendant/entraîneuse indépendante	【花样滑冰】自由职业教练
entraîneur professionnel/entraîneuse professionnelle	【通用】职业教练，专业教练

法汉

entraîneur remplaçant/entraîneuse remplaçante	【花样滑冰】（俱乐部或运动队）替补教练
entraîneur(,euse) senior	【花样滑冰】高级教练，资深教练
entraîneur substitut	【花样滑冰】（俱乐部或运动队）替补教练
entraîneur(,euse) sur les lieux de la compétition	【花样滑冰】比赛现场教练
entraîneur(,euse) sur les lieux du test	【花样滑冰】测试现场教练
entraver le jeu d'un compétiteur(,trice)	【通用】干扰对手比赛
entrée (un saut)	【花样滑冰】n.f. 起跳（跳跃动作）
entrée du but	【冰球】【残奥冰球】球门区
entrée du Mohawk	【花样滑冰】莫霍克步进入
entrée du virage	【速度滑冰】弯道进入
entrée du virage trois	【花样滑冰】转三滑入
entretenir la glace (patinage et curling)	【滑冰通用】冰场维护（滑冰和冰壶项目）
entretien	【冰壶】【轮椅冰壶】【雪橇】n.m. 维护，保养
entretien de la glace/patinoire	【冰壶】【轮椅冰壶】【滑冰通用】冰场维护，冰面维护
entretien de la piste	【通用】跑道维护【跳台滑雪】跳台养护
entretien des pistes	【滑雪通用】雪道维护
entretien des pistes de curling	【冰壶】【轮椅冰壶】冰场维护，冰面维护
envol	【花样滑冰】n.m. 跳跃，起跳（离开冰面的后内点冰跳、跳跃动作）；腾空（在旋转开始时）【跳台滑雪】n.m. 起跳（跳跃动作的第二部分）【自由式滑雪】n.m. 起跳（空中技巧动作的第一步）
épaisseur	【滑雪通用】n.f. 厚度，深度
épaisseur de la neige	【滑雪通用】积雪厚度
épaisseur du ski	【滑雪通用】滑雪板厚度
épaule	【花样滑冰】n.f. 肩膀
épaulière	【冰球】【残奥冰球】n.f. 护肩
épreuve	【通用】n.f. 比赛，竞赛
épreuve à départ en groupe	【速度滑冰】集体出发比赛
épreuve classique/en style classique/ en technique classique	【残奥越野滑雪】传统技术比赛

épreuve d'handisport	【冬残奥通用】残疾人体育比赛
épreuve d'une journée	【通用】为期一天的比赛
épreuve de ballet	【自由式滑雪】雪上芭蕾比赛
épreuve de biathlon	【冬季两项】冬季两项比赛
épreuve de courte distance	【越野滑雪】【残奥越野滑雪】【冬季两项】【残奥冬季两项】短距离比赛
épreuve de demi-fond	【越野滑雪】【残奥越野滑雪】中距离比赛
épreuve de départ en masse/groupé	【残奥冬季两项】集体出发比赛
épreuve de fond	【速度滑冰】长距离竞速赛【越野滑雪】【残奥越野滑雪】【冬季两项】【残奥冬季两项】长距离比赛；越野滑雪赛事
épreuve de la Coupe du Monde	【滑雪通用】世界杯赛
épreuve de longue distance	【越野滑雪】【残奥越野滑雪】长距离比赛
épreuve de qualification	【冬残奥通用】预选赛
épreuve de relais	【冬季两项】【残奥冬季两项】【北欧两项】【越野滑雪】【残奥越野滑雪】接力赛
épreuve de saut à ski	【北欧两项】北欧两项跳台滑雪比赛【跳台滑雪】跳台滑雪比赛
épreuve de section pré-novice	【花样滑冰】儿童组比赛
épreuve de ski de fond	【越野滑雪】【残奥越野滑雪】越野滑雪赛事
épreuve de ski sur bosses	【自由式滑雪】雪上技巧项目
épreuve de sprint individuel/individuelle de sprint	【残奥越野滑雪】个人竞速赛
épreuve de sprint par équipes	【残奥越野滑雪】团体竞速赛
épreuve de vitesse	【残奥高山滑雪】速度赛（滑降和超级大回转比赛）
épreuve des bosses	【自由式滑雪】雪上技巧项目
épreuve (du combiné) nordique	【北欧两项】北欧两项比赛
épreuve en deux manches	【高山滑雪】【残奥高山滑雪】两轮滑行赛制
épreuve individuelle	【通用】个人项目，单项比赛
épreuve mixte	【短道速滑】混合项目
épreuve parallèle	【高山滑雪】【残奥高山滑雪】平行赛事
épreuve paralympique	【冬残奥通用】残奥会比赛

法
汉

épreuve pour athlètes <u>ayant un handicap/ayant une déficience/handicapés</u>	【冬残奥通用】残疾人体育比赛
épreuve sanctionnée	【冬残奥通用】得到认可的比赛（残奥会之前举办并由国际残奥会委员会认可的国际比赛）
épreuve sportive	【通用】体育赛事
épreuve technique	【残奥高山滑雪】技术类比赛（如回转和大回转比赛等）
équilibre	【通用】n.m. 平衡
équilibre assis	【冬残奥通用】坐姿平衡（为运动员分组的身体条件标准）
équilibre du tronc	【冬残奥通用】身体躯干平衡
équilibre dynamique	【花样滑冰】动态平衡
équilibre en position assise	【冬残奥通用】坐姿平衡（为运动员分组的身体条件标准）
équinisme	【冬残奥通用】n.m. 马蹄形畸形
équipage	【雪车】n.m. 雪车队成员
équipage d'un bob	【雪车】雪车驾驶团队
équipe	【通用】n.f. （体育运动）队；团队（滑雪项目中盲人运动员和领滑员组成的团队）
équipe à la défensive	【残奥冰球】防守队
équipe <u>active/lanceuse</u>	【轮椅冰壶】投壶队
équipe adverse	【通用】对抗队，比赛对方，比赛对方队
équipe de <u>classificateurs/classification</u>	【冬残奥通用】分组团队
équipe de classification technique et médicale	【冬残奥通用】（为运动员）分组的医疗技术团队
équipe de curling	【冰壶】【轮椅冰壶】冰壶队
équipe de hockey (sur) luge	【残奥冰球】残奥冰球队
équipe de premiers <u>secours/soins</u>	【通用】急救团队
équipe de relais	【雪车】【越野滑雪】【残奥越野滑雪】接力团队
équipe de secours	【冬残奥通用】救援队
équipe des visiteurs	【冰球】【残奥冰球】客场球队
équipe dont c'est le tour de jouer	【冰壶】【轮椅冰壶】投壶队

équipe dont ce n'est pas le tour de jouer	【冰壶】【轮椅冰壶】非投壶队
équipe éliminée	【雪车】被淘汰的队伍
équipe fautive	【冰壶】【轮椅冰壶】【冰球】【残奥冰球】犯规队
équipe féminine	【通用】女子队
équipe junior	【冰球】【残奥冰球】青少年冰球队
équipe locale	【冰球】【残奥冰球】主场球队
équipe masculine	【通用】男子队
équipe mixte	【轮椅冰壶】男女混合队
équipe nationale	【通用】国家队
équipe nationale de hockey (sur) luge	【残奥冰球】国家残奥冰球队，国家冰橇冰球队
équipe nationale de ski	【滑雪通用】国家滑雪队
équipe non fautive	【残奥冰球】【轮椅冰壶】非犯规队
équipe pénalisée	【冰球】【残奥冰球】因为受到处罚而人数不足的队伍
équipe première au classement	【通用】排名首位的团队
équipe professionnelle	【冰球】【残奥冰球】职业运动队
équipe qui joue en désavantage/ infériorité numérique	【冰球】【残奥冰球】因为受到处罚而人数不足的队伍
équipe senior	【冰球】【残奥冰球】青年组球队
équipe sportive	【通用】体育运动队
équipe-école	【冰球】【残奥冰球】农场俱乐部，冰球小联盟
équipement	【冰球】【残奥冰球】n.m. 装备，设备
équipement (que revêt un athlète)	【通用】n.m. 装备（运动员用）
équipement avec fonction technique	【冬残奥通用】（运动员使用的）具有技术功能的设备
équipement d'affûtage	【滑冰通用】研磨装备
équipement de communication électronique	【轮椅冰壶】电子通信设备
équipement de compétition	【冬残奥通用】（比赛运动员使用的）比赛装备
équipement de protection/protecteur	【冰球】【冬残奥通用】保护装备，保护设备，护具
équipement de ski	【滑雪通用】滑雪装备

法汉

équipement de <u>sport adapté/sport pour athlètes ayant un handicap/ sport pour athlètes ayant une déficience/handisport</u>	【冬残奥通用】残疾人体育运动设备
équipement <u>défendu/inadmissible</u>	【冬残奥通用】非法装备
équipement du gardien de but	【残奥冰球】守门员装备
équipement en mauvais état	【冰壶】【轮椅冰壶】糟糕的设备，有问题的装备
équipement non réglementaire	【冰球】【残奥冰球】违规设备
équipement pour la classification	【冬残奥通用】运动员分组设备
équipement rigide (skis, chaussures de ski, fixations, bâtons, etc.)	【滑雪通用】硬件装备（滑雪板、滑雪靴、固定器、滑雪杖等）
équipement vestimentaire	【滑雪通用】服装装备
équipier(,ère)	【通用】n. 队友，队员
érosion cutanée	【冬残奥通用】（假肢造成的）皮肤感染，皮肤损伤
erreur	【花样滑冰】n.f. 错误，差错，过失
erreur d'écriture	【通用】印刷错误
erreur d'écriture sur la liste des résultats	【通用】比赛结果印刷错误
erreur de roulement des joueurs	【轮椅冰壶】投壶旋转失当
erreur technique	【冰球】【残奥冰球】技术错误
escarmouche	【冰球】【残奥冰球】n.f. 推挤，接触，冲突
escarpement	【雪橇】n.m. 陡坡
espace de jeu	【轮椅冰壶】比赛区域，比赛场，运动场
esprit d'équipe	【冬残奥通用】团队精神
esprit olympique	【通用】奥林匹克精神
esprit sportif	【通用】运动员精神
esquiver	【冰球】【残奥冰球】v.t. 躲避，逃避，回避
esquiver <u>un plaquage/une mise en échec</u>	【冰球】【残奥冰球】躲闪身体阻截
essai chronométré	【速度滑冰】计时赛
essai de skis	【残奥高山滑雪】【残奥越野滑雪】【残奥冬季两项】滑雪板测试
essai du tremplin	【花样滑冰】跳台测试

essais nationaux (de patinage de vitesse)	【短道速滑】国家队淘汰赛（短道速滑）
essais nationaux sur courte piste extérieure	【速度滑冰】国家队室外短道速滑淘汰赛
essais nationaux sur courte piste intérieure	【短道速滑】国家队室内短道速滑淘汰赛
essais pour la composition d'une équipe nationale	【速度滑冰】（某个）国家队的淘汰赛
estrade	【通用】n.f. 看台
estrade d'honneur	【通用】荣誉看台
estrade des juges	【自由式滑雪】裁判席
estrade pour les chronométreurs	【冬残奥通用】计时员座席，计时台
estrade pour les invités	【通用】嘉宾看台
«et c'est le but!»	【冰球】【残奥冰球】他得分啦！他进球啦！
établir un record	【通用】创造一项纪录
étape (d'une course)	【越野滑雪】【残奥越野滑雪】n.f.（比赛的）阶段
étape de glisse	【残奥越野滑雪】【残奥冬季两项】滑行阶段
état	【跳台滑雪】n.m. 状态，状况
état de (la piste) l'élan	【跳台滑雪】助滑雪道状态
état de la neige	【滑雪通用】雪况
état de la piste	【高山滑雪】【残奥高山滑雪】雪道状态
état de la piste de dégagement	【跳台滑雪】着陆跑道状态，缓冲跑道状态
état de la piste de réception	【跳台滑雪】着陆坡道状态
état de la table du tremplin	【跳台滑雪】起跳台状态
état de santé	【通用】健康状况
état de vents	【跳台滑雪】风力条件，风况
état des installations	【跳台滑雪】设备状态
état du tremplin	【跳台滑雪】跳台状态
étau (pour affûter)	【滑冰通用】n.m.（用于磨刃的）虎钳
étendu(,e)	【自由式滑雪】a. 伸展的，展开的
étoile	【冰球】【残奥冰球】n.f. 星星，明星
étranger(,ère)	【通用】a. 外国的，外来的；n. 外国人；n.m. 外国

法汉

être chassé/pénalisé/puni	【冰球】【残奥冰球】受到处罚
être en compétition contre/opposé à	【通用】面对，对决
être hôte d'une compétition	【通用】主办一场比赛
étrier de lancement	【雪橇】出发把手
étui	【残奥冬季两项】n.m. 弹壳
Euler	【花样滑冰】后外半周跳，优勒跳
évaluation (des patineurs)	【花样滑冰】n.f. （对滑冰运动员的）评估
évaluer	【跳台滑雪】v.t. 评判，评分
évaluer un saut	【跳台滑雪】评判一个跳跃动作
évoluer avec une équipe	【冰球】【残奥冰球】随队打球，随队参赛
évoluer dans une ligue	【冰球】【残奥冰球】参加联赛
évolution (série de figures exécutées)	【跳台滑雪】n.f. （一系列动作的）流畅进行
ex æquo	【冬残奥通用】n. inv. 平局，不分胜负；名次并列者
exactitude	【跳台滑雪】n.f. 准确，精确
exactitude des mesures	【跳台滑雪】测量精度
exactitude du chronométrage	【自由式滑雪】计时的准确性
examen médical	【冬残奥通用】医疗检查，医学检查
excentrique	【花样滑冰】a. 偏心的，离心的
excessif(,ve)	【冰球】【残奥冰球】a. 过分的，过度的
ex-champion(,ne)	【通用】n. 前冠军
exécution (de la descente, du slalom, du slalom géant)	【高山滑雪】【残奥高山滑雪】n.f. 执行，完成（滑降、回转、大回转）
exécution d'une figure	【花样滑冰】一个动作的完成，一个图形的完成
exercer une pression sur le patin à l'aide de la cheville	【雪橇】用脚踝下压雪橇滑刃
exercice	【通用】n.m. 练习，训练
exercice d'échauffement/de mise en train	【通用】热身练习
exercice de conditionnement	【花样滑冰】适应性训练
exercice de poussée	【滑冰通用】蹬冰训练
exercice de poussée en périmètre	【花样滑冰】蹬冰滑行训练

exercice de poussée-élan en couple	【花样滑冰】双人蹬冰训练
exercices de visée	【冬季两项】【残奥冬季两项】瞄准训练
expert en sport	【通用】体育专家
expression	【花样滑冰】n.f. 表达
expulser	【冰球】【残奥冰球】v.t. 驱逐，开除
expulser de la partie/de la patinoire/ du jeu	【冰球】【残奥冰球】逐出冰场，逐出比赛
expulser un joueur du match	【冰球】【残奥冰球】将一名球员罚下场
extension	【自由式滑雪】【跳台滑雪】n.f. 伸展，伸直，挺直
extension des genoux	【跳台滑雪】伸直膝盖
extension du bras	【冰壶】【轮椅冰壶】伸展手臂
extension du corps	【跳台滑雪】伸展身体
extérieur de la piste	【速度滑冰】跑道外沿
extérieur(,e)	【通用】a. 外面的，外部的；n.m. 外部【花样滑冰】a. 外侧的，向外的
extrême inconduite	【残奥冰球】恶意犯规
extrémité	【冰壶】【轮椅冰壶】n.f. 末端，尽头
extrémité de la crosse/du bâton/ pointue	【残奥冰球】冰球杆尖端
extrémité de la lame	【残奥冰球】冰刃边缘
extrémité de la piste	【冰壶】【轮椅冰壶】赛道末端
extrémité de la piste de dégagement	【跳台滑雪】缓冲跑道末端
extrémité de la zone	【冰球】【残奥冰球】端区
extrémité du nez de la table	【跳台滑雪】跳台前端边缘
extrémité où se joue la manche	【冰壶】【轮椅冰壶】一局比赛的终点

F

fabrication	【滑雪通用】n.f. 制造
fabrication de neige	【滑雪通用】人工造雪

façon de tenir <u>son/sa</u> partenaire en danse	【花样滑冰】冰舞中握住同伴（手）动作
façonner	【自由式滑雪】v.t. 加工，制造
façonner un tremplin	【自由式滑雪】制造准备一个跳台
faiblesse musculaire	【冬残奥通用】肌无力
faire déborder un <u>adversaire/joueur adverse</u>	【冰球】【残奥冰球】包抄对手
faire dévier la pierre de sa trajectoire	【冰壶】【轮椅冰壶】使冰壶偏离轨迹
faire dévier un <u>lancer/tir</u>	【冰球】【残奥冰球】射偏
faire du chasse-neige	【滑雪通用】做犁式滑降
faire feu	【冬季两项】【残奥冬季两项】开枪，射击
faire le fartage	【滑雪通用】在滑雪板底部涂蜡（用以改善滑行性能）
faire <u>match nul/partie nulle</u>	【冰球】【残奥冰球】与……成平局，不分胜负
faire reprendre une course	【速度滑冰】重新比赛，恢复比赛
faire se rejoindre les genoux	【花样滑冰】膝盖并拢
faire trébucher (infraction)	【冰球】【残奥冰球】绊倒（犯规）
faire un crochet	【花样滑冰】钩住，形成钩状
faire un protêt par écrit <Canada>	【通用】递交书面抗议书<加拿大>
faire une passe à un coéquipier	【冰球】【残奥冰球】传球给队友
faire une réclamation par écrit <Europe>	【通用】递交书面抗议书<欧洲>
faire une rotation des mains (donne l'élan)	【跳台滑雪】手部摆动（助滑）
fair-play<Europe>	【通用】n.m. 公平竞争，体育道德<欧洲>
faîte d'une bosse	【自由式滑雪】n.m. 雪包顶部
famille olympique	【通用】奥林匹克大家庭
fanion	【通用】【越野滑雪】【残奥越野滑雪】【冬季两项】【残奥冬季两项】n.m.（标志赛道的）旗子，信号旗
fanion (porte de slalom)	【高山滑雪】【残奥高山滑雪】n.m. 旗门旗子（回转门）
fanion de piste	【高山滑雪】【残奥高山滑雪】赛道信号旗标（红色以及绿色小三角形赛道标志旗）
fanion déchiré	【高山滑雪】【残奥高山滑雪】被损坏的旗子

法
汉

fanion directionnel	【高山滑雪】【残奥高山滑雪】信号旗标（红色以及绿色小三角形赛道标志旗）
fanion indicateur du sens/indiquant la direction du vent	【冬季两项】【残奥冬季两项】风向旗
fanion rouge	【高山滑雪】【残奥高山滑雪】红色旗子
fart	【滑雪通用】【残奥越野滑雪】【残奥冬季两项】n.m.（滑雪板）蜡
fart chaud	【残奥越野滑雪】【残奥冬季两项】热蜡
fart d'adhérence/de poussée	【残奥越野滑雪】【残奥冬季两项】防滑蜡，踢蜡
fart de base	【残奥越野滑雪】【残奥冬季两项】底蜡
fart de descente	【高山滑雪】【残奥高山滑雪】滑降雪蜡
fart de glisse	【残奥越野滑雪】【残奥冬季两项】滑蜡；快速蜡
fart de montée	【越野滑雪】【残奥越野滑雪】上坡蜡
fart de protection	【残奥越野滑雪】【残奥冬季两项】保护蜡
fart de retenue	【越野滑雪】【残奥越野滑雪】【冬季两项】【残奥冬季两项】防滑蜡
fart de retouches	【残奥越野滑雪】【残奥冬季两项】填涂蜡
fart dur (en bâtonnet)	【滑雪通用】硬蜡（用于滑雪杖）
fart liant	【越野滑雪】【残奥越野滑雪】油蜡（涂在滑雪板底部，可改善滑行性能）
fart liquide	【滑雪通用】液蜡
fart mou	【滑雪通用】【残奥越野滑雪】【残奥冬季两项】软蜡
fartage	【残奥越野滑雪】【残奥冬季两项】n.m. 涂蜡
fartage d'adhérence/de glisse/de retenue	【残奥越野滑雪】【残奥冬季两项】打防滑蜡，打踢蜡
fartage des skis	【滑雪通用】在滑雪板底部涂蜡
farter	【滑雪通用】v. 在滑雪板底部涂蜡
fausse cible	【冬季两项】【残奥冬季两项】有问题的靶子
fausse inclinaison	【花样滑冰】错误的侧倾
faute	【通用】n.f. 犯规，失误，错误
faute à la réception	【跳台滑雪】着陆错误
faute commise au début du saut et immédiatement corrigée	【跳台滑雪】被马上纠正的起跳失误

法
汉

faute commise pendant la dernière partie du saut et non corrigée	【跳台滑雪】跳跃最后部分出现且未被纠正的失误
faute commise pendant tout le saut et non corrigée	【跳台滑雪】完整跳跃中出现且未纠正的失误
faute corrigée <u>avec retard</u>/<u>en retard</u>	【跳台滑雪】延迟更正的失误
faute d'impression	【通用】印刷错误
faute d'impression sur la liste des résultats	【通用】比赛结果印刷错误
faute de <u>bâton</u>/<u>crosse</u>	【残奥冰球】举杆过高犯规
faute de passage	【高山滑雪】【残奥高山滑雪】错误的通过（旗门）方式
faute immédiatement corrigée	【跳台滑雪】立即被纠正的失误
faute majeure	【跳台滑雪】严重失误
faute majeure non corrigée	【跳台滑雪】未被纠正的严重失误
faute mineure	【跳台滑雪】轻微错误，轻微失误
faute mineure non corrigée	【跳台滑雪】未被纠正的轻微失误
faute non corrigée	【跳台滑雪】未被纠正的失误
faute qui <u>persiste</u>/<u>subsiste</u>	【跳台滑雪】持续的失误
faute survenue en vol	【跳台滑雪】跳跃动作中的失误
faute technique	【残奥冬季两项】技术犯规
fauteuil roulant	【轮椅冰壶】轮椅
fauteuil roulant stationnaire	【轮椅冰壶】静止的轮椅，固定的轮椅
fauteuil-ski	【残奥高山滑雪】【残奥越野滑雪】【残奥冬季两项】n.m. 坐式滑雪板
faux départ	【通用】起跑犯规
faux(,sse)	【冬季两项】【残奥冬季两项】a. 错误的，不正确的
favori(,te)	【通用】a. 特别喜爱的，最有希望获胜的
fédération régionale de sport	【通用】地区性体育协会，地区性体育组织
fédération sportive	【通用】体育联合会
fédération sportive régionale	【通用】地区性体育协会，地区性体育组织
feindre	【冰球】【残奥冰球】v. 做假动作
feinte	【冰球】【残奥冰球】n.f. 假动作，虚晃

feinter	【冰球】【残奥冰球】v. 做假动作
fenêtre à l'épreuve du givre (aux postes de départ)	【雪橇】无霜窗玻璃（在出发屋上）
fervent(,e)	【通用】n. 爱好者，业余爱好者，业余运动员
feu rouge permanent	【跳台滑雪】持续的红灯（出发前）
feu vert	【跳台滑雪】绿灯
feu vert intermittent	【跳台滑雪】不停闪动的绿灯（最后 10 秒倒计时）
feu vert permanent	【跳台滑雪】持续的绿灯（第一个 10 秒倒计时）
feuille de marque	【通用】计分表
feuille de notation (à l'usage des juges)	【花样滑冰】评分记录单（裁判使用）
feuille de pointage <Canada>	【通用】计分表<加拿大>
feuille de récapitulation des tests	【花样滑冰】测试汇总单
feuille de renseignements sur la compétition	【花样滑冰】比赛信息表
feuille de temps	【速度滑冰】时间表，日程表
feuille de test	【花样滑冰】测试单
fibre de verre	【雪橇】玻璃纤维
fiche	【冰球】【残奥冰球】n.f. 卡片，记录
fiche d'un joueur	【冰球】【残奥冰球】运动员记录
fiche de juge	【通用】裁判卡
fiche de temps	【速度滑冰】时间表
figure	【花样滑冰】n.f. 图形
figure exécutée sur un pied	【花样滑冰】单足完成的图形
figure huit	【花样滑冰】8 字形
figure huit AVE/extérieure avant	【花样滑冰】前外 8 字形
figure huit AVI/intérieure avant	【花样滑冰】前内 8 字形
figure imposée/obligatoire/obligatoire en simple	【花样滑冰】规定图形
filet	【自由式滑雪】【残奥冰球】n.m. 网，球门网
filet de hockey	【残奥冰球】球门网
filet de sécurité	【自由式滑雪】【通用】安全网，安全保障
filet désert	【冰球】【残奥冰球】空门

法
汉

filet du gardien	【冰球】【残奥冰球】n.m. 球门
«filet»	【越野滑雪】【残奥越野滑雪】渔网内衣
filiale	【冰球】【残奥冰球】n.f. 农场俱乐部，冰球小联盟
fin d'un programme	【花样滑冰】n.f. 一个节目的结束
fin de l'épreuve	【高山滑雪】【残奥高山滑雪】比赛结束
fin de la piste de dégagement	【跳台滑雪】缓冲跑道尽头
fin du saut (sur la piste de dégagement)	【跳台滑雪】（缓冲跑道上）跳跃动作结束
finale	【通用】n.f. 决赛
finale A	【残奥越野滑雪】A 组决赛（半决赛第一名和第二名之间的决赛）
finale B	【残奥越野滑雪】B 组决赛（半决赛第三名和第四名之间的决赛）
finissage à la main (de l'affûtage des lames)	【滑冰通用】手工加工（磨冰刀刃）
fixation	【高山滑雪】【残奥高山滑雪】【花样滑冰】【自由式滑雪】【跳台滑雪】【越野滑雪】【残奥越野滑雪】【单板滑雪】n.f. 固定，固定装置
fixation à goupilles	【越野滑雪】【残奥越野滑雪】销连接固定
fixation de la lame (sur une chaussure de patinage)	【滑冰通用】（在滑冰鞋上）固定冰刃
fixation de la plaque avant (sur des patins)	【花样滑冰】（冰鞋上的）前刀座固定装置
fixation de la plaque du talon (sur des patins)	【滑冰通用】（冰鞋上的）后刀座固定装置
fixation de ski	【滑雪通用】滑雪板固定器
fixation de ski de fond	【残奥高山滑雪】【残奥越野滑雪】越野滑雪板固定装置
fixation de type souricière	【越野滑雪】【残奥越野滑雪】捕鼠器式滑雪板固定器
fixations de sécurité	【滑雪通用】安全固定器
fixe	【雪车】a. 固定的
flambeau olympique	【通用】奥林匹克火炬
flambeau paralympique	【冬残奥通用】残奥会火炬

flamme olympique	【通用】奥林匹克圣火
flamme paralympique	【冬残奥通用】残奥会圣火
flanc droit	【冰球】【残奥冰球】右边锋
flanc gauche	【冰球】【残奥冰球】左边锋
flèche <u>de direction/directionnelle</u>	【残奥越野滑雪】方向箭头，方向标志（用于指示滑雪路线）
fléché(,e)	【越野滑雪】【残奥越野滑雪】a. 设有路标的
flécher	【越野滑雪】【残奥越野滑雪】v. 设置路标
flexion	【花样滑冰】【雪橇】n.f. 弯曲，屈曲
flexion du genou	【花样滑冰】膝盖弯曲
flexion et extension	【花样滑冰】曲体和伸展
flip	【冰壶】【轮椅冰壶】n.m. 轻击，掷【花样滑冰】n.m. 后内点冰跳，菲利浦跳
flocon de neige	【滑雪通用】雪花
fluidité	【自由式滑雪】n.f. 流畅，流动性
fluidité du mouvement	【自由式滑雪】动作的流畅
fonction abdominale	【冬残奥通用】腹部功能（运动员分组的身体特征指标）
fond de piste	【雪车】【雪橇】滑道道基，滑道底部
fondeur au combiné nordique	【北欧两项】北欧两项越野滑雪运动员
fondeur(,euse)	【越野滑雪】【残奥越野滑雪】n. 越野滑雪运动员
foot score <Europe>	【冰壶】【轮椅冰壶】起踏线<欧洲>
force	【花样滑冰】n.f. 力，力量
force à l'arrière de la maison	【轮椅冰壶】大本营后半区力量
force à l'avant de la maison	【轮椅冰壶】大本营前半区力量
force centrifuge	【雪车】离心力
force d'accélération	【通用】加速力量
force d'impulsion	【花样滑冰】冲力
force de déblayage	【轮椅冰壶】削剥力量
force de gravité (force d'attraction)	【雪车】重力
force de l'appel	【花样滑冰】起跳爆发力
force directionnelle	【自由式滑雪】操纵力，掌控力

法
汉

force excentrique	【花样滑冰】偏心力
force majeure	【冬残奥通用】不可抗力，意外事故
forfait	【通用】n.m. 退出，退赛
formation	【冰球】【残奥冰球】n.f. 阵型，小组
formation de début de match	【冰球】【残奥冰球】开场阵容，首发阵容
formation en flèche	【残奥越野滑雪】箭头形起跑线
formation initiale/partante	【冰球】【残奥冰球】开场阵容，首发阵容
forme	【通用】n.f. 身体状态，健康状况【雪车】n.f. 外形，形状【自由式滑雪】n.f. 空中动作
forme aérodynamique	【雪车】流线型外形
forme d'une figure dans les imposées	【花样滑冰】n.f. 规定动作中的图形
forme d'une main	【冬残奥通用】手的形状（用于运动员分组）
forme du tracé	【花样滑冰】图案形状
formule de pointage	【通用】分数表格
fosse de reportage	【通用】记者席，新闻报道区
fosse de tir (côté cible)	【冬季两项】【残奥冬季两项】靶垫
foulée	【速度滑冰】n.f. 跨步，步子
foulure (ligaments)	【通用】n.f. 扭伤（韧带）
fourchette	【越野滑雪】【残奥越野滑雪】n.f. 滑雪靴固定装置
fournisseur	【通用】n.m. 供应商
fournisseur officiel	【通用】官方供应商
Fourteenstep (danse)	【花样滑冰】十四步（冰舞）
Fox(-)trot (danse)	【花样滑冰】狐步舞（冰舞）
franchir la ligne d'arrivée	【通用】越过终点线
franchir la porte	【高山滑雪】【残奥高山滑雪】穿越旗门
frappé-poussé	【轮椅冰壶】定点击球；敲退击石
frapper	【冰壶】【轮椅冰壶】【冰球】【残奥冰球】v. 击打
frapper avec le bâton	【冰球】【残奥冰球】用杆击打
frapper et demeurer	【冰壶】【轮椅冰壶】打定
frapper et rester (dans la maison)/ une pierre adverse et s'immobiliser/ une pierre et s'immobiliser	【轮椅冰壶】打定

frapper et rouler	【轮椅冰壶】打甩
frappé-roulé	【冰壶】【轮椅冰壶】打甩
Freeski big air femmes	【自由式滑雪】自由式滑雪女子大跳台（项目）
Freeski big air hommes	【自由式滑雪】自由式滑雪男子大跳台（项目）
frein	【雪车】n.m. 制动器，制动闸
frein (semelle de caoutchouc, sous une chaussure)	【冰壶】【轮椅冰壶】n.m.（橡胶鞋底）抓地摩擦；防滑物（鞋下）
frein de ski	【残奥高山滑雪】【残奥越野滑雪】【残奥冬季两项】滑雪板制动（用于比赛或正式训练中）
freinage	【雪橇】n.m. 制动，刹车
freinage latéral	【越野滑雪】【残奥越野滑雪】【冬季两项】【残奥冬季两项】横向制动
freiner	【冰壶】【轮椅冰壶】【冰球】【残奥冰球】v.（使）停止；（使）减慢速度
freiner la pierre	【冰壶】【轮椅冰壶】使冰壶停下
freineur	【雪车】n.m. 刹车手
friction	【花样滑冰】【雪橇】n.f. 摩擦
friction de l'arrière du patin (sur la piste)	【雪橇】后橇刃摩擦（在滑道上）
frôlement	【冰壶】【轮椅冰壶】n.m. 擦过，轻触
frôler	【冰壶】【轮椅冰壶】v. 轻触，掠过
frontofocomètre	【冬残奥通用】n.m. 检镜仪，焦点计（为运动员分组的仪器）
frottement	【雪橇】n.m. 摩擦
frottement de l'arrière du patin (sur la piste)	【雪橇】后橇刃摩擦（在滑道上）
fuseau de ski	【滑雪通用】滑雪裤
fusil de gros calibre	【冬季两项】【残奥冬季两项】大口径步枪
fusil de réserve	【冬季两项】【残奥冬季两项】备用枪
fusil militaire	【冬季两项】【残奥冬季两项】军用步枪

法
汉

G

gagnant(,e) d'une médaille	【通用】奖牌获得者
gagnant(,e)	【冰球】【残奥冰球】a. 得胜的，优胜的
gagner	【通用】v. 获胜，赢得……
gagner du temps	【冰球】【残奥冰球】争取时间，借故拖延时间
gagner le championnat	【冰球】【残奥冰球】夺冠，赢得冠军
gagner les éliminatoires	【冰球】【残奥冰球】赢得淘汰赛，赢得季后赛
gain	【残奥冰球】n.m. 胜利，赢得比赛
galet	【冰壶】【轮椅冰壶】n.m. 冰壶石
gant	【冰球】【残奥冰球】【滑冰通用】n.m. 手套
gant <u>attrape-disque</u>/<u>attrape-palet</u>/ <u>attrape-rondelle</u> (de gardien de but)	【冰球】【残奥冰球】守门员抓球手套
gant <u>bloqueur</u>/<u>carré</u>/<u>de blocage</u>	【残奥冰球】挡球手套
gant d'attrape	【残奥冰球】守门员抓球手套
gant de hockey	【冰球】【残奥冰球】冰球手套
gant protecteur	【雪橇】护掌手套，护手手套
gant rembourré	【残奥冰球】有填充护垫的手套
gant résistant aux coupures	【速度滑冰】防切割手套
gants de curling	【冰壶】【轮椅冰壶】冰壶手套
garde	【冰壶】【轮椅冰壶】n.f. 占位
garde avant	【轮椅冰壶】前防卫
garde courte	【冰壶】【轮椅冰壶】近防卫
garde <u>de côté</u>/<u>latérale</u>	【轮椅冰壶】角落防卫
garde longue	【冰壶】【轮椅冰壶】远防卫
garder la piste dégagée	【越野滑雪】【残奥越野滑雪】保证赛道畅通清洁（无杂物，无不必要覆盖物）
gardien(,ne)	【冰球】【残奥冰球】n. 守门员
gauche (G)	【花样滑冰】n.f. 左边，左手 a. 左边的，左手的
gauche arrière (GARE)	【花样滑冰】左后外

法
汉

gauche avant extérieur (GAVE)	【花样滑冰】左前外
gauche avant intérieur (GAVI)	【花样滑冰】左前内
gazon épais	【跳台滑雪】厚草皮
géant	【高山滑雪】【残奥高山滑雪】n.m. 大回转
gel (d'une pierre)	【冰壶】【轮椅冰壶】n.m. 粘壶
geler une pierre	【轮椅冰壶】粘壶
gêner un compétiteur/une compétitrice	【通用】干扰选手比赛
gêner un concurrent/une concurrente	【越野滑雪】【残奥越野滑雪】干扰竞争对手
genou	【花样滑冰】【跳台滑雪】【短道速滑】n.m. 膝盖
genouillère	【通用】n.f. 护膝
genoux pliés	【跳台滑雪】双腿屈膝
genre de départ	【冬季两项】【残奥冬季两项】出发形式
givre	【通用】n.m. 霜，霜状物
glace	【冰壶】【轮椅冰壶】n.f. 冰
glace capricieuse	【轮椅冰壶】不平的冰面（影响投壶效果）
glace crevassée	【花样滑冰】【速度滑冰】【短道速滑】有裂缝的冰
glace dure	【冰壶】【轮椅冰壶】【滑冰通用】坚硬的冰面（冰面过于干燥导致不滑）
glace givrée	【速度滑冰】霜冰
glace grise (anneau extérieur)	【速度滑冰】霜冰（外圈）
glace inégale	【滑冰通用】凹凸不平的冰面
glace molle	【滑冰通用】快融化的冰
glace naturelle	【滑冰通用】天然冰
glace perlée	【轮椅冰壶】均匀分布凸起小冰点的冰面
glace qui courbe	【轮椅冰壶】起伏的冰面
glace rapide	【冰壶】【轮椅冰壶】【花样滑冰】【速度滑冰】【短道速滑】坚固冰
glace sillonnée	【短道速滑】有划痕的冰面，不平的冰面
glissade	【花样滑冰】【冰壶】【轮椅冰壶】n.f. 滑行，滑步
glissade à (pied) plat	【冰壶】【轮椅冰壶】平刃滑行
glissade pas côte à côte (un seul patineur)	【花样滑冰】横向滑行步（一位滑冰运动员）

法
汉

glissade sur les orteils	【冰壶】【轮椅冰壶】脚尖着地滑行
glisse	【越野滑雪】【残奥越野滑雪】n.f. 滑行，（滑雪板）滑行性能【残奥冰球】（冰橇的）滑行能力
glisse des patins	【雪橇】滑刃的滑行性能
glissé sur deux pieds	【花样滑冰】双脚前进滑行
glissement	【越野滑雪】【残奥越野滑雪】n.m. 滑行
glissement de la pierre	【冰壶】【轮椅冰壶】冰壶滑动，冰壶滑行
glissement sur la glace	【冰壶】【轮椅冰壶】【滑冰通用】在冰面上滑行
glisser	【冰壶】【轮椅冰壶】【越野滑雪】【残奥越野滑雪】【冬季两项】【残奥冬季两项】v. 滑行
glisser la lame sur la glace	【花样滑冰】v. 冰刀在冰面上滑行
glisser la pierre sur la glace	【冰壶】【轮椅冰壶】v. 使冰壶在冰面上滑行
glisser le ski sur la neige	【越野滑雪】【残奥越野滑雪】使滑雪板在雪地上滑行
glisser sur la carre extérieure	【花样滑冰】用外刃滑行
glisser sur la carre intérieure	【花样滑冰】用内刃滑行
glisser sur le plat	【花样滑冰】用平刃滑行
glisser sur une carre	【花样滑冰】用刃滑行
glisseur (sous une chaussure)	【冰壶】【轮椅冰壶】滑行底（在一只鞋下面）
godille	【花样滑冰】n.f. 葫芦步
godiller	【花样滑冰】v. 滑葫芦步
godiller vers l'arrière	【花样滑冰】向后葫芦步
godiller vers l'avant	【花样滑冰】向前葫芦步
gommé(,e)	【冰球】【残奥冰球】a. 粘的，涂胶的
gong	【冰球】【残奥冰球】n.m. 锣，信号锣声
goniomètre	【冬残奥通用】n.m. 测角仪，测角器（用于运动员进行分组）
goudronnage	【越野滑雪】【残奥越野滑雪】n.m. 用沥青涂抹，用柏油铺盖
gradient	【雪车】n.m. 坡度
gradins	【通用】n.m.pl. 看台
grain de plomb	【残奥冬季两项】弹丸，枪弹
graisser	【冬季两项】【残奥冬季两项】v. 给……加润滑油

grand aigle (un mouvement de transition)	【花样滑冰】一字步（过渡动作）
grand axe (dans l'exécution de courbe et de la figure huit)	【花样滑冰】长轴（完成弧线以及 8 字图形中）
grand écart	【花样滑冰】分腿跳
grand pas	【花样滑冰】跨大步
Grand Prix de la Coupe du Monde de Ski acrobatique	【自由式滑雪】自由式滑雪世界杯大奖赛
Grand Prix des Nations	【自由式滑雪】国家大奖赛
grand rond	【冰壶】【轮椅冰壶】大本营
grand tremplin (90 m)	【跳台滑雪】大跳台（90 米级）
grand tremplin pour sauts périlleux arrière	【自由式滑雪】向后空翻大跳台
grand virage	【速度滑冰】外弯道
grandeur du tremplin	【跳台滑雪】跳台尺寸，跳台大小
graphite	【滑雪通用】n.m. 石墨
grattoir	【滑雪通用】n.m. 刮刀
grattoir de fart	【滑雪通用】刮蜡刀
gravement	【冰球】【残奥冰球】adv. 严重地，严肃地
gravité	【跳台滑雪】n.f. 重力
grille de départ	【残奥高山滑雪】【残奥越野滑雪】出发排位
grille de départ en pointe de flèche	【残奥越野滑雪】箭头状出发排位
grille protectrice	【冰球】【残奥冰球】保护面罩
gros calibre	【冬季两项】【残奥冬季两项】大口径
grosseur	【自由式滑雪】n.f. 大小，尺寸
grosseur des bosses	【自由式滑雪】雪包尺寸
grossier(ère)	【冰球】【残奥冰球】a. 粗鲁的，粗野的，无礼的
grossière inconduite	【冰球】【残奥冰球】行为粗野，严重犯规
groupe	【通用】n.m. 小组，团队
groupe A, B, C	【冰球】【残奥冰球】A、B、C 组
groupe d'élite/des classés(,es)	【雪橇】种子选手组，优秀选手组

法
汉

Groupe d'experts en matière de radiodiffusion de l'Union internationale de radiodiffusion	【通用】国际广播联盟广播事务专家组
groupe de figures	【花样滑冰】图形组合
groupe supplémentaire	【跳台滑雪】替补小组
groupement	【通用】n.m. 小组，团队
groupement de tirs	【冬季两项】【残奥冬季两项】射击分组
groupes de sauts dans le ski sur bosses	【自由式滑雪】雪上技巧动作组跳
guêtre	【越野滑雪】【残奥越野滑雪】n.f. 长筒雪套，护腿套
guidage	【雪橇】n.m. 控制【残奥高山滑雪】【残奥越野滑雪】【残奥冬季两项】n.m. 指导，引导（B 组运动员必需）
guidage (de la luge) à l'aide des épaules et des bras	【雪橇】用肩膀和双臂控制（雪橇）
guidage (de la luge) à l'aide des jambes	【雪橇】用腿控制（雪橇）
guidage en claquant les bâtons de ski	【残奥高山滑雪】【残奥越野滑雪】【残奥冬季两项】通过敲击滑雪杆进行引导
guidage par radio	【残奥高山滑雪】【残奥越野滑雪】【残奥冬季两项】通过无线电通信进行引导
guidage par signal vocal	【残奥高山滑雪】【残奥越野滑雪】【残奥冬季两项】通过语音信号进行引导
guide	【残奥高山滑雪】【残奥越野滑雪】【残奥冬季两项】n.m. B 组运动员引导员，B 组运动员引导
Guide antidopage (des comités organisateurs de compétitions sanctionnées) de l'IPC	【冬残奥通用】国际残疾人奥林匹克运动会反兴奋剂手册
Guide de l'IPC	【冬残奥通用】国际残疾人奥林匹克委员会手册
Guide du village olympique	【通用】奥运村指南
guide pour skieurs aveugles	【残奥滑雪】n.m.帮助盲人滑雪运动员的领滑员
guide voyant	【残奥高山滑雪】【残奥越野滑雪】【残奥冬季两项】B 组运动员的领滑员

guidon	【冬季两项】【残奥冬季两项】n.m. 准星
guidon annulaire	【冬季两项】【残奥冬季两项】准星护圈

H

habileté	【短道速滑】n.f. 技能，技巧
habileté au tir	【残奥冬季两项】射击技能
habileté fonctionnelle	【冬残奥通用】机能水平
habileté stratégique	【短道速滑】战略技巧，战略技能
hanche	【花样滑冰】n.f. 胯骨，髋关节
handicap	【冬残奥通用】n.m. 残疾
handicap comparable/équivalent	【冬残奥通用】同等程度残疾
handicap grave/lourd/sévère	【冬残奥通用】重度残疾
handicap léger/minimal	【冬残奥通用】轻度残疾
handicap locomoteur	【冬残奥通用】运动障碍，运动机能残疾
handicap moyen	【冬残奥通用】中度残疾
handicapé mental/handicapée mentale	【冬残奥通用】智力障碍的人，精神障碍的人
handicapé(,e) par un retard de développement	【冬残奥通用】发育性残疾的人，发育障碍的人
handicapé visuel/handicapée visuelle	【冬残奥通用】有视力残疾的人，视力极差的人
handisport	【冬残奥通用】n.m. 残疾人体育
handi-test	【冬残奥通用】残疾测试（一种四维残疾测量工具，测量运动员的身体状况、机能条件及状况、主观情感）
harcelé(,e)	【冰球】【残奥冰球】a. 被纠缠的，处境艰难的
harmonie (en couple ou en danse)	【花样滑冰】n.f. （双人滑或冰舞）动作的和谐，一致
harmonieux(,euse)	【花样滑冰】a. 和谐的，协调的
harnais	【冬残奥通用】n.m. 皮带，带子【花样滑冰】n.m. 训练用背带
harponnage	【冰球】【残奥冰球】n.m. 用杆捅掉对方的运球

harponner (un joueur adverse)	【冰球】【残奥冰球】v. 用杆捅掉（对方的）运球
hausse	【冬季两项】【残奥冬季两项】n.f. 瞄准具，瞄准器，后瞄准器
haut du corps	【自由式滑雪】上肢，上半身
haut du corps complètement tendu	【跳台滑雪】充分伸展紧绷的上半身
haut(,e)	【自由式滑雪】a. 高的
haute personnalité	【通用】重要人物，VIP，贵宾
hauteur	【越野滑雪】【残奥越野滑雪】n.f. 高度
hauteur de l'inclinaison de la table du tremplin	【跳台滑雪】起跳台高度
hauteur de la fixation	【残奥高山滑雪】固定装置高度
hauteur de la piste	【越野滑雪】【残奥越野滑雪】赛道高度
hauteur du dossier	【残奥冰球】冰橇座椅靠背高度
hauteur du plancher de la tribune des entraîneurs	【跳台滑雪】教练席楼层高度
hauteur du tremplin	【跳台滑雪】跳台尺寸，跳台高度
hauteur minimale (de la pierre) (1/8 de la circonférence)	【冰壶】【轮椅冰壶】（冰壶的）最小高度（周长的八分之一）
hélicoptère (saut)	【自由式滑雪】n.m. 空中转体（空中技巧）
hémiplégique	【冬残奥通用】a. 偏瘫的 n. 偏瘫患者
herbe tondue ras	【跳台滑雪】被修剪短的草皮
heure de départ	【通用】出发时间
heure de départ prévue	【通用】已经确定好的出发时间
heure sur la liste de départs	【通用】出发顺序单上的出发时间
hisser les couleurs/drapeaux	【通用】举起信号旗
hockey luge	【残奥冰球】残奥冰球，冰橇冰球
Hockey sur glace	【残奥冰球】冰球（项目）
Hockey sur glace tournoi femmes	【冰球】【残奥冰球】女子冰球（项目）
Hockey sur glace tournoi hommes	【冰球】【残奥冰球】男子冰球（项目）
hockey sur luge	【残奥冰球】残奥冰球，冰橇冰球
hockeyeur sur luge	【残奥冰球】残奥冰球运动员
hog score	【冰壶】【轮椅冰壶】前掷线，栏线

homologation	【跳台滑雪】n.f. 认可，批准
homologation d'un record	【通用】对一项纪录的承认
horaire	【通用】n.m. 时间表，时刻表
horaire d'entraînement/des entraînements	【通用】训练进度表
horizontal(,e)	【冰球】【残奥冰球】a. 水平的，横的
horloge d'arrivée	【残奥高山滑雪】【残奥越野滑雪】【残奥冬季两项】终点时钟
horloge de départ	【残奥高山滑雪】【残奥越野滑雪】【残奥冬季两项】出发时钟
hors de la patinoire	【冰球】【残奥冰球】冰场外（的）
hors jeu	【轮椅冰壶】出局
hors-jeu	【冰球】【残奥冰球】n.m. inv. 越位
hors-jeu différé/retardé	【冰球】【残奥冰球】越位缓判
hors-saison	【通用】淡季
hôte(,sse)	【通用】n. 东道主
housse de protection des jambes	【冬残奥通用】腿部保护装置
huit	【花样滑冰】8 字形
huit AVE/extérieur avant	【花样滑冰】前外 8 字形
huit AVI/intérieur avant	【花样滑冰】前内 8 字形
hymne olympique	【通用】奥林匹克会歌
hyperthermie	【冰球】【残奥冰球】n.f. 体温过高，发烧
hypertonie spastique	【冬残奥通用】痉挛状态
hypothermie	【冰球】【残奥冰球】n.f. 低温，低体温

I

idéal olympique	【通用】奥林匹克理想
«il compte!»	【冰球】【残奥冰球】他得分啦！他进球啦！
illégal(,e)	【冰球】【残奥冰球】a. 非法的，违规的
imaginaire	【雪橇】a. 想象中的，虚构的

法
汉

immobile	【雪车】a. 固定的
immobilisation dans la maison	【冰壶】【轮椅冰壶】留在大本营
immobilisation du fauteuil par un coéquipier	【轮椅冰壶】队友通过固定轮椅轮子方式固定轮椅
immobiliser	【冰球】【残奥冰球】v.t. 使……不动
immobiliser <u>la rondelle/le disque</u>	【冰球】【残奥冰球】封锁球
impact	【冬季两项】【残奥冬季两项】n.m. 命中
impression	【自由式滑雪】n.f. 印象
impression d'ensemble	【跳台滑雪】整体印象
impression générale	【自由式滑雪】总体表现，总体印象
imprimer un mouvement de rotation (à la pierre au moment de lâcher)	【冰壶】【轮椅冰壶】使（冰壶在松手的时候）旋转
impulsion	【花样滑冰】n.f. 冲力，冲量（质量×速度）【速度滑冰】n.f. 起动
impulsion avant	【花样滑冰】前冲力，前推力
impulsion et saut (de la part de la patineuse, 2ᵉ partie d'une levée)	【花样滑冰】下压及跳跃（花样滑冰女选手的动作，托举动作的第二部分）
impulsion linéaire	【花样滑冰】线性动量
Ina Bauer (un mouvement de patinage en libre)	【花样滑冰】鲍步（自由滑动作）
Ina Bauer en couple	【花样滑冰】双人鲍步
inaugural(,e)	【冰球】【残奥冰球】a. 开幕典礼的，落成仪式的，开始的
inclinaison	【花样滑冰】n.f. 倾斜，倾度，侧倾【滑雪通用】n.f. 缓坡
inclinaison (12 à 20 degrés) (terrain pour le ballet)	【自由式滑雪】斜度（12 到 20 度）（雪上芭蕾场地）
inclinaison (25 à 35 degrés) (terrain pour le ski sur bosses)	【自由式滑雪】斜度（25 到 35 度）（雪上技巧场地）
inclinaison à l'extérieur du cercle	【花样滑冰】向圈外倾斜
inclinaison avant	【花样滑冰】前倾
inclinaison AVE	【花样滑冰】前外倾斜

inclinaison AVI	【花样滑冰】前内倾斜
inclinaison de la piste	【跳台滑雪】跑道坡度，跑道倾斜度
inclinaison de la piste d'élan	【跳台滑雪】起跳台赛道斜坡，起跳台赛道斜面
inclinaison de la table du tremplin	【跳台滑雪】跳台倾斜度
inclinaison de la zone de réception	【跳台滑雪】着陆坡坡度
inclinaison du plateau	【自由式滑雪】平台的斜度
inclinaison du terrain	【自由式滑雪】地面倾斜，地面不平
inclinaison maximale	【高山滑雪】【残奥高山滑雪】最大坡度，最大陡度，最大倾斜度
inclinaison minimale	【高山滑雪】【残奥高山滑雪】最小坡度，最小陡度，最小倾斜度
inclinaison sur une carre	【花样滑冰】向一侧刃倾斜
inclination de la table du tremplin	【跳台滑雪】起跳台倾斜角度
incliner	【短道速滑】v. 倾斜
incliner vers l'intérieur	【短道速滑】向内倾斜
incohérent(,e)	【冰球】【残奥冰球】a. 不连贯的
inconduite(infraction)	【冰球】【残奥冰球】n.f. 违规行为（犯规）
indicateur de vitesse	【通用】速度计，测速仪
indicateur de vitesse de vent	【跳台滑雪】风速表，风速记录仪
indu(,e)	【轮椅冰壶】违反规则的，不合理的
inertie	【花样滑冰】n.f. 惯性，惰性
inertie rotative	【花样滑冰】转动惯性，转动惯量
inférieur(,e)	【花样滑冰】a. 下面的，下方的，下级的
infériorité	【冰球】【残奥冰球】n.f. 劣势，低等
infériorité numérique	【残奥冰球】以少打多，场上人数比对方球队少
infliger une pénalité/punition	【冰球】【残奥冰球】判罚
infraction (au règlement)	【通用】n.f. 犯规
infraction de dopage	【冬残奥通用】服用禁药
infraction majeure	【越野滑雪】【残奥越野滑雪】严重犯规
initial(,e)	【冰球】【残奥冰球】a. 开始的，最初的
inscription	【跳台滑雪】n.f. 注册，登记，录入

法
汉

inscription d'un participant/d'une participante supplémentaire	【通用】增补参赛者的注册
inscription d'une longueur	【跳台滑雪】长度（距离）的记录
inscription digitale (sur un chronomètre)	【通用】数字显示器（电子计时器上的）
inscription en retard/tardive <Canada>	【滑雪通用】迟到的登记，迟到的注册<加拿大>
inscrire à l'horaire/au calendrier	【通用】安排，预定；将……列入计划表
inscrire les tours	【速度滑冰】记录圈数
insigne (d'une discipline sportive)	【通用】n.m.（运动项目的）徽标
inspecter la piste (par les officiels)	【滑雪通用】（官员）检查赛道
inspecteur de la piste/du parcours	【雪橇】滑道检查员
inspecteur des tremplins de la FIS	【跳台滑雪】国际雪联跳台检查员
inspecteur(,trice)	【雪橇】n. 检查员，监察员
inspection	【滑雪通用】n.f. 检查，审查
inspection de la piste (par les membres du jury)	【滑雪通用】赛道检查（由评委会成员完成）
installation	【雪橇】【跳台滑雪】n.f. 设备，装置
installation au départ (dans l'aire de départ)	【雪橇】（出发区域）出发装置
installation de sonorisation	【残奥高山滑雪】【残奥越野滑雪】【残奥冬季两项】扩声系统；有线广播系统（帮助 B1、B2 以及 B3 组运动员听到指令）
installation pour l'entraînement/s'entraîner aux départs	【雪橇】出发训练设备
installation sportive	【通用】体育设施
installation(s) sur les lieux de compétition	【通用】比赛现场设施
installations d'amortissage	【雪车】缓冲设施
installations de classification	【冬残奥通用】分级设备
installations techniques (pour une compétition)	【越野滑雪】【残奥越野滑雪】（比赛用）技术设备
instructeur	【冰球】【残奥冰球】n.m. 冰球队教练，冰球队指导
instrument de mesure	【轮椅冰壶】测量仪器，量尺

instrument de pesage (pour la pesée des engins)	【雪车】称重器（用于雪车称重）
intensité du signal	【残奥冬季两项】信号强度
intercepter	【冰球】【残奥冰球】v.t. 截断，阻隔
interception	【冰球】【残奥冰球】n.f. 拦截，截断
intérieur	【跳台滑雪】n. 内部，里面，室内
intérieur(,e)	【冰壶】【轮椅冰壶】【短道速滑】a. 内部的
intermédiaire	【花样滑冰】a. 中间的
intermittent(,e)	【跳台滑雪】a. 断续的，间断的，间歇的
International Paralympic Committee (IPC)	【冬残奥通用】国际残疾人奥林匹克委员会
interpréter	【自由式滑雪】v. 解释，诠释，说明
interpréter la musique	【自由式滑雪】演绎音乐，诠释音乐
interrompre une manche	【跳台滑雪】中断一局比赛
interruption	【花样滑冰】【雪车】n.f. 中断，阻断
interruption d'une manche	【雪车】一局比赛暂停
interruption de la musique	【花样滑冰】音乐干扰
interruption du jeu	【冰球】【残奥冰球】比赛中断
intersection	【花样滑冰】n.f. （队列滑）一队滑行穿插到另一列中【残奥越野滑雪】n.f. 交叉点
Interski	【滑雪通用】世界滑雪大会
intervalle	【通用】n.m. 间隔，间距；（出发之间的）间隔
intervalle d'une demi-minute/de 30 secondes	【残奥越野滑雪】30 秒钟间隔
intervalles de départ/entre les départs	【通用】出发间隔
intervalles de départ irréguliers/ irréguliers entre les départs	【滑雪通用】非正规出发间隔
intervalles de départ raccourcis/ raccourcis entre les départs	【滑雪通用】缩小的出发间隔
intervalles de départ rallongés/ rallongés entre les départs	【滑雪通用】加长的出发间隔

intervalles <u>de départ réguliers</u>/<u>réguliers entre les départs</u>	【北欧两项】【越野滑雪】【残奥越野滑雪】固定的出发间隔
intervalles <u>de départ spéciaux</u>/<u>particuliers entre les départs</u>	【残奥滑雪】特定的出发间隔
intra-<u>mural</u>/-<u>muros</u>	【通用】a.inv. 内部，城内
inversé(,e)	【雪车】a. 颠倒的
invitation	【花样滑冰】n.f. 邀请
Iron Cross (croix de fer)(saut)	【自由式滑雪】雪板交叉（空中技巧）

法
汉

J

jalonner	【越野滑雪】【残奥越野滑雪】v. 设置路标
jalonné(,e)	【越野滑雪】【残奥越野滑雪】a. 设置旗子标志的
jalonnement	【跳台滑雪】【越野滑雪】【残奥越野滑雪】n.m. 标示设置，立标杆
jalonnement de la piste	【滑雪通用】设置赛道标示，赛道标志
jambe	【通用】n.f. 下肢，腿
jambe d'appel	【花样滑冰】起跳腿
jambe <u>d'appui</u>/<u>support</u>	【速度滑冰】站立腿，支撑腿
jambe de poussée	【速度滑冰】蹬冰腿
jambe de ski	【残奥高山滑雪】滑雪义肢，滑雪假腿
jambe libre	【通用】浮腿
jambe <u>qui patine</u>/<u>traceuse</u>	【花样滑冰】滑腿
jambe qui traîne	【冰壶】拖拽腿
jambes allongées	【残奥越野滑雪】坐姿（腿向前笔直状态）
jambes complètement tendues	【跳台滑雪】充分伸展的双腿
jambes dans un bon angle	【速度滑冰】两腿之间很好的角度
jambière	【冰球】【冬残奥通用】n.f. 胫甲，护腿铠甲
jambière de gardien de but	【冰球】守门员护腿
jarretière	【冰球】n.f. 吊袜带
jeter	【冰球】【残奥冰球】v.t. 扔掉，抛掉

jeter les gants	【冰球】【残奥冰球】脱掉手套（意为开始打架）
jeu	【冰球】【残奥冰球】【轮椅冰壶】n.m.（一局）比赛，游戏，打法
jeu blanc	【冰球】【残奥冰球】完胜
jeu brutal/robuste/rude	【冰球】【残奥冰球】粗野的比赛，粗野动作
jeu dangereux	【冰球】【残奥冰球】危险的比赛
jeu de jambes (en balayant)	【冰壶】腿法（扫冰）
jeu de pieds (en patinant)	【花样滑冰】步法（滑冰时）
jeu de pieds (du patinage) en couple	【花样滑冰】双人滑步法
jeu de puissance	【冰球】【残奥冰球】以多打少，集中攻势
jeu décisif	【残奥冰球】正赛未分胜负后的加赛
jeu défensif	【冰球】【残奥冰球】防守型打法
jeu en cours	【轮椅冰壶】正在进行中的比赛
jeu en désavantage/infériorité numérique	【残奥冰球】以少打多的比赛；场上人数比对方人数少的比赛
jeu offensif	【冰球】【残奥冰球】进攻型打法
jeu qui avorte	【冰球】【残奥冰球】中断的比赛
jeu serré	【冰球】【残奥冰球】势均力敌的比赛，紧张的比赛
jeu supplémentaire	【轮椅冰壶】加赛
Jeux internationaux pour handicapés	【冬残奥通用】残疾人奥林匹克运动会
Jeux mondiaux universitaires d'hiver	【通用】世界大学生冬季运动会
Jeux Olympiques	【通用】奥林匹克运动会
Jeux Olympiques antiques	【通用】古代奥林匹克运动会（394 年以前）
Jeux Olympiques d'été	【通用】夏季奥林匹克运动会
Jeux Olympiques d'hiver(JOH)	【通用】冬季奥林匹克运动会
Jeux Olympiques modernes	【通用】现代奥林匹克运动会（1896 年以后）
Jeux olympiques pour handicapés (physiques)/paralympiques/ Paralympiques pour handicapés physiques et visuels	【冬残奥通用】残疾人奥林匹克运动会
Jeux Olympiques spéciaux	【通用】世界特殊奥林匹克运动会
Jeux paralympiques d'été	【通用】夏季残疾人奥林匹克运动会

法汉

Jeux paralympiques d'hiver	【通用】冬季残疾人奥林匹克运动会
joint articulé (sur un bâton d'appui)	【残奥滑雪】（助滑器上的）可调节连接器
joint fixe (sur les bâtons d'appui)	【残奥滑雪】（助滑器上的）固定连接器
jouer au curling	【冰壶】【轮椅冰壶】v. 从事冰壶运动
jouer dans une équipe	【冰球】【残奥冰球】随队打球，随队参赛
jouer dans une ligue	【冰球】【残奥冰球】参加联赛
jouer l'homme	【冰球】【残奥冰球】显示男子气概
jouer la rondelle/le disque	【冰球】【残奥冰球】打冰球
joueur(,euse)	【通用】n. 运动员
joueur(,euse) à la poursuite de la rondelle/du disque	【冰球】【残奥冰球】追逐冰球的球员
joueur(,euse) admissible	【冰球】【残奥冰球】有参赛资格的运动员，合格的运动员
joueur attaquant	【残奥冰球】进攻球员，锋线队员
joueur chassé	【冰球】【残奥冰球】受到处罚的运动员
joueur clé	【冰球】【残奥冰球】关键球员；核心球员
joueur combatif	【冰球】【残奥冰球】拼抢凶狠积极的队员，风格凶狠的队员
joueur congédié (professionnel)	【冰球】【残奥冰球】被辞退的球员（专业球员）
joueur(,euse) d'avant	【冰球】【残奥冰球】前锋
joueur(,euse) de centre	【残奥冰球】中锋
joueur(,euse) de curling	【冰壶】【轮椅冰壶】冰壶运动员
joueur(,euse) de défense	【冰球】【残奥冰球】后卫，防守队员
joueur(,euse) de fort calibre	【冰球】【残奥冰球】高素质运动员
joueur(,euse) de hockey (sur glace)	【冰球】【残奥冰球】冰球运动员
joueur(,euse) de hockey (sur) luge	【残奥冰球】残奥冰球运动员
joueur(,euse) de tête	【轮椅冰壶】主力运动员
joueur disqualifié/joueuse disqualifiée	【冰球】【残奥冰球】被取消资格的运动员
joueur droitier/joueuse droitière	【冰壶】【轮椅冰壶】惯用右手的运动员
joueur(,euse) étoile	【冰球】【残奥冰球】杰出的运动员，明星运动员
joueur fautif/joueuse fautive	【冰球】【残奥冰球】犯规队员

joueur gaucher/joueuse gauchère	【冰壶】【轮椅冰壶】惯用左手的运动员
joueur harcelé/joueuse harcelée	【冰球】【残奥冰球】被紧紧追赶的冰球运动员，处境艰难的冰球运动员
joueur(,euse) junior	【冰球】【残奥冰球】青少年冰球运动员
joueur(,euse) juvénile	【冰球】【残奥冰球】少年冰球运动员
joueur(,euse) midget	【冰球】【残奥冰球】冰球运动员（15—17 岁）
joueur(,euse) novice	【冰球】【残奥冰球】少年组冰球运动员
joueur(,euse) par excellence	【残奥冰球】杰出运动员
joueur(,euse) peewee	【冰球】【残奥冰球】冰球运动员（11—12 岁）
joueur pénalisé/joueuse pénalisée	【冰球】【残奥冰球】受到处罚的运动员
joueur professionnel/joueuse professionnelle	【冰球】【残奥冰球】职业运动员，专业运动员
joueur qualifié/joueuse qualifiée	【冰球】【残奥冰球】有参赛资格的运动员，合格的运动员
joueur remercié/joueuse remerciée	【冰球】【残奥冰球】被辞退的球员
joueur remplaçant/joueuse remplaçante	【残奥冰球】替补球员
joueur renvoyé/joueuse renvoyée	【冰球】【残奥冰球】被辞退的球员（业余球员）
joueur(,euse) senior	【冰球】【残奥冰球】青年组球员
joueur substitut	【残奥冰球】替补球员
joueur suppléant/joueuse suppléante	【残奥冰球】替补球员
joueur suspendu/joueuse suspendue	【冰球】【残奥冰球】被罚出场队员
joueur(,euse) vedette	【残奥冰球】明星运动员，全明星运动员
jour de repos (entre l'entraînement et la compétition)	【雪车】休息日（在训练和比赛之间）
journaliste	【通用】n. 新闻媒体记者
journée de test	【花样滑冰】测试日
juge	【通用】n.m. 裁判
juge à l'arrivée/d'arrivée	【通用】终点裁判
juge à la ligne d'arrivé	【速度滑冰】终点线裁判
juge au départ/de départ	【通用】起点裁判

juge <u>dans la zone de passage/du</u> <u>passage dans la zone de relais/du</u> <u>passage des relais</u>	【冬季两项】【残奥冬季两项】【北欧两项】【越野滑雪】【残奥越野滑雪】接力区域裁判
juge de but	【冰球】【残奥冰球】监门员
juge de but vidéo	【残奥冰球】回放录像裁定进球是否有效
juge de chronométrage	【冬残奥通用】计时员，计时裁判
juge de <u>hors jeu/ligne</u>	【冰球】【残奥冰球】边线裁判
juge de <u>passage des relais/de relais</u>	【残奥越野滑雪】接力区裁判
juge de porte (sur le parcours)	【高山滑雪】（赛道上）旗门裁判
juge de virage	【速度滑冰】弯道裁判，巡察裁判
juge des mesures de longueurs	【跳台滑雪】距离测量裁判
juge en chef (du jury)	【自由式滑雪】裁判长
juge international	【通用】国际裁判
Juge international de la FIBT	【雪车】国际雪车联合会国际裁判
juge officiel de la FIS	【滑雪通用】国际滑雪联合会官方裁判
juge officiel de saut de la FIS	【跳台滑雪】国际滑雪联合会官方跳台滑雪裁判
juge qualifié(,e)	【通用】有资格的裁判
juge substitut	【花样滑冰】替补裁判
juge suppléant(,e)	【花样滑冰】代理裁判
juge sur la piste <général>(mais peut aussi être un officiel particulier en fonction sur la piste)	【高山滑雪】【残奥高山滑雪】赛道裁判<统称>（有时候也可以指代赛道上工作的官员）
juge-chronométreur(,euse)	【冬残奥通用】计时员，计时裁判
jugement visuel	【轮椅冰壶】视觉判断
juger	【通用】v. 裁判，判决
jugulaire	【残奥冰球】n.f. 下巴托，（头盔扣在颌下的）帽带
jumelé(,e)	【速度滑冰】a. 成对的，配对的
junior	【花样滑冰】a. 青少年的；n. 青少年【冰球】【残奥冰球】n. 青少年冰球运动员【跳台滑雪】n. 少年组
jury (de compétition)	【通用】n.m. 评委，评审团
jury d'appel	【通用】仲裁委员会；审判委员会

jury de classification	【冬残奥通用】分级评委会
juvénile	【冰球】【残奥冰球】a. 青少年的；n. 少年冰球运动员

K

K	【跳台滑雪】K 点（跳台点）
Kilian	【花样滑冰】并立背后握手姿势（冰舞中和搭档握手的方式，尤其是在嘉年华探戈中）
Kilian inversé	【花样滑冰】并立背后反向握手姿势（冰舞中和搭档握手的方式，尤其是在嘉年华探戈中）
kinesthésique	【花样滑冰】a. 运动觉的，肌运动感觉的
klister	【冬季两项】【残奥冬季两项】【越野滑雪】【残奥越野滑雪】n.m.（滑雪板）湿雪蜡（在结冰条件下使用）
Kunstbahn	【雪橇】人工赛道

L

l'arrivée	【雪橇】终点区
l'œuf (une position de descente)	【滑雪通用】团身姿势（速降姿势）
La Charte olympique	【通用】奥林匹克宪章
la piste d'élan et la ligne de départ	【雪橇】出发跑道及起跑线（出发区）
labyrinthe	【雪车】【雪橇】n.m. 迷宫式弯道
labyrinthe de glace/glacé	【雪橇】【雪车】迷宫式弯道，赛道
laçage	【滑冰通用】n.m. 系紧（鞋带），系牢（鞋带）
lacet	【滑冰通用】n.m. 鞋带
lâcher	【冬季两项】【残奥冬季两项】v. 放枪，发射【冰壶】【轮椅冰壶】v. 投壶，掷壶
lâcher de la pierre	【轮椅冰壶】出手；出壶
laissez-passer	【通用】n.m. inv. 通行证

法
汉

lame	【冰球】【残奥冰球】n.f. 刃【花样滑冰】【速度滑冰】【短道速滑】n.f. 冰刀
lame courbe	【残奥冰球】有弧度的冰刀刃
lame d'acier d'un patin	【雪橇】雪橇钢橇刃
lame de la crosse/du bâton/de palette de bâton	【残奥冰球】冰球杆刃
lame de la luge	【残奥冰球】冰橇冰刃
lame de patin à glace	【残奥冰球】冰鞋冰刃
lame de ski	【残奥高山滑雪】【残奥越野滑雪】【残奥冬季两项】滑雪板刃
lame du gardien de but	【残奥冰球】守门员冰刀刃
lame du patin	【花样滑冰】【速度滑冰】【短道速滑】冰鞋冰刀
lame en acier (recouvrant les patins de la luge)	【雪橇】钢橇刃（木质雪橇橇刃）
lame en acier léger (sur les luges d'entraînement)	【雪橇】轻型钢雪橇橇刃（用于训练雪橇）
lame pour la danse	【花样滑冰】冰舞冰鞋的冰刀
lame pour les figures	【花样滑冰】图形动作用刃
lame recourbée	【残奥冰球】有弧度的冰刀刃
lame recourbée d'un bâton	【冰球】【残奥冰球】顶端弯曲的杆刃
lame tout usage	【花样滑冰】通用冰刀，多用途冰刀
lampe à fente	【冬残奥通用】裂隙灯，缝灯，狭缝灯（用于运动员眼部测试，以便对运动员进行分组）
lancé (couple)	【花样滑冰】n.m. 抛跳（双人滑）
lancer	【冰球】【残奥冰球】n.m. 射门；v.t. 投，抛【冰壶】【轮椅冰壶】n.m. v.t. 投壶，掷壶
lancer à côté du but/dévié	【冰球】【残奥冰球】射门射偏
lancer à distance/de loin	【冰球】【残奥冰球】长射
lancer au but/la rondelle/le disque/vers le but	【冰球】【残奥冰球】射门
lancer au curling	【冰壶】【轮椅冰壶】冰壶投掷
lancer balayé	【冰球】【残奥冰球】扫射

lancer clé/décisif	【轮椅冰壶】决定性的投壶
lancer d'une pierre/de la pierre	【冰壶】【轮椅冰壶】投壶
lancer de déblayage	【冰壶】【轮椅冰壶】清占位，削剥击石
lancer de la main droite	【轮椅冰壶】右手投壶
lancer de la main gauche	【轮椅冰壶】左手投壶
lancer de pénalité/punition	【冰球】【残奥冰球】罚任意球
lancer de placement	【冰壶】【轮椅冰壶】旋壶（进营）
lancer de sortie	【冰壶】【轮椅冰壶】击打
lancer défensif	【轮椅冰壶】防御性投壶
lancer des poignets	【冰球】【残奥冰球】腕射
lancer droit	【冰球】【残奥冰球】直射
lancer facile	【轮椅冰壶】常规投壶
lancer faible	【冰球】【残奥冰球】力度小的射门
lancer frappé	【冰球】【残奥冰球】强打
lancer frappé court	【冰球】【残奥冰球】弹射
lancer intercepté	【冰球】【残奥冰球】被拦截的射门，被封锁的射门
lancer l'engin	【雪车】推行启动雪车
lancer le bob	【雪车】推行启动雪车
lancer léger	【冰壶】【轮椅冰壶】较小的旋壶力量
lancer mou	【冰壶】【轮椅冰壶】力量小的投壶，轻轻（投壶）
lancer puissant	【冰球】【残奥冰球】有力的射门
lancer qui manque de précision/raté	【冰球】【残奥冰球】射门射偏
lancer rapide	【冰球】【残奥冰球】快速射
lancer son bâton	【冰球】【残奥冰球】抛扔球杆
lancer soulevé	【冰球】【残奥冰球】挑射
lancer une pierre	【冰壶】【轮椅冰壶】投壶
lancer une pierre avec trop de vigueur/lourdement	【轮椅冰壶】投壶用力过大，投壶过猛
lancer une pierre trop faiblement	【轮椅冰壶】投壶用力过小
lancer voilé	【冰球】【残奥冰球】掩护性射门
lanceur(,euse)	【轮椅冰壶】投壶运动员
languette du patin	【滑冰通用】冰鞋鞋舌

法
汉

laque (pour patins et skis)	【通用】n.f. （冰鞋雪板的）漆
laquer (des patins et skis)	【通用】v. t. （给冰鞋雪板）涂漆，喷漆
largeur	【通用】n.f. 宽度
largeur d'un ski	【滑雪通用】滑雪板宽度
largeur d'une porte	【高山滑雪】【残奥高山滑雪】旗门宽度，旗门尺寸
largeur de (la piste) l'élan	【跳台滑雪】助滑道宽度
largeur de la glace/piste	【冰壶】【轮椅冰壶】赛道宽度
largeur de la piste/zone de réception au point K	【跳台滑雪】K 点着陆坡宽度
largeur des emplacements de tir/points de tir	【冬季两项】【残奥冬季两项】射击靶位宽度
largeur des lignes de tir	【冬季两项】【残奥冬季两项】射击区域宽度
largeur des patins	【雪车】滑刃宽度
largeur du couloir	【速度滑冰】跑道宽度
largeur du parcours	【自由式滑雪】赛道宽度
largeur du siège	【残奥冰球】（冰橇）座斗宽度
largeur du tremplin	【自由式滑雪】跳台宽度
lasso (dans les levée-couple)	【花样滑冰】拉索托举
latéral(,e)	【冰球】【残奥冰球】a. 侧面的，横向的
le dernier 100 mètres	【冬季两项】【残奥冬季两项】最后 100 米
le dernier 200 mètres	【越野滑雪】【残奥越野滑雪】最后 200 米
le meilleur marqueur/meneur	【冰球】【残奥冰球】最佳射手，最佳得分手
leader	【短道速滑】n. 领滑运动员
leçon de groupe	【花样滑冰】小组教学
lecture de la glace	【冰壶】【轮椅冰壶】冰面分析
légère flexion des genoux	【雪橇】稍微屈膝
lentille (oculaire) de contact	【冬残奥通用】隐形眼镜
les deux pieds projetés sur le côté (saut)	【自由式滑雪】侧踢跳（空中技巧）
Les règlements des concours internationaux du ski (RIS)	【滑雪通用】国际雪联竞赛规则
lésion cutanée	【冬残奥通用】（假肢造成的）皮肤感染，皮肤损伤

法
汉

lest	【雪车】【雪橇】n.m. 配重
lest autorisé	【雪橇】被许可的压重物，被许可的压载物
lest de fer	【雪车】铁制配重物
lest de plomb	【雪车】铅制配重物
levée	【花样滑冰】n.f. 托举
levée (grand écart)	【花样滑冰】分腿举
levée Axel	【花样滑冰】阿克塞尔托举
levée de boucle	【花样滑冰】后外结环跳起跳
levée de Lutz	【花样滑冰】勾手跳托举
levée de valse	【花样滑冰】华尔兹托举
levée Kilian	【花样滑冰】并立背后握手托举
levée latérale	【花样滑冰】侧面托举
levée par l'épaule	【花样滑冰】肩部托举
levée par la taille	【花样滑冰】腰部托举
levée par un bras	【花样滑冰】单臂托举，自由女神托举
libre	【花样滑冰】n.m. 自由滑【冰球】【残奥冰球】a. 自由的，放纵的
Licence de la FIBT	【雪车】国际雪车联合会执照
licence internationale d'officiel (remise aux arbitres internationaux)	【通用】(授予国际裁判的) 国际裁判资格，国际裁判执照
licence renouvelée	【雪车】更新的执照，更新的许可证
licence retirée	【雪车】被取消的执照，被取消的许可证
liège	【滑雪通用】n.m. 涂蜡栓，软木
liège à polir	【越野滑雪】【残奥越野滑雪】打磨器
lieu de compétition	【通用】比赛场地
lieu de départ	【通用】出发位置
ligne	【越野滑雪】【残奥越野滑雪】n.f. 线【冰球】【残奥冰球】n.f. 阵型；小组；线 (如锋线，后防线等)
ligne (trajectoire du skieur)	【自由式滑雪】n.m. 滑雪运动员滑行轨迹
ligne arrière	【轮椅冰壶】后卫线，底线
ligne bleue	【冰球】【残奥冰球】蓝线 (将冰场划分为攻区、守区和中区的线)

法
汉

ligne <u>centrale</u>/<u>du centre</u>	【冰壶】【轮椅冰壶】【冰球】【残奥冰球】中线，中区红线
ligne d'arrivée	【通用】终点线
ligne d'attaque	【冰球】【残奥冰球】锋线，前锋
ligne de <u>balayage</u>/<u>marque</u>/<u>pointage</u>/<u>du T</u>	【冰壶】【轮椅冰壶】T 线，中心线，圆心线
ligne <u>de</u>/<u>du</u> but	【冰球】【残奥冰球】球门线
ligne de centre	【轮椅冰壶】中线
ligne <u>de cochon</u>/ <u>de jeu</u>/ <u>des cochons</u>	【冰壶】【轮椅冰壶】前掷线，栏线
ligne de contrôle	【残奥越野滑雪】红区
ligne <u>de côté</u>/<u>latérale</u>	【冰壶】【轮椅冰壶】边线
ligne de courtoisie	【冰壶】【轮椅冰壶】限制线，礼貌线
ligne de croisement	【速度滑冰】切线
ligne de départ	【通用】出发线，起点线【冰壶】【轮椅冰壶】起踏线
ligne de départ du relais	【残奥越野滑雪】接力起跑线
ligne de départ en forme de flèche	【残奥越野滑雪】箭头形起跑线（滑雪者出发时的位置，排名最前的滑雪者在箭头尖端处）
ligne de départ prolongée	【越野滑雪】【残奥越野滑雪】延长的起点线
ligne <u>de l'appui-pied</u>/<u>du bloc de départ</u>	【轮椅冰壶】起踏线
ligne de la piste	【轮椅冰壶】冰壶赛道线
ligne de lancer	【冰壶】【轮椅冰壶】投壶轨迹，投壶路线，冰壶滑行线路
ligne de mire	【冬季两项】【残奥冬季两项】视线，瞄准线
ligne de mise <u>au</u>/<u>en</u> jeu	【冰球】【残奥冰球】争球线
ligne de pente (ballet)	【自由式滑雪】滚落线（雪上芭蕾）
ligne de pente constante (ballet)	【自由式滑雪】连续的滚落线（雪上芭蕾）
ligne de porte	【高山滑雪】【残奥高山滑雪】旗门线
ligne de skieurs	【滑雪通用】（滑雪运动员）等待缆车的队列
ligne de tir	【冬季两项】【残奥冬季两项】射击场地，射击者区域，靶位，射击道
ligne de tir (pour le canon de la carabine et la cible ou réservé au tireur)	【冬季两项】【残奥冬季两项】射击区域（放置枪械以及靶子区域）；射击区域（射击者区域）

ligne de visée (LDV)	【残奥冬季两项】瞄准线
ligne de vol (d'un sauteur)	【跳台滑雪】飞行弧线（跳台滑雪运动员）
ligne défensive	【冰球】【残奥冰球】防线
ligne droite	【通用】直道
ligne droite d'arrivée	【速度滑冰】终点直道
ligne latérale (du cercle)	【花样滑冰】（圆形）侧边线
ligne longitudinale	【花样滑冰】直线，纵向线
ligne médiane	【轮椅冰壶】中线【花样滑冰】（圆形）中线；（冰舞）中线
ligne offensive	【冰球】【残奥冰球】锋线，前锋
ligne pointillée au centre	【冰球】【残奥冰球】中线（红色虚线）
ligne rouge	【冰球】【残奥冰球】中线（红色虚线）【残奥越野滑雪】红区【跳台滑雪】红线（关键 K 点标志）
ligne transversale	【越野滑雪】【残奥越野滑雪】横线，水平线
ligne verte (indiquant le point de table)	【跳台滑雪】绿线（跳台点标志）
lignes parallèles	【轮椅冰壶】平行线
ligue	【冰球】【残奥冰球】n.f. 联盟，社团
ligue junior	【冰球】【残奥冰球】青少年冰球联盟
ligue majeure	【冰球】【残奥冰球】职业体协；职业性联盟
ligue mineure	【冰球】【残奥冰球】小职业队联盟
Ligue nationale de hockey (LNH)	【冰球】【残奥冰球】国家冰球联盟
ligue senior	【冰球】【残奥冰球】高级联赛
limiter l'utilisation de la piste	【越野滑雪】【残奥越野滑雪】限制赛道使用
linéaire	【花样滑冰】a. 线的，线性的
lisser	【越野滑雪】【残奥越野滑雪】v.t. 磨光，打磨
lisser le fart	【滑雪通用】打磨蜡
liste de l'ordre des départs	【通用】出发顺序清单
liste de résultats	【通用】成绩单，结果单
liste des départs	【残奥高山滑雪】【残奥越野滑雪】【残奥冬季两项】运动员出发顺序清单
Liste des interdictions	【通用】（兴奋剂）禁用清单

法
汉

liste des résultats	【冬残奥通用】比赛结果清单
liste des résultats au combiné nordique	【北欧两项】北欧两项结果清单
liste des résultats au/en saut en combiné nordique	【北欧两项】北欧两项跳台滑雪结果清单
liste des résultats en ski de fond au combiné nordique	【北欧两项】北欧两项越野滑雪结果清单
liste des résultats officiels	【冬残奥通用】比赛结果官方清单
liste des temps officiels	【雪橇】官方计时列表
litigieux(,euse)	【冬季两项】【残奥冬季两项】a. 引起争论的，有争议的
livre de règlement	【通用】规章制度手册
livre de règles	【通用】规则手册
lobe	【花样滑冰】n.m. 弧线
lobe (pas ou série de pas en danse)	【花样滑冰】弧线步（冰舞步法或者连续步）
lobes symétriques (d'un virage)	【花样滑冰】对称曲线（一个转体）
loge d'honneur	【通用】贵宾席，贵宾包厢
loger un protêt (par écrit) <Canada>	【通用】提出书面抗议，对……有所争议<加拿大>
loger une réclamation (par écrit) <Europe>	【通用】提出书面抗议，对……有所争议<欧洲>
Loi de la conservation de la quantité de mouvement	【花样滑冰】能量守恒律
Loi sur les marques olympiques et paralympiques	【冬残奥通用】奥运会和残奥会标志法
loin	【冰球】【残奥冰球】adv. 远
longitudinal(,e)	【花样滑冰】a. 纵向的
longue distance	【越野滑雪】【残奥越野滑雪】长距离比赛
longue foulée	【速度滑冰】蹬冰一大步
longue lame	【速度滑冰】长刃
longueur	【雪车】【冰壶】【轮椅冰壶】【花样滑冰】【雪橇】【跳台滑雪】【滑冰通用】n.f. 长度，距离
longueur atteinte	【跳台滑雪】达到的距离

longueur d'un ski	【滑雪通用】滑雪板长度
longueur d'une montée	【越野滑雪】【残奥越野滑雪】攀爬高度
longueur de l'élan/la piste d'élan	【跳台滑雪】助滑雪道长度
longueur de la courbe	【花样滑冰】弧线的长度，曲线的长度
longueur de la lame	【滑冰通用】冰刀刃长度
longueur de la pente	【高山滑雪】【残奥高山滑雪】斜坡赛道长度
longueur de la piste/du parcours/ des parcours/des pistes	【通用】赛道长度
longueur de la table du tremplin	【跳台滑雪】跳台长度
longueur de la trajectoire (parcourue par la pierre)	【冰壶】【轮椅冰壶】冰壶滑行距离
longueur de lame	【花样滑冰】【速度滑冰】冰刀长度
longueur de saut mesurée	【跳台滑雪】跳跃动作的测量距离
longueur du lancer (par le joueur)	【冰壶】【轮椅冰壶】投壶距离
longueur du plateau	【自由式滑雪】平台区长度
longueur du saut	【跳台滑雪】跳跃距离
longueur maximale/maximum de la piste	【雪车】【雪橇】赛道最大长度
longueur maximale totale (de la piste de luge)	【雪橇】（雪橇滑道）总长度
longueur mesurée (d'un saut)	【跳台滑雪】（跳跃动作）测量的距离
longueur minimale de la piste	【雪车】【雪橇】赛道最小长度
loppet	【越野滑雪】【残奥越野滑雪】n. 越野滑雪比赛， 越野滑雪节
loterie olympique	【通用】奥运会彩票
luge	【残奥冰球】n.f. 冰橇【雪橇】n.f. 雪橇（项目）； 雪橇
luge à châssis métallique	【残奥冰球】金属架冰橇
luge à deux lames	【残奥冰球】双刃冰橇
luge d'entraînement	【雪橇】训练用雪橇
luge de compétition	【雪橇】比赛用雪橇
luge de Kunstbahn/pour piste artificielle	【雪橇】人工赛道雪橇

法
汉

luge de Naturbahn/<u>pour piste naturelle/</u> <u>sur piste naturelle</u>	【雪橇】天然赛道雪橇
luge de sauvetage	【通用】救援雪橇
Luge double	【雪橇】双人雪橇（项目）
luge double hommes	【雪橇】男子双人雪橇
luge du gardien (de but)	【残奥冰球】守门员冰橇
luge	【雪橇】天然赛道雪橇
Luge relais par équipe	【雪橇】雪橇团体接力（项目）
Luge simple	【雪橇】单人雪橇（项目）
Luge simple femmes	【雪橇】女子单人雪橇（项目）
Luge simple hommes	【雪橇】男子单人雪橇（项目）
luge sportive	【残奥冰球】运动冰橇
lugeur(,euse)	【雪橇】n. 雪橇运动员
lugeur(,euse) en simple	【雪橇】单人雪橇运动员
lugeurs en double (hommes seulement)	【雪橇】双人雪橇运动员（两位男运动员）
lumière indicatrice	【通用】指示灯
lumière rouge	【冰球】【残奥冰球】红色指示灯
lumière verte	【冰球】【残奥冰球】绿色指示灯
lunettes (<u>de protection/de sécurité</u>)	【通用】n.f. pl.护目镜，防护眼镜
lunettes de neige	【滑雪通用】防雪盲的墨镜，雪镜
lunettes de protection <u>noires/</u> <u>rembourrées/opaques</u>	【残奥高山滑雪】【残奥越野滑雪】【残奥冬季两项】黑色滑雪护目镜（B1 组别运动员使用）
lunettes de ski	【滑雪通用】滑雪护目镜
Lutz	【花样滑冰】n. 勾手跳
luxation	【通用】n.f. 脱臼

M

machine à affûtage parallèle	【花样滑冰】平行磨刃机器
machine à tracer les pistes	【越野滑雪】【残奥越野滑雪】压制雪槽机
magasin	【残奥冬季两项】n.m. 弹夹，弹仓

magasin à cinq coups	【残奥冬季两项】五发子弹弹夹，五发子弹弹仓
magasin à un coup	【残奥冬季两项】一发子弹弹夹，一发子弹弹仓
magnétoscope	【通用】n.m. 盒式磁带录像机
maillot à manches longues	【速度滑冰】长袖运动衣
maillot de corps à résille	【越野滑雪】【残奥越野滑雪】渔网内衣
main dans la main	【花样滑冰】手拉手握法（双人滑及冰舞中与搭档握手的一种方法）
maintenir	【跳台滑雪】v. 保持
maintenir la position accroupie	【跳台滑雪】保持下蹲的姿势
maison	【冰壶】【轮椅冰壶】n.f. 大本营
maître-armurier	【冬季两项】【残奥冬季两项】比赛枪械师
maîtrise de soi (d'un sauteur)	【跳台滑雪】自我控制（跳台滑雪运动员）
maîtrise du corps et des skis	【跳台滑雪】对身体及滑雪板的控制
maîtriser le passage du changement d'inclinaison de la piste/de pente	【跳台滑雪】在坡度变化中安全过渡
malvoyant(,e)	【冬残奥通用】有视力残疾的人，视力极差的人
manche	【通用】n.f. 比赛【冰壶】【轮椅冰壶】局（比赛）【越野滑雪】【残奥越野滑雪】n.f. （比赛的）阶段【冰球】【残奥冰球】n.m. 杆，柄
manche blanche	【冰壶】【轮椅冰壶】流局
manche d'essai	【跳台滑雪】测试赛，练习赛
manche d'une brosse	【冰壶】冰刷手柄
manche de jour	【雪橇】白天比赛，白天滑行
manche de nuit	【雪车】夜间比赛，夜间滑行
manche du bâton	【冰球】【残奥冰球】冰球杆柄
manche en cours	【轮椅冰壶】正在进行中的比赛
manche finale	【轮椅冰壶】最后一轮比赛
manche impaire	【轮椅冰壶】奇数局
manche nulle/sans point	【轮椅冰壶】空局
manche reprise	【雪车】【雪橇】再次滑行，重新开始的比赛
manche subséquente	【轮椅冰壶】后续局
manche supplémentaire	【冰壶】【轮椅冰壶】加赛，延长赛

法
汉

manche terminée	【冰壶】【轮椅冰壶】定局
manche volée	【冰壶】【轮椅冰壶】偷分局
manchon	【通用】n.m. 袖口，袖套
maniement	【冰壶】【轮椅冰壶】n.m. 触摸
maniement de la rondelle/du disque avec la main(infraction)	【冰壶】【轮椅冰壶】用手触球（犯规）
maniement du bâton	【冰球】【残奥冰球】操纵球杆
manier	【冰壶】【轮椅冰壶】v. 触摸
manier la rondelle/le disque avec la main (infraction)	【冰壶】【轮椅冰壶】用手触球（犯规）
manier le bâton	【冰球】【残奥冰球】操纵球杆
manœuvre à la verticale inversée	【自由式滑雪】空翻
manœuvrer la luge	【残奥冰球】驾驭冰橇
manœuvres multiples	【自由式滑雪】花样跳跃
manque d'assurance à la réception	【跳台滑雪】着陆动作缺乏稳定性
manque d'assurance aussitôt corrigé	【跳台滑雪】被立刻纠正的不稳定动作
manque d'assurance en vol	【跳台滑雪】空中动作缺乏稳定性
manque d'assurance sur la piste de réception	【跳台滑雪】着陆跑道的不确定性
manque de sûreté	【跳台滑雪】不稳定，不确定
manque de sûreté sur les skis	【跳台滑雪】滑雪板的不稳定性
manqué(,e)	【冬季两项】【残奥冬季两项】a. 失败的，没有成功的
manquer	【冰球】【残奥冰球】v.t. 错过，未击中
manquer la porte (faute de passage)	【高山滑雪】【残奥高山滑雪】未过旗门
manquer le filet	【冰球】【残奥冰球】未射中球门
marcher	【冬残奥通用】v. 走，步行（用于运动员分组）
marchette sur ski	【残奥滑雪】滑雪板助行器
marketing olympique	【通用】奥运会市场开发
marquage (des skis et des armes)	【冬季两项】【残奥冬季两项】n.m. 做标记（滑雪板和步枪）
marquage de la piste	【残奥高山滑雪】【残奥越野滑雪】【残奥冬季两项】赛道标记设置

marquage des centres (pour les figures)	【花样滑冰】（图形的）中心标记
marquage des points	【通用】计分，评分，打分
marquage des skis	【越野滑雪】【残奥越野滑雪】【冬季两项】【残奥冬季两项】在滑雪板上做标记
marque	【通用】n.f. 分数【速度滑冰】n.f. （跑道线）标记
marque commerciale	【冬残奥通用】商标，商业品牌
marque de la lame sur la glace	【花样滑冰】刀刃在冰面上留下的印记
marque de longueur	【跳台滑雪】距离标志
marque olympique	【通用】奥林匹克标志
marqué(,e)	【越野滑雪】【残奥越野滑雪】a. 设置旗子标志的
marquer	【越野滑雪】【残奥越野滑雪】v. 设置路标【冰球】【残奥冰球】v. 进球
marquer un but	【冰球】【残奥冰球】进球得分
marques de saut (épreuve de sauts)	【跳台滑雪】跳台滑雪空中技巧得分
marqueur de tours	【速度滑冰】记圈员，记圈器
marqueur du but (qui a marqué le but)	【冰球】【残奥冰球】射门员
marqueur officiel (des buts)	【残奥冰球】官方记分员
marqueur(,euse)	【冰壶】【轮椅冰壶】n. 得分者【冰球】【残奥冰球】n. 射门得分的球员【滑雪通用】n. 设置（赛道）标志的人
marteau (dernier lancer d'une manche)	【冰壶】【轮椅冰壶】n.m. 后手（最后一次投壶），近防卫
mascotte	【通用】n.f. 吉祥物
masque (de gardien)	【冰球】【残奥冰球】n.m. （守门员）面罩
mât	【通用】n.m. 旗杆
mât de poussée	【雪车】推杆，把手
mât de poussée arrière	【雪车】后推杆，后把手
match	【通用】n.m. 比赛
match à domicile	【冰球】【残奥冰球】主场比赛
match à égalité/nul	【残奥冰球】平局比赛
match à l'étranger/sur la route	【冰球】【残奥冰球】客场比赛
match d'avant-saison	【冰球】【残奥冰球】季前赛

法
汉

match d'exhibition/hors-concours	【冰球】【残奥冰球】实战测试
match d'ouverture/inaugural (d'une saison)	【冰球】【残奥冰球】赛季的揭幕比赛
match de curling	【冰壶】【轮椅冰壶】冰壶比赛
match de demi-finale	【冰球】【残奥冰球】半决赛
match de hockey (sur) luge	【残奥冰球】冰橇冰球比赛，残奥冰球比赛
match décisif/final	【冰球】【残奥冰球】决胜局
match éliminatoire	【冰球】【残奥冰球】季后赛
match international de hockey (sur) luge	【残奥冰球】国际冰橇冰球比赛
match pour inconduite	【残奥冰球】恶意犯规
match régulier	【冰球】【残奥冰球】常规赛
match serré	【冰球】【残奥冰球】势均力敌的比赛，紧张的比赛
match simulé	【冰球】【残奥冰球】模拟赛
matelas	【短道速滑】n.m. 垫子，软垫
matelas de protection	【短道速滑】安全垫，保护垫
matelas protecteur	【速度滑冰】保护垫
mater	【冰球】【残奥冰球】v.t. 战胜，制服，征服
mater un adversaire	【冰球】【残奥冰球】征服对手，制服对手
matériel (pour tenir l'épreuve)	【通用】n.m. 器材，材料（比赛用）
matériel avec fonction technique	【冬残奥通用】（比赛中运动员使用的）具有技术功能的设备
matériel de compétition	【冬残奥通用】（比赛运动员使用的）比赛装备
matériel de premiers secours/soins	【通用】急救设备
matériel de sport adapté/pour athlètes ayant un handicap/pour athlètes ayant une déficience/handisport	【冬残奥通用】残疾人体育运动设备
matériel pour la classification	【冬残奥通用】运动员分组设备
mauvais franchissement de la porte (faute de passage)	【高山滑雪】【残奥高山滑雪】通过旗门失误
mauvais(,e)	【自由式滑雪】a. 坏的，差的
mauvaise cible	【冬季两项】【残奥冬季两项】错误的目标

法
汉

mauvaise conduite	【通用】不当行为
mauvaise réception	【跳台滑雪】不正确的着陆
mauvaise visibilité du relief de la piste	【自由式滑雪】较差的赛道可视条件
mauvaise visibilité du relief des bosses	【自由式滑雪】较差的雪包可视条件
maximal(,e)	【雪橇】a. 最大的，最高的
maximum	【雪橇】a. 最大的，最高的；n.m. 最大值，最大量
Mazurka	【花样滑冰】三字小跳步，马祖卡跳
mécanique	【雪橇】a. 机械的，机动的
mécanisme de départ	【通用】出发机制【高山滑雪】【残奥高山滑雪】启动装置
méconduite pour le match	【残奥冰球】恶意犯规
médaille	【通用】n.f. 奖牌
médaille d'argent	【通用】银牌
médaille d'or	【通用】金牌
médaille olympique	【通用】奥林匹克奖牌，奥运会奖牌
médaille paralympique	【冬残奥通用】残奥会奖牌
médaillé(,e)	【通用】n. 奖牌获得者；a. 获得奖牌的
médecin de médecine sportive	【通用】体育医学医生，运动治疗师
médiane	【花样滑冰】a. 中间的，中部的
meilleur assistant	【残奥冰球】助攻王
meilleur <u>buteur</u>/<u>compteur</u>/<u>marqueur</u>	【残奥冰球】得分王
meilleur œil avec correction	【冬残奥通用】最佳矫正视力（视力残疾运动员分组的标准）
mêlée	【冰球】【残奥冰球】n.f. 混战，并列争球，密集扭夺
membre amputé	【冬残奥通用】断肢（先天的或截肢的）
membre artificiel	【冬残奥通用】义肢，假肢
membre d'une équipe	【通用】队员
membre du jury	【通用】评委组成员
membre du service d'ordre	【通用】安保职员
membre inférieur	【冬残奥通用】下肢，腿

membre paralysé	【冬残奥通用】瘫痪的肢体
membre sain/valide	【冬残奥通用】健全的肢体
membre supérieur	【冬残奥通用】上肢
membres de la presse	【通用】新闻媒体记者
même rang au classement	【通用】相同的排名
meneur(,euse)	【冰球】【残奥冰球】n. 带领者，领导人【短道速滑】n. 领滑运动员【速度滑冰】n. 领先的滑冰运动员
meneuse	【冰壶】【轮椅冰壶】n.f. 得分壶
mention d'aide/d'assistance	【残奥冰球】帮助，助攻
menton	【速度滑冰】n.m. 下巴
mentonnière	【残奥冰球】n.f. 护颏，下巴护具
mesurage	【轮椅冰壶】n.m. 测量
mesurage de la piste/du parcours	【越野滑雪】【残奥越野滑雪】跑道测量
mesure	【跳台滑雪】n.f. 测量，测定，尺寸
mesure à ruban	【跳台滑雪】卷尺
mesure de la longueur d'un saut	【跳台滑雪】测量跳跃动作的距离
mesure de la vitesse de l'élan du sauteur	【跳台滑雪】测量助滑速度
mesure de la vitesse du vent	【跳台滑雪】测量风速
mesure de longueur	【跳台滑雪】距离测量
mesure de sécurité	【通用】安全措施
mesure technique (le produit ou l'action)	【跳台滑雪】技术测量
mesure visuelle	【跳台滑雪】目测
mesures de longueur inscrites sur des panneaux (le long de la zone de réception)	【跳台滑雪】长度测量仪显示板
mesures de sécurité relatives à l'arme et au tir	【冬季两项】【残奥冬季两项】射击及枪支的安全规定
mesureur	【跳台滑雪】n.m. 测量器，测量员
mesureur de longueur (de sauts)	【跳台滑雪】（跳跃）距离测量员，（跳跃）距离测量仪器

méthode de départs	【通用】出发方式
mettre à l'horaire/au calendrier	【通用】安排，预定；将……列入计划表
mettre le fart	【滑雪通用】在滑雪板底部涂蜡(用以改善滑行性能)
mettre les genoux ensemble	【花样滑冰】膝盖并拢
meule	【滑冰通用】n.f. 磨盘，石磨
meule à affûter/aiguiser	【滑冰通用】磨石
microphone	【残奥高山滑雪】【残奥越野滑雪】【残奥冬季两项】n.m. 扩音器，麦克风（帮助 B1，B2 以及 B3 组运动员听到指令）
midget	【冰球】【残奥冰球】n.m. 少儿冰球运动员（15—17 岁）
milieu de la piste/zone de dégagement	【跳台滑雪】缓冲区中间
minimal(,e)	【花样滑冰】a. 最小的，最低的
minimum	【花样滑冰】a. 最小的，最低的；n.m. 最小值
minute de pénalité	【冬季两项】【残奥冬季两项】处罚分钟
minute de pénalité de tir	【残奥冬季两项】一分钟处罚
mire	【冬季两项】【残奥冬季两项】n.f. 瞄准
mire avant	【冬季两项】【残奥冬季两项】准星
mise au/en jeu	【冰球】【残奥冰球】开球，对峙
mise en échec	【冰球】【残奥冰球】身体冲撞，阻截
mise en échec avec l'avant de la luge	【残奥冰球】用冰橇前端进行阻截
mise en échec avec l'épaule	【冰球】【残奥冰球】肩部冲撞，肩部阻截
mise en échec avec le bâton	【冰球】【残奥冰球】球杆阻截
mise en échec avec le côté de la luge	【残奥冰球】用冰橇一侧进行阻截
mise en échec sévère	【冰球】【残奥冰球】激烈的身体冲撞
mise en train	【通用】热身
mise en train d'avant-match/d'avant-partie	【残奥冰球】赛前热身
mitaine (gardien de but)	【冰球】【残奥冰球】n.f. 手套（守门员用）
mitaine attrape-disque/attrape-rondelle/d'attrape (de gardien de but)	【冰球】【残奥冰球】守门员抓球手套
mi-temps	【冰球】【残奥冰球】n.f. inv. 中场休息

法汉

Mo (un pas de danse)	【花样滑冰】莫霍克步（一种冰舞舞步）
modèle de la figure huit	【花样滑冰】8 字形图形
modification	【跳台滑雪】n.f. 调整，修改
modification de la classification	【冬残奥通用】分组变化，分级变化
modification du profil d'un tremplin	【跳台滑雪】对跳台轮的调整
Mohawk (un pas de danse)	【花样滑冰】莫霍克步（一种冰舞舞步）
Mohawk ouvert (un pas de danse)	【花样滑冰】开式莫霍克步（一种冰舞舞步）
Mohawk swing (un pas de danse)	【花样滑冰】摇摆莫霍克步（一种冰舞舞步）
moignon	【冬残奥通用】n.m. 残肢
molester	【冰球】【残奥冰球】v.t. 粗暴对待
moment	【通用】n. m. 时间【花样滑冰】n.m. 矩
moment d'inertie	【花样滑冰】转动惯量
moment d'une force	【花样滑冰】力矩
moment linéaire (masse×vitesse)	【花样滑冰】动量（质量×速度）
moment rotatif	【花样滑冰】旋转动作
mono-pièce	【速度滑冰】滑冰连体服
monoski	【残奥高山滑雪】n.m. 单板滑雪
monoskieur(,euse)	【残奥高山滑雪】n. 单板滑雪运动员
montants (de la lame)	【滑冰通用】（冰刀）支柱
montée	【冰壶】【轮椅冰壶】n.f. 晋升击石；传进【越野滑雪】【残奥越野滑雪】n.f. 爬坡，登坡；斜坡
montée directe	【越野滑雪】【残奥越野滑雪】直线登坡滑行
montée en canard/ciseaux	【越野滑雪】【残奥越野滑雪】八字蹬坡步
montée en escalier	【滑雪通用】横板登坡
monte-pente	【滑雪通用】（把滑雪者送上坡的）牵引装置，缆车
monter	【冰壶】【轮椅冰壶】v. 晋升
monter un placement/une pierre	【冰壶】【轮椅冰壶】晋升击石；传进
mordeuse	【冰壶】【轮椅冰壶】n.f. 压线
motet olympique	【通用】奥林匹克会歌
mou(mol, molle)	【滑雪通用】a. 柔软的，软的
mouche	【冰壶】【轮椅冰壶】n.f. 圆心，中心，圆心线【冬季两项】【残奥冬季两项】n.f. 靶心

moufle	【速度滑冰】n.f. 连指手套
moufle résistant aux coupures	【速度滑冰】防切割连指手套
mousse d'assise	【残奥高山滑雪】【残奥越野滑雪】【残奥冬季两项】座垫（坐姿滑雪部件）
mouvement	【通用】n.m. 动作
mouvement arrière	【冰壶】(投壶过程中运动员投壶手臂的)向后摆动
mouvement d'appel	【花样滑冰】起跳动作
mouvement d'enchaînement/de transition	【花样滑冰】衔接动作
mouvement d'envol	【花样滑冰】跳跃动作
mouvement de la jambe libre	【花样滑冰】浮腿动作
mouvement de la main	【冬残奥通用】手部动作（用于运动员分组）
mouvement de levée	【花样滑冰】托举动作
mouvement de patinage en couple	【花样滑冰】双人滑动作
mouvement de poussée-élan	【花样滑冰】蹬冰动作
mouvement de rotation	【花样滑冰】旋转动作
mouvement de rotation (d'une pierre)	【冰壶】【轮椅冰壶】旋转运动（冰壶）
mouvement de style libre	【花样滑冰】自由滑动作
mouvement de transfert de poids	【花样滑冰】重量转移动作，重心转移动作
mouvement de virage	【花样滑冰】转体动作
mouvement du corps	【自由式滑雪】身体动作
mouvement du patinage en simple	【花样滑冰】单人滑动作
mouvement harmonieux	【跳台滑雪】协调的动作
mouvement latéral	【残奥滑雪】横向动作
mouvement linéaire	【花样滑冰】直线运动
mouvement olympique	【通用】奥林匹克运动
mouvement rythmé	【花样滑冰】有节奏的运动
mouvement vertical	【残奥滑雪】垂直运动
mouvements de gymnastique (ballet)	【自由式滑雪】体操动作（雪上芭蕾）
moyenne	【冰球】【残奥冰球】n.f. 平均值，平均数
moyenne cumulative	【冰球】【残奥冰球】累计平均值，总平均值
moyenne de buts	【冰球】【残奥冰球】进球平均数

法
汉

Mule Kick (saut)	【自由式滑雪】后屈小腿摆跳跃（空中技巧）
multiplicateur	【花样滑冰】a. 倍数的，倍增的；n.m. 倍数，乘数
munitions	【残奥冬季两项】n.f. pl. 弹药
munitions de rechange/réserve	【冬季两项】【残奥冬季两项】储备弹药，备用弹药
munitions perdues	【冬季两项】【残奥冬季两项】失去的弹药
murs de protection (de chaque côté de la piste)	【雪车】【雪橇】（跑道两边的）护墙
murs latéraux	【雪车】跑道侧边隔墙
mydriatique	【冬残奥通用】n.m. 瞳孔放大剂（运动员分组时使用）
myopathie	【冬残奥通用】n.f. 进行性肌萎缩

N

«n'a pas pris le départ»	【雪橇】尚未开始
«n'a pas terminé»	【雪橇】尚未完成
nain	【冬残奥通用】a. 矮小的，侏儒的；n. 侏儒，（畸形）矮小的人
nation hôte	【通用】主办国，东道国
natte de tir	【残奥冬季两项】射击垫
Naturbahn	【雪橇】天然赛道
nature de le handicap/la déficience	【冬残奥通用】残疾类型
naturel(,le)	【雪橇】a. 天然的，自然的
ne pas atteindre la maison	【冰壶】【轮椅冰壶】没有到达大本营
ne reçoit aucun point (RAP)	【自由式滑雪】不得分
négocier	【短道速滑】v.t. 谈判；高速转弯；v.i. 协商，谈判
négocier un virage	【短道速滑】绕过一个弯道，高速转弯
neige	【通用】n.f. 雪
neige compacte/tassée	【滑雪通用】被压紧的雪
neige croûtée/tôlée	【滑雪通用】表面结硬冰壳的雪地
neige dure	【滑雪通用】硬雪
neige fraîche	【滑雪通用】新雪

neige givrée	【滑雪通用】雪霜
neige glacée	【滑雪通用】冻雪
neige granuleuse	【滑雪通用】粒状雪
neige molle	【滑雪通用】快融化的雪
neige poudreuse	【滑雪通用】粉雪
neige sèche	【高山滑雪】【残奥高山滑雪】【自由式滑雪】【跳台滑雪】【越野滑雪】【残奥越野滑雪】【单板滑雪】干雪
nettoyage de la piste	【轮椅冰壶】清洁赛道
neutraliser	【冰球】【残奥冰球】v.t. 抵消，使失去作用
neutre	【冰球】【残奥冰球】a. 中间的，中立的
nez (de la table) du tremplin	【跳台滑雪】跳台前端
niveau	【花样滑冰】n.m. 水平
niveau compétitif	【冬残奥通用】精英级别
niveau de la glace	【轮椅冰壶】冰面级别
niveau junior	【花样滑冰】青少年水平
niveau junior argent	【花样滑冰】少年银牌水平
niveau junior bronze	【花样滑冰】少年铜牌水平
niveau novice	【花样滑冰】少年组
niveau pré-novice	【花样滑冰】儿童组
niveau senior	【花样滑冰】成年组（年满 15 岁）
niveau supérieur (une division de l'espace)	【花样滑冰】高度（空间高度）
niveler la marque	【残奥冰球】扳成平局
nombre d'enregistrement/de compétiteurs enregistrés/de participants enregistrés <Europe>	【通用】已注册参赛者人数<欧洲>
nombre d'inscriptions/de compétiteurs inscrits/de participants inscrits <Canada>	【通用】已注册参赛者人数<加拿大>
nombre impair	【通用】奇数

nombre limité d'enregistrements <Europe>	【速度滑冰】有限制的录入人数<欧洲>
nombre limité d'inscriptions <Canada>	【速度滑冰】有限制的录入人数<加拿大>
nombre maximum de points possibles	【花样滑冰】可得到的最高分
nombre pair	【通用】偶数
non corrigé	【跳台滑雪】未被纠正的
non handicapé	【冬残奥通用】健全的，强壮的
non réglementaire	【冰球】【残奥冰球】犯规的
non-classé(,e)	【雪橇】n. 非种子（选手）
non-fonctionnement (arme/carabine)	【冬季两项】【残奥冬季两项】（军械/卡宾枪）射击失败
non-respect du règlement	【通用】违反规则，触犯规则
non-stop	【高山滑雪】【残奥高山滑雪】a. 直达的
norme de qualification	【通用】资格审查标准
norme de style	【跳台滑雪】飞行姿势的标准
notation	【花样滑冰】n.f. 打分；记号，标记
notation concernant l'exécution	【花样滑冰】动作完成评分
notation concernant le rythme de la danse	【花样滑冰】舞蹈节奏评分
notation d'un saut	【跳台滑雪】一个跳跃动作的裁决，一个跳跃动作的评判
note	【花样滑冰】n.f. 分数，打分
note de longueur	【跳台滑雪】距离记录点
note de style	【跳台滑雪】飞行姿势分
note de style de chaque juge	【跳台滑雪】个人飞行姿势分
note décimale	【花样滑冰】小数
note finale	【跳台滑雪】最终分数
note la plus basse (supprimée)	【跳台滑雪】（被去掉的）最低分数
note la plus élevée (supprimée)	【跳台滑雪】（被去掉的）最高分数
note minimale/minimum	【花样滑冰】最低分数
note pour la valeur technique	【花样滑冰】技术水平得分
note totale	【通用】总分数

noter	【通用】v. 打分
noter un saut	【跳台滑雪】为跳跃动作打分
notes de temps (épreuve de ski sur bosses)	【自由式滑雪】计时分（雪上技巧项目）
notes restantes	【跳台滑雪】保留的分数（去掉一个最高分以及一个最低分以后剩下的三个分数）
nouveau départ	【花样滑冰】新的开始
nouveau venu	【通用】新人
novice	【花样滑冰】n. 新手，初学者；少年组；a. 不熟练的，无经验的
nuire à la performance d'un compétiteur	【通用】干扰对手比赛
nul(,le)	【冰球】【残奥冰球】a. 无一的，毫无的
numérique	【冰球】【残奥冰球】a. 数的，数字的
numéro de départ	【通用】出发编号
numéro de départ pour le relais (ski de fond au combiné nordique)	【北欧两项】接力赛出发编号
numéro de dossard	【通用】（运动员比赛时别在背后的）号码布号码
numéro de dossard le plus petit	【通用】（运动员比赛时别在背后的）号码布上最小的号码
numéro de coureur(,euse)	【通用】竞赛号码，参赛编号
numérotage des lignes/postes de tir	【冬季两项】【残奥冬季两项】射击点编号
numérotage des portes	【高山滑雪】【残奥高山滑雪】旗门编号

O

obligatoire	【花样滑冰】a. 必须的，义务的
observateur (aide à l'enseignement)	【花样滑冰】n.m. 观测仪（教学辅助）
observation	【冬残奥通用】n.f. 观察，观测
obstacle	【滑雪通用】n.m. 障碍，障碍物
obstacle sur la piste	【跳台滑雪】赛道上的障碍（物）

obstruction	【冰球】【残奥冰球】n.f. 干扰，阻人【滑雪通用】n.f. 堵塞
obstruction intentionnelle	【越野滑雪】【残奥越野滑雪】故意阻人
obstruer	【冰球】【残奥冰球】v.t. 阻塞，遮挡
obstruer la vue	【冰球】【残奥冰球】挡住守门员视线
occasion de marquer	【冰球】【残奥冰球】得分机会
octroi de permis	【通用】授予资格证
œillet (pour lacer les patins)	【花样滑冰】【速度滑冰】【短道速滑】n.m. 孔眼（冰鞋穿鞋带用）
œuf	【自由式滑雪】n.m. 鸡蛋，卵形
offensif(,ve)	【冰球】【残奥冰球】a. 进攻的，攻击的
officiel	【通用】n.m. 官员，裁判等工作人员
officiel à l'arrivée	【通用】终点线官员
officiel à une compétition	【通用】比赛官员
officiel au départ<Canada>	【通用】起点处官员<加拿大>
officiel d'équipe	【残奥冰球】领队，运动队官员
officiel de la course	【滑雪通用】竞赛官员
officiel de la partie/de la rencontre/du match	【残奥冰球】比赛官员
officiel en second	【冰球】【残奥冰球】助理官员，冰场外的官员
officiel mineur	【残奥冰球】级别低的官员
officiel qualifié	【速度滑冰】有资质的官员
officiel responsable de la vérification des patins et des bobs	【雪车】负责检查冰刃和雪车的官员
officiel responsable des rapports de l'épreuve/la course	【雪橇】负责比赛报告的官员
officiel responsable des résultats au Centre des données informatiques	【雪橇】在计算机中心负责报告的官员
officiels au départ et à l'arrivée	【自由式滑雪】在起点和终点线的官员（裁判）
olympiade	【通用】n.f. 奥林匹克运动会
olympien(,ne)	【通用】n. 奥运会选手
olympisme	【通用】n.m. 奥林匹克主义

ondulation	【自由式滑雪】n.f. 起伏，蜿蜒
ophtalmie des neiges	【滑雪通用】雪盲症
ophtalmologiste	【冬残奥通用】n. 眼科医师
ophtalmologue	【冬残奥通用】n. 眼科医师
ophtalmoscope	【冬残奥通用】n.m.（眼科用）检眼镜，眼底镜（用于运动员分组）
opposant(,e)	【轮椅冰壶】n. 对手
or (médaille)	【通用】n.m. 金牌
ordinal	【花样滑冰】n.m. 序数词
ordre	【通用】n.m. 顺序，次序
ordre d'exécution des patineurs(,euses)	【花样滑冰】滑冰运动员出场顺序
ordre de(s) départ(s)	【通用】出发顺序
ordre de départ des concurrents(,es)	【通用】运动员出发顺序
ordre de départ distinct	【自由式滑雪】分开出发顺序
ordre de départ inversé	【雪车】颠倒的出发顺序
ordre de départ inversé en deuxième manche	【雪橇】第二轮比赛中颠倒的出发顺序
ordre de l'enregistrement écrit \<Europe\>	【越野滑雪】【残奥越野滑雪】书面记录的顺序\<欧洲\>
ordre de l'inscription écrite \<Canada\>	【越野滑雪】【残奥越野滑雪】书面记录的顺序\<加拿大\>
ordre des lignes de tir	【冬季两项】【残奥冬季两项】射击道顺序
ordre des tirs	【残奥冰球】射门顺序
Ordre Olympique	【通用】奥林匹克勋章
Ordre Olympique en argent	【通用】奥林匹克银质勋章
Ordre Olympique en or	【通用】奥林匹克金质勋章
Ordre Olympique paralympique	【冬残奥通用】残奥会勋章
organiser une compétition	【通用】主办一场比赛
orthèse	【冬残奥通用】n.f. 矫形装置，矫正装置
orthèse de bras/membre supérieur	【冬残奥通用】上肢矫正器，上肢矫正法
orthèse de jambe/de membre inférieur/ jambière	【冬残奥通用】下肢矫正器，下肢矫正法

outre-mer	【花样滑冰】loc.adv. 海外
ouvert(,e)	【花样滑冰】a. 打开的，开放的
ouverture	【轮椅冰壶】n.f. 通道（两颗冰壶石中间的缝隙）
ouvreur(,euse)	【自由式滑雪】n. 滑雪比赛前的试滑员
ouvreur(,euse) de piste	【高山滑雪】【越野滑雪】【残奥越野滑雪】【雪橇】试滑员
ouvrir la piste	【越野滑雪】【残奥越野滑雪】开放赛道
ouvrir la première manche	【冰壶】【轮椅冰壶】第一局领先
ovale	【短道速滑】a. 椭圆形的

P

PEST(puissance, expression, style, technique)	【花样滑冰】PEST 标准（力量、表达、风格、技术）
placeur aux emplacements de tir	【冬季两项】【残奥冬季两项】射击靶位分配人员
palet	【残奥冰球】n.m. 冰球
palet sous la luge	【残奥冰球】冰橇下的冰球
panier	【滑雪通用】n.m. 篮筐
panier du bâton de ski	【残奥越野滑雪】【残奥冬季两项】放滑雪杖的篮筐
panier en demi-lune	【越野滑雪】【残奥越野滑雪】雪轮
panne du système de chronométrage électronique	【通用】电子计时系统故障
panneau de mesure de longueur	【高山滑雪】【残奥高山滑雪】测量长度的仪表板
panneau de tir litigieux	【冬季两项】【残奥冬季两项】有争议的靶子
panneau indicateur	【通用】信息牌，标志牌
panneau kilomètre	【越野滑雪】【残奥越野滑雪】公里数标示牌
pantaski	【滑雪通用】滑雪裤
papier sablé	【残奥越野滑雪】【残奥冬季两项】砂纸
paraffine	【滑雪通用】n.f. 石蜡
paragraphe accolade	【花样滑冰】单足括弧 8 字图形
paragraphe boucle	【花样滑冰】单足结环 8 字图形

paragraphe double trois	【花样滑冰】单脚双 3 字形
paragraphe trois	【花样滑冰】单脚 3 字形
parallèle	【花样滑冰】【自由式滑雪】【跳台滑雪】a. 平行的
paralympien(,ne)	【冬残奥通用】残奥会运动员
Paralympique (pour paraplégiques)	【冬残奥通用】n. 残疾人奥林匹克运动会
paralysé(,e)	【冬残奥通用】a. 瘫痪的，麻痹的
paraplégique	【冬残奥通用】a. 截瘫的；n. 截瘫患者
parcelle	【花样滑冰】n.f. 小块区域
parcelle d'échauffement (sur la glace)	【花样滑冰】（冰场上）热身区域
parcours	【滑雪通用】n.m. 赛道，滑道，路线【花样滑冰】n.m. 滑行路线【冰壶】【轮椅冰壶】n.m. 局（比赛）【越野滑雪】【残奥越野滑雪】n.m. （比赛的）阶段
parcours balisé	【越野滑雪】【残奥越野滑雪】设置旗子标志的赛道
parcours couvert de bosses	【自由式滑雪】布满雪丘的路线
parcours d'entraînement	【通用】训练赛道
parcours damé	【自由式滑雪】压过雪的赛道，压过的雪道
parcours de biathlon	【冬季两项】冬季两项赛道
parcours de bosses	【自由式滑雪】雪上技巧路线
parcours de bosses de compétition	【自由式滑雪】雪上技巧（猫跳）比赛路线
parcours de compétition	【滑雪通用】比赛赛道
parcours de descente	【高山滑雪】【残奥高山滑雪】滑降路线
parcours de la piste	【雪车】【雪橇】赛道路线
parcours de pénalité	【雪车】惩罚赛道
parcours de relais	【滑雪通用】接力赛
parcours de ski	【高山滑雪】【残奥高山滑雪】【越野滑雪】【残奥越野滑雪】【冬季两项】【残奥冬季两项】滑雪道
parcours de ski de fond	【越野滑雪】【残奥越野滑雪】越野滑雪路线
parcours de slalom	【高山滑雪】【残奥高山滑雪】回转雪道，回转赛道
parcours de slalom géant	【高山滑雪】【残奥高山滑雪】大回转雪道，大回转赛道
parcours de sprint	【越野滑雪】【残奥越野滑雪】冲刺赛道
parcours de style libre	【越野滑雪】【残奥越野滑雪】自由技术赛段

法
汉

parcours du relais	【越野滑雪】【残奥越野滑雪】接力赛道
parcours en descente	【越野滑雪】【残奥越野滑雪】下坡段
parcours en montée	【越野滑雪】【残奥越野滑雪】上坡段，上坡道部分
parcours en style classique	【越野滑雪】【残奥越野滑雪】传统技术接力赛段
parcours en style/technique libre	【越野滑雪】【残奥越野滑雪】自由技术赛段
parcours fléché/jalonné/marquée	【越野滑雪】【残奥越野滑雪】设置旗子标志的赛道
parcours pour le ski sur bosses	【自由式滑雪】雪丘滑雪路线
parcours prévu	【速度滑冰】计划路线，预设路线
parcours provisoire	【越野滑雪】【残奥越野滑雪】临时跑道
parcours supplémentaire	【轮椅冰壶】加赛
parcours sur le plat	【越野滑雪】【残奥越野滑雪】平地地段赛道
pare-chocs	【冰壶】【轮椅冰壶】减速装备，缓冲条
parésie	【冬残奥通用】n.f 轻度瘫痪，麻痹性痴呆
pare-soleil	【雪车】遮阳棚，太阳挡（下雨、下雪以及日晒情况下使用）
pare-visage	【冰球】【残奥冰球】（面罩）头盔
paroi glacée	【雪车】【雪橇】冰护墙
parois de la piste	【雪车】赛道侧边隔墙
partenaire	【花样滑冰】n. 搭档
partenaire olympique	【通用】奥林匹克合作伙伴
partenaires (couple)	【花样滑冰】双人滑搭档
Partez!	【冬季两项】【残奥冬季两项】出发！
participant(,e)	【通用】参赛运动员
participant(,e) de l'étranger	【通用】国外竞争者
participant étranger/participante étrangère	【通用】国外参赛者
participant qualifié/participante qualifiée	【通用】有参赛资格的选手
participants(,es) aux éliminatoires	【速度滑冰】进入淘汰赛的选手
partie	【通用】n.f. 比赛【冰壶】【轮椅冰壶】【冰球】【残奥冰球】n.f. （一盘）比赛，（一局）比赛
partie à domicile	【冰球】【残奥冰球】主场比赛

法
汉

partie à égalité/égale/nulle	【残奥冰球】平局比赛
partie à l'étranger/sur la route	【冰球】【残奥冰球】客场比赛
partie d'avant-saison	【冰球】【残奥冰球】季前赛
partie d'exhibition/hors-concours	【冰球】【残奥冰球】实战测试
partie d'ouverture d'une saison	【冰球】【残奥冰球】赛季的揭幕比赛
partie de demi-finale	【冰球】【残奥冰球】半决赛
partie de hockey (sur) luge	【残奥冰球】冰橇冰球比赛，残奥冰球比赛
partie décisive/finale	【冰球】【残奥冰球】决胜局
partie droite de la piste d'élan	【跳台滑雪】助滑雪道直道部分
partie éliminatoire	【冰球】【残奥冰球】季后赛
partie inaugural d'une saison	【冰球】【残奥冰球】赛季的揭幕比赛
partie inférieure du corps	【自由式滑雪】下肢
partie internationale de hockey (sur) luge	【残奥冰球】国际冰橇冰球比赛
partie la plus inclinée de la piste	【雪车】【雪橇】赛道中倾斜度最大的部分，赛道中最为陡峭的部分
partie médiane de la lame	【花样滑冰】刀刃后面的中间部分
partie plate (de la lame)	【速度滑冰】平刃部分（冰刀冰刃）
partie pour inconduite	【残奥冰球】恶意犯规
partie rectiligne d'une piste	【雪车】【雪橇】赛道的直道部分
partie régulière	【冰球】【残奥冰球】确定好日期的比赛
partie serrée	【冰球】【残奥冰球】势均力敌的比赛，紧张的比赛
partie supérieure du corps	【自由式滑雪】上肢，上半身
partiellement paralysé(,e)	【冬残奥通用】部分瘫痪的
partiellement voyant(,e)	【冬残奥通用】视力部分残疾的，视力障碍的
partisan(,e)	【通用】n.m. 粉丝，支持者
pas	【花样滑冰】n.m. 步，步态，步子，步法（芭蕾或冰舞）
pas alternatif	【越野滑雪】【残奥越野滑雪】交替滑行步，（传统技术）两步交替
pas alternatif en montée	【越野滑雪】【残奥越野滑雪】上山交替滑行步
pas alternatif sur le plat	【越野滑雪】【残奥越野滑雪】平地交替滑行步
pas croisé	【花样滑冰】压步

pas croisé dans les virages	【速度滑冰】弯道交叉步
pas d'enchaînement	【花样滑冰】连接步法
pas de canard	【越野滑雪】【残奥越野滑雪】八字蹬坡步
pas de côté	【花样滑冰】过渡步（以在旋转中换足）
pas de danse	【花样滑冰】舞步
pas de glisse	【残奥越野滑雪】滑行步
pas de liaison	【花样滑冰】连接步法
pas de <u>patin/patineur</u>	【越野滑雪】【残奥越野滑雪】【冬季两项】【残奥冬季两项】蹬冰步，蹬冰式滑行
pas de patinage en montée	【越野滑雪】【残奥越野滑雪】上山蹬冰步
pas de <u>patinage/patineur</u> sur le plat	【越野滑雪】【残奥越野滑雪】平地上的蹬冰步
pas de patineur double	【残奥越野滑雪】双足蹬冰
pas de patineur simple	【残奥越野滑雪】单足蹬冰
pas de tir	【冬季两项】【残奥冬季两项】射击场，（射击场中）每个射手的位置
pas en ligne droite	【花样滑冰】直线步法
pas en serpentin	【花样滑冰】蛇形步
pas glissé	【越野滑雪】【残奥越野滑雪】单脚交替滑行
pas marché	【越野滑雪】【残奥越野滑雪】跨步，走步
pas piqué	【花样滑冰】刀齿步
pas progressif	【花样滑冰】交替蹬冰
pas rapide	【花样滑冰】快步
pas simple	【越野滑雪】【残奥越野滑雪】一步，单步
pas tournant	【越野滑雪】【残奥越野滑雪】蹬冰式转弯
Paso Doble (danse)	【花样滑冰】斗牛舞（冰舞）
passage	【冰壶】【轮椅冰壶】n.m. 通道（在两颗冰壶石中间的缝隙）
passage <u>de relais incorrect/incorrect du relais</u>	【残奥越野滑雪】错误的接力交接动作
passage du relais	【冬季两项】【残奥冬季两项】【北欧两项】【越野滑雪】【残奥越野滑雪】【短道速滑】接力，移交接力棒

passage incorrect (d'une porte)	【高山滑雪】【残奥高山滑雪】错误的通过（旗门）方式
passage raide	【残奥越野滑雪】陡坡段
passe	【冰球】【残奥冰球】n.f. 传球
passe <u>à courte distance</u>/<u>courte</u>	【冰球】【残奥冰球】短传
passe au centre	【冰球】【残奥冰球】传球至中区
passe au vol	【冰球】【残奥冰球】凌空传球
passe avant	【冰球】【残奥冰球】前进传球，传球前进
passe balayée	【冰球】【残奥冰球】铲球传球，扫球传球
passe <u>bloquée</u>/<u>interceptée</u>/<u>neutralisée</u>	【冰球】【残奥冰球】被拦截的传球
passe <u>courte arrière</u>/<u>en retrait</u>	【冰球】【残奥冰球】留球
passe <u>de côté</u>/<u>latérale</u>	【冰球】【残奥冰球】横向传球
passe décisive	【残奥冰球】帮助，助攻
passe déviée	【残奥冰球】偏离的传球，不到位传球
passe <u>en croisée</u>/<u>transversale</u>/<u>en</u> <u>diagonale</u>	【冰球】【残奥冰球】斜线传球
passe frappée courte	【冰球】【残奥冰球】弹传
passe <u>manquée</u>/<u>ratée</u>	【冰球】【残奥冰球】未接到的传球
passe précise	【冰球】【残奥冰球】准确的传球
passe ratée au vol	【冰球】【残奥冰球】未接到的凌空传球
passe soulevée	【冰球】【残奥冰球】挑传
passe voilée	【冰球】【残奥冰球】掩护性传球
passer	【冰球】【残奥冰球】v.t. 传递
passer à tous les postes de contrôle	【越野滑雪】【残奥越野滑雪】通过所有的检查站点
passer la porte	【高山滑雪】【残奥高山滑雪】穿越旗门
passer <u>la rondelle</u>/<u>le disque</u>	【冰球】【残奥冰球】传球
passer <u>la rondelle</u>/<u>le disque</u> à un coéquipier	【冰球】【残奥冰球】传球给队友
passerelle de la presse	【冰球】【残奥冰球】新闻记者席
patin	【雪车】n.m. 雪车滑刃【滑冰通用】n.m. 冰鞋
patin (avec semelle en acier)	【雪橇】n.m. 雪橇滑刃（带有钢制底板）
patin <u>antérieur</u>/<u>avant</u>	【雪车】前滑刃

法
汉

patin <u>arrière/postérieur</u>	【雪车】后刃
patin <u>articulé/mobile</u>	【雪车】可调节滑刃，可调节冰刃
patin <u>d'acier/en acier</u>	【雪车】钢制滑刃，钢制冰刃
patin d'un bob	【雪车】雪车滑刃，冰刃
patin de bois	【雪橇】木质橇刃
patin de hockey	【冰球】【残奥冰球】冰球冰刀
patin de la luge	【雪橇】雪橇滑刃
patin de patinage extérieur	【速度滑冰】室外滑冰鞋
patin de patinage intérieur	【速度滑冰】室内滑冰鞋
patin de réserve	【雪车】备用滑刃，备用冰刃
patin de sprint	【速度滑冰】竞速赛
patin de vitesse	【速度滑冰】速度滑冰
patin de vitesse sur piste courte	【短道速滑】短道速滑
patin (du côté) droit	【雪车】右滑刃，右冰刃
patin (du côté) gauche	【雪车】左滑刃，左冰刃
patin <u>fix/immobile</u>	【雪车】固定冰刃，固定滑刃
patinage à l'extérieur	【滑冰通用】室外滑冰
patinage à l'intérieur	【滑冰通用】室内滑冰
patinage à l'unisson (couple)	【花样滑冰】（双人）平行式滑行
patinage artistique	【花样滑冰】花样滑冰
Patinage artistique: danse (sur glace)	【花样滑冰】花样滑冰冰上舞蹈（项目）
Patinage artistique: épreuve par équipe	【花样滑冰】花样滑冰团体赛（项目）
Patinage artistique: patinage en couple	【花样滑冰】花样滑冰双人滑（项目）
Patinage artistique: patinage individuel femmes	【花样滑冰】花样滑冰女子单人滑（项目）
Patinage artistique: patinage individuel hommes	【花样滑冰】花样滑冰男子单人滑（项目）
patinage artistique couples (une épreuve)	【花样滑冰】双人花样滑冰（项目）
patinage de vitesse	【速度滑冰】速度滑冰

Patinage de vitesse 1000 m femmes	【速度滑冰】速度滑冰女子 1000 米（项目）
Patinage de vitesse 1000 m hommes	【速度滑冰】速度滑冰男子 1000 米（项目）
Patinage de vitesse 1500 m femmes	【速度滑冰】速度滑冰女子 1500 米（项目）
Patinage de vitesse 1500 m hommes	【速度滑冰】速度滑冰男子 1500 米（项目）
Patinage de vitesse 10000 m hommes	【速度滑冰】速度滑冰男子 10000 米（项目）
Patinage de vitesse 3000 m femmes	【速度滑冰】速度滑冰女子 3000 米（项目）
Patinage de vitesse 5000 m femmes	【速度滑冰】速度滑冰女子 5000 米（项目）
Patinage de vitesse 5000 m hommes	【速度滑冰】速度滑冰男子 5000 米（项目）
Patinage de vitesse 500 m femmes	【速度滑冰】速度滑冰女子 500 米（项目）
Patinage de vitesse 500 m hommes	【速度滑冰】速度滑冰男子 500 米（项目）
Patinage de vitesse départ groupé femmes	【速度滑冰】速度滑冰女子集体出发（项目）
Patinage de vitesse départ groupé hommes	【速度滑冰】速度滑冰男子集体出发（项目）
patinage de vitesse intérieur sur longue piste (400 m)	【速度滑冰】室内 400 米赛道速度滑冰
Patinage de vitesse Poursuite par équipe femmes	【速度滑冰】速度滑冰女子团体追逐（项目）
Patinage de vitesse Poursuite par équipe hommes	【速度滑冰】速度滑冰男子团体追逐（项目）
patinage de vitesse sur piste courte	【短道速滑】短道速滑
Patinage de vitesse sur piste courte	【短道速滑】短道速滑（项目）
Patinage de vitesse sur piste courte 1000 m femmes	【短道速滑】短道速滑女子 1000 米（项目）
Patinage de vitesse sur piste courte 1000 m hommes	【短道速滑】短道速滑男子 1000 米（项目）
Patinage de vitesse sur piste courte 1500 m femmes	【短道速滑】短道速滑女子 1500 米（项目）
Patinage de vitesse sur piste courte 1500 m hommes	【短道速滑】短道速滑男子 1500 米（项目）
Patinage de vitesse sur piste courte 500 m femmes	【短道速滑】短道速滑女子 500 米（项目）

法
汉

Patinage de vitesse sur piste courte 500 m hommes	【短道速滑】短道速滑男子 500 米（项目）
patinage de vitesse sur piste courte couverte	【短道速滑】室内短道速滑
Patinage de vitesse sur piste courte relais 3000 m femmes	【短道速滑】短道速滑女子 3000 米接力（项目）
Patinage de vitesse sur piste courte relais 3000 m hommes	【短道速滑】短道速滑男子 5000 米接力（项目）
Patinage de vitesse sur piste courte relais par équipes mixtes	【短道速滑】短道速滑混合团体接力（项目）
patinage de vitesse sur piste extérieure (nécessairement sur 400 mètres)	【速度滑冰】室外速度滑冰（400 米跑道）
patinage de vitesse sur piste intérieure	【速度滑冰】室内速度滑冰
patinage en couple	【花样滑冰】双人滑
patinage en groupe	【花样滑冰】团体滑
patinage en parallèle (couple)	【花样滑冰】（双人）平行式滑行
patinage en quatuor	【花样滑冰】四人滑
patinage en salle	【滑冰通用】室内滑冰
patinage en simple/individuel	【花样滑冰】单人滑
patinage en slalom (un exercice)	【花样滑冰】双足蛇形滑冰（一种练习）
patinage reflété/symétrique (couple)	【花样滑冰】对称滑行，镜式滑行（双人滑）
patinage sur glace	【滑冰通用】滑冰
patiner	【滑冰通用】v. 滑冰
patiner en ovale	【速度滑冰】在（椭圆形）冰场上滑冰
patiner rapidement (comme exercice)	【花样滑冰】快速滑，冲刺滑（练习）
patiner sur la carre extérieure	【花样滑冰】用外刃滑行
patiner sur la carre intérieure	【花样滑冰】用内刃滑行
patiner sur le plat (de la lame)	【花样滑冰】用平刃滑行
patiner sur un anneau de vitesse	【速度滑冰】在（椭圆形）速度滑冰场上滑冰
patiner sur une carre	【花样滑冰】用刃滑行
patineur(,euse)	【滑冰通用】n. 滑冰运动员
patineur(,euse) de danse récréative	【花样滑冰】休闲舞者

patineur(,euse) de niveau (de compétition) mondial	【滑冰通用】世界级滑冰运动员
patineur(,euse) de patinage artistique	【花样滑冰】花样滑冰运动员
patineur(,euse) de patinage en simple	【花样滑冰】单人滑运动员
patineur(,euse) de tête	【短道速滑】领先的滑冰运动员
patineur(,euse) de vitesse	【速度滑冰】速度滑冰运动员
patineur(,euse) de vitesse de courtes distances	【速度滑冰】短距离速度滑冰运动员
patineur(,euse) de vitesse de demi-fond	【速度滑冰】中距离速度滑冰运动员
patineur(,euse) de vitesse de fond	【速度滑冰】长距离速度滑冰运动员
patineur(,euse) de vitesse de sprint	【短道速滑】短距离速度滑冰运动员
patineur(,euse) de vitesse qui dépasse	【速度滑冰】超出的速度滑冰运动员
patineur(,euse) de vitesse qui suit	【速度滑冰】紧随其后的速度滑冰运动员
patineur(,euse) de vitesse sur courte piste	【短道速滑】短道速滑运动员
patineur dépassé/patineuse dépassée	【速度滑冰】被超过的滑冰运动员
patineur distancé/patineuse distancée	【速度滑冰】相互距离远的滑冰运动员
patineur doublé/patineuse doublée	【速度滑冰】被超过一圈的滑冰运动员
patineur(,euse) dur d'oreilles	【速度滑冰】听力受损的滑冰运动员
patineur(,euse) en tête	【速度滑冰】领先的滑冰运动员
patineur malentendant/patineuse malentendante	【速度滑冰】听力受损的滑冰运动员
patinoire	【冰球】【残奥冰球】【滑冰通用】n.f. 冰场
patinoire couvert/intérieure	【通用】室内冰场
patinoire de glace naturelle	【滑冰通用】天然冰场
patinoire découvert/en plein air/ extérieure/ouverte	【滑冰通用】室外冰场
patinoire pour le hockey	【冰球】【残奥冰球】冰球冰场，冰球场地
pause	【残奥冰球】n.f. 比赛间歇
pause entre deux périodes	【冰球】【残奥冰球】n.f. 两局比赛之间的暂停，休息

pays hôte	【通用】主办国，东道国
peewee	【冰球】【残奥冰球】n.m. 11—12 岁冰球运动员
peloton	【短道速滑】n.m. 团体，组
pénalisation	【跳台滑雪】n.f. 处罚
pénaliser	【冰球】【残奥冰球】【跳台滑雪】v.t. 判罚
pénaliser sévèrement une faute	【跳台滑雪】严厉处罚一个错误
pénalité	【冬季两项】【残奥冬季两项】【冰球】【残奥冰球】 n.f. 惩罚
pénalité à retardement/différée/ retardée	【冰球】【残奥冰球】缓判
pénalité additionnelle/supplémentaire	【冰球】【残奥冰球】加罚
pénalité consécutive	【冰球】【残奥冰球】连续判罚
pénalité d'extrême inconduite/de méconduite pour le match	【残奥冰球】严重违例判罚
pénalité d'une minute	【残奥冬季两项】处罚一分钟
pénalité de banc mineure/mineure d'équipe	【残奥冰球】队小罚
pénalité de match	【冰球】【残奥冰球】停赛处罚
pénalité de match/de partie pour inconduite	【冰球】【残奥冰球】严重违规处罚
pénalité majeure	【冰球】【残奥冰球】大罚
pénalité majeure double	【冰球】【残奥冰球】双重大罚
pénalité mineure	【残奥冰球】小罚
pénalité mineure double	【冰球】【残奥冰球】双重小罚
pénalité pour avoir molesté un officiel	【冰球】【残奥冰球】干扰官员（裁判）的处罚
pénalité pour cible non atteinte	【冬季两项】【残奥冬季两项】未击中目标的处罚
pénalité pour conduite anti-sportive	【冰球】【残奥冰球】违反体育道德行为的处罚
pénalité pour grossière inconduite	【冰球】【残奥冰球】行为粗野处罚
pénalité pour inconduite (10 minutes)	【冰球】【残奥冰球】违例处罚（10 分钟）
pénalité pour violation du règlement	【冬季两项】【残奥冬季两项】违反规则的处罚
pénalité supplémentaire	【冰球】【残奥冰球】附加处罚
pencher	【速度滑冰】v.i. 倾斜；v.t. 使……倾斜

法
汉

pencher le corps en avant	【跳台滑雪】身体前倾
pente	【滑雪通用】n.f. 坡度，倾斜度【跳台滑雪】n.f. 跑道坡度，跑道倾斜度
pente	【残奥越野滑雪】n.f. 斜坡
pente bien damée	【自由式滑雪】压得很紧实的坡道
pente d'entraînement/d'exercice	【高山滑雪】【残奥高山滑雪】训练场地
pente du parcours	【自由式滑雪】赛道坡度，场地斜坡，场地斜坡
pente en biais/dévers	【高山滑雪】【残奥高山滑雪】山坡，斜坡
pente maximale	【滑雪通用】最大坡度，陡坡
pente minimale	【滑雪通用】最小坡度
pente moyenne	【雪车】平均坡度【滑雪通用】缓坡
pente moyenne minimum	【雪车】最低平均坡度
pente raide	【滑雪通用】陡坡
pente sans ondulations	【自由式滑雪】缺乏起伏的斜坡
perception de la lumière/lumineuse	【冬残奥通用】光感，光觉（用于运动员分组）
perception de la profondeur	【冬残奥通用】深度知觉（用于运动员分组）
percuteur	【冬季两项】【残奥冬季两项】n.m. 撞针
perdre	【通用】v. 失败
perdre de l'élan	【速度滑冰】失去摆臂动力
perdre l'équilibre	【冰壶】【轮椅冰壶】失去平衡
perdre la rondelle/le disque	【冰球】【残奥冰球】失球，丢球
perdre le départ (ne pas partir au signal de départ)	【速度滑冰】失去正常出发机会（没有在出发信号发出时正常出发）
perdre le momentum du balancement de bras	【速度滑冰】失去摆臂动力
performance (de figure sur la glace)	【花样滑冰】n.f. （冰上）表演，成绩，成就
périmétrique	【花样滑冰】a. 周围的，四周的
période (de jeu)	【冰球】【残奥冰球】【轮椅冰壶】n.f. 一局（比赛）
période de prolongation/supplémentaire	【残奥冰球】加时赛
période réglementaire	【冰球】【残奥冰球】常规时间
perpendiculaire	【雪橇】a. 垂直的，竖的

法
汉

persister	【跳台滑雪】v.i.坚持，持续，持久
personnage/personnalité de marque	【通用】重要人物，VIP，贵宾
personnalité sportive	【通用】运动员
personnel d'entraînement	【冬残奥通用】负责训练的职员
perte d'allure	【越野滑雪】【残奥越野滑雪】失去节奏
perte d'équilibre	【跳台滑雪】失去平衡
perte d'un ski	【自由式滑雪】失掉一个滑雪板
perte de points	【跳台滑雪】失分
perte de rythme	【越野滑雪】【残奥越野滑雪】失去节奏
perte de temps	【越野滑雪】【残奥越野滑雪】浪费时间
pesage	【通用】n.m. 称重
pesanteur	【冰壶】【轮椅冰壶】n.f. 力量，重量
pesanteur de bloc de départ	【冰壶】【轮椅冰壶】起踏器重量
pesanteur de garde	【冰壶】【轮椅冰壶】净重，自重
pesanteur de lancer de placement	【冰壶】【轮椅冰壶】旋壶力量
pesanteur de lancer de sortie	【冰壶】【轮椅冰壶】击走力量
pesanteur de lancer fort/vigoureux	【冰壶】【轮椅冰壶】旋壶力量大
pesanteur moyenne	【冰壶】【轮椅冰壶】平均力量，中等力量
pesée	【通用】n.f. 称重
pesée officielle (des lugeurs avant la course)	【雪橇】（雪橇运动员赛前）官方称重
petit axe	【花样滑冰】（在做弧度以及 8 字形时的）短轴
petit axe diagonal (danse)	【花样滑冰】对角线短轴（冰舞）
petit bâton	【残奥冰球】短球杆
petit calibre	【冬季两项】【残奥冬季两项】小口径
petit tremplin pour sauts périlleux (avant et arrière)	【自由式滑雪】（前后）空翻小跳台
petit virage	【速度滑冰】内弯道
petit(,e)	【冰壶】【轮椅冰壶】a. 小的
petite pierre	【滑冰通用】磨刀石
phase d'allégement	【残奥滑雪】减轻滑雪板重量阶段
phase de glisse	【残奥越野滑雪】【残奥冬季两项】滑行阶段

法
汉

phase de préparation	【花样滑冰】准备阶段
photo d'arrivée/témoin	【通用】终点摄像
photo-finish<Europe>	【通用】终点摄像<欧洲>
photographie d'arrivée	【通用】终点摄像
pic	【残奥冰球】n.m. 顶端（冰球杆的一端，用于推动冰橇）
pic affilé	【残奥冰球】冰球杆齿状尖端
pied	【花样滑冰】n.m. 足，脚
pied arrière	【冰壶】后足，蹬冰足（刷冰时）【花样滑冰】后拖足
pied bot équin	【冬残奥通用】马蹄形畸形
pied de départ/qui effectue la poussée	【花样滑冰】蹬冰足
pied de glissade	【冰壶】滑行足（刷冰时）
pied de glissade à plat	【冰壶】平刃滑行足
pied de poussée	【冰壶】蹬冰足（刷冰时）
pied équin	【冬残奥通用】马蹄形畸形
pied libre	【花样滑冰】浮足
pied porteur/qui patine/traceur	【花样滑冰】滑足
pied qui glisse	【花样滑冰】【冰壶】滑行足
pied qui traîne	【冰壶】拖拽足
pierre (de curling)	【轮椅冰壶】n.f. 冰壶石
pierre à affûter/à aiguiser/d'affûtage	【滑冰通用】磨刀石
pierre admissible	【轮椅冰壶】合格的冰壶石
pierre adverse	【冰壶】【轮椅冰壶】比赛对方队的冰壶石
pierre de remplacement/déplacée	【轮椅冰壶】被移除的冰壶石
pierre en jeu	【冰壶】【轮椅冰壶】比赛中的冰壶石
pierre en mouvement	【冰壶】【轮椅冰壶】移动中的冰壶石
pierre en zone de garde protégée	【轮椅冰壶】自由防守区冰壶石
pierre étroite/mince	【轮椅冰壶】限定球（在预设投掷路线内投掷的冰壶石）
pierre hors(-)jeu	【冰壶】【轮椅冰壶】前掷线壶
pierre immobile/immobilisée/stationnaire	【轮椅冰壶】静止的冰壶石

法
汉

pierre immobile déplacée	【冰壶】【轮椅冰壶】被击走的静止的冰壶石
pierre la plus proche	【轮椅冰壶】最近的冰壶石
pierre <u>lancée/tirée</u>	【轮椅冰壶】被投掷出的冰壶石
pierre <u>marqueuse/qui</u> <u>demeure en</u> <u>jeu/qui reste en jeu</u>	【轮椅冰壶】得分壶
pierre mordeuse	【轮椅冰壶】压线
pierre plate (à affûter)	【滑冰通用】磨石
pierre qui s'immobilise	【冰壶】【轮椅冰壶】停止滑动的冰壶石
pierre touchée	【轮椅冰壶】意外受触的冰壶石
pierre touchée en mouvement	【轮椅冰壶】移动中意外受触的冰壶石
piètre état (de la neige, du parcours)	【滑雪通用】（雪面或者滑道）状况糟糕
pilon	【冬残奥通用】n.m. 木质假肢，木质假腿
pilote	【雪橇】【雪车】n. 舵手
pilote en second	【雪橇】雪橇副舵手后面的雪橇运动员
piqué droit arrière	【花样滑冰】右后点冰
piquet (d'une porte)	【高山滑雪】【残奥高山滑雪】n.m. （旗门）杆
piquet arraché	【高山滑雪】【残奥高山滑雪】被拿掉的旗门杆
piquet articulé	【高山滑雪】【残奥高山滑雪】可伸缩滑雪杖
piquet cassé (piquet d'une porte)	【高山滑雪】【残奥高山滑雪】被弄断（坏）的旗门杆
piquet de réserve	【高山滑雪】【残奥高山滑雪】备用滑雪杖
piquet de slalom	【高山滑雪】【残奥高山滑雪】回转杆
piquet extérieur	【高山滑雪】【残奥高山滑雪】外侧杆
piquet intérieur	【高山滑雪】【残奥高山滑雪】内侧杆
piquet-pivot (de virage) (piquet intérieur)	【高山滑雪】【残奥高山滑雪】绕行杆（内侧杆）
piquets verticaux (délimitant la ligne de départ et la ligne d'arrivée)	【越野滑雪】【残奥越野滑雪】竖杆（确定出发线和终点线位置）
pirouette	【花样滑冰】n.f. 旋转
pirouette arabesque	【花样滑冰】燕式旋转
pirouette arabesque arrière	【花样滑冰】向后燕式旋转
pirouette <u>arabesque sautée/sautée en</u> <u>position arabesque</u>	【花样滑冰】跳接燕式

pirouette assise	【花样滑冰】蹲踞式旋转
pirouette assise avant	【花样滑冰】向前蹲踞式旋转
pirouette avant	【花样滑冰】左脚旋转，正向旋转
pirouette basse valisée (couple)	【花样滑冰】低华尔兹旋转（双人滑）
pirouette Bielmann	【花样滑冰】贝尔曼旋转
pirouette cambrée	【花样滑冰】躬身转，弓背旋转
pirouette de droite à gauche	【花样滑冰】逆时针旋转
pirouette debout	【花样滑冰】直立旋转
pirouette debout en position Kilian (couple)	【花样滑冰】直立背后交叉握手双人旋转
pirouette dos cambré	【花样滑冰】躬身转
pirouette en couple	【花样滑冰】双人旋转，直立背后交叉握手双人旋转
pirouette en position Kilian (couple)	【花样滑冰】并立背后握手旋转（双人滑）
pirouette en sens inverse des aiguilles d'une montre	【花样滑冰】逆时针旋转
pirouette en vrille/vrillée	【花样滑冰】螺旋旋转
pirouette exécutée lentement/lente	【花样滑冰】慢速旋转
pirouette exécutée rapidement/rapide	【花样滑冰】快速旋转
pirouette pieds croisés	【花样滑冰】交叉旋转
pirouette sautée	【花样滑冰】跳接旋转
pirouette sautée assise	【花样滑冰】跳跃蹲踞旋转
pirouette sautée en position assise	【花样滑冰】跳接蹲转
pirouette sur deux pieds	【花样滑冰】双足旋转
pirouette sur un pied	【花样滑冰】单足旋转
pirouette valisée (couple)	【花样滑冰】华尔兹旋转（双人滑）
pirouette verticale	【花样滑冰】直立旋转
pirouette verticale avant	【花样滑冰】向前直立旋转
pirouette verticale dans le sens inverse des aiguilles d'une montre/vers la gauche	【花样滑冰】向左直立旋转
piste	【滑雪通用】【雪车】【雪橇】n.f. 赛道，滑道，路线，雪槽【冰壶】【轮椅冰壶】n.f. 冰壶冰场，冰壶赛道

piste (à couloir) unique	【速度滑冰】【短道速滑】单跑道
piste à deux couloirs	【速度滑冰】双跑道
piste à <u>double trace/tracé double</u>	【越野滑雪】【残奥越野滑雪】双雪槽线路
piste aménagée	【越野滑雪】【残奥越野滑雪】布置好的赛道，准备好的雪槽
piste artificielle	【雪橇】人工赛道
piste balisée	【越野滑雪】【残奥越野滑雪】设置旗子标记的赛道
piste centrale (tracée en rouge)	【速度滑冰】主跑道，中心跑道（用红色标记）
piste courte	【短道速滑】短跑道，短道
piste d'arrivée	【越野滑雪】【残奥越野滑雪】通往终点的跑道
piste d'atterrissage	【自由式滑雪】着陆区，着陆雪道
piste d'échauffement	【越野滑雪】【残奥越野滑雪】热身道
piste d'élan	【跳台滑雪】起跳跑道；(跳台)助滑区域，助滑跑道
piste d'élan (le sens combine l'élan et la table du tremplin)	【跳台滑雪】起跳平台，助滑跑道
piste d'élan lente	【跳台滑雪】慢速助滑跑道
piste d'élan redamée	【跳台滑雪】重复压实的助滑跑道
piste <u>d'entraînement/d'exercice</u>	【通用】训练跑道【高山滑雪】【残奥高山滑雪】【越野滑雪】【残奥越野滑雪】训练赛道
piste d'envol	【自由式滑雪】助滑道
piste d'essai	【残奥越野滑雪】实验跑道
piste <u>damée/entretenue/tracée</u> (à l'aide de machinerie)	【越野滑雪】【残奥越野滑雪】（使用机器）压过的赛道，压过的雪道
piste damée ferme	【跳台滑雪】夯实紧密的赛道雪道
piste de 100 m à double rayon	【速度滑冰】100米半径跑道
piste de biathlon	【冬季两项】冬季两项赛道
piste de bobsleigh	【雪车】雪车赛道
piste de classique	【残奥越野滑雪】传统技术赛道
piste de compétition	【滑雪通用】比赛赛道
piste de curling	【冰壶】【轮椅冰壶】冰壶冰场，冰壶赛道
piste de décélération	【雪车】【雪橇】缓冲区，减速区

法
汉

piste de dégagement	【跳台滑雪】着陆跑道【高山滑雪】【残奥高山滑雪】终点区（赛道终点线后面）【雪车】【雪橇】终点区（减速道后面）【自由式滑雪】终点跑道（从着陆跑道到安全围栏处）
piste de départ	【越野滑雪】【残奥越野滑雪】出发跑道
piste de descente	【高山滑雪】【残奥高山滑雪】滑降路线
piste de freinage (après la ligne d'arrivée)	【雪车】【雪橇】制动区（到达终点之后）
piste de glace	【雪橇】【雪车】冰道
piste de glace naturelle/Naturbahn/naturelle	【雪橇】天然赛道
piste de Kunstbahn	【雪橇】人工赛道
piste de luge	【雪橇】雪橇跑道
piste de patinage	【速度滑冰】滑冰跑道
piste de pénalité	【雪车】惩罚赛道
piste de réception	【跳台滑雪】着陆坡
piste de réception (entre O et P)	【跳台滑雪】有弧度的着陆坡（O 和 P 之间）
piste de relais	【滑雪通用】【残奥越野滑雪】接力赛道
piste de remontée des engins	【雪车】（把雪车运到起点的）运输跑道
piste de saut	【跳台滑雪】跳台雪道
piste de ski	【高山滑雪】【残奥高山滑雪】【越野滑雪】【残奥越野滑雪】【残奥冬季两项】滑雪道
piste de ski de fond	【越野滑雪】【残奥越野滑雪】越野滑雪路线，越野滑雪跑道
piste de slalom	【高山滑雪】【残奥高山滑雪】回转雪道，回转赛道
piste de slalom géant	【高山滑雪】【残奥高山滑雪】大回转雪道，大回转赛道
piste de sprint	【残奥越野滑雪】冲刺赛道
piste de style/technique classique	【残奥越野滑雪】传统技术赛道
piste de sûreté	【速度滑冰】安全赛道
piste de/en technique libre	【越野滑雪】【残奥越野滑雪】自由技术赛道
piste double	【速度滑冰】双跑道【越野滑雪】【残奥越野滑雪】双雪槽

法
汉

piste en forme de huit (ski de fond au combiné nordique)	【北欧两项】8 字形跑道（越野滑雪部分）
piste endommagée	【通用】被破坏了的赛道
piste enneigée	【雪车】积雪的跑道
piste extérieure	【速度滑冰】室外跑道
piste fléchée	【越野滑雪】【残奥越野滑雪】设置旗子标志的赛道
piste glacée	【雪橇】【雪车】冰道
piste intérieure	【速度滑冰】室内跑道
piste jalonnée/marquée	【高山滑雪】【残奥高山滑雪】【越野滑雪】【残奥越野滑雪】【冬季两项】【残奥冬季两项】设置标记的赛道
piste nivelée	【跳台滑雪】平整的滑道
piste ouverte	【雪车】【雪橇】【滑雪通用】开放跑道
piste ovale	【速度滑冰】【短道速滑】椭圆形跑道
piste principale	【越野滑雪】【残奥越野滑雪】主赛道
piste principale (tracée en rouge)	【速度滑冰】主跑道（用红色标记）
piste provisoire	【越野滑雪】【残奥越野滑雪】临时跑道
piste réfrigérée	【雪车】【雪橇】冰冻的跑道
piste réglementaire/standard	【速度滑冰】标准跑道
piste tracée	【残奥冬季两项】雪槽
pistes de compétition ski de fond au combiné nordique	【北欧两项】北欧两项赛道
pistes de départ ski de fond au combiné nordique	【北欧两项】北欧两项出发跑道
pistes doubles parallèles	【越野滑雪】【残奥越野滑雪】双平行雪道
pistes parallèles	【越野滑雪】【残奥越野滑雪】平行雪道
pitons	【轮椅冰壶】n.m.pl. 均匀分布凸起小冰点的冰面
pitons sur la glace	【冰壶】【轮椅冰壶】冰面上的凸起小冰点
pivot (une pirouette)	【花样滑冰】n.m.（一只脚固定在冰面上）旋转，转体
place d'observation	【跳台滑雪】观测点，观测站
place de départ (relais)	【越野滑雪】【残奥越野滑雪】起点（接力）
place de la pierre	【冰壶】【轮椅冰壶】冰壶定位，冰壶放置
place du sauteur (où il se trouve)	【跳台滑雪】跳台滑雪运动员位置

法
汉

placement	【冰壶】【轮椅冰壶】n.m. 旋壶（进营）
placer (une pierre)	【冰壶】【轮椅冰壶】v. 放置（冰壶）
placer la porte	【高山滑雪】【残奥高山滑雪】设置旗门，部署旗门
placer une garde de côté/latérale	【轮椅冰壶】布置一个角落防卫
placeur au tir	【冬季两项】【残奥冬季两项】射击靶位分配人员
plainte	【通用】n.f. 控告，投诉；埋怨
planche de test	【冬残奥通用】测试板
plancher de la tribune des entraîneurs	【跳台滑雪】教练席楼层
plancher d'une cabine de juge	【跳台滑雪】裁判隔间的楼层
plancher du premier gradin (entraîneur)	【跳台滑雪】教练席第一排
planeur de bosses (machinerie)	【高山滑雪】【残奥高山滑雪】n.m. 雪丘平整机
planification de la piste	【高山滑雪】【残奥高山滑雪】赛道设计
planté de canne	【高山滑雪】【残奥高山滑雪】点杖
planté du bâton	【自由式滑雪】点杖
plaquage	【残奥冰球】n.m. 身体冲撞，身体阻截
plaquage avec l'avant de la luge	【残奥冰球】用冰橇前端进行阻截
plaquage avec le côté de la luge	【残奥冰球】用冰橇一侧进行阻截
plaquage illégal/sur la bande	【残奥冰球】板墙挤贴
plaque avant	【滑冰通用】前刀座
plaque du gardien de but	【残奥冰球】挡球手套
plaque du talon	【滑冰通用】后刀座
plaquette	【越野滑雪】【残奥越野滑雪】n.f. 底板
plastron (protecteur)	【残奥冰球】n.m. 护胸甲
plastron du gardien de but	【残奥冰球】守门员身体护甲
plat	【越野滑雪】【残奥越野滑雪】n.m. 平地
plat de la lame	【花样滑冰】平刃
plat du tremplin	【自由式滑雪】跳台平面
plat extérieur de la lame	【花样滑冰】冰刀外平刃
plat intérieur de la lame	【花样滑冰】冰刀内平刃
plateau	【自由式滑雪】n.m. 跳台前平台区
plateau pour les cartouches de réserve	【冬季两项】【残奥冬季两项】备用弹弹匣
plate-forme	【自由式滑雪】平台，起跳台

法
汉

plate-forme de départ	【跳台滑雪】出发门，起滑门，助滑起始点
plate-forme de départ la plus basse	【跳台滑雪】最低出发门，最低起滑门
plate-forme de départ la plus haute	【跳台滑雪】最高的出发门
plate-forme plus basse (sur le tremplin)	【跳台滑雪】（跳台上）较低的平台
plate-forme plus haute	【跳台滑雪】更高的起跳台
plein équilibre (du skieur sur ses skis)	【跳台滑雪】（滑雪运动员在滑雪板上）完全平衡
plot de marquage de la piste	【短道速滑】跑道标记
plus grand cercle	【冰壶】【轮椅冰壶】外圈
plus petit cercle	【冰壶】【轮椅冰壶】内圈
plus vite, plus haut, plus fort	【通用】更快、更高、更强
poche	【冰壶】【轮椅冰壶】n.f. 口袋
pochette de fartage	【残奥越野滑雪】【残奥冬季两项】滑雪板底部涂防滑蜡的部位
podium (des vainqueurs)	【通用】n.m. 领奖台
poids	【通用】n.m. 重量
poids ajouté	【雪车】配重
poids alloué pour les vêtements	【雪橇】服装重量限制
poids complémentaire	【雪橇】压重物，压载物
poids complémentaire autorisé	【雪橇】被许可的压重物，被许可的压载物
poids d'un ski	【滑雪通用】滑雪板重量
poids de l'engin	【雪橇】雪橇重量【雪车】雪车重量
poids des vêtements autorisé	【雪橇】服装重量限制
poids du concurrent/de la concurrente	【雪橇】雪橇运动员体重
poids du lugeur/de la lugeuse	【雪橇】雪橇运动员体重
poids du revêtement de plastique	【跳台滑雪】塑料保护层重量
poids limite/maximum	【雪车】最大限重
poids maximale (de la pierre) (44 lb ou 19, 96 kg)	【冰壶】【轮椅冰壶】（冰壶）最大重量（44 磅即 19.96 千克）
poids maximum autorisé	【雪橇】重量限制
poids supplémentaire	【雪车】配重
poids total	【雪车】【雪橇】总重量（雪车/雪橇+运动员+配重物）

poignée	【雪车】n.f. 把手，手柄【冰壶】【轮椅冰壶】n.f. 手柄
poignée de fusil	【冬季两项】【残奥冬季两项】枪柄
poignée de la luge	【雪橇】雪橇的手柄
poignée de la pierre	【冰壶】【轮椅冰壶】冰壶手柄
poignée de poussée	【雪车】推杆，把手
poignée de poussée arrière	【雪车】后推杆，后把手
poignée de poussée fixe	【雪车】固定推杆，固定把手
poignée de poussée latérale	【雪车】侧边推杆
poignet	【冰球】【残奥冰球】n.m. 手腕
point	【冰壶】【轮椅冰壶】n.m. 旋壶（进营）【通用】n.m. 比分；（球员获得的）得分
point arrière du patin	【雪车】滑刃末端，冰刃末端
point au classement	【自由式滑雪】排名
point critique	【跳台滑雪】K 点（跳台点）
point d'engagement	【残奥冰球】争球点
point d'équilibre	【跳台滑雪】【越野滑雪】【残奥越野滑雪】【单板滑雪】平衡点，重心
point d'intersection	【残奥越野滑雪】n.f. 交叉点
point d'observation	【通用】观测地点，有利位置
point de classement	【冰球】【残奥冰球】排名名次
point de départ	【通用】起点
point de mire	【残奥冬季两项】瞄准点
point de mise <u>au/en</u> jeu	【冰球】【残奥冰球】争球点
point de norme (P)	【跳台滑雪】标准分
point de presse	【通用】新闻通报会，吹风会，通气会
point de table (PT)	【跳台滑雪】评分表
point de visée	【残奥冬季两项】瞄准点
point en moins	【跳台滑雪】负分
point L	【跳台滑雪】L 点（着陆区终点）
point le plus bas (de la piste/du parcours)	【越野滑雪】【残奥越野滑雪】（赛道或线路）最低点

法
汉

point le plus élevé <u>d'un parcours de ski de fond/d'une piste/de la piste</u>	【越野滑雪】【残奥越野滑雪】越野滑雪赛段的最高分
point litigieux	【通用】有争议的点
point métallique (du bâton)	【滑雪通用】（滑雪杖）金属尖
point P	【跳台滑雪】P 点(着陆区起点)
point rouge	【冰球】【残奥冰球】红点
point T	【跳台滑雪】T 点（起跳台外沿）
pointage	【冬残奥通用】n.m. 分数，得分
pointage officiel	【残奥冰球】【轮椅冰壶】官方成绩
pointage total	【冬残奥通用】累积分，总分
pointe	【通用】n.f. 顶端，尖端
pointe arrière du patin	【雪车】滑刃后尖端
pointe avant du patin	【雪车】滑刃前尖端
pointe de la flèche	【残奥越野滑雪】箭头形起跑线尖端（排名靠前的滑雪运动员位于箭头起跑线的尖端）
pointe de la lame du patin	【滑冰通用】冰刀尖
pointe du bâton de hockey	【冰球】【残奥冰球】冰球杆柄尖
pointe du patin	【雪车】滑刃尖端【滑冰通用】冰刀尖【速度滑冰】冰鞋尖端
pointeur(,euse)	【通用】n. 记分官员
pointeur officiel	【冰球】【残奥冰球】官方记分员
points possibles	【花样滑冰】可获得分值
polir	【越野滑雪】【残奥越野滑雪】v.t. 磨光，打磨
polissoir	【越野滑雪】【残奥越野滑雪】n.m. 打磨器
Polka Yankee (danse)	【花样滑冰】洋基波尔卡（冰舞）
pontet	【冬季两项】【残奥冬季两项】n.m. 前托；扳机护圈，扳机护环
porte	【高山滑雪】【残奥高山滑雪】n.f. 门
portée (en couple ou en danse)	【花样滑冰】n.f. 托举（双人滑或冰舞）
porte arrachée	【高山滑雪】【残奥高山滑雪】被拿掉的旗门
porte balisée par des fanions	【高山滑雪】【残奥高山滑雪】旗门
porte bleue	【高山滑雪】【残奥高山滑雪】蓝色旗门

porte de contrôle	【自由式滑雪】控制门
porte de couloir coudé/en coude	【自由式滑雪】急转弯门
porte de départ	【残奥高山滑雪】出发门
porte de slalom	【高山滑雪】【残奥高山滑雪】回转门
porte fermée	【高山滑雪】闭口旗门
porte horizontal (une porte ouverte)	【高山滑雪】【残奥高山滑雪】平行门（开口门）
porte marquée par des fanions	【高山滑雪】【残奥高山滑雪】旗门
porte rouge	【高山滑雪】【残奥高山滑雪】红色门
porte sur une pente en biais/dévers	【高山滑雪】【残奥高山滑雪】山坡上的旗门
porte verticale (une porte fermée)	【高山滑雪】【残奥高山滑雪】垂直门（闭口门）
porter son bâton élevé	【冰球】【残奥冰球】高杆击球，举杆过高
porter un numéro de coureur	【通用】佩戴比赛号码
porteur(,euse) de drapeau	【通用】男旗手
porteur(,euse) de la flamme	【通用】男火炬手
porteur de la rondelle/du disque/du palet	【冰球】【残奥冰球】控球球员
porteur(,euse) du flambeau	【通用】男火炬手
portillon (de départ)	【滑雪通用】n.m. 出发门
portillon électronique	【高山滑雪】【残奥高山滑雪】【跳台滑雪】电子出发门
portillon électronique de départ	【残奥高山滑雪】【残奥越野滑雪】电子出发门
portion d'une piste	【雪车】跑道的一段
portion dangereuse (de la piste)	【雪车】（赛道的）危险部分
portion de la piste	【雪车】【雪橇】赛道的一段
portique	【雪橇】n.m. 连桥
portique avant (de la luge)	【雪橇】（雪橇）前连桥
position	【花样滑冰】n.f. 姿势，位置
position «groupée»	【花样滑冰】闭位式
position à la réception	【花样滑冰】落冰姿势
position accroupie	【冰壶】【轮椅冰壶】【跳台滑雪】蹲姿
position accroupie maintenue	【跳台滑雪】持续的下蹲姿势
position allongée (sur la luge)	【雪橇】平躺姿势（在雪橇上）

position assise	【雪车】【残奥越野滑雪】【雪橇】坐姿【花样滑冰】蹲姿（一种经典的旋转姿势）
position basse	【速度滑冰】低姿势
position cambrée	【花样滑冰】侧拉姿势，弓身姿势
position carpée	【花样滑冰】屈体翻腾一周（跳跃中）【自由式滑雪】屈体翻腾一周（姿势）
position correcte du patineur/de la patineuse	【速度滑冰】运动员正确的滑冰姿势
position couchée	【雪橇】卧姿【冬季两项】【残奥冬季两项】卧姿，伏卧位
position d'appel avant	【花样滑冰】向前起跳姿势
position d'envol/de poussée	【花样滑冰】起跳姿势，冲起姿势
position dans les airs (dans un saut)	【花样滑冰】（跳跃）腾空时的姿势
position de biche/du cerf	【花样滑冰】鹿跳
position de chasse-neige	【滑雪通用】犁式制动姿势，犁式滑降姿势
position de danse	【花样滑冰】舞蹈姿势
position de danse à l'unisson	【花样滑冰】舞蹈姿势整齐划一
position de danse ouverte	【花样滑冰】开式姿势（冰舞狐步舞中的握手法）
position de danse vers l'avant	【花样滑冰】向前舞蹈姿势
position de départ	【滑冰通用】【滑雪通用】出发姿势，预备姿势
position de départ la plus à l'extérieur (départ en groupe)	【速度滑冰】（集体出发）最外面的外道出发位置
position de départ la plus à l'intérieur (départ en groupe)	【速度滑冰】（集体出发）最里面的内道出发位置
position de descente	【滑雪通用】下滑位置，速降姿势
position de l'œuf/de ramassée/de recherche de vitesse (une position de descente)	【滑雪通用】团身站姿（速降姿势）
position de la lame	【短道速滑】冰刃位置
position de la/en spirale	【花样滑冰】螺旋姿势
position de pirouette/rotation	【花样滑冰】旋转姿势

position de pivot (du patineur en couple dans la spirale)	【花样滑冰】（双人滑螺旋线中）规尺姿势
position de réception	【花样滑冰】落冰姿势
position de rotation assise	【花样滑冰】蹲踞式旋转姿势
position de télémark	【跳台滑雪】泰勒马克式落地姿势
position de tir couché	【残奥冬季两项】卧姿，伏卧位
position debout	【花样滑冰】【跳台滑雪】立姿，直立姿势
position debout pour tirer	【冬季两项】立姿射击
position debout pour un départ arrêté	【速度滑冰】立姿出发
position détendue du sauteur	【跳台滑雪】跳台滑雪运动员的舒展姿势
position déterminées selon le classement	【雪橇】根据排名决定的种子选手位置
position du balai	【冰壶】冰刷位置
position du corps	【花样滑冰】身体姿势【雪橇】（雪橇上的）身体姿势
position du joueur	【轮椅冰壶】运动员姿势，运动员位置
position du saut de boucle piqué	【花样滑冰】后外点冰跳姿势
position du sauteur	【跳台滑雪】跳台滑雪运动员姿势
position durant l'envol	【花样滑冰】跳跃腾空时的姿势
position écartée des skis	【跳台滑雪】分开的滑雪板
position en chasse-neige	【滑雪通用】犁式制动姿势，犁式滑降姿势
position étendue	【自由式滑雪】直体姿势
position extérieure	【花样滑冰】向外姿势
position fendue	【跳台滑雪】泰勒马克式落地姿势
position fermée	【花样滑冰】闭合姿势
position groupée	【自由式滑雪】团身空翻
position horizontale	【跳台滑雪】（空中动作时滑板以及运动员的）水平姿势
position idéale du skieur en vol	【跳台滑雪】跳台滑雪运动员空中动作的理想姿势
position initiale	【轮椅冰壶】原始位置
position Kilian	【花样滑冰】并立背后握手姿势（冰舞中和搭档握手的方式，尤其是在嘉年华探戈中）

法
汉

position Kilian inversé	【花样滑冰】并立背后反向握手姿势（冰舞中和搭档握手的方式，尤其是在嘉年华探戈中）
position légèrement accroupie	【残奥滑雪】轻微蹲踞姿势
position main dans la main	【花样滑冰】手拉手姿势
position ouverte	【花样滑冰】开式姿势（冰舞狐步舞中的握手法）
position parallèle des skis	【跳台滑雪】滑雪板平行状态
position qui fait contrepoids	【花样滑冰】平衡姿势
position ramassée	【滑雪通用】团身姿势（下滑姿势）
position spirale	【花样滑冰】螺旋姿势
position stable/stationnaire	【轮椅冰壶】稳定静止状态（轮椅）
position verticale	【花样滑冰】直立姿势，立姿
poste d'arrivée	【雪橇】终点处
poste d'observation	【通用】观测点，观察点，裁判台
poste de contrôle	【越野滑雪】【残奥越野滑雪】检查点，监察点
poste de contrôle (dans l'aire de dégagement)	【雪橇】（终点缓冲区的）监控点
poste de contrôle de dopage	【通用】兴奋剂管控站
poste de départ	【雪橇】起点
poste de marquage	【越野滑雪】【残奥越野滑雪】【冬季两项】【残奥冬季两项】滑雪板标记处
poste de marquage officiel	【跳台滑雪】官方的标记地点
poste de premiers secours/soins	【通用】急救室，急救站
poste de prise des temps de passage/intermédiaires	【越野滑雪】【残奥越野滑雪】中间计时站点
poste de rafraîchissements	【越野滑雪】【残奥越野滑雪】补给站
poste de secours	【通用】救护所
poste de tir	【冬季两项】【残奥冬季两项】射击场地，射击位置
postérieur	【雪车】a. 后面的；n. 后部
posture	【冰壶】【轮椅冰壶】【花样滑冰】n.f. 姿势
poteau	【冰球】【残奥冰球】n.m. 柱，桩
poteau de but	【冰球】【残奥冰球】球门柱
poteaux d'arrivée/marquant l'arrivée	【高山滑雪】【残奥高山滑雪】终点门柱

poteaux de départ	【高山滑雪】【残奥高山滑雪】起点标
poudre	【冬季两项】【残奥冬季两项】n.f. 弹药，火药
poudreuse	【滑雪通用】n.f. 粉雪
poule (A, B, C)	【冰球】【残奥冰球】n.f. （A、B、C）组
pourcentage de handicap	【残奥高山滑雪】【残奥越野滑雪】【残奥冬季两项】残疾系数（根据残疾程度减少完成时间）
pourcentage individuel	【残奥越野滑雪】【残奥冬季两项】个人百分比（根据北欧百分比系统对滑雪者的完成时间进行调整）
poursuite	【冰球】【残奥冰球】【速度滑冰】【越野滑雪】【残奥越野滑雪】n.f. 追，追逐
poursuite de la compétition	【通用】比赛持续进行
poursuivre la compétition	【通用】继续进行比赛
pousse et glisse	【越野滑雪】【残奥越野滑雪】不迈步同时推进
poussée	【雪车】n.f. 推，推动，推进【花样滑冰】【速度滑冰】【短道速滑】n.f. 蹬冰【跳台滑雪】n.f. 蹬离，起跳【残奥高山滑雪】n.f. 推动（坐姿滑雪者只能在出发门前推一下，不允许助跑出发）
poussée à la verticale (saut)	【花样滑冰】（跳跃）起跳，冲起
poussée avant	【花样滑冰】蹬冰向前滑行
poussée croisée (un pas de danse)	【花样滑冰】交叉蹬冰（一种舞步）
poussée d'appoint	【速度滑冰】辅助蹬冰
poussée de bâtons	【残奥越野滑雪】【残奥冬季两项】推进
poussée de départ	【花样滑冰】蹬冰动作，蹬离冰面
poussée de départ avant	【花样滑冰】向前蹬离
poussée de départ en L (une poussée arrière)	【花样滑冰】L 蹬离（一种向后蹬离）
poussée de départ en T (une poussée arrière)	【花样滑冰】T 蹬离（向后蹬离）
poussée de l'équipe	【雪车】团队推动雪车前行
poussée de la carre	【花样滑冰】刀刃蹬冰
poussée de la jambe droite	【花样滑冰】右脚蹬冰
poussée de la jambe gauche	【花样滑冰】左脚蹬冰

法
汉

poussée de la pointe du pied	【花样滑冰】刀齿蹬冰
poussée de réchauffement	【花样滑冰】蹬冰热身
poussée du bob (par l'équipe)	【雪车】（团队）推行雪橇
poussée en relais	【短道速滑】接力中（队友的）前推
poussée/poussée-élan en serpentin	【花样滑冰】蛇形蹬冰
poussée et glissement	【越野滑雪】【残奥越野滑雪】不迈步同时推进
poussée latérale	【速度滑冰】向外侧蹬冰
poussée simple (poussée d'un seul bras à la fois)	【越野滑雪】【残奥越野滑雪】单杆滑行（每次单臂用力）
poussée simultanée	【越野滑雪】【残奥越野滑雪】【冬季两项】【残奥冬季两项】双杖推撑滑行，双杖推撑滑行技术
poussée vers l'extérieur	【速度滑冰】向外侧蹬冰
poussée verticale (au moment de l'appel d'un saut)	【花样滑冰】（跳跃动作起跳的）垂直托举
poussée-élan	【花样滑冰】蹬离冰面，蹬冰
poussée-élan du patinage en couple/ en couple	【花样滑冰】双人蹬冰
poussée-élan en figure huit (couple)	【花样滑冰】8 字形蹬冰（双人滑）
poussée-élan en (position) Kilian ouvert	【花样滑冰】开式背后交叉蹬冰
poussée-élan en parallèle	【花样滑冰】平行蹬冰
poussée-élan main dans la main (couple)	【花样滑冰】手拉手蹬冰（双人滑）
poussée-élan périmétrique (couple)	【花样滑冰】蹬冰滑行（双人滑）
pousser	【短道速滑】v.t. 推
pousser la rondelle/le disque (avec le bâton)	【冰球】【残奥冰球】（用冰球杆）铲球
pousser par derrière	【短道速滑】从后面往前推
poussette	【越野滑雪】【残奥越野滑雪】【冬季两项】【残奥冬季两项】n.f. 蜡罐，管蜡
poutre de départ	【雪车】出发板
Pr	【花样滑冰】交替蹬冰

法
汉

pratique (complément de la théorie)	【通用】n.f. 实践，练习（对于理论的补充）
précis(,e)	【冰球】【残奥冰球】a. 准确的，确切的
précision d'un saut	【跳台滑雪】跳跃动作的精确
précision des pas	【花样滑冰】步伐的精准
prédisposition physique	【残奥越野滑雪】身体素质
préliminaire	【冰球】【残奥冰球】a. 初步的，预备的
prématuré(,e)	【花样滑冰】a. 过早的
premier(,ère)	【冰壶】【轮椅冰壶】a. 领先的，第一的，n. 领先，第一；领球员，主力；一垒，第一队员
premier coureur/première coureuse	【残奥越野滑雪】排名首位的滑雪运动员
premier fondeur/première fondeuse	【残奥越野滑雪】第一位滑雪运动员
premier joueur/première joueuse	【轮椅冰壶】主力运动员
premier match/première partie d'une série éliminatoire	【冰球】【残奥冰球】首场淘汰赛
première descente	【高山滑雪】【残奥高山滑雪】【雪车】【雪橇】首次滑行
première équipe au classement	【通用】排名首位的团队
première ligne de départ (départ en groupe)	【速度滑冰】第一个起跑线（集体起跑）
première manche	【高山滑雪】【残奥高山滑雪】【雪车】【雪橇】首次滑行
première partie du vol	【跳台滑雪】飞行的最初阶段
premiers secours/soins	【通用】急救，急救处理
prendre la position de départ	【速度滑冰】站在出发位置（准备出发）
prendre le balai	【冰壶】手持冰刷
prendre les devants	【轮椅冰壶】领先对手
préparation	【通用】n.f. 准备【花样滑冰】n.f. 准备（托举或者跳跃动作的第一部分）【滑雪通用】n.f. 准备（滑雪转弯第一步骤）
préparation de la piste/du parcours	【高山滑雪】【残奥高山滑雪】赛道的准备
préparation des accréditations (traitement informatique)	【通用】认证准备（信息处理）

法
汉

préparation des pistes	【滑雪通用】雪道维护
préparation du tremplin	【跳台滑雪】跳台养护，跳台准备工作
préparation mentale	【通用】内心演练，心理准备
préparation physique	【通用】陆地训练，预备培训
préparation prématurée à la réception	【跳台滑雪】着陆前准备
préposé(,e)	【速度滑冰】n. 职员，工作人员
préposé(,e) à la piste	【速度滑冰】跑道工作人员
préposé(,e) au service d'ordre	【通用】安保职员
préposé(,e) aux bâtons	【冰球】【残奥冰球】冰球运动工作人员
pré-rotation	【花样滑冰】预旋转
président	【通用】n.m. 主席
président de la FIL	【雪橇】国际无舵雪橇联合会主席
presse sportive	【通用】体育媒体
presser	【冰球】【残奥冰球】v.t. 压，紧逼，猛攻
presser l'adversaire	【冰球】【残奥冰球】给对方施压，紧逼对手
pression	【雪橇】n.f. 压力
pression de la carre	【花样滑冰】用刃压力，刀刃的压力
pression de la réception	【跳台滑雪】着陆冲击
pression perpendiculaire à la piste	【雪橇】作用于跑道的垂直压力
pression perpendiculaire de l'épaule sur la luge	【雪橇】肩膀在雪橇上的垂直压力
pression sur la luge à l'aide des épaules et des bras	【雪橇】用肩膀和双臂控制雪橇
pression sur la luge à l'aide des jambes	【雪橇】用腿控制雪橇，用腿掌控雪橇
pression vers l'intérieur	【雪橇】向内压力
pression vers le bas	【雪橇】下行压力，向下压力
Prêts! Prêtes!	【速度滑冰】各就各位！预备！
principe de la conservation du mouvement	【花样滑冰】动量守恒定律
prise (façon de tenir son/sa partenaire)	【花样滑冰】n.f. 握住（搭档）
prise de carre(s)	【残奥滑雪】立刃
prise de carres dans les bosses	【自由式滑雪】雪丘上的用刃

prise de la danse sur glace	【花样滑冰】冰舞中的握住（同伴手的）动作
prise de main croisée	【花样滑冰】交叉拉手
prise de patinage en couple	【花样滑冰】双人滑的握手
prise de Tango	【花样滑冰】探戈握法
prise de valse	【花样滑冰】华尔兹握法（双人旋转）
prise en position de danse ouverte	【花样滑冰】开式握手姿势（冰舞狐步舞中的握法）
prise en position extérieure	【花样滑冰】向外姿势
prise en position Kilian	【花样滑冰】并立背后握法
prise en position Kilian inversé	【花样滑冰】并立背后反手握法（双人旋转）
prise en position ouverte	【花样滑冰】开式握手姿势（冰舞狐步舞中的握法）
prise main dans la main	【花样滑冰】手拉手握法
prise par la taille	【花样滑冰】扶腰（双人旋转）
prise par-dessous (pour tenir le balai)	【冰壶】正手（手掌朝上）握住（冰刷）
prise par-dessus (des mains sur les barres de stabilité)	【雪橇】反手握住（手握住把手）
prise par-dessus (pour tenir le balai)	【冰壶】反手（手掌朝下）握住（冰刷）
prise paume-à-paume	【花样滑冰】掌心贴掌心握手
prise poignée de main	【花样滑冰】手握手
prise pour effet extérieur	【冰壶】【轮椅冰壶】外旋掌控
prise pour effet intérieur	【冰壶】【轮椅冰壶】内旋掌控
prise Tango	【花样滑冰】探戈握法
prison	【残奥冰球】n.f. 受罚席
prix d'honneur/honorifique	【通用】荣誉奖
Prix Olympique du CIO pour la Science Sportive	【通用】国际奥委会奥林匹克体育科学奖
procédure disciplinaire	【通用】惩戒程序
profil	【花样滑冰】n.m. 侧面，轮廓
profil d'un tremplin	【跳台滑雪】跳台外观，跳台轮廓，跳台断面图
profil de la lame	【花样滑冰】冰刀侧面，冰刀曲度
profil de la piste/du parcours (pour une épreuve)	【越野滑雪】【残奥越野滑雪】（比赛）赛道状况

profondeur	【花样滑冰】n.f. 深度【冰球】【残奥冰球】n.f.（球门网）深度
profondeur de la trace/du tracé	【越野滑雪】【残奥越野滑雪】雪槽深度
profondeur du creux (de la lame)	【花样滑冰】冰刀刃凹槽深度
profondeur du lobe	【花样滑冰】弧线曲度
programme court (en simple et en couple)	【花样滑冰】短节目（单人滑以及双人滑）
programme d'entraînement hors-glace	【通用】旱地（非冰面）训练
programme d'entraînement hors-neige	【通用】旱地（非雪地）训练
programme d'entraînement hors-piste	【通用】旱地训练
programme de hockey (sur) luge	【残奥冰球】残奥冰球项目，冰橇冰球项目
programme de patinage	【花样滑冰】花样滑冰项目
programme de patinage en couple	【花样滑冰】双人滑项目
programme de recrutement d'athlètes	【冬残奥通用】运动员招募计划项目
programme de style libre	【花样滑冰】自由滑节目
programme des activités culturelles	【通用】文化活动日程
programme des épreuve	【通用】赛事日程
programme des séances de patinage	【滑冰通用】花样滑冰场次时间计划表
Programme des tests de l'Union internationale de patinage	【花样滑冰】国际滑冰联盟测试系统
Programme des tests nationaux de patinage artistique	【花样滑冰】全国滑冰测试项目
programme en couple	【花样滑冰】双人滑项目
programme libre (en simple et en couple)	【花样滑冰】自由滑节目，长节目（单人滑以及双人滑）
programme long (en simple et en couple)	【花样滑冰】长节目（单人滑以及双人滑）
Programme national de certification des entraîneurs <Canada>	【通用】国家教练认证项目<加拿大>

法
汉

法
汉

programme paralympique	【冬残奥通用】残奥会项目
progression (du plus simple au plus complexe)	【自由式滑雪】n.f. 渐进（从最简单到最复杂）
projectile	【残奥冬季两项】n.m. 子弹
projection	【残奥冰球】n.f. 射门
projeter	【冰球】【残奥冰球】v.t. 发射，击球
projeter un joueur sur la glace	【冰球】【残奥冰球】撞倒一位运动员
prolongation	【跳台滑雪】n.f. 延长，延期；加时赛
prolongation (avec arrêt de la partie dès qu'un but est marqué)	【冰球】【残奥冰球】n.f. 加时赛，延长时间（进球后一场比赛停止）
prolongation du certificat de conformité/d'homologation	【跳台滑雪】合规许可证延期
prolongement	【越野滑雪】【残奥越野滑雪】n.m. 延长
prolongement de la ligne d'arrivée	【越野滑雪】【残奥越野滑雪】终点线的延长
propulser la luge	【残奥冰球】推进冰橇，驱动冰橇
protecteur d'oreille	【残奥冰球】护耳器
protecteur de coude	【残奥冰球】护肘套
protecteur de moignon	【冬残奥通用】残肢保护器
protecteur facial	【冰球】【残奥冰球】（面罩）头盔
protecteur(,trice)	【冰球】【残奥冰球】a. 保护的；n. 保护者，保护器
protection	【冰球】【残奥冰球】n.f. 保护【冬残奥通用】n.f.（比赛中使用的）保护垫
protection de coude	【残奥冰球】护肘套
protections	【冬残奥通用】n.f. 围墙，防护板
protège-bouche	【冰球】【残奥冰球】护齿
protège-cou	【残奥冰球】颈部保护器
protège-coude	【雪车】【冰球】【残奥冰球】【短道速滑】护肘
protège-cuisse	【冰球】护大腿甲
protège-dents	【冰球】【残奥冰球】护齿
protège-genou	【短道速滑】护膝
protège-gorge	【残奥冰球】颈部保护器
protège-lame	【滑冰通用】冰刀护套，刀套

法
汉

protège-patin (protège le cuir de la chaussure)	【滑冰通用】冰鞋保护套（保护冰鞋皮革）
protège-poitrine	【残奥冰球】护胸甲
protège-reins	【冰球】【残奥冰球】【雪橇】护腰
protège-tendon	【冰球】【残奥冰球】肌腱保护
protège-tibia	【冰球】【残奥冰球】【短道速滑】护腿，胫骨保护垫
protester contre	【通用】提出抗议，对……有所争议
protêt de classification	【冬残奥通用】分组抗议（对错误分组的抗议）
protêt délibérément retardé <Canada>	【通用】故意延迟抗议<加拿大>
protêt écrit <Canada>	【通用】书面申诉，书面抗议<加拿大>
protêt rejeté <Canada>	【通用】抗议无效<加拿大>
protêt retardé <Canada>	【通用】延迟抗议<加拿大>
protêt retardé intentionnellement <Canada>	【通用】故意延迟抗议<加拿大>
protêt verbal	【通用】口头抗议
prothèse	【冬残奥通用】n.f.（残疾人使用的）假器
prothèse de bras/membre supérieur	【冬残奥通用】上肢假肢，假臂
prothèse de cuisse/fémorale	【冬残奥通用】膝上义肢
prothèse de jambe/de membre inférieur/ jambière	【冬残奥通用】下肢假肢
prothèse de l'avant-bras/radiale	【冬残奥通用】前臂假肢
prothèse de ski	【残奥高山滑雪】滑雪义肢，滑雪假腿
protocole de la compétition	【通用】比赛记录
protubérance	【花样滑冰】n.f. 突起，隆起
provisoire	【越野滑雪】【残奥越野滑雪】a. 临时的，暂时的
puissance	【跳台滑雪】n.f. 能力，实力
puissance d'un sauteur	【跳台滑雪】跳台滑雪运动员实力（力量）
puissant(,e)	【冰球】【残奥冰球】a. 强大的，有力的
punir	【跳台滑雪】v.t. 处罚
punir sévèrement une faute	【跳台滑雪】严厉处罚错误
punition	【冰球】【残奥冰球】n.f. 处罚，判罚

punition <u>à retardement</u>/<u>différée</u>/<u>retardée</u>	【冰球】【残奥冰球】缓判
punition <u>additionnelle</u>/<u>supplémentaire</u>	【残奥冰球】加罚
punition consécutive	【残奥冰球】连续处罚
punition d'extrême inconduite	【残奥冰球】严重违例判罚
punition de match	【冰球】【残奥冰球】停赛处罚
punition de <u>match</u>/<u>partie</u> pour inconduite	【冰球】【残奥冰球】严重违规处罚
punition majeure	【残奥冰球】大罚（5 分钟）
punition majeure double	【冰球】【残奥冰球】双重大罚
punition mineure	【冰球】【残奥冰球】小罚（2 分钟）
punition mineure <u>au banc</u>/<u>d'équipe</u>	【残奥冰球】队小罚
punition mineure double	【冰球】【残奥冰球】双重小罚
punition pour avoir molesté un officiel	【冰球】【残奥冰球】干扰官员（裁判）的处罚
punition pour conduite anti-sportive	【冰球】【残奥冰球】违反体育道德行为的处罚
punition pour grossière inconduite	【冰球】【残奥冰球】严重违规处罚
punition pour inconduite	【冰球】【残奥冰球】违例处罚（10 分钟）
purger	【冰球】【残奥冰球】v.t. 接受（处罚）
purger une <u>pénalité</u>/<u>punition</u>	【冰球】【残奥冰球】受罚
pylône d'une remontée mécanique	【滑雪通用】缆车塔

Q

quadriplégique	【冬残奥通用】a. 四肢瘫痪的；n. 四肢瘫痪者
quadruple	【自由式滑雪】n.m. 四倍；a. 四倍的
quadruple boucle piqué	【花样滑冰】后外点冰四周跳
quadruple saut	【花样滑冰】四周跳
quadruple saut de boucle piqué	【花样滑冰】后外点冰四周跳
quadruple saut périlleux	【自由式滑雪】四周空翻
quadruple vrille	【自由式滑雪】四周转体

法
汉

qualification d'un compétiteur/d'une compétitrice	【通用】选手的参赛资格
qualification d'un concurrent/d'une concurrente	【通用】对手的参赛资格
qualifié(,e)	【冰球】【残奥冰球】【冰壶】【轮椅冰壶】a. 合格的；a. 有资质的，有参赛资格的
qualité de la <u>glace/surface glacée</u>	【冰壶】【轮椅冰壶】【滑冰通用】冰面质量
qualité de la neige	【滑雪通用】雪况
quart de finale	【冰球】【残奥冰球】四分之一决赛
quatre-traces	【残奥滑雪】四板滑雪运动员
Quickstep (danse)	【花样滑冰】快步（冰舞）
quitter	【冰球】【残奥冰球】v.t. 放弃，离开
quitter la <u>glace/patinoire</u>	【冰球】【残奥冰球】离开冰场
quitter la piste <u>balisée/tracée</u>	【越野滑雪】【残奥越野滑雪】离开设有旗子标志的赛道
quitter le match	【冰球】【残奥冰球】离开比赛

R

raccordement	【雪车】n.m. 衔接，接合，连接【自由式滑雪】n.m.（着陆跑道和终点跑道之间）衔接，连接
raccordement des virages	【雪车】弯道之间的衔接
raccordement entre le droit et les virages	【雪车】【雪橇】直线跑道和弯道之间的衔接
raccordement entre les virages	【雪车】弯道之间的衔接
racheter	【冰球】【残奥冰球】v.t. 再次购买，赎回，弥补
racheter une erreur	【冰球】【残奥冰球】更正错误，弥补过失
radiocommunication	【冬残奥通用】n.m. 无线电通信
radioguidage	【残奥高山滑雪】【残奥越野滑雪】【残奥冬季两项】n.m. 通过无线电通信进行引导
raideur	【花样滑冰】n.f. 僵直，生硬，呆板，不自然

rainure	【花样滑冰】n.f.（冰刀下）凹槽【滑雪通用】n.f.（滑雪板下的）凹槽
ralenti (télévision)	【通用】n.m.（电视）慢动作回放
ralentir la pierre	【冰壶】【轮椅冰壶】使冰壶减速
rallongé(,e)	【滑雪通用】a. 加长的，延长的
ramassé(,e)	【自由式滑雪】a. 蜷缩成一团的
rampe	【冰球】【残奥冰球】n.f. 板墙
rampe d'accès	【轮椅冰壶】入口坡道；斜通道
rampe de départ	【雪橇】出发坡道【残奥高山滑雪】出发斜坡
randonnée en ski	【越野滑雪】【残奥越野滑雪】徒步旅行滑雪
randonneur(,euse)	【越野滑雪】【残奥越野滑雪】休闲滑雪运动员
rang (au classement)	【通用】n.m. 排名
rangée (estrades, spectateurs)	【通用】n.f. 排（看台，观众）
rapide	【花样滑冰】【冰球】【残奥冰球】【速度滑冰】a. 快速的，迅速的
rapidement	【花样滑冰】ad. 快速地，迅速地
rappeler...à l'ordre	【速度滑冰】召回……
rapport officiel de match	【残奥冰球】官方比赛报告
raté(,e)	【冬季两项】【残奥冬季两项】a. 失败的，未成功的
râtelier	【残奥冬季两项】n.m. 枪架
rater	【冰球】【残奥冰球】v.t. 未击中
rater un coup/lancer	【轮椅冰壶】投壶未中
rater une occasion de marquer	【冰球】【残奥冰球】错过得分机会
rater une sortie	【轮椅冰壶】击打未中
rayon	【通用】【雪橇】n.m. 半径，范围，光线
rayon (de la courbe de la lame)	【花样滑冰】n.m.（冰刀）弧度
rayon d'un virage/d'une courbe	【雪车】【雪橇】弯道半径
rayon de courbure du grand virage	【速度滑冰】外弯道半径
rayon de courbure du petit virage	【速度滑冰】内弯道半径
rayon de la courbe (R1, R2 or R3)	【跳台滑雪】弧度半径（R1，R2 或者 R3）
rayon de la partie du patin (en contact avec la piste)	【雪车】滑刃半径（和冰面接触部分）

rayon (de profondeur) du creux d'affûtage	【花样滑冰】冰刀的刀槽半径
rayon des virages (de l'anneau de vitesse)	【速度滑冰】弯道半径（速度滑冰跑道）
rayure	【冬季两项】【残奥冬季两项】n.f. （枪的）来复线，膛线
rebond	【自由式滑雪】n.m. 弹回，跳起
rebord	【冰壶】【轮椅冰壶】n.m. 边缘
rebord du cercle extérieur	【冰壶】【轮椅冰壶】外圈边缘
réception	【花样滑冰】n.f. 落冰（跳跃动作的第四部分）【跳台滑雪】n.f. 着陆（空中跳跃动作的组成部分）
réception assurée/sûre	【跳台滑雪】平稳着陆
réception au sol	【花样滑冰】落冰（跳跃动作的第四部分）
réception AVE	【花样滑冰】前外刃落地
réception avec les pieds parallèles (sans position de télémark)	【跳台滑雪】双脚平行着陆（非泰勒马克式落地姿势）
réception AVI	【花样滑冰】前内刃落地
réception basse	【跳台滑雪】低着陆
réception dure/raide	【跳台滑雪】硬着陆，重着陆
réception en position de télémark/fendue	【跳台滑雪】泰勒马克式落地姿势
réception extérieure avant	【花样滑冰】前外刃落地
réception intérieure avant	【花样滑冰】前内刃落地
réception souple	【跳台滑雪】弹性着陆，软着陆
réception sur une pente en biais/dévers	【高山滑雪】【残奥高山滑雪】着陆在斜坡
réception trop basse	【跳台滑雪】着陆太低
receveur(,euse) (d'une passe)	【冰球】【残奥冰球】n. 接传球球员
recevoir une passe	【冰球】【残奥冰球】接传球
réchauffement (après un temps d'arrêt)	【通用】n.m. 热身（暂停以后）
réclamation délibérément retardée/retardée intentionnellement <Europe>	【通用】故意延迟抗议<欧洲>

réclamation écrite <Europe>	【通用】书面申诉，书面抗议<欧洲>
réclamation rejetée <Europe>	【通用】抗议无效<欧洲>
réclamation retardée <Europe>	【通用】延迟抗议<欧洲>
réclamation verbale <Europe>	【通用】口头抗议议<欧洲>
recommencer	【跳台滑雪】v.t. 重新开始，重复进行
recommencer un saut	【跳台滑雪】重新进行一次跳跃
reconnaissance	【自由式滑雪】【跳台滑雪】【越野滑雪】【残奥越野滑雪】n.f. 确认，勘测，察看
reconnaissance de la piste	【高山滑雪】【残奥高山滑雪】【自由式滑雪】【跳台滑雪】【越野滑雪】【残奥越野滑雪】【冬季两项】【残奥冬季两项】【单板滑雪】赛道勘察，赛道状况确认（由运动员完成）
reconnaissance du parcours/tracé	【残奥高山滑雪】【残奥越野滑雪】【残奥冬季两项】比赛路线确认（由运动员完成）
record	【通用】n.m. 纪录
record de l'épreuve	【通用】比赛纪录
record de piste	【雪车】【雪橇】赛道纪录
record du monde/mondial	【通用】世界纪录
record du parcours	【通用】赛道纪录
record du tremplin/enregistré sur le tremplin	【跳台滑雪】跳台纪录
record égalé	【通用】与纪录持平
record établi	【通用】已创造的纪录
record individuel/personnel	【通用】个人纪录
record national	【通用】全国纪录
record olympique	【通用】奥运会纪录
recourbé(,e)	【冰球】【残奥冰球】a. 顶端弯曲的
recouvrer	【冰球】【残奥冰球】v.t. 收回，重新取得
recouvrer une passe	【冰球】【残奥冰球】夺回传球
recrue	【通用】n.f. 新手
recrue de l'année	【通用】当年的新手
recruteur(,euse)	【冰球】【残奥冰球】n. 球探

法
汉

recul	【冬季两项】【残奥冬季两项】n.m. （枪、炮等的）反冲，后坐力
récupérer	【通用】v. 恢复体力，舒缓放松
redistribution des prix	【通用】奖项（奖金）重新分配
redressement	【跳台滑雪】n.m. 回直，伸直
redressement des genoux	【跳台滑雪】伸直膝盖
refaçonner	【自由式滑雪】v. 重制，改造，再加工
refaçonner un tremplin	【自由式滑雪】重新制作跳台
réfractomètre	【冬残奥通用】n.m. 折射计，折光仪（测量运动员的眼睛屈光度并确定其应该使用的镜片）
réfrigération (revêtement de glace de la piste)	【通用】（冰上赛道冰面的）结冰，冷冻
refuge	【越野滑雪】【残奥越野滑雪】n.m. 高山小屋，休息区
refus	【冰球】【残奥冰球】n.m. 拒绝，不接受
refus de jouer	【冰球】【残奥冰球】拒绝比赛
refusé(,e)	【冰球】【残奥冰球】a. 被拒绝的
registre de pénalité	【冰球】【残奥冰球】处罚记录
réglage	【残奥冬季两项】n.m. 调校，校准
réglage de hausse	【残奥冬季两项】瞄准器调校
réglage des éléments de visée	【残奥冬季两项】调整瞄准焦点
règle	【通用】n.f. 规则
règle de conduite	【雪橇】驾驶规则
règlement	【通用】n.m. 章程，比赛规则
Règlement antidopage de la FIS	【残奥高山滑雪】【残奥越野滑雪】国际滑联反兴奋剂规则
Règlement de hockey sur luge de l'IPC	【残奥冰球】国际残疾人奥林匹克委员会冰橇冰球章程
Règlement de l'IPC relatif au ski alpin	【残奥高山滑雪】国际残疾人奥林匹克委员会高山滑雪规则与条例
règlement de la compétition	【通用】比赛规则
règlement de saut à ski	【跳台滑雪】跳台滑雪规则

règlement enfreint	【通用】被触犯的规则，被违反的规则
règlement et critères de jugement	【自由式滑雪】规则及评判标准
Règlement international de luge	【雪橇】国际雪橇竞赛规则
Règlement Ski Alpin IBSA 2005—2009	【残奥高山滑雪】国际盲人体育联合会高山滑雪 2005—2009 年规则手册
réglementaire	【冰球】【残奥冰球】【速度滑冰】a. 合乎规定的，规定的，a. 标准的
réglementation antidopage	【冬残奥通用】反兴奋剂规则
règlements de la FIS (connus sous l'abrégé de la FIS)	【滑雪通用】国际雪联竞赛规则
règlements relatifs à la course de fond	【北欧两项】越野滑雪相关规则
règles d'arbitrage	【通用】裁判规则，评判准则
règles du jeu	【冬残奥通用】比赛规则
Règles du ski alpin IBSA	【残奥高山滑雪】国际盲人体育联合会高山滑雪规则条例
régularité du tracé	【花样滑冰】正确的滑行轨迹
régulier(,ère)	【冰球】【残奥冰球】a. 有规律的，固定的
rein	【冰球】【残奥冰球】n.m. 肾脏
reins	【冰球】【残奥冰球】n.m. pl. 腰部
réintégration en tant qu'athlète amateur	【通用】恢复业余运动员身份
rejet (d')un protêt <Canada>	【通用】驳回异议，对抗议予以驳回<加拿大>
rejet (d')une réclamation <Europe>	【通用】驳回异议，对抗议予以驳回<欧洲>
rejeter	【自由式滑雪】v.t. 去掉，不接受
rejeter un appel	【通用】驳回上诉
rejeter une note la plus basse	【自由式滑雪】去掉一个最低分
rejeter une note la plus haute	【自由式滑雪】去掉一个最高分
rejouer une partie	【冰壶】【轮椅冰壶】重新进行一场比赛
relais	【雪车】【冬季两项】【残奥冬季两项】【北欧两项】【越野滑雪】【残奥越野滑雪】【短道速滑】n.m. 接力【越野滑雪】【残奥越野滑雪】n.m. 高山小屋，休息区
relais de biathlon	【冬季两项】冬季两项接力
relais de la flamme paralympique	【冬残奥通用】残奥会火炬接力

relais de torche olympique	【通用】奥林匹克火炬接力
relais debout	【残奥越野滑雪】站姿接力
relais en biathlon	【冬季两项】冬季两项接力
relais par équipe	【雪车】团队接力【冬季两项】【残奥冬季两项】【北欧两项】【越野滑雪】【残奥越野滑雪】接力赛
relais par équipes	【残奥越野滑雪】团体接力
relancer (une pierre)	【冰壶】【轮椅冰壶】再次投壶
relayer	【短道速滑】v.i. 接替某人，接力
relayer en se poussant	【短道速滑】互推接力
relayer en se touchant	【短道速滑】相互接触接力
relevé(,e)	【雪橇】a. 抬起的，加高的，堆积的
relèvement du corps (après la réception)	【跳台滑雪】（着陆后）身体挺直
rembourrage	【冰球】【残奥冰球】n.m. 填塞垫料
rembourrage de protection	【残奥冰球】保护垫
remercier	【冰球】【残奥冰球】v.t. 感谢，辞退，解雇
remettre	【通用】v.t. 推迟，拖延
remettre la glace en bon état	【滑冰通用】修整冰面使其保证良好状态
remettre la piste en état	【滑雪通用】修整跑道
remettre un match à plus tard/une compétition	【通用】推迟一场比赛
remise	【通用】n.f. （一场比赛）推迟，延期
remise du relais	【冬季两项】【残奥冬季两项】【北欧两项】【越野滑雪】【残奥越野滑雪】接力，移交接力棒
remise en état (de la piste)	【滑雪通用】修整跑道
remise en jeu	【残奥冰球】开球，对峙
remontée(s) mécanique(s)	【滑雪通用】（把滑雪者送上坡的）牵引装置，缆车
remonte-pente	【滑雪通用】（把滑雪者送上坡的）牵引装置，缆车
remparts latéraux	【雪车】两侧斜坡
remplaçant(,e)	【通用】【北欧两项】【轮椅冰壶】n. 替补运动员
remplaçant désigné/remplaçante désignée	【高山滑雪】【残奥高山滑雪】指定替补
remplacement	【雪车】n.m. 替换，代替

remplacement d'un bob	【雪车】更换雪车
remplacement d'un concurrent par un substitut	【冬季两项】【残奥冬季两项】替代指定的参赛者
remplacement d'un patin	【雪车】更换滑刃，更换冰刃
remporter	【冰球】【残奥冰球】v.t. 赢的，获得
remporter le championnat	【冰球】【残奥冰球】夺冠，赢得冠军
remporter les éliminatoires	【冰球】【残奥冰球】赢得淘汰赛，赢得季后赛
rencontre	【残奥冰球】n.f. 比赛，对抗
rencontre à égalité/nulle	【残奥冰球】平局比赛
rencontre de hockey (sur) luge	【残奥冰球】冰橇冰球比赛，残奥冰球比赛
rencontre de patinage de vitesse sur piste courte	【短道速滑】短道速滑比赛
rencontre internationale	【冬残奥通用】国际比赛
rencontre internationale de hockey (sur) luge	【残奥冰球】国际冰橇冰球比赛
rencontre sur piste extérieure	【速度滑冰】室外比赛
rencontre sur piste intérieure	【速度滑冰】室内比赛
renforcement	【速度滑冰】n.m. 加强，加固
renforcement des chevilles	【速度滑冰】加强脚踝力量
renfort de talon	【滑冰通用】（冰鞋）脚后跟支撑，脚后跟加固
renouvelé(,e)	【雪车】a. 更新的
(se) renverser	【雪车】v. 翻转，倾覆
renvoyer	【冰球】【残奥冰球】v.t. 解雇，辞退，开除
répartition des compétiteurs en groupes	【跳台滑雪】比赛运动员分组
repêchage de joueurs	【冰球】【残奥冰球】球员选秀
repère (branches ou cônes de sapin sur le parcours pour distinguer la piste dans le brouillard)	【高山滑雪】【残奥高山滑雪】n.m. 雾天地标（用松树树枝或松塔铺设在路线上）
repère kilométrique	【残奥越野滑雪】公里标记
répéter	【跳台滑雪】v.t. 重新开始，重复进行
répéter un saut	【跳台滑雪】重新进行一次跳跃

法
汉

répétition	【跳台滑雪】n.f. 重复
répétition <u>ininterrompue</u>/sans interruption	【花样滑冰】不间断重复
repli	【冰球】【残奥冰球】n.m. 撤退，后退
repli défensif	【冰球】【残奥冰球】防守撤退
replier	【冰球】【残奥冰球】v.t. 撤退
report	【通用】n.m. （一场比赛）推迟，延期
reporter	【跳台滑雪】v.t. 推迟
reporter une <u>compétition</u>/manche	【通用】推迟一场比赛
reporters de la radio	【通用】新闻报道员，通讯员
repos	【雪车】n.m. 休息
repose-doigt	【残奥冬季两项】手指支架
repose-pieds	【残奥高山滑雪】【残奥越野滑雪】【残奥冬季两项】脚踏板（坐姿滑雪配件）
reprendre	【跳台滑雪】v.t. 重新开始，重复进行
reprendre son équilibre	【跳台滑雪】恢复平衡
reprendre un saut	【跳台滑雪】重新进行一次跳跃
reprendre une compétition	【通用】重新举行比赛
représentant de la presse	【通用】媒体代表
reprise	【冰球】【残奥冰球】n.f. 恢复，重新开始
reprise à l'écran	【通用】重播
reprise au ralenti	【通用】（电视）慢动作回放
reprise d'un départ	【滑雪通用】重新出发
reprise d'un saut	【跳台滑雪】重新跳跃
reprise d'une compétition	【通用】重新举行比赛
reprise d'une course	【速度滑冰】重新比赛，恢复比赛
reprise d'une <u>descente</u>/manche	【雪车】【雪橇】比赛再次开始
reprise du jeu	【冰球】【残奥冰球】重新开始比赛；比赛中断后继续进行
reprise sous réserve	【高山滑雪】【残奥高山滑雪】待裁定的临时重滑（重滑成绩有效与否须由仲裁委员会最终裁定）
réseau d'<u>équipes-écoles</u>/de filiale	【冰球】【残奥冰球】农场系统，小联盟系统

résine de pin	【越野滑雪】【残奥越野滑雪】松焦油
résistant(,e)	【速度滑冰】a. 坚实的，坚固的，有抵抗力的
responsable	【速度滑冰】n. 负责人；a. 负责的
responsable de l'affichage des résultats	【通用】比赛结果展示官员
responsable de la piste	【速度滑冰】跑道负责人，跑道测量员，跑道检验员
responsable du départ <Canada>	【通用】起点负责人，发令员<加拿大>
responsable du marquage des skis	【冬季两项】【残奥冬季两项】滑雪板做标记官员，滑雪板检查官员
responsable du système de signalisation du départ	【雪橇】起点信号系统负责人
ressort de la détente	【冬季两项】【残奥冬季两项】扳机弹簧
rester à découvert	【冰壶】【轮椅冰壶】未被遮挡的（冰壶）
rester dans la maison	【冰壶】【轮椅冰壶】留在大本营
résultat attendu	【通用】预期结果，预期成绩
résultat final	【通用】最终结果，决赛成绩
résultat final officiel	【通用】官方的最终结果
résultat non officiel	【通用】非官方结果
résultat officiel	【通用】官方结果
résultat probable	【通用】可能的结果，可能的成绩
resurfaceuse (de glace)	【滑冰通用】n.f. 磨冰机（用以磨平溜冰场等表面）
retard	【自由式滑雪】【滑雪通用】n.m. 迟到，延迟，落后
retard au/du départ	【高山滑雪】【残奥高山滑雪】【自由式滑雪】【跳台滑雪】【越野滑雪】【残奥越野滑雪】【单板滑雪】延迟出发
retardé(,e)	【自由式滑雪】【冰球】【残奥冰球】a. 延迟的，推迟的
retardement	【冰球】【残奥冰球】n.m. 耽搁，延迟
retarder le départ d'une course	【短道速滑】延迟开赛
retenir (un adversaire)	【冰球】【残奥冰球】v. 抱人（抱住对手）
retenue du fart	【滑雪通用】滑雪板底蜡性能
retirer le gardien de but	【冰球】【残奥冰球】使守门员离场

法
汉

retirer une pierre du jeu	【冰壶】【轮椅冰壶】把冰壶从比赛中移除
retour <u>de la rondelle/du disque</u>	【冰球】【残奥冰球】板墙反弹球
rétractable	【雪车】a. 可收回的，可撤回的
retrait	【通用】n.m. 退出，退赛
réussir une double sortie	【轮椅冰壶】完成双飞
revers	【冰球】【残奥冰球】n.m. 失败，败北
revêtement	【跳台滑雪】n.m. 保护层，覆盖层
revêtement de plastique	【跳台滑雪】塑料保护层，塑料垫子
révolution	【花样滑冰】n.f. 旋转，转体
révolution d'une pirouette	【花样滑冰】旋转动作
revue sur glace	【花样滑冰】冰上嘉年华
ricocher	【冰壶】【轮椅冰壶】v. 轻触，掠过
ricochet	【冰壶】【轮椅冰壶】n.m. 轻触，掠过【冰球】【残奥冰球】n.m. 偏离，偏差；连续弹跳
rigidité	【自由式滑雪】n.f. 僵硬，硬度，僵化
rink (de curling)	【冰壶】【轮椅冰壶】n.m. 冰壶冰场
riposte	【冰球】【残奥冰球】n.f. 反击，回击
Rittberger	【花样滑冰】后外跳，后外结环跳
rival(,e)	【轮椅冰壶】n. 对手
rivet	【滑冰通用】n.m. 铆钉
robuste	【冰球】【残奥冰球】a. 强壮的，彪悍的
Rocker Foxtrot	【花样滑冰】内勾狐步，摇摆舞
ronde	【残奥越野滑雪】n.f. （比赛）轮次，循环
ronde de qualification	【冬残奥通用】资格赛
ronde des finales	【冰球】【残奥冰球】决赛，最终角逐
ronde éliminatoire	【冰球】【残奥冰球】季后赛轮次
ronde préliminaire (de l'équipement)	【冰球】【残奥冰球】初赛，分组预选赛
rondelle	【冰球】【残奥冰球】n.f. 冰球
rondelle <u>ayant touché/touchant</u> l'arbitre	【冰球】【残奥冰球】击中裁判的冰球
rondelle <u>chez les spectateurs/hors de la patinoire/par-dessus la bande</u>	【冰球】【残奥冰球】被打出冰场的冰球

rondelle en mouvement	【冰球】【残奥冰球】运动中的冰球
rondelle hors-jeu	【冰球】【残奥冰球】界外球
rondelle libre	【冰球】【残奥冰球】待争夺的球
rondelle sous la luge	【残奥冰球】冰橇下的冰球
rose des vents	【滑雪通用】风向图；风向频率图；风向玫瑰图
rotatif(,ve)	【花样滑冰】a. 旋转的，转动的
rotation	【花样滑冰】【自由式滑雪】n.f. 旋转，转体
rotation d'une pirouette	【花样滑冰】旋转动作
rotation dans les airs (ballet)	【自由式滑雪】空中转体（雪上芭蕾）
rotation de 360, 540, 720, 900 degrés (ballet)	【自由式滑雪】转体一周、一周半、两周、两周半（雪上芭蕾）
rotation de droite à gauche	【花样滑冰】逆时针旋转
rotation de sortie	【花样滑冰】旋转结束动作
rotation du buste	【花样滑冰】上半身旋转
rotation partielle	【花样滑冰】部分旋转
roue	【花样滑冰】n.f. 侧翻
roue avant	【花样滑冰】前侧翻
roulé	【花样滑冰】n.m. 摇滚步
roulé croisé	【花样滑冰】交叉摇滚步
roulé swing (un pas de danse)	【花样滑冰】内刃摇摆步（一种舞步）
roulé swing croisé	【花样滑冰】交叉内刃摇摆步
roulement	【花样滑冰】n.m. 摇滚步
rouler	【冰壶】【轮椅冰壶】v. 甩（作用于冰壶上）
routine	【自由式滑雪】n.f. 规定动作，常规
routine de ballet	【自由式滑雪】雪上芭蕾规定动作
ruban	【通用】n.m. 饰带，系带【冰球】【残奥冰球】n.m. 带子，带状物
ruban à mesurer en pieds ou en mètre	【跳台滑雪】英尺或米测量卷尺
ruban à mesurer les longueurs	【跳台滑雪】距离测量卷尺
ruban adhésif non fluorescent	【残奥冰球】非荧光胶带
ruban de l'arrivée	【通用】终点线带
ruban gommé	【冰球】【残奥冰球】胶布

rude	【冰球】【残奥冰球】a. 粗鲁的，粗野的，无礼的
rude mise en échec	【冰球】【残奥冰球】激烈的身体冲撞
rudesse (infraction)	【冰球】【残奥冰球】n.f. 动作粗野，犯规冲撞（犯规）
rudesse contre la <u>bande/clôture/rampe</u>	【冰球】【残奥冰球】板墙挤贴
rudesse excessive (infraction)	【冰球】【残奥冰球】非必要粗野动作，非必要冲撞动作（犯规）
rudoyer	【冰球】【残奥冰球】v.t. 粗暴对待
rudoyer contre la <u>bande/clôture/rampe</u>	【冰球】【残奥冰球】板墙挤贴
Rumba (danse)	【花样滑冰】伦巴（冰舞）
rythme	【花样滑冰】n.m. 节奏，韵律
rythme d'une course	【越野滑雪】【残奥越野滑雪】比赛节奏
rythme de la danse	【花样滑冰】舞蹈节奏，舞蹈韵律

S

s'échauffer (en début de journée)	【通用】v. pr. 热身（一天刚开始）
s'emparer	【冰球】【残奥冰球】v. pr. 夺取，控制
s'emparer <u>de la rondelle/du disque</u>	【冰球】【残奥冰球】抢球
s'emparer du retour <u>de la rondelle/du disque</u>	【冰球】【残奥冰球】夺取板墙反弹球
s'entasser (spectateurs dans un lieu)	【冰球】【残奥冰球】v. pr.（赛事观众在场馆内）拥挤
s'entraîner	【通用】v. pr.训练，练习
s'exécuter	【自由式滑雪】v. pr. 实施，执行
s'exercer	【通用】v. pr. 训练，练习
s'exercer à juger	【跳台滑雪】练习裁判
s'exercer sur le parcours	【自由式滑雪】在跑道上训练
«S» vertical longitudinal	【花样滑冰】S 弧度
sac banane	【越野滑雪】【残奥越野滑雪】腰包
sacoche de ceinture	【越野滑雪】【残奥越野滑雪】腰包
saison	【冰球】【残奥冰球】n.f. 常规赛，季赛
saison morte	【通用】淡季

法汉

Salchow	【花样滑冰】后内结环跳，沙霍夫跳
Salchow et demi	【花样滑冰】后内一周半跳
Salchow piqué	【花样滑冰】后内点冰一周跳
Salchow simple	【花样滑冰】后内结环跳一周，沙霍夫跳一周
Salchow sur un pied	【花样滑冰】单足后内结环跳，单足沙霍夫跳
salle d'échauffement/de conditionnement physique/de mise en condition	【通用】空调房
salle d'entraînement/d'exercice	【通用】训练房
salle de casiers	【通用】衣帽间
salle de classification	【冬残奥通用】运动员分组办公室
salle de fartage	【越野滑雪】【残奥越野滑雪】【冬季两项】【残奥冬季两项】（给滑雪板）打蜡房
salle de fartage pour les équipes	【越野滑雪】【残奥越野滑雪】团队打蜡房间
sanction	【通用】n.f. 制裁，处罚
sangle	【滑雪通用】【冬残奥通用】n.f. 腕带
sangle au niveau des hanches/de hanche	【残奥高山滑雪】【残奥越野滑雪】【残奥冬季两项】臀带
sangle de guidage	【雪橇】操舵带
sangle de jambe/jambière	【冬残奥通用】绑腿带
sangle de poitrine/pectorale	【残奥高山滑雪】【残奥越野滑雪】【残奥冬季两项】胸带（坐式滑雪配件）
sangle stabilisatrice	【轮椅冰壶】安全带（轮椅配件）
sans aide	【冰球】【残奥冰球】无助的，没有协助的
sans bavure	【花样滑冰】无懈可击的，完美的
sans position de télémark	【跳台滑雪】非泰勒马克式落地姿势
saut	【通用】【花样滑冰】【跳台滑雪】n.m. 跳跃【自由式滑雪】n.m. 侧踢跳【冬残奥通用】n.m. 单足或双足跳行，单足或双足短距离跳跃
saut «en parallèle» (couple)	【花样滑冰】平行跳（双人滑）
saut à ski	【跳台滑雪】跳台滑雪项目

saut (à ski) au combiné nordique/ combiné	【北欧两项】北欧两项跳台滑雪
saut avec réception au-delà du point K	【跳台滑雪】着陆超过 K 点
saut avec rotation/en pirouette	【花样滑冰】旋转跳跃
saut d'entraînement	【跳台滑雪】热身练习
saut d'essai	【跳台滑雪】试跳
saut de 360 degrés (saut en ballet)	【自由式滑雪】一周跳跃（雪上芭蕾跳跃）
saut de 540 degrés (saut en ballet)	【自由式滑雪】一周半跳跃（雪上芭蕾跳跃）
saut de 720 degrés (saut en ballet)	【自由式滑雪】两周跳跃（雪上芭蕾跳跃）
saut de 90 m	【跳台滑雪】90 米跳跃
saut de biche	【花样滑冰】鹿跳
saut de boucle	【花样滑冰】后外跳，后外结环跳
saut de boucle et demie	【花样滑冰】后外一周半跳
saut de boucle piqué	【花样滑冰】后外点冰跳
saut de boucle piqué/saut de boucle piqué (combinaison)	【花样滑冰】后外点冰跳/后外点冰跳（组合跳）
saut de carre	【花样滑冰】刀刃跳
saut de demi-boucle	【花样滑冰】后外半周跳
saut de demi-boucle piqué	【花样滑冰】后外点冰半周跳
saut de pointe	【花样滑冰】点冰跳
saut de trois/valse	【花样滑冰】华尔兹跳
saut écarté	【花样滑冰】分腿跳
saut flip	【花样滑冰】后内点冰跳，菲利浦跳
saut groupé	【花样滑冰】屈体翻腾一周
saut idéal	【跳台滑雪】完美的跳跃动作
saut individuel (couple)	【花样滑冰】单跳（双人滑）
saut lancé (couple)	【花样滑冰】抛跳（双人滑）
saut Lutz	【花样滑冰】勾手跳
saut Mazurka	【花样滑冰】三字小跳步，马祖卡跳
saut périlleux (saut)	【自由式滑雪】空翻（空中技巧）

saut périlleux <u>arrière avec rotation latérale/avec vrille(s)</u>	【自由式滑雪】空翻加转体
saut périlleux avant (saut)	【自由式滑雪】前空翻（空中技巧）
saut périlleux avant en appui sur les bâtons (ballet)	【自由式滑雪】手撑雪仗前空翻（雪上芭蕾）
saut périlleux avant (position) groupé	【雪车】团身前空翻
saut périlleux <u>de côté/latéral</u> (saut)	【自由式滑雪】侧空翻（空中技巧）
saut périlleux entièrement vrillé	【自由式滑雪】转体空翻 360 度
saut périlleux simple	【自由式滑雪】空翻一周
saut périlleux simple avec vrille(s)	【自由式滑雪】空翻一周加转体
saut piqué	【花样滑冰】点冰跳
saut record enregistré sur le tremplin	【跳台滑雪】跳台记录
saut Salchow	【花样滑冰】后内结环跳，沙霍夫跳
saut simple	【花样滑冰】一周跳
saut sur deux pieds	【花样滑冰】双脚跳跃
saut terminé	【跳台滑雪】完成的跳跃
saut triple Salchow	【花样滑冰】后内三周跳
saut valsé	【花样滑冰】华尔兹跳
saut vertical	【自由式滑雪】垂直跳
saut «en ligne» (couple)	【花样滑冰】同步跳跃（双人滑）
sauter	【雪车】v. 跳，跳跃
sauter dans le bob	【雪车】在雪车上跳
sauter sur une jambe	【冬残奥通用】单腿跳（用于运动员分组）
sauteur(,euse) (de saut à ski)	【跳台滑雪】n. 跳台滑雪运动员
sauteur(,euse) à ski	【跳台滑雪】跳台滑雪运动员
sauteur(,euse) (à ski) au combiné nordique	【北欧两项】北欧两项跳台滑雪运动员
sauteur(,euse) d'essai	【跳台滑雪】试跳员
sauteur(,euse) de vol à ski	【跳台滑雪】飞行滑雪运动员
sauteur disqualifié/sauteuse disqualifiée	【跳台滑雪】被取消资格的跳台滑雪运动员

法
汉

sauteur(,euse) manquant de <u>constance</u>/<u>sûreté</u>	【跳台滑雪】缺乏稳定性的跳台滑雪运动员
sauteur qualifié/sauteuse qualifiée	【跳台滑雪】有（竞赛）资格的跳台滑雪运动员
schéma de la piste	【雪车】赛道平面图
scoliotique	【冬残奥通用】a. 脊柱侧凸的
score	【冬残奥通用】n.m. 分数，得分
score officiel	【残奥冰球】【轮椅冰壶】官方成绩
se battre	【冰球】【残奥冰球】v. 打架，斗殴
se défaire	【冰球】【残奥冰球】v. pr. 摆脱，改掉
se défaire <u>de la rondelle</u>/<u>du disque</u>	【冰球】【残奥冰球】抛球
se lancer à l'attaque	【冰球】【残奥冰球】全速进攻，全速出击；冲上冰面加入比赛
se mettre en train	【通用】热身
se pencher	【速度滑冰】v. pr. 俯身，弯腰
se pencher <u>en avant</u>/<u>vers l'avant</u>	【速度滑冰】身体前倾
se pencher vers le dedans	【速度滑冰】身体向内倾斜
se placer	【冰壶】【轮椅冰壶】v. pr. 安放
se pousser des deux bâtons	【滑雪通用】用双杆助力前行
se réchauffer (après un temps d'arrêt)	【通用】热身（运动暂停以后）
se replier	【冰球】【残奥冰球】v. pr. 撤退
se replier dans <u>sa zone</u>/<u>son territoire</u>	【冰球】【残奥冰球】退回到己方地盘
se retirer	【通用】v.pr. 退赛，退出
se retirer d'une <u>compétition</u>/<u>course</u>/<u>épreuve</u>	【通用】退赛，退出比赛
se tenir debout sur une jambe	【冬残奥通用】单腿站立（用于为运动员分组）
se voir attribuer des points (pour les éléments sauts, chorégraphie, difficulté technique, etc.)	【通用】得到分数（跳跃动作，编舞，技术难度等）
séance de patinage	【滑冰通用】滑冰场次
séance de patinage libre	【花样滑冰】自由滑场次，自由滑阶段
séance de test	【花样滑冰】测试比赛
séance de tir	【残奥冬季两项】射击环节

second(,e)	【通用】a. 亚军，第二名；n. 亚军队
seconde <u>moitié</u>/<u>tranche</u> d'une manche	【轮椅冰壶】一局比赛的第二部分
secrétaire au départ	【高山滑雪】【残奥高山滑雪】起点记录员，起点秘书
secrétaire aux mesures de longueurs	【跳台滑雪】距离记录员
secrétaire de tir	【冬季两项】【残奥冬季两项】射击道记录员
Secrétariat de la Fédération mondiale de curling	【冰壶】世界冰壶联合会秘书处
section de la piste en montée	【越野滑雪】【残奥越野滑雪】上坡道部分
section de la piste sur le plat	【越野滑雪】【残奥越野滑雪】平地地段赛道
section des correspondants	【通用】记者部门
section des journalistes	【通用】新闻媒体部门
section du parcours en montée	【越野滑雪】【残奥越野滑雪】上坡道部分
section sur le plat	【越野滑雪】【残奥越野滑雪】n.m. 平地
sécurité	【通用】n.f. 安全
segment amputé	【冬残奥通用】n.m. 断肢（先天的或截肢的）
semelle d'acier	【雪橇】雪橇钢橇刃
semelle de ski	【滑雪通用】滑雪板底
semelles en acier	【雪橇】钢橇刃（木质雪橇滑刃）
Senior	【冰球】【残奥冰球】n.m. 青年组球员【通用】n.m. 青年组
sens de l'inclinaison	【花样滑冰】侧倾方向
sens de la course	【速度滑冰】滑冰方向
sens de (la) rotation	【花样滑冰】旋转方向
sens du déplacement	【花样滑冰】动作方向
sens du tracé de la figure	【花样滑冰】图形轨迹方向
<u>sens</u>/<u>sensibilité</u> kinesthésique	【花样滑冰】运动觉
sensibilité proprioceptive	【花样滑冰】本体感受，固有感受
sentier <u>balisé</u>/<u>fléché</u>/<u>jalonné</u>/<u>marqué</u>	【越野滑雪】【残奥越野滑雪】设置旗子标志的赛道
sentier entretenu	【越野滑雪】【残奥越野滑雪】被修整过的赛道
séparation (en couple ou en danse)	【花样滑冰】n.f. 分开（双人滑或冰舞）
séquence de danse	【花样滑冰】冰舞连续动作

法
汉

séquence de jeux de pieds	【花样滑冰】连续步法
séquence de sauts	【花样滑冰】连续跳跃
série d'échecs/de défaites/de revers	【冰球】【残奥冰球】连连失败
série de la demi-finale	【残奥越野滑雪】半决赛
série de pas	【花样滑冰】接续步，定级步法
série de pas en ligne droite	【花样滑冰】直线接续步
série de pas en serpentin	【花样滑冰】蛇形接续步
série de sauts	【花样滑冰】系列跳跃
série de tirs	【冬季两项】连环射击，连发
série de victoires	【冰球】【残奥冰球】连胜
série éliminatoire	【冰壶】【轮椅冰壶】季后赛
serment (des athlètes et des officiels)	【通用】（运动员和官员的）誓言
serment olympique	【通用】奥林匹克誓言
serrer	【冰球】【残奥冰球】v. 板墙挤贴
serrer les avant-bras	【冬残奥通用】收紧前臂
serre-tête	【越野滑雪】【残奥越野滑雪】发带，头巾
service d'information/de l'information	【通用】信息服务
service d'ordre	【通用】安保服务
service de premiers secours/soins	【通用】急救服务
siège	【雪橇】n.m. 座位；卧舱【冬残奥通用】n.m. （坐式单板或双板的）座位【残奥冰球】n.m. （冰橇）座斗【雪车】n.m. （观众看台）座位
siège de luge de compétition	【雪橇】n.m. 比赛雪橇卧舱
siège coque	【冬残奥通用】（坐式单板或双板的）座位
siège de luge double	【雪橇】双座雪橇卧舱
siège de luge single	【雪橇】单人雪橇卧舱
siège de toile tendue	【雪橇】帆布座位
siège moulé	【雪橇】卧舱
siège moulé en fibre de verre	【雪橇】玻璃纤维卧舱
siège pour luge de compétition	【雪橇】比赛雪橇卧舱
Siège Principal des Jeux Olympiques	【通用】奥运会总部

signal acoustique	【残奥冬季两项】声音信号（帮助盲人或视力障碍的运动员确定目标的位置）
signal acoustique de compte à rebours	【残奥高山滑雪】倒计时声音信号
signal d'arrêt	【速度滑冰】停止信号
signal d'avertissement	【自由式滑雪】警报信号
signal de cible manquée/ratée	【残奥冬季两项】脱靶信号，未击中信号（对于盲人或视力障碍的运动员，射击的结果是通过声音信号来识别的）
signal de cible touchée	【残奥冬季两项】击中的声音信号（对于盲人或视力障碍的运动员，射击的结果是通过声音信号来识别的）
signal de départ	【通用】发令鸣枪，出发信号
signal de départ acoustique	【残奥高山滑雪】【残奥越野滑雪】有声电动出发信号
signal électronique de départ	【越野滑雪】【残奥越野滑雪】【高山滑雪】【残奥高山滑雪】电子出发信号
signal lumineux	【通用】信号灯
signal sonore	【残奥高山滑雪】【残奥越野滑雪】【残奥冬季两项】声音信号（帮助盲人或视力障碍的运动员确定目标的位置）
signal sonore et visuel	【雪橇】声视信号（出发前 30 秒至 45 秒）【雪车】声视信号（出发前 60 秒）
signal vocal	【残奥高山滑雪】语音信号
signalisation	【雪橇】n.f. 信号设备，信号装置
signes (sur la piste)	【高山滑雪】【残奥高山滑雪】n.m.pl.（赛道上的）标记
sillonné(,e)	【短道速滑】a. 有划痕的，不平的
simple (genre d'épreuve)	【雪橇】a. 单人的（雪橇比赛）
simulé(,e)	【冰球】【残奥冰球】a. 模拟的
simultané(,e)	【越野滑雪】【残奥越野滑雪】a. 同时进行的，同时的
single	【花样滑冰】n.m. 单人滑
sinuosités (dans l'exécution d'un cercle)	【花样滑冰】n.f.pl.（完成圆形时的）摇晃，不稳定
sirène	【冰球】【残奥冰球】n.f. 比赛鸣笛

法
汉

site	【通用】n.m. 比赛场地
site de l'arrivée	【雪车】终点区域
site du départ	【雪车】出发区
Skate America	【花样滑冰】花样滑冰大奖赛美国站
Skate Canada	【花样滑冰】花样滑冰大奖赛加拿大站
skeleton	【钢架雪车】n.m. 钢架雪车运动
Skeleton individuel femmes	【钢架雪车】女子钢架雪车（项目）
Skeleton individuel hommes	【钢架雪车】男子钢架雪车（项目）
ski	【滑雪通用】n.m. 滑雪运动
ski à quatre traces	【残奥高山滑雪】四板滑雪（2 个滑雪板，2 个助滑器）【残奥滑雪】四板滑雪（通过扭转髋关节及上半身进行）
Ski à saut	【跳台滑雪】跳台滑雪（项目）
Ski à saut individuel grand tremplin hommes	【跳台滑雪】跳台滑雪男子个人大跳台（项目）
Ski à saut individuel tremplin normal femmes	【跳台滑雪】跳台滑雪女子个人标准台（项目）
Ski à saut individuel tremplin normal hommes	【跳台滑雪】跳台滑雪男子个人标准台（项目）
Ski à saut par équipe	【跳台滑雪】跳台滑雪男子团体（项目）
Ski à saut par équipes mixtes	【跳台滑雪】跳台滑雪混合团体（项目）
ski à trois traces (1 ski et 2 bâtons d'appui)	【残奥滑雪】三板滑雪（1 个滑雪板，2 个助滑器）
ski acrobatique	【自由式滑雪】自由式滑雪
Ski acrobatique bosses femmes	【自由式滑雪】自由式滑雪女子雪上技巧（项目）
Ski acrobatique bosses hommes	【自由式滑雪】自由式滑雪男子雪上技巧（项目）
Ski acrobatique saut par équipes mixtes	【自由式滑雪】空中技巧混合团体（项目）
Ski acrobatique: sauts femmes	【自由式滑雪】自由式滑雪女子空中技巧（项目）
Ski acrobatique: sauts hommes	【自由式滑雪】自由式滑雪男子空中技巧（项目）
Ski acrobatique: ski cross femmes	【自由式滑雪】自由式滑雪女子障碍追逐（项目）
Ski acrobatique: ski cross hommes	【自由式滑雪】自由式滑雪男子障碍追逐（项目）

Ski acrobatique: ski halfpipe femmes	【自由式滑雪】自由式滑雪女子 U 型场地技巧（项目）
Ski acrobatique: ski halfpipe hommes	【自由式滑雪】自由式滑雪男子 U 型场地技巧（项目）
Ski acrobatique: ski slopestyle femmes	【自由式滑雪】自由式滑雪女子坡面障碍技巧（项目）
Ski acrobatique: ski slopestyle hommes	【自由式滑雪】自由式滑雪男子坡面障碍技巧（项目）
ski adapté	【残奥滑雪】残疾人滑雪运动
ski alpin	【高山滑雪】高山滑雪
ski alpin adapté	【残奥高山滑雪】残疾人高山滑雪
ski alpin assis	【高山滑雪】坐姿高山滑雪
Ski alpin combiné alpin femmes	【高山滑雪】高山滑雪女子全能（项目）
Ski alpin combiné alpin hommes	【高山滑雪】高山滑雪男子全能（项目）
Ski alpin descente femmes	【高山滑雪】高山滑雪女子滑降（项目）
Ski alpin descente hommes	【高山滑雪】高山滑雪男子滑降（项目）
ski alpin en position assise	【残奥高山滑雪】坐姿高山滑雪
Ski alpin épreuve par équipes	【高山滑雪】高山滑雪团体（项目）
ski alpin handisport/pour athlètes ayant un handicap/pour athlètes ayant une déficience/pour athlètes handicapés	【残奥高山滑雪】残疾人高山滑雪
ski alpin paralympique	【残奥高山滑雪】残奥会高山滑雪
Ski alpin slalom femmes	【高山滑雪】高山滑雪女子回转（项目）
Ski alpin slalom géant femmes	【高山滑雪】高山滑雪女子大回转（项目）
Ski alpin slalom géant hommes	【高山滑雪】高山滑雪男子大回转（项目）
Ski alpin slalom hommes	【高山滑雪】高山滑雪男子回转（项目）
Ski alpin super-G hommes	【高山滑雪】高山滑雪男子超级大回转（项目）
ski alpin sur luge	【高山滑雪】坐姿高山滑雪
ski amont	【滑雪通用】山上板
ski assis	【残奥高山滑雪】【残奥越野滑雪】【残奥冬季两项】坐姿滑雪
ski aval	【高山滑雪】【残奥高山滑雪】滑降【滑雪通用】下板
ski classique	【残奥越野滑雪】【残奥冬季两项】传统技术

ski de fond	【越野滑雪】【残奥越野滑雪】【冬季两项】【残奥冬季两项】越野滑雪
Ski de fond 30 km classique, départ groupé	【越野滑雪】越野滑雪女子 30 公里集体出发（自由技术）（项目）
Ski de fond 50 km classique, départ groupé	【越野滑雪】越野滑雪男子 50 公里集体出发（自由技术）（项目）
ski de fond adapté	【残奥越野滑雪】【残奥冬季两项】残疾人越野滑雪
ski de fond assis	【残奥越野滑雪】【残奥冬季两项】坐姿越野滑雪
ski de fond au combiné (nordique)	【北欧两项】北欧两项越野滑雪
ski de fond en position assise/sur luge	【残奥越野滑雪】【残奥冬季两项】坐姿越野滑雪
ski de fond handisport/pour athlètes ayant un handicap	【残奥越野滑雪】【残奥冬季两项】残疾人越野滑雪
ski de fond paralympique	【残奥越野滑雪】残奥会越野滑雪
ski de fond pour athlètes ayant une déficience/handicapés	【残奥越野滑雪】【残奥冬季两项】残疾人越野滑雪
ski de fond pour personnes aveugles	【残奥越野滑雪】盲人越野滑雪运动员
ski de fond pour skieurs(,euses) aveugles	【残奥越野滑雪】盲人越野滑雪运动员
Ski de fond relais 4×10 km hommes	【越野滑雪】越野滑雪男子 4×10 公里接力（项目）
Ski de fond relais 4×5 km femmes	【越野滑雪】越野滑雪女子 4×5 公里接力（项目）
Ski de fond skiathlon 15 km+ 15 km hommes	【越野滑雪】越野滑雪男子双追逐（15 公里传统技术+15 公里自由技术）（项目）
Ski de fond skiathlon 7,5 km+7,5 km femmes	【越野滑雪】越野滑雪女子双追逐（7.5 公里传统技术+7.5 公里自由技术）（项目）
Ski de fond: 10 km classique femmes	【越野滑雪】越野滑雪女子 10 公里（传统技术）（项目）
Ski de fond: 15 km classique hommes	【越野滑雪】越野滑雪男子 15 公里（传统技术）（项目）
Ski de fond: sprint classique par équipes femmes	【越野滑雪】越野滑雪女子团体短距离（传统技术）（项目）

法汉

Ski de fond: sprint classique par équipes hommes	【越野滑雪】越野滑雪男子团体短距离（传统技术）（项目）
Ski de fond: sprint libre femmes	【越野滑雪】越野滑雪女子个人短距离（自由技术）（项目）
Ski de fond: sprint libre hommes	【越野滑雪】越野滑雪男子个人短距离（自由技术）（项目）
ski de pas de patin/de patin /de patinage/de style libre	【残奥越野滑雪】【残奥冬季两项】自由技术滑雪
ski de randonnée	【越野滑雪】【残奥越野滑雪】徒步旅行滑雪
ski de saut	【跳台滑雪】跳台滑雪
ski de slalom	【高山滑雪】【残奥高山滑雪】回转滑雪
ski de style/technique classique	【残奥越野滑雪】【残奥冬季两项】传统技术滑雪
ski en luge	【残奥高山滑雪】【残奥越野滑雪】【残奥冬季两项】坐式滑雪板
ski en parallèle	【高山滑雪】【残奥高山滑雪】滑雪板处于平行状态
ski en position assise	【残奥高山滑雪】【残奥越野滑雪】【残奥冬季两项】坐姿滑雪
ski extérieur (dans un virage)	【滑雪通用】（转弯中的）外侧滑雪板
ski frein	【残奥高山滑雪】【残奥越野滑雪】【残奥冬季两项】滑雪板制动（用于比赛或正式训练中）
ski intérieur (dans un virage)	【滑雪通用】（转弯中的）滑雪板内侧
ski marqué	【越野滑雪】【残奥越野滑雪】【冬季两项】【残奥冬季两项】被标记的滑雪板（两个滑雪板都要显示滑雪运动员的号码）
ski non marqué	【越野滑雪】【残奥越野滑雪】未做标记的滑雪板
ski nordique	【北欧两项】北欧两项滑雪
ski para-alpin	【残奥高山滑雪】残疾人高山滑雪
ski pour athlètes ayant un handicap	【残奥滑雪】残疾人滑雪运动
ski pour athlètes ayant une déficience	【残奥滑雪】残疾人滑雪运动（主要用于视力障碍运动员）
ski pour (athlètes) handicapés	【残奥滑雪】残疾人滑雪运动
ski sur bosses (l'épreuve)	【自由式滑雪】雪丘滑雪项目，雪上技巧项目

法
汉

ski sur le plat	【越野滑雪】【残奥越野滑雪】平地滑雪
ski sur luge	【残奥高山滑雪】【残奥越野滑雪】【残奥冬季两项】坐式滑雪板；坐姿滑雪
skieur(,euse)	【滑雪通用】n. 滑雪运动员
skieur(,euse) à quatre traces	【残奥高山滑雪】【残奥越野滑雪】【残奥冬季两项】四板滑雪运动员
skieur(,euse) à trois traces	【残奥滑雪】三板滑雪运动员
skieur(,euse) alpin paralympique	【残奥高山滑雪】残奥高山滑雪运动员
skieur assis/skieuse assise	【残奥高山滑雪】【残奥越野滑雪】【残奥冬季两项】坐姿滑雪运动员
skieur(,euse) aveugle	【残奥高山滑雪】【残奥越野滑雪】【残奥冬季两项】盲人滑雪运动员
skieur(,euse) ayant un handicap	【残奥滑雪】残疾滑雪运动员
skieur(,euse) de compétition	【高山滑雪】【残奥高山滑雪】参赛滑雪运动员
skieur(,euse) de fond	【越野滑雪】【残奥越野滑雪】越野滑雪运动员
skieur(,euse) de fond au combiné nordique	【北欧两项】北欧两项越野滑雪运动员
skieur(,euse) de fond paralympique	【残奥越野滑雪】残奥越野滑雪运动员
skieur(,euse) de l'équipe	【残奥越野滑雪】团队滑雪运动员
skieur(,euse) de ski acrobatique	【自由式滑雪】自由式滑雪运动员
skieur(,euse) debout	【残奥高山滑雪】【残奥越野滑雪】【残奥冬季两项】站姿滑雪运动员
skieur dépassé/skieuse dépassée	【越野滑雪】【残奥越野滑雪】被超过的滑雪运动员
skieur doublé/skieuse doublée	【越野滑雪】【残奥越野滑雪】被超过的滑雪运动员
skieur(,euse) en biski	【残奥高山滑雪】【残奥越野滑雪】【残奥冬季两项】双滑雪板滑雪运动员
skieur(,euse) en uniski	【残奥高山滑雪】单板滑雪运动员
skieur handicapé/skieuse handicapée	【残奥滑雪】残疾滑雪运动员
skieur sourd/skieuse sourde	【残奥滑雪】失聪滑雪运动员
skieur(,euse) sur luge	【残奥高山滑雪】【残奥越野滑雪】【残奥冬季两项】坐姿滑雪运动员
skip	【冰壶】【轮椅冰壶】n.m. 指挥

skis de <u>course/fond</u>	【越野滑雪】【残奥越野滑雪】越野滑雪比赛用滑板
skis écartés	【跳台滑雪】分开的滑雪板
skis parallèles	【跳台滑雪】平行滑雪板
skis trop écartés	【跳台滑雪】滑雪板分开距离过大
slalom	【高山滑雪】【残奥高山滑雪】n.m. 回转
slalom géant (SG)	【残奥高山滑雪】大回转（残奥高山滑雪比赛项目之一）
Slalom super géant	【高山滑雪】【残奥高山滑雪】超级大回转
slalomeur(,euse)	【高山滑雪】【残奥高山滑雪】回转项目运动员，回转项目参赛选手
slalom géant pour amputés au-dessus du genou	【残奥滑雪】为双侧膝上截肢运动员变化的大回转
Snowboard	【单板滑雪】单板滑雪（项目）
Snowboard big air femmes	【单板滑雪】女子大跳台（项目）
Snowboard big air hommes	【单板滑雪】男子大跳台（项目）
Snowboard cross femmes	【单板滑雪】女子障碍追逐（项目）
Snowboard cross hommes	【单板滑雪】男子障碍追逐（项目）
Snowboard cross par équipes mixtes	【单板滑雪】障碍追逐混合团体（项目）
Snowboard épreuve mixte	【单板滑雪】混合项目滑雪（项目）
Snowboard halfpipe femmes	【单板滑雪】女子 U 型场地技巧（项目）
Snowboard halfpipe hommes	【单板滑雪】男子 U 型场地技巧（项目）
Snowboard slalom géant parallèle femmes	【单板滑雪】女子平行大回转（项目）
Snowboard slalom géant parallèle hommes	【单板滑雪】男子平行大回转（项目）
Snowboard slopestyle femmes	【单板滑雪】女子坡面障碍技巧（项目）
Snowboard slopestyle hommes	【单板滑雪】男子坡面障碍技巧（项目）
soigneur (pour une équipe de hockey)	【冰球】【残奥冰球】助理教练（照顾运动员）
solidarité olympique	【通用】奥林匹克团结基金
sommet (d'une bosse)	【自由式滑雪】n.f.（雪包）顶端
sommet du cercle	【花样滑冰】圆形尖端

法
汉

son provenant d'un système électronique	【通用】电子系统发出的声音
sonore	【雪橇】a. 发声的，声音的
sonorisation	【残奥高山滑雪】【残奥越野滑雪】【残奥冬季两项】扬声系统（使 B1、B2 以及 B3 组运动员听到指令）
sortie	【冰壶】【轮椅冰壶】n.f. 击打（冰壶）【自由式滑雪】n.f. 出口
sortie croisée	【花样滑冰】交叉退步
sortie d'une figure	【花样滑冰】从一个图形中退出
sortie d'une pirouette	【花样滑冰】从一个旋转中滑出
sortie de/du virage	【短道速滑】滑出弯道
sortie de virage dans la ligne droite	【短道速滑】滑出弯道进入直线跑道
sortie montée	【冰壶】【轮椅冰壶】晋升击走
sortie sans bavure (au grand axe, dans la figure huit)	【花样滑冰】无懈可击的退步（8 字形长轴）
sortir	【冰球】【残奥冰球】v.t. 淘汰，使……离开；v.i. 离开，出去
sortir de piste	【雪车】（失去控制）滑出跑道
sortir un adversaire du jeu	【冰球】【残奥冰球】使对方一位球员出局
sortir une pierre	【冰壶】【轮椅冰壶】击打冰壶
sortir une pierre de justesse de la maison	【轮椅冰壶】将冰壶轻推出大本营
soulever la rondelle/le disque	【冰球】【残奥冰球】挑射
soulier de ski	【越野滑雪】【残奥越野滑雪】滑雪靴
souplesse	【花样滑冰】n.f. 柔软，灵活
sourd(,e)	【冬残奥通用】a. 耳聋的
sous la direction de...	【冰壶】【轮椅冰壶】在……的指挥下
soutirer	【冰球】【残奥冰球】v.t. 骗取
soutirer la rondelle/le disque	【冰球】【残奥冰球】偷球
spasticité	【冬残奥通用】n.f. 痉挛状态
spatule (de ski)	【滑雪通用】n.f. （滑雪板前端）翘起部分
spécialiste du sport	【通用】体育专家

spectacle sur glace	【花样滑冰】冰上表演
spectateur(,trice)	【通用】n. 观众，大众
spina bifida	【冬残奥通用】脊椎裂
spirale	【花样滑冰】n.f. 螺旋，螺旋图形
spirale de la mort	【花样滑冰】螺旋线
spirales arabesques (couple)	【花样滑冰】并肩燕式旋转（双人滑）
spirales en directions opposées (couple)	【花样滑冰】反向螺旋（双人滑）
sponsor olympique	【通用】奥运会赞助商
sport adapté	【冬残奥通用】残疾人体育
sport d'hiver	【冬残奥通用】冬季体育运动
sport de glace	【冬残奥通用】冰上体育运动
sport de luge	【雪橇】雪橇运动
sport de neige	【冬残奥通用】雪上体育运动
sport paralympique	【冬残奥通用】残疾人体育运动
sport paralympique d'hiver	【冬残奥通用】残疾人冬季体育运动
sport pour athlètes ayant un handicap/ ayant une déficience/handicapés	【冬残奥通用】残疾人体育运动
sportif(,ve)	【通用】n. 运动员
sportivité <Canada>	【通用】n.f. 公平竞争，体育道德<加拿大>
Spread Eagle (saut)	【自由式滑雪】鹰展（空中技巧）
sprint	【速度滑冰】【残奥越野滑雪】n.m. 短距离比赛，冲刺
sprint individuel	【残奥越野滑雪】个人竞速赛
sprint par équipes	【残奥越野滑雪】团体竞速赛
stabilisateur	【残奥高山滑雪】n.m. 助滑器
stabilo	【残奥高山滑雪】n.m. 助滑器
stade	【通用】n.m. （周围有看台的）体育场
stade de ski de fond	【残奥越野滑雪】越野滑雪体育场
stakning	【越野滑雪】【残奥越野滑雪】n.m. 双杖齐撑式
stand de tir <Europe>	【冬季两项】【残奥冬季两项】射击靶场<欧洲>
standard	【速度滑冰】a. inv. 标准的，合格的；n.m. 标准

法
汉

starter <Europe>	【通用】n.m. 起点官员，发令<欧洲>
station de ski	【滑雪通用】滑雪胜地
station météorologique	【越野滑雪】【残奥越野滑雪】气象站，温度测定站
Statue de la Liberté	【花样滑冰】单臂托举，自由女神托举
stop ski	【残奥高山滑雪】【残奥越野滑雪】【残奥冬季两项】n.m 滑雪板制动（用于比赛或正式训练中）
stoppeur	【残奥高山滑雪】【残奥越野滑雪】【残奥冬季两项】n.m 滑雪板制动（用于比赛或正式训练中）
store parasol	【雪车】遮阳棚，太阳挡（下雨、下雪以及日晒情况下使用）
stratégique	【短道速滑】a. 战略的
stratégique de descente	【雪橇】战略路径，滑行战略
stupéfiant interdit	【通用】违禁药物
style classique	【残奥越野滑雪】【残奥冬季两项】传统技术，传统风格
style individuel	【跳台滑雪】个人风格
style libre	【花样滑冰】自由滑【越野滑雪】【残奥越野滑雪】自由技术
style personnel (du sauteur)	【跳台滑雪】(跳台滑雪运动员的) 个人风格
subsister	【跳台滑雪】v.i. 继续有效，继续存在
substance améliorant la performance sportive	【冬残奥通用】增强体能药物，兴奋剂
substance de dopage interdite/défendue/dopante interdite/interdite/prohibée/proscrite	【通用】违禁药物
substitut désigné	【高山滑雪】【残奥高山滑雪】指定替补
substitut	【通用】n.m. 替补队员，预备队员
suite de pas	【花样滑冰】接续步，定级步法
suite de pas en ligne droite	【花样滑冰】直线接续步
suite de pas en serpentin	【花样滑冰】蛇形接续步
suivre	【越野滑雪】【残奥越野滑雪】v.t. 遵照，遵循

法汉

suivre les indications	【越野滑雪】【残奥越野滑雪】遵守指令
suivre un tracé	【速度滑冰】滑出一个图案
Super géant/G	【高山滑雪】【残奥高山滑雪】超级大回转
supérieur(,e)	【花样滑冰】a. 上面的，上部的
supériorité numérique	【残奥冰球】以多打少，集中攻势
superposition	【花样滑冰】n.f. 重叠，重合
superviseur de la boucle de pénalité	【冬季两项】【残奥冬季两项】罚圈检查员，惩罚赛道监督员
suppléant(,e)	【通用】n. 替补队员，预备队员
supplémentaire	【冰壶】【轮椅冰壶】【跳台滑雪】a. 额外的，补充的【冰球】【残奥冰球】n.m. 加时赛
supporter	【冰球】【残奥冰球】v. 支持
supporteur	【冰球】【残奥冰球】n.m. 粉丝，支持者
supports latéraux en fibre de verre	【雪橇】玻璃纤维加固结构
sur la glace/le terrain	【花样滑冰】在冰场上
sur les lieux (de compétition)	【通用】在（比赛）现场的
sûreté	【残奥冬季两项】n.f. 保险机栓，安全制动装置
surface	【冰壶】【轮椅冰壶】【花样滑冰】【冰球】【残奥冰球】n.f. 表面
surface bien damée	【自由式滑雪】压得很紧实的雪地表面
surface de curling	【轮椅冰壶】冰壶冰场，冰壶赛道
surface de glace/glacée	【冰壶】【轮椅冰壶】【冰球】【残奥冰球】【滑冰通用】冰面
surface de glisse/glissement	【冰壶】【轮椅冰壶】（冰壶）滑行表面
surface de hockey	【冰球】【残奥冰球】冰球表面
surface de jeu	【冰壶】【轮椅冰壶】比赛区域，比赛场，运动场
surface de la piste d'atterrissage	【自由式滑雪】着陆区表面，着陆雪道表面
surface glacée artificielle	【残奥冰球】【轮椅冰壶】人造冰面
surfaceuse	【残奥高山滑雪】【残奥越野滑雪】【残奥冬季两项】n.f. 踩雪履带车
surveillant du pas de tir/du tir	【冬季两项】【残奥冬季两项】射击靶位官员

法
汉

survêtement	【雪橇】n.m. 厚运动装
survêtement d'échauffement	【通用】热身套装
survêtement d'entraînement pour la luge	【雪橇】雪橇训练运动服
survêtement pour la luge	【雪橇】雪橇运动服
suspension	【冰球】【残奥冰球】n.f. 暂停，中止；被罚出场
suspension arrière/avant/des patins arrière	【雪车】后悬吊系统，后悬挂装置，后避震
suspension des patins	【雪车】滑刃的悬挂装置
suspension temporaire	【冰球】【残奥冰球】（一场比赛的）临时暂停
symbole	【通用】n.m. 标志，标记
symbole olympique	【通用】奥林匹克标志
symétrique	【花样滑冰】a. 对称的
synchronisation	【花样滑冰】n.f. 同步，同时
synchronisation de l'appel	【花样滑冰】起跳的同步性
synchronisme	【通用】n.m. 同步，同时
système acoustique	【残奥冬季两项】声音信号系统（盲人运动员或视力障碍的运动员依靠声音信号系统发出的信号判断步枪何时瞄准目标）
système d'élimination	【通用】淘汰制
système d'enregistrement des temps	【雪车】时间记录系统
système de cartes jaunes et rouges	【自由式滑雪】红黄牌体系
système de classification	【冬残奥通用】分组系统，分级团队
système de freinage mécanique	【雪橇】机械制动系统
système de haut-parleurs	【通用】扬声器系统，公共广播系统
système de points du Grand Prix	【自由式滑雪】大奖赛评分标准
système de pourcentage nordique	【残奥越野滑雪】【残奥冬季两项】北欧打分比例体系
système de sonorisation	【通用】扬声系统，公共广播系统
système de visée	【残奥冬季两项】瞄准系统
système électronique	【通用】电子系统

T

T	【冰壶】【轮椅冰壶】中心圆，圆心线
T avant extérieur (poussée de départ)	【花样滑冰】前外蹬离滑行动力
T avant intérieur (poussée de départ)	【花样滑冰】前内蹬离滑行动力
table du tremplin	【跳台滑雪】起跳台
tableau	【自由式滑雪】n.m. 图表，表格
tableau d'affichage (des résultats)	【通用】记分板，记分牌
tableau d'affichage électronique	【通用】电子记分牌
tableau d'affichage manuel	【通用】手动操作记分牌
tableau d'affichage officiel/officiel pour l'affichage des résultats	【通用】比赛结果告示板
tableau des/du degrés de difficulté (saut)	【自由式滑雪】难度系数表（跳跃）
tableau des éléments (d'un programme)	【花样滑冰】技术动作表（节目）
tableau des poids	【雪车】重量图
tableau des températures	【越野滑雪】【残奥越野滑雪】温度图表
tactique	【通用】n.f. 策略，战术
talon	【滑冰通用】n.m. （冰鞋）脚后跟
talon de ski	【滑雪通用】n.m. 滑雪板尾
talonnière (partie arrière d'une fixation)	【滑雪通用】（固定器的）后部
Tango (danse)	【花样滑冰】探戈（冰舞）
Tango Fiesta	【花样滑冰】嘉年华探戈
tapis	【跳台滑雪】n.m. 保护层，覆盖层
tapis de plastique	【跳台滑雪】塑料保护层，塑料垫子
tapis de tir	【残奥冬季两项】射击垫
tardif(,ve)	【滑雪通用】a. 晚的，迟到的，延误的
tasser	【冰球】【残奥冰球】v.t. 压紧，使挤紧
tasser (contre la bande)	【冰球】【残奥冰球】v. 板墙挤贴
technicien(,ne) de glace	【残奥冰球】【轮椅冰壶】冰面技术员
technique classique	【残奥越野滑雪】【残奥冬季两项】传统技术，传统风格

法
汉

technique de base	【残奥越野滑雪】基本技术
technique de changement de direction	【残奥越野滑雪】转弯技术
technique de descente	【残奥越野滑雪】滑降技术
technique de guidage	【雪橇】转向技术，操舵技术
technique de maniement du bâton	【冰球】【残奥冰球】控杆技术
technique de montée/utilisée dans les montées	【残奥越野滑雪】上坡技术
technique de patinage	【越野滑雪】【残奥越野滑雪】滑冰技术
technique de poussée-élan	【花样滑冰】蹬冰技术
technique de ski de fond	【残奥越野滑雪】【残奥冬季两项】越野滑雪技术
technique de virage	【速度滑冰】【越野滑雪】【残奥越野滑雪】弯道技术
technique du rebond (ski sur bosses)	【自由式滑雪】弹跳技巧（雪上技巧）
technique du virage	【花样滑冰】转体技术
technique libre	【冬残奥通用】自由技术
tee	【轮椅冰壶】n.m. 圆心线
tee <Europe>	【冰壶】【轮椅冰壶】n.m. 圆心，中心<欧洲>
tee score <Europe>	【冰壶】【轮椅冰壶】T 线，中心线，圆心线<欧洲>
télédiffusion	【通用】n.f. 电视转播
télésiège	【自由式滑雪】n.m. 缆车，索车
télésiège biplace	【高山滑雪】【残奥高山滑雪】【自由式滑雪】【跳台滑雪】【越野滑雪】【残奥越野滑雪】【单板滑雪】双人吊箱缆车
télésiège triplace/triple	【滑雪通用】三座缆车
téléski	【滑雪通用】n.m. （运送滑雪者的）牵引装置，缆车
téléspectateur(,trice)	【通用】电视观众
température	【雪橇】【通用】【跳台滑雪】n.f. 温度，气温
température critique (trop basse)	【跳台滑雪】临界低温，极低温度
température dangereusement basse	【跳台滑雪】可能会造成危险的低温
température de la neige	【滑雪通用】雪温
température des patins	【雪车】滑刃温度，冰刃温度【雪橇】橇刃温度
tempête de neige	【通用】暴风雪，雪暴
Temple de la renommée	【通用】名人堂

法汉

Temple de la renommée des sports	【通用】体育名人堂
tempo	【花样滑冰】n.m. 节奏速度，节拍
tempo d'une course	【越野滑雪】【残奥越野滑雪】比赛节奏
tempo obligatoire	【花样滑冰】规定节奏速度，规定节拍
temps à l'arrivée	【越野滑雪】【残奥越野滑雪】到达终点的时间，完成时间
temps combiné	【通用】【残奥冬季两项】总时长，合计时间
temps compensé	【残奥高山滑雪】【残奥越野滑雪】【残奥冬季两项】调整后的时间
temps cumulatif/cumulé	【通用】累计时间
temps d'arrêt	【冰球】【残奥冰球】【通用】比赛暂停，比赛停止
temps d'arrivée	【高山滑雪】【残奥高山滑雪】【越野滑雪】【残奥越野滑雪】【冬季两项】【残奥冬季两项】到达终点的时间
temps d'entraînement/d'exercice	【通用】训练时间
temps d'entraînement/d'exercice supplémentaire	【通用】训练加时
temps d'utilisation de la patinoire/de glace	【花样滑冰】冰场使用时间
temps de départ	【通用】出发时间
temps de jeu écoulé (dans une partie)	【冰球】【残奥冰球】实际比赛时间（一局比赛中）
temps de passage	【通用】（比赛某个阶段）比赛用时
temps de tir	【残奥冬季两项】射击时间
temps enregistré	【通用】注册时间
temps final	【残奥冬季两项】最终时间，结束时间，决赛时间
temps le plus rapide	【速度滑冰】最快时间
temps non officiel	【通用】非正式时间
temps officiel	【通用】官方时间（由裁判掌握）
temps par tour	【速度滑冰】完成每圈跑道用时
temps pour l'élan de départ	【雪车】出发启动时间
temps précis	【通用】准确时间，精确时间
temps prescrit	【轮椅冰壶】指定时间（冰壶运动员的道德守则规定比赛应在指定时间开始）

法
汉

temps réel	【残奥高山滑雪】【残奥越野滑雪】【残奥冬季两项】比赛的实际持续时间
temps sur la liste de départs	【通用】出发顺序单上的出发时间
tenant(,e) du titre	【通用】卫冕冠军
tendu(,e)	【跳台滑雪】伸展的，紧绷的
tenue de patinage de vitesse (combinaison mono-pièce)	【速度滑冰】速度滑冰服（连身套装）
tenue de protection	【冬残奥通用】保护装置，安全防护服装
terminer	【花样滑冰】v. 完成，结束
terminer un saut	【跳台滑雪】完成一次跳跃
terminer une pirouette	【花样滑冰】完成一个旋转动作
terrain	【通用】n.m. 地面【冰壶】【轮椅冰壶】n.m. 冰壶冰场
terrain accidenté	【越野滑雪】【残奥越野滑雪】起伏的地形
terrain plat/sur le plat	【越野滑雪】【残奥越野滑雪】平地
territoire	【冰球】【残奥冰球】n.m. 区域
territoire de but	【残奥冰球】球门区
test de danse	【花样滑冰】舞蹈测试
test de fartage	【残奥越野滑雪】【残奥冬季两项】蜡测试
test de patinage en couple	【花样滑冰】双人滑测试
test de patinage en couple au niveau national	【花样滑冰】全国双人滑测试
test de style libre	【花样滑冰】自由滑测试
tests nationaux de patinage artistique	【花样滑冰】全国滑冰测试
tétraplégique	【冬残奥通用】a. 四肢瘫痪的 n. 四肢瘫痪者
thérapeute en sport	【通用】体育医学医生，运动治疗师
thérapie du sport/sportive	【冬残奥通用】运动康复，运动疗法
tibia	【冰球】【残奥冰球】【短道速滑】n.m. 胫骨
tiers	【冰球】【残奥冰球】n.m. 一局（冰球比赛）
tiers de défense	【残奥冰球】防守区
tiers médian	【残奥冰球】中区
tige de lancement	【轮椅冰壶】投壶杆，投掷杆，推杆
tige de lancement approuvée	【轮椅冰壶】许可使用的推杆

法
汉

tir	【冬季两项】【残奥冬季两项】n.m. 射击【冰球】【残奥冰球】n.m. 射门【冰壶】【轮椅冰壶】n.m. 投壶
tir à côté du but/dévié/qui manque de précision	【冰球】【残奥冰球】射门射偏
tir à distance	【冰球】【残奥冰球】长射
tir à la carabine	【残奥冬季两项】步枪射击
tir à vide	【残奥冬季两项】哑射，空弹射击
tir au but	【冰球】【残奥冰球】射门
tir au but décisif	【残奥冰球】制胜射门
tir balayé	【冰球】【残奥冰球】扫射
tir botté	【冰球】踢射
tir de bris d'égalité	【残奥冰球】决胜局射门
tir de fusillade/pénalité/punition	【残奥冰球】罚任意球
tir de loin	【冰球】【残奥冰球】长射
tir de précision	【冬季两项】【残奥冬季两项】精度射击
tir debout	【冬季两项】立式（射击）姿势
tir des deux mains	【残奥冰球】双手射门
tir des poignets	【冰球】【残奥冰球】腕射
tir droit	【冰球】【残奥冰球】直射
tir faible	【冰球】【残奥冰球】力度小的射门
tir fictif	【残奥冬季两项】哑射，空弹射击
tir frappé	【冰球】【残奥冰球】强打
tir frappé court	【冰球】【残奥冰球】弹射
tir intercepté	【冰球】【残奥冰球】被拦截的射门，被封锁的射门
tir manqué	【冬季两项】【残奥冬季两项】未击中目标，漏击
tir puissant	【冰球】【残奥冰球】有力的射门
tir rapide	【冰球】【残奥冰球】快速射
tir raté	【冬季两项】【残奥冬季两项】未击中目标，未命中目标【冰球】【残奥冰球】射门射偏
tir simple	【冬季两项】【残奥冬季两项】单发射击
tir soulevé	【冰球】【残奥冰球】挑射
tir sportif	【冬季两项】【残奥冬季两项】运动射击

法
汉

tir voilé	【冰球】【残奥冰球】掩护性射门
tirage à pile ou face	【轮椅冰壶】抛硬币，掷硬币
tirage au sort (pour déterminer l'ordre de départ)	【雪橇】抽签（决定出发顺序）
tirage au sort à pile ou face	【轮椅冰壶】抛硬币，掷硬币
tirage au sort des numéros de dossard	【通用】（运动员比赛时别在背后的）号码布号码抽签
tirage au sort des pistes	【速度滑冰】抽签选择跑道
tirage au sort distinct	【自由式滑雪】分开抽签
tirage au sort distinct/séparé(un pour le saut, un pour le ski de fond)	【北欧两项】分开抽签（一次为跳台滑雪抽签，一次为越野滑雪抽签）
tirage au sort par groupe	【高山滑雪】【残奥高山滑雪】小组抽签
tirer	【冬季两项】【残奥冬季两项】v. 开枪，射击
tirer au sort	【通用】抽签
tirer la détente	【冬季两项】【残奥冬季两项】扣动扳机
tirer la rondelle vers le filet/le disque	【冰球】【残奥冰球】射门
tirer un coup	【冬季两项】【残奥冬季两项】开枪，射击
tirer vers le bouton	【冰壶】【轮椅冰壶】点球决胜
tirer vers le but	【冰球】【残奥冰球】v. 射门
tireur(,euse)	【冰球】【残奥冰球】n. 射手【冬季两项】【残奥冬季两项】n. 射手，射击运动员
tireur(,euse) à la carabine	【残奥冬季两项】步枪射手
tireur(,euse) au but	【冰球】【残奥冰球】射门员
tireur(,euse) d'élite	【冬季两项】【残奥冬季两项】神枪手，神射手
tireur droitier/tireuse droitière	【残奥冬季两项】惯用右手的射手
tireur gaucher/tireuse gauchère	【残奥冬季两项】惯用左手的射手
tirs d'entraînement/d'essai	【冬季两项】【残奥冬季两项】射击练习，瞄准练习
tissu caoutchouté (pour survêtement de luge)	【雪橇】（雪橇服）橡胶布
tissu recouvert d'une pellicule de plastique (pour survêtement de luge)	【雪橇】（雪橇加速套装）橡胶布
tomber	【通用】v. 落下，降落（物体）

Torche olympique	【通用】奥林匹克火炬
torche paralympique	【冬残奥通用】残奥会火炬
torsion	【花样滑冰】n.f. 扭力，扭转
total des notes de longueur	【跳台滑雪】距离总分
total des notes de style	【跳台滑雪】飞行姿势总分
total des points	【通用】累积分，总分
totalement aveugle	【冬残奥通用】完全失明的
totalisation/totalité des temps	【通用】总时长
touché du sol (de la main après un saut)	【自由式滑雪】（手）触地（跳跃结束着陆时的错误动作）
toucher	【短道速滑】n.m. 接触，触碰
toucher du sol avec la main (ballet)	【自由式滑雪】手触地面（雪上芭蕾）
toucher en relais	【短道速滑】接力中的接触
toucher la glace (infraction)	【花样滑冰】触冰，扶冰（犯规）
toucher la neige ou les skis d'une main pour maintenir son équilibre (infraction)	【跳台滑雪】单手触雪或滑雪板来恢复平衡（犯规）
toucher la neige ou les skis des deux mains pour maintenir son équilibre (infraction)	【跳台滑雪】双手触雪或滑雪板来恢复平衡（犯规）
tour	【冬季两项】【残奥冬季两项】n.m. 轮次，赛道的一圈【花样滑冰】n.m. （花滑运动员）旋转
tour complet (ballet)	【自由式滑雪】转体 360 度（雪上芭蕾）
tour d'honneur	【通用】荣誉绕场一周
tour de départ	【跳台滑雪】跳台滑雪塔
tour de piste	【通用】【残奥越野滑雪】【残奥冬季两项】赛道圈，轨道圈
tour des juges	【跳台滑雪】裁判塔
tour du chapeau	【冰球】【残奥冰球】帽子戏法（同一名球员在单场比赛中攻入三球）
tour et demi (ballet)	【自由式滑雪】垂直轴转体一周半（雪上芭蕾）
tour préliminaire	【残奥冰球】初赛，分组预选赛

tournoi	【冰球】【残奥冰球】【冰壶】【轮椅冰壶】n.m. 锦标赛，联赛；比赛
tournoi à la ronde	【冰壶】【轮椅冰壶】循环赛，小组循环赛
tournoi de curling	【冰壶】【轮椅冰壶】冰壶比赛
tournoi paralympique	【冬残奥通用】残奥会比赛
traçage de la piste/du parcours	【高山滑雪】【残奥高山滑雪】设置路线，赛道部署
traçage du parcours de la piste	【高山滑雪】【残奥高山滑雪】赛道设计
trace	【残奥越野滑雪】【残奥冬季两项】雪槽（滑雪者在步道上产生的滑雪痕迹）
tracé	【高山滑雪】【残奥高山滑雪】【自由式滑雪】【跳台滑雪】【单板滑雪】【越野滑雪】【残奥越野滑雪】n.m. 跑道，滑道，路线【花样滑冰】n.m. 滑行轨迹【速度滑冰】（室内滑冰的）跑道
trace (de la lame sur la glace)	【花样滑冰】n.f.（冰鞋刃在冰面上的）滑行轨迹
tracé d'une figure	【花样滑冰】一个图形的滑行轨迹
tracé d'une remontée mécanique	【滑雪通用】上山缆车线
tracé de compétition	【自由式滑雪】比赛路线
tracé de la figure huit	【花样滑冰】8 字形图形
tracé de la lame sur la glace	【花样滑冰】刀刃在冰面上留下的印记
tracé de la piste	【雪车】【雪橇】赛道路线【越野滑雪】【残奥越野滑雪】滑雪道，雪槽
tracé de poussée-élan	【花样滑冰】蹬冰图形
tracé de poussée-élan en parallèle	【花样滑冰】平行蹬冰图案
tracé de programme	【花样滑冰】节目图案
trace des skis (sur la piste)	【越野滑雪】【残奥越野滑雪】滑雪道，雪槽，滑雪板滑行雪槽
trace directe	【高山滑雪】【残奥高山滑雪】直滑
tracé droit/en ligne droite	【花样滑冰】直线图形，直线轨迹
tracé du parcours	【高山滑雪】【残奥高山滑雪】赛道设计
tracé en danse sur glace	【花样滑冰】n.m. 滑行路线
tracé en épingle à cheveux	【高山滑雪】【残奥高山滑雪】发卡门
tracé en serpentin	【花样滑冰】蛇形图案

tracé libre (danse)	【花样滑冰】自选图案（冰舞）
trace pour l'élan du skieur/sur la piste d'élan	【跳台滑雪】助滑跑道
tracé prescrit (danse)	【花样滑冰】规定动作（冰舞）
trace principale	【冬季两项】【残奥冬季两项】主赛道
tracé sur la glace	【花样滑冰】冰面上的滑行轨迹图案
tracé symétrique de demi-cercles continus	【花样滑冰】连续的半圆对称图形
tracer la piste	【高山滑雪】【残奥高山滑雪】确定路线
tracer sur la glace	【花样滑冰】在冰面留下滑行轨迹
traces doubles	【越野滑雪】【残奥越野滑雪】【冬季两项】【残奥冬季两项】双雪槽
traces parallèles	【残奥越野滑雪】【残奥冬季两项】平行雪槽
traceur de la piste	【高山滑雪】【残奥高山滑雪】赛道设计师
traceur(,euse) (de piste)	【滑雪通用】n. 设置（赛道）标志的人
traction (rotation d'une pierre)	【冰壶】【轮椅冰壶】n.f.（使冰壶旋转的）牵引力，拉力
train arrière	【雪车】后轴
train articulé	【雪车】操纵杆
train avant	【雪橇】前轴
traîneau	【滑雪通用】n.m. 急救雪橇
traîneau à châssis métallique	【残奥冰球】金属架冰橇
traîneau à deux lames	【残奥冰球】双刃冰橇
traîneau d'armature en métal	【残奥冰球】金属架冰橇
traîneau de premiers secours/soins	【通用】急救雪橇
traîneau de sauvetage	【通用】救援雪橇
traitement des résultats	【通用】（比赛）结果处理，（比赛）结果计算
trajectoire	【冬季两项】【残奥冬季两项】【自由式滑雪】n.m. 轨迹，赛道【花样滑冰】n.f. 腾空（跳跃的第三部分）【自由式滑雪】n.m.（空中技巧运动员）滑行轨迹
trajectoire d'une pierre	【轮椅冰壶】冰壶滑行线路
trajectoire directe	【轮椅冰壶】直线轨迹

法
汉

trajectoire et hauteur (2e phase des sauts)	【自由式滑雪】空中轨迹和高度（空中动作第二阶段）
transfert de poids	【通用】【花样滑冰】重量转移，重心转移
transfert du poids du corps	【通用】身体重量转移
transfert de l'impulsion/du moment/ du linéaire momentum	【花样滑冰】动量转移
transfert du moment angulaire	【花样滑冰】角动量转移
transition	【雪车】【雪橇】n.f. 衔接
transition (rencontre de deux pentes)	【自由式滑雪】n.f. （两个坡之间的）过渡
transition (transfert de poids en danse sur glace)	【花样滑冰】衔接（冰舞重心转移）
transition entre le droit et les virages	【雪车】【雪橇】直线跑道和弯道之间的衔接
transition entre le tremplin et le plateau	【自由式滑雪】跳台和平台区之间的过渡区
transition entre les virages	【雪车】弯道之间的衔接
transmission	【跳台滑雪】n.f. 传达，报告
transport de la carabine	【冬季两项】【残奥冬季两项】枪支的搬运
traumatisme crânien	【冬残奥通用】头部创伤
traverse amont	【越野滑雪】【残奥越野滑雪】上坡横穿
traversée	【高山滑雪】【残奥高山滑雪】n.f. 横穿，穿过
traversée d'une pente	【越野滑雪】【残奥越野滑雪】横穿坡道
traversée de descente	【高山滑雪】横滑降
traverser la ligne de pente	【花样滑冰】越过滚落线
trébucher	【冰球】【残奥冰球】v.i. 跌倒
tremplin	【自由式滑雪】【跳台滑雪】n.m. 跳台
tremplin à sauts droits	【自由式滑雪】非空翻跳台
tremplin aménagé	【自由式滑雪】布置好的跳台
tremplin avec revêtement de plastique/ tapis de plastique	【跳台滑雪】塑料保护层覆盖的跳台
tremplin damé ferme	【跳台滑雪】紧密夯实的跳台
tremplin de 90 m	【跳台滑雪】90 米跳台
tremplin naturel	【跳台滑雪】天然跳台

法
汉

tremplin nivelé	【跳台滑雪】平整的跳台
tremplin normal	【跳台滑雪】标准台
tremplin ouvert	【跳台滑雪】【自由式滑雪】开放跳台
tremplin ouvert pour l'entraînement	【跳台滑雪】用于训练的开放跳台
tremplin pour sauts périlleux	【自由式滑雪】空翻跳台
tremplin pour sauts périlleux avant	【自由式滑雪】前空翻跳台
trêve olympique	【通用】奥林匹克休战
tribune	【通用】n.f. 看台
tribune d'honneur	【通用】荣誉看台
tribune de la presse	【通用】新闻媒体报道区，新闻记者席
tribune des juges	【跳台滑雪】裁判塔
tribunes des juges	【自由式滑雪】裁判席
tricot de corps en filet	【越野滑雪】【残奥越野滑雪】渔网内衣
tricotage	【冰球】【残奥冰球】n.m. 操纵球杆
tricoter	【冰球】【残奥冰球】v. 操纵球杆
trio	【冰球】【残奥冰球】n.m. 锋线；阵型，小组
trio d'attaque/offensif	【冰球】【残奥冰球】锋线，前锋
trio défensif (se dit de joueurs d'avant)	【冰球】【残奥冰球】防线（前方队员）
triple Axel (Paulsen)	【花样滑冰】三周阿克塞尔跳
triple boucle	【花样滑冰】后外三周跳
triple boucle piqué	【花样滑冰】后外点冰三周跳
triple flip	【花样滑冰】后内点冰三周跳
triple Lutz	【花样滑冰】勾手三周跳
triple répétition	【花样滑冰】三次重复动作
triple Salchow	【花样滑冰】后内三周跳
triple saut	【花样滑冰】三周半跳
triple saut de boucle	【花样滑冰】后外三周跳
triple saut de boucle piqué	【花样滑冰】后外点冰三周跳
triple saut périlleux	【自由式滑雪】三周空翻
triple saut périlleux avec vrille(s)	【自由式滑雪】三周空翻加转体
triple saut vertical mixte	【自由式滑雪】三周混合垂直跳

法
汉

triple vrille	【自由式滑雪】三周转体
triplette	【残奥冰球】n.f. 锋线
trois extérieur avant	【花样滑冰】前外转三
trois intérieur avant	【花样滑冰】前内转三
trois premières équipes au classement	【雪车】排名前三位的团队
trois quarts de révolution	【花样滑冰】四分之三旋转
trois sauté	【花样滑冰】三字跳，跳三
trois traces	【残奥滑雪】三板滑雪运动员
troisième	【冰壶】【轮椅冰壶】三垒
tronc	【冬残奥通用】n.m. 身体躯干
tronçon attribué (à un mesureur ou à un juge)	【跳台滑雪】指定区域（测量员和裁判员）
tronçon d'une piste	【雪车】跑道的一段
tronçon dangereux	【雪车】（赛道的）危险部分
tronçon de départ de la piste	【雪车】（雪车）跑道的起始部分
tronçon de la piste	【雪车】【雪橇】赛道的一段
trottoir	【轮椅冰壶】n.m. 冰场的投壶端
trousse de premiers secours/soins	【通用】急救包
t-shirt (de curling)	【冰壶】【轮椅冰壶】n.m. （冰壶）运动衫
tube de fart	【残奥越野滑雪】【残奥冬季两项】管蜡
tuer le temps	【冰球】【残奥冰球】争取时间，借故拖延时间
Twister (saut)	【自由式滑雪】扭转（空中技巧）
type de déficience/handicap	【冬残奥通用】残疾类型
type de départ	【冬季两项】【残奥冬季两项】出发形式

U

un 360, 540, 720, etc. degrés	【自由式滑雪】一周/一周半/两周跳跃（芭蕾跳跃）
un bras sur le bas du dos de chacun des partenaires	【花样滑冰】搭档彼此把一只胳膊搭在对方的后背下部
un carpé	【自由式滑雪】屈体翻腾一周（姿势）

un groupé	【自由式滑雪】团身空翻
un pas	【越野滑雪】【残奥越野滑雪】一步，单步；交替滑行步中一个蹬冰步动作
un seul tir	【冬季两项】【残奥冬季两项】单发射击
une biche	【花样滑冰】鹿跳
uniamputation	【冬残奥通用】单侧截肢
uniforme	【花样滑冰】a. 一致的，均等的
uniformité	【花样滑冰】n.f. 一致，均等
uniformité de la courbe	【花样滑冰】均等的曲率
unique	【短道速滑】a. 唯一的，单一的
uniski	【残奥高山滑雪】单板滑雪
uniskieur(,euse)	【残奥高山滑雪】单板滑雪运动员
unisson	【花样滑冰】n.m. 一致，协调
Universiade d'hiver	【通用】世界大学生冬季运动会
usage du pas de pointe	【花样滑冰】足尖步的使用
utilisation	【花样滑冰】n.f. 利用，使用
utilisation de l'espace	【自由式滑雪】空间利用
utilisation de la surface (de glace)	【花样滑冰】冰面利用程度

V

vaincre	【冰球】【残奥冰球】v.t. 战胜，击败
vaincre un adversaire	【冰球】【残奥冰球】击败对手
vainqueur	【冰球】【残奥冰球】n.m. 胜利者，优胜者
vainqueur de l'épreuve de relais/du relais	【滑雪通用】接力赛优胜者
valeur technique	【花样滑冰】技术得分，技术水平
valide	【冬残奥通用】健全的，强壮的
valse	【花样滑冰】华尔兹
Valse européenne (danse)	【花样滑冰】欧洲华尔兹（冰舞）
Valse hollandaise (danse)	【花样滑冰】荷兰华尔兹(冰舞)

法
汉

Valse Ravensburger (danse)	【花样滑冰】拉文斯堡华尔兹（冰舞）
Valse Starlight (danse)	【花样滑冰】星光华尔兹（冰舞）
Valse viennoise (danse)	【花样滑冰】维也纳华尔兹（冰舞）
Valse Westminster (danse)	【花样滑冰】威斯特敏斯特华尔兹（冰舞）
Valse Willow (danse)	【花样滑冰】垂柳华尔兹（冰舞）
vaporisation de la piste	【轮椅冰壶】在冰面上喷洒水滴
variation de danse	【花样滑冰】舞蹈变化
variation de danse et danse sur tracé original prescrit	【花样滑冰】舞蹈变化及原创固定图形舞蹈
vedette	【冰球】【残奥冰球】n.f. 明星
vedette sportive	【通用】体育明星
veiller à ce que la piste soit dégagée	【越野滑雪】【残奥越野滑雪】保证赛道畅通清洁（无杂物，无不必要覆盖物）
vélocité	【花样滑冰】n.f. 速度，敏捷
vélocité du vent	【滑雪通用】风速
vent contraire/de côté/de travers/latéral/transversal	【通用】侧风
vérification	【雪橇】n.f. 检查，核对
vérification au hasard	【雪橇】随机检查，抽查
vérification de la température des patins	【雪橇】雪橇滑刃温度检测
vérification des accréditations	【通用】认证确认
vérification technique	【雪车】技术检查
verre	【雪橇】n.m. 玻璃
verre de contact	【冬残奥通用】隐形眼镜
verres électro-acoustiques spécialisés	【残奥冬季两项】专业电声眼镜（对于 B 组运动员，步枪配有专门的电声眼镜，通过音响系统发出的信号确保瞄准目标）
verrou	【残奥冬季两项】n.m. 枪栓
vers l'intérieur	【短道速滑】向内
versant (d'une bosse)	【自由式滑雪】n.m.（雪包、小雪丘）侧面斜坡

法
汉

version paralympique	【残奥冰球】残奥会形式（冰橇冰球是残奥会上的冰球比赛）
vertical(,e)	【花样滑冰】a. 垂直的，竖的，纵向的
veste lestée	【雪橇】负重背心，负重服
veste lestée de fabrication domestique	【雪橇】自制负重背心，国产负重服
vestiaire	【通用】【冰球】【残奥冰球】n.m. 更衣室
vêtement	【雪橇】n.m. 服装
vétéran	【冰球】【残奥冰球】n.m. 老将，老资格运动员
vibration	【雪车】n.f. 震动，颤动
vice-capitaine	【冰壶】【轮椅冰壶】副指挥，副队长
victoire	【通用】【冰球】【残奥冰球】n.f. 胜利
victoire de...à 0	【冰球】【残奥冰球】完胜
victoire en période supplémentaire/prolongation à but unique	【残奥冰球】（加时赛）突然获胜
vigueur	【轮椅冰壶】n.f. 力量
village des athlètes	【冬残奥通用】运动员村
Village olympique	【通用】奥运村
village paralympique	【冬残奥通用】残奥会选手村
ville hôte	【通用】主办城市
ville olympique	【通用】奥运城市
vingt	【冰球】【残奥冰球】n.m. 一局（冰球比赛）
violation de la ligne de cochon/jeu	【轮椅冰壶】前掷线违例
virage	【通用】n.m. 弯道，转弯
virage à court rayon	【通用】小半径转弯，小半径弯道
virage à droite	【雪车】【雪橇】右弯道，向右转弯道
virage à gauche	【雪车】【雪橇】左弯道，向左转弯道
virage à long rayon	【残奥滑雪】大半径转弯
virage à moyen rayon	【残奥滑雪】中半径转弯
virage amont	【滑雪通用】上坡转弯
virage ARI	【花样滑冰】后内转体
virage aval	【高山滑雪】【残奥高山滑雪】滑降转弯

virage AVE	【花样滑冰】前外转体
virage AVI	【花样滑冰】前内转体
virage brusque	【冰球】【残奥冰球】急转弯，急弯
virage chasse-neige	【滑雪通用】犁式转弯
virage court	【滑雪通用】短弯道
virage d'accélération	【雪车】加速弯道
virage de la poussée-élan	【花样滑冰】蹬冰转体
virage du couloir extérieur	【速度滑冰】外道弧度
virage du couloir intérieur	【速度滑冰】内道弧度
virage en «S»	【雪橇】S 弧度，S 弯道
virage en épingle à cheveux	【雪橇】发卡弯道
virage en forme de crochet	【花样滑冰】钩形转弯
virage en parallèle	【自由式滑雪】并腿转弯，平行转弯
virage en parallèle dynamique	【自由式滑雪】动态平行转弯，动态并腿转弯
virage en S	【残奥越野滑雪】S 弧度，S 弯道
virage en télémark	【越野滑雪】【残奥越野滑雪】特乐克式转弯
virage extérieur	【速度滑冰】外弯道
virage extérieur avant	【花样滑冰】前外转体
virage hors-axe	【花样滑冰】偏轴转体
virage intérieur	【速度滑冰】内弯道
virage intérieur arrière	【花样滑冰】后内转体
virage intérieur avant	【花样滑冰】前内转体
virage parallèle	【高山滑雪】【残奥高山滑雪】平行式转弯
virage pas tournant	【越野滑雪】【残奥越野滑雪】蹬冰式转弯
virage passé à haute vitesse	【冰球】【残奥冰球】高速转弯
virage passé à vitesse moyenne	【高山滑雪】【残奥高山滑雪】中速转弯
virage sauté	【花样滑冰】跳跃转体
virage serré	【残奥越野滑雪】急转弯弯道
virage sur un pied	【花样滑冰】单足转体
virage trois (en simple ou en danse)	【花样滑冰】转三（单人滑或冰舞）
virage trois AVE	【花样滑冰】前外转三

法
汉

virage trois AVI	【花样滑冰】前内转三
virages en parallèle enchaînés/ enchaînés en parallèle	【自由式滑雪】连贯平行式转弯
virages fluides en parallèle	【自由式滑雪】顺畅的平行转弯，顺畅的并腿转弯
visée optronique	【残奥冬季两项】光电装置（步枪上的一种装置，在运动员有视力障碍的时候发出声音信号）
visibilité	【自由式滑雪】n.f. 可见度，可见性
visière	【雪橇】n.f. 球状面甲，头盔的护脸甲【冰球】【残奥冰球】n.f. 护目镜（头盔的）
visière protectrice	【冰球】【残奥冰球】（面罩）头盔
vision	【冬残奥通用】n.f. 视力，视野
vision restreinte	【冬残奥通用】有限视力
visite médicale	【冬残奥通用】医疗检查，医学检查
visiteur(,euse) de marque	【通用】重要人物，VIP，贵宾
visiteurs	【冰球】【残奥冰球】客队
visuel(,le)	【冬残奥通用】a. 视觉的，视力的，可见的，直观的
vitesse	【自由式滑雪】【跳台滑雪】n.f. 速度，快速
vitesse atteinte	【高山滑雪】【残奥高山滑雪】【雪车】【跳台滑雪】【越野滑雪】【残奥越野滑雪】达到的速度
vitesse d'entrée (dans une pirouette)	【花样滑冰】（旋转的）起跳速度
vitesse d'un télésiège	【通用】缆车速度
vitesse de départ/initiale	【残奥冬季两项】出发速度，初始速度
vitesse de départ (des cartouches)	【冬季两项】【残奥冬季两项】（子弹的）枪口初速
vitesse de l'appel	【花样滑冰】起跳速度
vitesse de l'élan	【跳台滑雪】助滑速度
vitesse de la balle/de la cartouche/ du projectile	【残奥冬季两项】弹射速度
vitesse de pointe/maximale	【通用】最高速度，极速
vitesse de rotation/rotationnelle	【花样滑冰】旋转速度
vitesse du vent	【滑雪通用】风速
vitesse horizontale (au moment de l'appel et de la réception)	【花样滑冰】（在起跳以及落冰时的）水平速度

法
汉

vitesse intermédiaire	【速度滑冰】中速
vitesse verticale (au moment de la réception au sol d'un saut)	【花样滑冰】（跳跃着陆动作中的）垂直速度
voie (danse)	【花样滑冰】n.f. 轨迹（冰舞）
voiler	【冰球】【残奥冰球】v.t. 掩盖，遮挡
voiler la vue (du gardien de but)	【冰球】【残奥冰球】挡住守门员视线
vol	【跳台滑雪】n.m. 飞行（跳跃的组成部分）【轮椅冰壶】n.m. 偷分
vol à ski (saut à ski sur tremplin de 120 m)	【跳台滑雪】飞行滑雪（120 米跳台滑雪）
volant	【雪车】n.m. 方向盘，驾驶盘
voler la manche/le bout	【冰壶】【轮椅冰壶】偷分
volte-face (un pas de danse)	【花样滑冰】捻转步（一种舞步）
vrille	【自由式滑雪】n.f. 螺旋，转体，旋转【花样滑冰】n.f. 旋转，转体，刀齿旋转【自由式滑雪】n.f. 转体（空中技巧）
vrille Bielmann (ballet)	【自由式滑雪】雪上芭蕾贝尔曼旋转
vrille complète (saut)	【自由式滑雪】转体 360 度（空中技巧）
vrille simple	【自由式滑雪】转体一周
vrillé(,e)	【花样滑冰】a. 扭缠的
vrilles multiples	【自由式滑雪】花样旋转

W

Walley	【花样滑冰】沃里跳
Walley piqué	【花样滑冰】点冰沃里跳
Website Officiel des Jeux Olympiques	【通用】奥运会官方网站

Z

zérotage	【残奥冬季两项】瞄准具校正

zone	【冰球】【残奥冰球】【短道速滑】n.f. 区域
zone central	【冰球】【残奥冰球】中区
zone d'arrivée	【雪橇】终点区
zone d'attaque	【残奥冰球】攻区
zone d'échange/de relais	【越野滑雪】【残奥越野滑雪】接力区
zone d'essai des skis/de test des skis	【残奥越野滑雪】【残奥冬季两项】滑雪板测试区
zone de but/du gardien	【残奥冰球】球门区
zone de compétition	【冬残奥通用】比赛区域
zone de défense/défensive	【冰球】【残奥冰球】防守区
zone de dégagement	【跳台滑雪】缓冲区，终点区
zone de départ/lancement	【雪车】【滑雪通用】出发区域
zone de garde protégée	【轮椅冰壶】自由防守区
zone de l'arbitre	【残奥冰球】裁判区
zone de passage des relais/du passage de relais	【冬季两项】【北欧两项】【越野滑雪】【残奥越野滑雪】接力区域，移交接力棒区域
zone de poussée/retenu	【残奥越野滑雪】【残奥冬季两项】滑雪板底部涂防滑蜡的部位
zone de préparation	【自由式滑雪】准备区
zone de rassemblement	【短道速滑】集结区
zone de réception	【跳台滑雪】着陆区
zone de réception courbée	【跳台滑雪】有弧度的着陆坡
zone de réception courbée L	【跳台滑雪】着陆坡 L 弧度
zone de tenue/désignée pour la tenue	【残奥越野滑雪】【残奥冬季两项】指定协助区（允许助滑员帮助视力障碍运动员的区域）
zone des entraîneurs	【残奥冰球】教练区
zone intérieure	【短道速滑】内部区域
zone jaune	【高山滑雪】【残奥高山滑雪】黄区
zone marquée	【残奥越野滑雪】体育场的限定区域
zone mixte	【冬残奥通用】混合采访区（经过许可的媒体对运动员进行采访的区域）
zone neutre	【冰球】【残奥冰球】中区【冬残奥通用】混合采访区

zone offensive	【冰球】【残奥冰球】攻区
Zudnik	【自由式滑雪】并腿前屈体跳跃（腾空以后将身体向前倾，并将雪板并紧）

法
汉

汉法部分

数字及西文字母开头的词语

0.22 口径边缘式发火式步枪	【冬季两项】【残奥冬季两项】carabine de calibre 0.22 utilisant des cartouches à percussion annulaire
0=未完成	【花样滑冰】0=non patiné
1=非常糟糕	【花样滑冰】1=très mauvais
100 米半径跑道	【速度滑冰】piste de 100 m à double rayon
11—12 岁冰球运动员	【冰球】【残奥冰球】joueur(,euse) peewee; peewee
12 英尺圈	【冰壶】【轮椅冰壶】cercle de 12 pieds
2=糟糕	【花样滑冰】2=mauvais
3/4 旋转	【花样滑冰】trois quarts de révolution
3=中等	【花样滑冰】3=médiocre
30 秒间隔	【越野滑雪】intervalle d'une demi-minute/de 30 secondes
32 靶位射击靶场	【冬季两项】【残奥冬季两项】champ de tir de 32 postes
4=好	【花样滑冰】4=bien
4 英尺圈	【冰壶】【轮椅冰壶】cercle de 4 pieds
5=很好	【花样滑冰】5=très bien
6=完美	【花样滑冰】6=sans faute et parfait
8 英尺圈	【冰壶】【轮椅冰壶】cercle de 8 pieds
8 字形	【花样滑冰】figure huit, huit
8 字形蹬冰（双人滑）	【花样滑冰】poussée-élan en figure huit (couple)
8 字形图形	【花样滑冰】modèle/tracé de la figure huit
90 米跳台	【跳台滑雪】tremplin de 90 m
90 米跳跃	【跳台滑雪】saut de 90 m
A 组决赛	【残奥越野滑雪】【残奥冬季两项】finale A
B1 组别	【冬残奥通用】B1, classe B1
B2 组别	【冬残奥通用】B2, classe B2
B3 组别	【冬残奥通用】B3, classe B3
B 组（B 组需要配备领滑员）	【冬残奥通用】classe B
B 组决赛	【残奥越野滑雪】【残奥冬季两项】finale B

汉
法

B 组运动员的领滑员	【残奥高山滑雪】【残奥冬季两项】【残奥越野滑雪】guide voyant
B 组运动员引导（员）	【残奥高山滑雪】【残奥冬季两项】【残奥越野滑雪】guide
K 点（跳台点）	【跳台滑雪】K, point critique, largeur de la piste de réception au point K, largeur de la zone de réception au point K
LW 组残疾人运动员	【冬残奥通用】athlète (de classe) LW
L 蹬离（一种向后蹬离）	【花样滑冰】poussée de départ en L (une poussée arrière)
L 点（着陆区终点）	【跳台滑雪】point L
PEST 标准（力量、表达、风格、技术）	【花样滑冰】PEST(puissance, expression, style, technique)
P 点（着陆区起点）	【跳台滑雪】point P
S 弧度	【花样滑冰】«S» vertical longitudinal, courbe en «S»
S 弯道	【雪橇】virage en «S»【越野滑雪】【残奥越野滑雪】courbe en S, virage en S
S 型换刃	【花样滑冰】changement de carre en «S»
"T" 字停止法	【花样滑冰】arrêt en T
T 蹬离（向后蹬离）	【花样滑冰】poussée de départ en T (une poussée arrière)
T 点（起跳台外沿）	【跳台滑雪】point T
T 线	【冰壶】【轮椅冰壶】ligne de balayage, ligne de marque, ligne du T, ligne de pointage, tee score
VIP 区域	【通用】aire réservée aux dignitaire

A

阿克塞尔两周跳	【花样滑冰】double Axel (Paulsen)
阿克塞尔托举	【花样滑冰】levée Axel
矮小的（人）（畸形）	【冬残奥通用】nain
安保服务	【通用】service d'ordre

汉
法

安保职员	【通用】<u>membre du</u>/ <u>préposé(,e) au</u> service d'ordre
安放	【冰壶】【轮椅冰壶】se placer
安全	【通用】sécurité
安全措施	【通用】mesure de sécurité
安全带	【残奥冰球】ceinture de sécurité
安全带（轮椅配件）	【越野滑雪】sangle stabilisatrice
安全防护服装	【冬残奥通用】<u>ensemble</u>/<u>tenue</u> de protection
安全固定器	【滑雪通用】fixations de sécurité
安全栏	【冬残奥通用】barrière de sécurité
安全赛道	【速度滑冰】piste de sûreté
安全头盔	【短道速滑】appareil de sécurité pour la tête
安全网	【通用】filet de sécurité
安全围栏	【自由式滑雪】clôture de sécurité
安全委员会（包括参赛运动员）	【自由式滑雪】Comité de sécurité (comprenant des compétiteurs)
安全制动装置	【冬季两项】【残奥冬季两项】cran de sûreté, sûreté
按照运动机能进行分组	【冬残奥通用】classification fonctionnelle par sport
凹槽（冰刀刃）	【滑冰通用】creux (sur la lame), «creux» incurvé, creux de la lame, dépression (sur la lame), rainure (sous la lame)
凹槽（滑雪板下的）	【滑雪通用】rainure (sous le ski)
凹面的	【花样滑冰】concave
凹凸不平的冰面	【滑冰通用】glace inégale
凹陷部分（场地）	【越野滑雪】creux (terrain)
凹陷部分（两个雪包之间）	【自由式滑雪】creux (entre deux bosses)
奥林匹克标识	【通用】marque olympique
奥林匹克标志	【通用】symbole olympique
奥林匹克大家庭	【通用】famille olympique
奥林匹克格言	【通用】devise olympique
奥林匹克合作伙伴	【通用】partenaire olympique
奥林匹克会歌	【通用】<u>hymne</u>/<u>motet</u> olympique
奥林匹克会徽	【通用】emblème olympique
奥林匹克火炬	【通用】Torche olympique

汉
法

奥林匹克火炬接力	【通用】relais de torche olympique
奥林匹克奖杯	【通用】Coupe Olympique
奥林匹克金质勋章	【通用】Ordre Olympique en or
奥林匹克精神	【通用】esprit olympique
奥林匹克口号	【通用】credo olympique
奥林匹克理想	【通用】idéal olympique
奥林匹克年	【通用】Année olympique
奥林匹克旗帜	【通用】drapeau olympique
奥林匹克圣火	【通用】flamme olympique
奥林匹克誓言	【通用】serment olympique
奥林匹克团结基金	【通用】solidarité olympique
奥林匹克宪章	【通用】La Charte olympique
奥林匹克休战	【通用】trêve olympique
奥林匹克勋章	【通用】Ordre Olympique
奥林匹克银质勋章	【通用】Ordre Olympique en argent
奥林匹克运动	【通用】mouvement olympique
奥林匹克运动会	【通用】olympiade, Jeux Olympiques
奥林匹克主义	【通用】olympisme
奥运城市	【通用】ville olympique
奥运村	【通用】Village olympique
奥运村运行中心	【通用】Centre d'Opération du Village olympique
奥运村指南	【通用】Guide du village olympique
奥运会彩票	【通用】loterie olympique
奥运会官方网站	【通用】Website Officiel des Jeux Olympiques
奥运会冠军	【通用】champion olympique
奥运会和残奥会标志法	【通用】Loi sur les marques olympiques et paralympiques
奥运会纪录	【通用】record olympique
奥运会纪录保持者	【通用】détenteur d'un record olympique
奥运会奖牌	【通用】médaille olympique
奥运会入场式	【通用】défilé d'ouverture
奥运会市场开发	【通用】marketing olympique
奥运会选手	【通用】athlète olympique; olympien(,ne)

奥运会赞助商	【通用】sponsor olympique
奥运会总部	【通用】Siège Principal des Jeux Olympiques

B

八字蹬坡	【越野滑雪】ciseaux
八字蹬坡步	【越野滑雪】【残奥越野滑雪】【冬季两项】【残奥冬季两项】montée en <u>canard/ciseaux</u>, pas de canard
把（球）传离本场	【冰球】【残奥冰球】dégager
把冰壶从比赛中移除	【冰壶】【轮椅冰壶】retirer une pierre du jeu
靶场官员	【冬季两项】【残奥冬季两项】directeur de tir (côté tir)
靶垫	【冬季两项】【残奥冬季两项】fosse de tir (côté cible)
靶框	【冬季两项】【残奥冬季两项】boîte-cible
靶面直径	【冬季两项】【残奥冬季两项】diamètre de la cible
靶位的变化	【冬季两项】【残奥冬季两项】changement des cibles
靶位监管人	【冬季两项】【残奥冬季两项】contrôleur des cibles
靶位框架（用来固定靶位）	【冬季两项】【残奥冬季两项】cadre de la cible
靶心	【冬季两项】【残奥冬季两项】mouche, but, centre noir
靶子	【冬季两项】【残奥冬季两项】cible
百分之一秒	【通用】centième de seconde
摆臂	【速度滑冰】balancement du bras
摆动（双臂以及浮腿）	【花样滑冰】balancement (des bras et de la jambe libre)
摆脱	【冰球】【残奥冰球】se défaire
扳成平局	【冰球】【残奥冰球】<u>égaliser/niveler</u> la marque
扳机	【冬季两项】【残奥冬季两项】détente
扳机弹簧	【冬季两项】【残奥冬季两项】ressort de la détente
扳机护圈	【冬季两项】【残奥冬季两项】pontet
扳机护圈前端下部边缘	【冬季两项】【残奥冬季两项】bord inférieur du devant du pontet
颁发奖牌仪式	【通用】cérémonie de remise des médaille
颁奖典礼	【通用】cérémonie de remise de prix

汉
法

板底	【滑雪通用】semelle de ski
板墙	【冰球】【残奥冰球】bande, clôture, rampe
板墙反弹球	【冰球】【残奥冰球】retour de la rondelle/du disque
板墙挤贴	【冰球】【残奥冰球】rudesse contre la bande/clôture/rampe, rudoyer contre la bande/clôture/rampe, charge contre la bande, plaquage illégal/sur la bande, serrer, tasser (contre la bande)
半分钟间隔	【越野滑雪】【残奥越野滑雪】intervalle de 30 secondes/d'une demi-minute
半径	【通用】rayon
半决赛	【通用】demi-finale【越野滑雪】【残奥越野滑雪】série de la demi-finale【冰球】【残奥冰球】match/partie de demi-finale
半山腰木屋	【高山滑雪】【残奥高山滑雪】chalet à flanc de montagne
半圆	【花样滑冰】demi-cercle
半周勾手跳	【花样滑冰】demi-Lutz (un saut)
半周后内点冰跳	【花样滑冰】demi-flip
半周转体	【花样滑冰】demi-révolution
半自动武器	【冬季两项】【残奥冬季两项】arme semi-automatique
绊倒（犯规）	【冰球】【残奥冰球】avoir fait trébucher (infraction), faire trébucher (infraction)
帮助	【通用】aide
帮助盲人滑雪运动员的领滑员	【残奥滑雪】guide pour skieurs aveugles
绑腿带	【冬残奥通用】sangle de jambière/jambe
包抄对手	【冰球】【残奥冰球】faire déborder un adversaire/joueur adverse
保持	【跳台滑雪】demeurer, maintenir
保持下蹲的姿势	【跳台滑雪】demeurer en position accroupie, maintenir la position accroupie
保持一项纪录	【通用】détenir un record
保护	【冰球】【残奥冰球】protection
保护层	【跳台滑雪】revêtement, tapis

保护的	【冰球】【残奥冰球】protecteur(,trice)
保护垫	【短道速滑】matelas de protection 【速度滑冰】matelas protecteur【冰球】【残奥冰球】rembourrage de protection
保护垫（比赛中使用）	【冬残奥通用】protection
保护蜡	【越野滑雪】【残奥越野滑雪】【冬季两项】【残奥冬季两项】fart de protection
保护面罩	【冰球】【残奥冰球】grille protectrice
保护器	【冰球】【残奥冰球】protecteur(,trice)
保护头盔	【冰球】【残奥冰球】casque protecteur
保护装备	【冰球】【残奥冰球】【冬残奥通用】équipement de protection/protecteur
保护装置	【冬残奥通用】ensemble/tenue de protection
保留的分数	【跳台滑雪】notes restantes (trois notes additionnées après que la note la plus haute et la note la plus basse aient supprimées)
保险机栓	【冬季两项】【残奥冬季两项】cran de sûreté, sûreté
保证赛道畅通清洁（无杂物，无不必要覆盖物）	【越野滑雪】【残奥越野滑雪】garder la piste dégagée, veiller à ce que la piste soit dégagée
抱人（抱住对手）	【冰球】【残奥冰球】retenir (un adversaire)
抱人（犯规）	【冰球】【残奥冰球】avoir retenu (infraction)
鲍步（自由滑）	【花样滑冰】Ina Bauer (patinage en libre)
暴风雪	【通用】tempête de neige
北美室内锦标赛	【速度滑冰】Championnats nord-américains sur piste intérieure
北美室外锦标赛	【速度滑冰】Championnats nord-américains sur piste extérieure
北美速度滑冰锦标赛	【速度滑冰】Championnats nord-américains de patinage de vitesse
北欧打分比例体系	【越野滑雪】【残奥越野滑雪】【冬季两项】【残奥冬季两项】système de pourcentage nordique
北欧两项（项目）	【北欧两项】Combiné nordique

汉
法

北欧两项男子个人：跳台滑雪标准台/越野滑雪 10 公里（项目）	【北欧两项】Combiné nordique individuel hommes: saut à ski tremplin normal/ski de fond 10 km
北欧两项男子个人：跳台滑雪大跳台/越野滑雪 10 公里（项目）	【北欧两项】Combiné nordique individuel hommes: saut à ski grand tremplin/ski de fond 10 km
北欧两项男子团体：跳台滑雪大跳台/越野滑雪 4×5 公里接力（项目）	【北欧两项】Combiné nordique par équipe hommes: saut à ski grand tremplin/ski de fond relais 4×5 km
贝尔曼旋转	【花样滑冰】pirouette Bielmann
备用弹（接力比赛）	【冬季两项】【残奥冬季两项】cartouches de réserve (course de relais)
备用弹弹匣	【冬季两项】【残奥冬季两项】plateau pour les cartouches de réserve
备用弹药	【冬季两项】【残奥冬季两项】munitions de rechange/réserve
备用滑刃	【雪车】patin de réserve
备用滑雪杖	【高山滑雪】【残奥高山滑雪】piquet de réserve
备用枪	【冬季两项】【残奥冬季两项】arme de rechange, carabine de rechange/réserve, fusil de réserve
备用雪车	【雪车】bob de réserve
背部	【跳台滑雪】dos
背带	【冬季两项】【残奥冬季两项】bretelle
背坡	【越野滑雪】contre-pente
倍率	【花样滑冰】coefficient multiplicateur
倍数	【花样滑冰】multiplicateur
倍数的	【花样滑冰】multiplicateur
被标记的滑雪板（两个滑雪板都要显示滑雪运动员的号码）	【越野滑雪】【残奥越野滑雪】【冬季两项】【残奥冬季两项】ski marqué
被超越的滑冰运动员	【速度滑冰】patineur dépassé/patineuse dépassé; patineur doublé/patineuse doublée

汉法

被超越的滑雪运动员	【越野滑雪】compétiteur dépassé/compétitrice dépassée; compétiteur doublé/compétitrice doublée; skieur dépassé/skieuse dépassée; skieur doublé/skieuse doublée
被辞退的球员	【冰球】【残奥冰球】joueur remercié/joueuse remerciée
被辞退的球员（业余球员）	【冰球】【残奥冰球】joueur renvoyé/joueuse renvoyée (amateur)
被辞退的球员（专业球员）	【冰球】【残奥冰球】joueur congédié/joueuse congédiée (professionnel)
被打断的	【通用】cassé(,e)
被罚出场队员	【冰球】【残奥冰球】joueur suspendu/joueuse suspendue
被罚下场	【通用】disqualification (DSQ)
被罚下场的冰壶运动员	【冰壶】【轮椅冰壶】curleur retiré/curleuse retirée
被隔离开的	【高山滑雪】【跳台滑雪】【自由式滑雪】clôturé(,e)
被隔离开的区域（赛道上）	【高山滑雪】【残奥高山滑雪】【自由式滑雪】【跳台滑雪】aire clôturée (de la piste)
被击走的静止冰壶	【冰壶】【轮椅冰壶】pierre immobile déplacée
被拒绝的	【冰球】【残奥冰球】refusé(,e)
被拦截的射门	【冰球】【残奥冰球】lancer/tir intercepté
被立刻纠正的不稳定动作	【跳台滑雪】manque d'assurance aussitôt corrigé
被马上纠正的起跳失误	【跳台滑雪】faute commise au début du saut et immédiatement corrigée
被拿掉的旗门	【高山滑雪】【残奥高山滑雪】porte arrachée
被拿掉的旗门杆	【高山滑雪】【残奥高山滑雪】piquet arraché
被弄断的旗门杆	【高山滑雪】【残奥高山滑雪】piquet cassé (piquet d'une porte)
被弄坏的滑雪杖	【高山滑雪】【残奥高山滑雪】bâton (de ski) brisé, bâton (de ski) cassé
被弄碎的	【通用】cassé(,e)
被破坏了的赛道	【通用】piste endommagée
被取消资格的	【冰球】【残奥冰球】【跳台滑雪】disqualifié(,e)
被取消资格的跳台滑雪运动员	【跳台滑雪】sauteur disqualifié/sauteuse disqualifiée
被取消资格的运动员	【冰球】【残奥冰球】joueur disqualifié/joueuse disqualifiée

汉
法

被淘汰的	【雪车】éliminé(,e)
被淘汰的队伍	【雪车】équipe éliminée
被替换的冰壶运动员	【冰壶】【轮椅冰壶】curleur remplacé/curleuse remplacée
被委派为代表的	【通用】délégué(,e)
被修剪的草皮	【跳台滑雪】herbe tondue ras
被修整过的赛道	【越野滑雪】sentier entretenu
被压紧的雪	【滑雪通用】neige compacte/tassée
被移除的冰壶	【冰壶】【轮椅冰壶】pierre de remplacement/déplacée
被阻截的传球	【冰球】【残奥冰球】passe bloquée/interceptée/neutralisée
本体感受	【花样滑冰】sensibilité proprioceptive
比分	【通用】point
比赛	【通用】affrontement, match, rencontre, jeu【冰壶】【轮椅冰壶】【高山滑雪】【残奥高山滑雪】【雪车】【雪橇】【跳台滑雪】manche
比赛（一盘）	【通用】partie
比赛安检安保	【冬残奥通用】contrôle et sécurité de la compétition
比赛场地	【通用】site, lieu de compétition
比赛场上人少的一方	【通用】côté faible
比赛持续进行	【通用】poursuite de la compétition
比赛的实际持续时间	【残奥高山滑雪】【残奥冬季两项】【残奥越野滑雪】temps réel
比赛对方队	【通用】équipe adverse
比赛对方队的冰壶	【冰壶】【轮椅冰壶】pierre adverse
比赛对方队队长	【冰壶】【轮椅冰壶】capitaine de l'équipe adverse
比赛运动员分组	【跳台滑雪】répartition des compétiteurs en groupes
比赛负责人	【残奥高山滑雪】【残奥冬季两项】【残奥越野滑雪】directeur(,trice) de la compétition
比赛观赛区域	【冰球】【残奥冰球】aire d'observation du jeu
比赛官员	【通用】officiel à une compétition【冰球】【残奥冰球】officiel de la partie/de la rencontre/du match
比赛管理	【通用】direction de la compétition/de la course/de l'épreuve
比赛规则	【通用】règlement, règlement de la compétition, règles du jeu
比赛滑行	【雪橇】descente de compétition

比赛回看分析	【冰球】【残奥冰球】analyse <u>de la partie/de la rencontre/du match</u>
比赛计时	【通用】chronométrage pour <u>la compétition/l'épreuve</u>
比赛计时器	【冰球】【残奥冰球】chronomètre du match
比赛计时员	【冰球】【残奥冰球】chronométreur(,euse) du match
比赛纪录	【通用】protocole de la compétition, record de l'épreuve
比赛间歇	【冰球】【残奥冰球】pause, entracte
比赛阶段	【越野滑雪】【残奥越野滑雪】parcours, manche, étape (d'une course)
比赛节奏	【越野滑雪】<u>rythme/tempo</u> d'une course
比赛结果处理	【通用】traitement des résultats
比赛结果的官方数据	【通用】données officielles concernant les résultats
比赛结果官方清单	【冬残奥通用】liste des résultats officiels
比赛结果计算	【通用】calcul des résultats
比赛结果清单	【冬残奥通用】liste des résultats
比赛结果印刷错误	【通用】<u>erreur d'écriture/faute d'impression</u> sur la liste des résultats
比赛结果展示官员	【通用】responsable de l'affichage des résultats
比赛结果告示板	【通用】tableau <u>d'affichage officiel/officiel pour l'affichage</u> des résultats
比赛结束	【高山滑雪】【残奥高山滑雪】fin de l'épreuve
比赛进行中（的）	【冰壶】【轮椅冰壶】en jeu
比赛开始	【通用】début de <u>la course/l'épreuve</u>
比赛路线	【自由式滑雪】tracé de compétition
比赛路线确认（运动员完成）	【残奥高山滑雪】【残奥冬季两项】【残奥越野滑雪】reconnaissance du <u>parcours/tracé</u>
比赛轮次	【越野滑雪】【残奥越野滑雪】ronde
比赛鸣笛	【冰球】【残奥冰球】sirène
比赛跑道	【高山滑雪】【残奥高山滑雪】piste de compétition
比赛枪械师	【冬季两项】【残奥冬季两项】armurier, maître-armurier
比赛区域	【冰壶】【轮椅冰壶】<u>aire/espace/surface</u> de jeu 【冬残奥通用】<u>aire/zone</u> de compétition

汉
法

比赛日程安排	【通用】calendrier (des épreuves/matchs)
比赛赛道状况	【越野滑雪】profil de la piste/du parcours (pour une épreuve)
比赛时间	【冰球】【残奥冰球】durée du jeu
比赛时长	【冰球】【残奥冰球】durée de la partie/du match
比赛实况解说员	【冰球】【残奥冰球】commentateur(,trice) (du déroulement de la partie)
比赛现场教练	【花样滑冰】entraîneur sur les lieux de la compétition
比赛现场设施	【通用】installation(s) sur les lieux de compétition
比赛现场指导	【花样滑冰】entraînement sur les lieux de la compétition
比赛协调人	【速度滑冰】coordonnateur de la compétition/rencontre
比赛信息表	【花样滑冰】feuille de renseignements sur la compétition
比赛雪橇卧舱	【雪橇】siège pour luge de compétition
比赛延迟出发	【通用】retard du départ (de la course)
比赛用时（比赛某个阶段）	【通用】temps de passage
比赛用鞋	【雪橇】chaussure de course/poussée
比赛用鞋罩	【雪橇】couvre-chaussure de poussée
比赛用雪橇	【雪橇】luge de compétition
比赛再次开始	【雪车】【雪橇】reprise d'une descente/manche
比赛暂停	【冰球】【残奥冰球】arrêt du jeu
比赛暂停时间	【通用】temps d'arrêt
比赛正式开始时间	【冰球】【残奥冰球】début officiel de la partie/du match
比赛之后的排名	【通用】classement après l'épreuve
比赛中的冰壶	【冰壶】【轮椅冰壶】pierre en jeu
比赛中断	【冰球】【残奥冰球】interruption du jeu
比赛重新开始	【冰球】【残奥冰球】reprise du jeu
比赛装备	【冬残奥通用】équipement de compétition, matériel de compétition
比赛装备检查	【冬季两项】【残奥冬季两项】contrôle de l'équipement de compétition
比赛组织协调人	【速度滑冰】coordinateur de la compétition/rencontre
必须的	【花样滑冰】obligatoire
闭合姿势	【花样滑冰】position fermée

汉
法

闭口旗门	【高山滑雪】【残奥高山滑雪】porte fermée
闭幕式	【冬残奥通用】cérémonie de clôture
闭位式	【花样滑冰】position «groupée»
臂章	【冬季两项】【残奥冬季两项】brassard
边锋	【冰球】【残奥冰球】ailier
边线	【冰壶】【轮椅冰壶】ligne de côté/latérale
边线裁判员	【冰球】【残奥冰球】juge de ligne/hors jeu, assistant(,e)
边缘	【冰壶】【轮椅冰壶】rebord
编舞与音乐的搭配	【花样滑冰】conformité à la musique (de chorégraphie)
变换	【速度滑冰】【雪车】【冰球】changement
变换阵型	【冰球】【残奥冰球】changement de ligne/trio
变刃步	【花样滑冰】changement de carre
变形（冰面）	【冰壶】【轮椅冰壶】dévers (de la glace)
变长刃	【花样滑冰】changement de carre long
便于登上（轮椅）	【轮椅冰壶】bonne accessibilité
标记（赛道上）	【高山滑雪】【残奥高山滑雪】signes (sur la piste)
标记颜色	【越野滑雪】【残奥越野滑雪】【冬季两项】【残奥冬季两项】couleur du marquage
标示设置	【自由式滑雪】【跳台滑雪】balisage, jalonnement
标志	【通用】emblème, symbole
标志牌	【通用】panneau indicateur
标准	【自由式滑雪】critère, standard
标准步枪	【冬季两项】【残奥冬季两项】arme standard, carabine standard
标准分	【跳台滑雪】piste réglementaire, point de norme (P)
标准跑道	【速度滑冰】piste standard
标准台	【跳台滑雪】tremplin normal
标准台比赛	【跳台滑雪】compétition sur tremplin normal
表达	【花样滑冰】expression
表面	【冰壶】【轮椅冰壶】【花样滑冰】【冰球】surface
表面结硬冰壳的雪地	【滑雪通用】neige croûtée/tôlée
表演（冰上）	【花样滑冰】performance (de figure sur la glace)

汉
法

冰	【冰壶】【轮椅冰壶】glace
冰场	【冰球】【残奥冰球】【滑冰通用】patinoire
冰场边界	【冰壶】【轮椅冰壶】<u>bande latérale</u>/<u>barre de séparation</u>/ <u>bord</u>/<u>bordure</u> de piste
冰场尺寸	【冰壶】【轮椅冰壶】dimensions de la piste de curling
冰场的投壶端	【冰壶】【轮椅冰壶】trottoir
冰场的圆形角边	【冰球】【残奥冰球】coin arrondi de la patinoire
冰场角落	【冰球】【残奥冰球】coin de la patinoire
冰场可用性	【花样滑冰】disponibilité de la patinoire
冰场使用时间	【花样滑冰】temps <u>de glace</u>/<u>d'utilisation de la patinoire</u>
冰场外（的）	【冰球】【残奥冰球】<u>en dehors</u>/<u>hors</u> de la patinoire
冰场外助理官员	【冰球】【残奥冰球】officiel en second
冰刀	【冰球】【残奥冰球】lame de patin à glace
冰刀侧面	【花样滑冰】profil de la lame
冰刀齿	【花样滑冰】dents de pointe
冰刀弧度	【速度滑冰】【花样滑冰】courbe (de la lame du patin)
冰刀护套	【滑冰通用】protège-lame
冰刀尖	【滑冰通用】pointe de la lame du patin, pointe du patin
冰刀内平刃	【花样滑冰】plat intérieur de la lame
冰刀曲度	【花样滑冰】courbure de la lame
冰刀刃凹槽深度	【花样滑冰】profondeur du creux (de la lame)
冰刀刃长度	【滑冰通用】longueur de la lame
冰刀外平刃	【花样滑冰】plat extérieur de la lame
冰刀在冰面上滑行	【花样滑冰】glisser la lame sur la glace
冰刀长度	【花样滑冰】【速度滑冰】longueur de lame
冰道	【雪车】【雪橇】piste <u>de glace</u>/<u>glacée</u>
冰冻的跑道	【雪车】【雪橇】piste réfrigérée
冰壶（项目）	【冰壶】Curling
冰壶把手颜色	【冰壶】【轮椅冰壶】couleur de la poignée
冰壶比赛	【冰壶】【轮椅冰壶】bonspiel, match de curling, tournoi de curling
冰壶冰场	【冰壶】【轮椅冰壶】rink (de curling), terrain

冰壶队	【冰壶】【轮椅冰壶】équipe de curling
冰壶滑行	【冰壶】【轮椅冰壶】glissement de la pierre
冰壶滑行表面	【冰壶】【轮椅冰壶】surface de <u>glisse/glissement</u>
冰壶滑行距离	【冰壶】【轮椅冰壶】longueur de la trajectoire (parcourue par la pierre)
冰壶滑行线路	【冰壶】【轮椅冰壶】ligne de lancer, trajectoire d'une pierre
冰壶俱乐部	【冰壶】【轮椅冰壶】club de curling
冰壶赛道	【冰壶】【轮椅冰壶】surface de curling, piste de curling, piste
冰壶赛道内边缘	【冰壶】【轮椅冰壶】bord intérieur (de la piste)
冰壶赛道外边缘	【冰壶】【轮椅冰壶】bord extérieur (de la piste)
冰壶赛道线	【冰壶】【轮椅冰壶】ligne de la piste
冰壶赛道长度	【冰壶】【轮椅冰壶】longueur de la piste de curling
冰壶石	【冰壶】【轮椅冰壶】pierre, galet, pierre de curling
冰壶石一侧	【冰壶】【轮椅冰壶】côté de la pierre
冰壶手柄	【冰壶】【轮椅冰壶】poignée de la pierre
冰壶手套	【冰壶】【轮椅冰壶】gants de curling
冰壶刷	【冰壶】brosse, balai, balai de curling, brosse de curling
冰壶刷位置	【冰壶】position du balai
冰壶投掷	【冰壶】【轮椅冰壶】lancer au curling
冰壶运动员	【冰壶】【轮椅冰壶】curleur(,euse); joueur(,euse) de curling
冰壶最大周长（36 英寸，91.4 厘米）	【冰壶】【轮椅冰壶】circonférence maximale (de la pierre) (36 pouces ou 91,4 cm)
冰壶最小高度（周长的八分之一）	【冰壶】【轮椅冰壶】hauteur minimale (de la pierre) (1/8 de la circonférence)
冰护墙	【雪车】【雪橇】paroi glacée
冰面	【冰壶】【轮椅冰壶】【冰球】【残奥冰球】【滑冰通用】surface de glace, surface glacée
冰面尺寸	【冰壶】【轮椅冰壶】dimensions de la glace
冰面的选择	【花样滑冰】choix de la glace
冰面分析	【冰壶】【轮椅冰壶】analyse de la glace, lecture de la glace
冰面级别	【冰壶】【轮椅冰壶】niveau de la glace

汉
法

冰面技术员	【冰球】【残奥冰球】【冰壶】【轮椅冰壶】technicien(,ne) de glace
冰面利用程度	【花样滑冰】utilisation de la glace/la surface de glace
冰面上的滑行轨迹图案	【花样滑冰】tracé sur la glace
冰面上的凸起小冰点	【冰壶】【轮椅冰壶】pitons sur la glace
冰面维护	【滑冰通用】【冰壶】【轮椅冰壶】entretien de la patinoire/ de la glace/des pistes de curling
冰面杂物	【滑冰通用】déchet de glace
冰面质量	【冰壶】【轮椅冰壶】【滑冰通用】qualité de la glace/la surface glacée
冰橇	【残奥冰球】luge
冰橇冰球	【残奥冰球】hockey (sur) luge
冰橇冰球比赛	【残奥冰球】compétition de hockey (sur) luge, match de hockey (sur) luge, partie de hockey (sur) luge, rencontre de hockey (sur) luge
冰橇冰球世界锦标赛	【残奥冰球】Championnat mondial de hockey sur luge de l'IPC
冰橇冰球项目	【残奥冰球】programme de hockey (sur) luge
冰橇冰刃	【残奥冰球】lame de la luge
冰橇架	【残奥冰球】cadre, châssis, cadre de la luge, châssis de la luge
冰橇下的冰球	【残奥冰球】disque/palet/rondelle sous la luge
冰橇座椅靠背	【残奥冰球】dossier (de la luge)
冰橇座椅靠背高度	【残奥冰球】hauteur du dossier
冰球	【冰球】【残奥冰球】rondelle, disque, palet
冰球（项目）	【冰球】【残奥冰球】Hockey sur glace
冰球擦过守门员手套	【冰球】【残奥冰球】effleurer la mitaine/le gant du gardien de but (se dit d'une rondelle)
冰球表面	【冰球】【残奥冰球】surface de hockey
冰球冰场	【冰球】【残奥冰球】patinoire pour le hockey
冰球冰刀	【冰球】【残奥冰球】patin de hockey

冰球场区域划分	【冰球】【残奥冰球】division de la glace, division de la surface glacée
冰球队助理教练（照顾运动员）	【冰球】【残奥冰球】soigneur (pour une équipe de hockey)
冰球队指导	【冰球】【残奥冰球】instructeur
冰球杆柄	【冰球】【残奥冰球】manche (du bâton)
冰球杆柄尖	【冰球】【残奥冰球】pointe du bâton de hockey
冰球杆齿状顶端	【残奥冰球】pic affilé
冰球杆尖端	【残奥冰球】bout <u>de la crosse/du bâton/en pointe</u>, extrémité <u>de la crosse/du bâton/pointue</u>
冰球杆刃	【冰球】【残奥冰球】lame, lame <u>de la crosse/du bâton</u>
冰球杆刃违规弧度	【冰球】【残奥冰球】courbe de <u>lame/palette</u> de bâton illégale (infraction)
冰球裤	【冰球】culotte de hockey
冰球球杆	【冰球】【残奥冰球】bâton de hockey
冰球手套	【冰球】【残奥冰球】gant de hockey
冰球头盔	【冰球】【残奥冰球】casque de hockey
冰球袜	【冰球】bas
冰球鞋	【冰球】chaussure de hockey
冰球运动工作人员	【冰球】【残奥冰球】préposé(,e) aux bâtons
冰球运动员	【冰球】【残奥冰球】joueur(,euse) de hockey
冰刃边缘	【冰球】【残奥冰球】extrémité de la lame
冰刃固定（在滑冰鞋上）	【滑冰通用】fixation de la lame (sur une chaussure de patinage)
冰刃上的平衡点	【花样滑冰】centre d'équilibre sur la lame
冰刃上摇摆寻找平衡	【花样滑冰】balancement sur la lame (au-dessus de la lame)
冰刃位置	【短道速滑】position de la lame
冰上表演	【花样滑冰】spectacle sur glace
冰上嘉年华	【花样滑冰】revue sur glace
冰上赛道尺寸	【速度滑冰】dimensions de la piste de glace
冰上体育运动	【冬残奥通用】sport de glace
冰舞	【花样滑冰】danse (sur glace)
冰舞比赛	【花样滑冰】compétition de la danse
冰舞冰鞋的冰刀	【花样滑冰】lame pour la danse

汉
法

冰舞连续动作	【花样滑冰】séquence de danse
冰刷手柄	【冰壶】manche d'une brosse
冰舞中握住同伴（手）的动作	【花样滑冰】façon de tenir <u>son</u>/<u>sa</u> partenaire en danse, prise de la danse sur glace
冰鞋	【滑冰通用】bottine, chaussure de patin, patin
冰鞋保护套（保护冰鞋皮革）	【滑冰通用】protège-patin (protège le cuir de la chaussure)
冰鞋冰刀	【花样滑冰】【速度滑冰】【短道速滑】lame du patin
冰鞋冰刀内刃	【花样滑冰】【速度滑冰】carre intérieure (d'une lame de patin)
冰鞋冰刀外刃	【速度滑冰】carre extérieure (d'une lame de patin)
冰鞋冰刀刀齿	【花样滑冰】dent de lame de patin
冰鞋冰刀的刃	【花样滑冰】【速度滑冰】【短道速滑】carre (d'une lame de patin)
冰鞋的脚后跟	【滑冰通用】talon
冰鞋的脚后跟支撑	【滑冰通用】renfort de talon
冰鞋尖端	【速度滑冰】pointe du patin
冰鞋鞋舌	【滑冰通用】languette du patin
并步	【花样滑冰】chassé
并肩燕式旋转（双人滑）	【花样滑冰】spirales arabesques (couple)
并立背后反向握手姿势（冰舞中和搭档握手的方式，尤其是在嘉年华探戈中）	【花样滑冰】(position) Kilian inversé (façon de tenir son/sa partenaire en danse sur glace, surtout en Tango Fiesta)
并立背后握法	【花样滑冰】prise en position Kilian
并立背后反手握手	【花样滑冰】prise en position Kilian inversé
并立背后握手托举	【花样滑冰】levée Kilian
并立背后握手旋转（双人滑）	【花样滑冰】pirouette en position Kilian (couple)
并立背后握手姿势（冰舞中和搭档握手的方式，尤其是在嘉年华探戈中）	【花样滑冰】Kilian, position Kilian (façon de tenir son/sa partenaire en danse sur glace, surtout en Tango Fiesta)
并腿前屈体跳跃	【自由式滑雪】Zudnik
并腿转弯	【自由式滑雪】virage en parallèle
玻璃	【雪橇】verre
玻璃保护墙	【冰球】【残奥冰球】baie vitrée
玻璃纤维	【雪橇】fibre de verre

汉法

玻璃纤维加固结构	【雪橇】supports latéraux en fibre de verre
玻璃纤维卧舱	【雪橇】siège moulé en fibre de verre
驳回上诉	【通用】rejeter un appel
驳回异议	【通用】rejeter un protêt/une réclamation
跛行	【冬残奥通用】boiterie, claudication
补充的	【雪橇】complémentaire
补给站	【越野滑雪】poste de rafraîchissements
捕鼠器式滑雪板固定器	【越野滑雪】fixation de type souricière
不当行为	【通用】mauvaise conduite
不当优势	【冰壶】【轮椅冰壶】avantage indu
不得分	【自由式滑雪】ne reçoit aucun point (RAP)
不分胜负	【冰球】【残奥冰球】faire match nul/partie nulle
不符合规定的子弹	【冬季两项】【残奥冬季两项】cartouche défectueuse
不间断重复	【花样滑冰】répétition ininterrompue/sans interruption
不可抗力	【通用】cas de force majeure/fortuit, force majeure
不连贯的	【冰球】【残奥冰球】décousu(,e); incohérent(,e)
不迈步同时推进	【越野滑雪】pousse et glisse, poussée et glissement
不平的冰面（影响投壶效果）	【冰壶】【轮椅冰壶】glace capricieuse
不确定	【跳台滑雪】manque de sûreté
不熟练无经验的	【花样滑冰】novice
不停闪动的绿灯（倒计时 10 秒）	【跳台滑雪】feu vert intermittent (dernière 10 secondes du compte à rebours)
不同的	【自由式滑雪】distinct(,e)
不正确的着陆	【跳台滑雪】mauvaise réception
不正确的着陆后跌倒	【跳台滑雪】chute due à une mauvaise réception
布满雪丘的路线	【自由式滑雪】parcours couvert de bosses
布置好的	【自由式滑雪】【越野滑雪】【残奥越野滑雪】aménagé(,e)
布置好的跳台	【自由式滑雪】tremplin aménagé
布置好的雪槽	【越野滑雪】piste aménagée
布置一个角落防卫	【冰壶】【轮椅冰壶】placer une garde de côté/latérale
步伐	【花样滑冰】pas
步伐的精准	【花样滑冰】précision des pas

汉
法

步法（芭蕾或冰舞）	【花样滑冰】pas (ballet ou danse)
步法（滑冰时）	【花样滑冰】jeu de pieds (en patinant)
步枪	【冬季两项】【残奥冬季两项】carabine
步枪背带	【冬季两项】【残奥冬季两项】bretelle de tir
步枪射击	【冬季两项】【残奥冬季两项】tir à la carabine
步枪射手	【冬季两项】【残奥冬季两项】carabinier(,ère); tireur(,euse) à la carabine
步枪支架	【冬季两项】【残奥冬季两项】appui à carabine
步行	【冬残奥通用】marcher
部分瘫痪的	【冬残奥通用】partiellement paralysé(,e)
部分瘫痪的运动员	【冬残奥通用】athlète partiellement paralysé(,e)
部分旋转	【花样滑冰】rotation partielle

C

擦过	【冰球】【残奥冰球】effleurer
才能	【冬季两项】【残奥冬季两项】aptitude
裁决（裁判的）	【通用】appréciation (des juges)
裁判	【通用】arbitre, juge, juger
裁判标准	【自由式滑雪】critères des juges
裁判的裁定	【花样滑冰】décision de l'arbitre
裁判隔间	【跳台滑雪】cabine de juge, cabines pour les juges
裁判隔间的楼层	【跳台滑雪】placher d'une cabine de juge
裁判观测台	【通用】poste d'observation
裁判卡	【通用】fiche de juge
裁判区	【冰球】【残奥冰球】zone de l'arbitre
裁判塔	【跳台滑雪】tour/tribune des juges
裁判塔前面	【跳台滑雪】devant de la tribune des juges
裁判委员会	【冬季两项】【残奥冬季两项】【越野滑雪】【残奥越野滑雪】Commission des arbitres
裁判席	【自由式滑雪】estrade/tribunes des juges

裁判议定书	【自由式滑雪】comptes rendus des juges
裁判长	【自由式滑雪】juge en chef (du jury)
裁判准则	【通用】règles d'arbitrage
踩雪履带车	【残奥高山滑雪】【残奥冬季两项】【残奥越野滑雪】dameuse, surfaceuse, dameuse à neige
参加联赛	【冰球】【残奥冰球】évoluer/jouer dans une ligue
参赛冰舞运动员	【花样滑冰】danseur(,euse) de compétition
参赛滑雪运动员	【高山滑雪】【残奥高山滑雪】skieur(,euse) de compétition
参赛运动员	【通用】compétiteur(,trice); concurrent(,e); participant(,e)
参赛运动员的能力	【冬季两项】【残奥冬季两项】aptitude du concurrent
参赛资格	【通用】droit de participation
残奥比赛	【冬残奥通用】compétition paralympique
残奥冰球	【残奥冰球】hockey (sur) luge
残奥冰球裁判	【残奥冰球】arbitre de hockey (sur) luge
残奥冰球队	【残奥冰球】équipe de hockey (sur) luge
残奥冰球项目	【残奥冰球】programme de hockey (sur) luge
残奥冰球运动员	【残奥冰球】hockeyeur sur luge, joueur de hockey (sur) luge
残奥高山滑雪	【残奥高山滑雪】ski alpin paralympique
残奥高山滑雪运动员	【残奥高山滑雪】skieur(,euse) alpin paralympique
残奥会	【冬残奥通用】paralympique
残奥会比赛	【冬残奥通用】épreuve/tournoi paralympique
残奥会冬季两项	【残奥冬季两项】biathlon paralympique
残奥会冬季两项选手	【残奥冬季两项】biathlète paralympique
残奥会火炬	【冬残奥通用】flambeau/torche paralympique
残奥会火炬接力	【冬残奥通用】relais de la flamme paralympique
残奥会纪律	【冬残奥通用】discipline paralympique
残奥会金牌	【冬残奥通用】médaille paralympique
残奥会圣火	【冬残奥通用】flamme paralympique
残奥会项目	【冬残奥通用】programme paralympique
残奥会形式	【残奥冰球】version paralympique
残奥会选手村	【冬残奥通用】village paralympique

汉
法

残奥会运动员	【冬残奥通用】athlète paralympique; paralympien(,ne)
残奥会章程	【冬残奥通用】Charte paralympique
残奥越野滑雪	【残奥越野滑雪】ski de fond paralympique
残奥越野滑雪运动员	【残奥越野滑雪】skieur(,euse) de fond paralympique
残疾	【冬残奥通用】déficience, handicap
残疾身体机能分类	【冬残奥通用】catégorie de handicaps fonctionnels
残疾测试（一种四维残疾测量工具，测量运动员的身体状况、机能条件及状况、主观情感）	【冬残奥通用】handitest
残疾程度	【冬残奥通用】degré de la déficience, degré du handicap
残疾分级	【冬残奥通用】classification par handicap/par type de déficience/par type de handicap/selon le type de déficience/ selon le type de handicap
残疾滑雪运动员	【残奥滑雪】skieur(,euse) ayant un handicap; skieur handicapé/ skieuse handicapée
残疾类型	【冬残奥通用】nature de la déficience/l'handicap, type de déficience/handicap
残疾人奥林匹克运动会	【通用】Jeux internationaux pour handicapés, Jeux olympiques pour handicapés physiques, Jeux paralympiques, Jeux Paralympiques pour handicapés physiques et visuels, Paralympiques, Paralympiques pour paraplégiques
残疾人冬季体育运动	【冬残奥通用】sport paralympique d'hiver
残疾人高山滑雪	【残奥高山滑雪】ski alpin adapté/handisport/pour athlètes ayant un handicap/pour athlètes ayant une déficience/pour athlètes handicapés, ski para-alpin
残疾人滑雪运动	【残奥滑雪】ski adapté/pour athlètes ayant un handicap/pour athlètes handicapés/pour handicapés
残疾人滑雪运动（主要用于视力障碍运动员）	【残奥滑雪】ski pour athlètes ayant une déficience
残疾人体育	【冬残奥通用】handisport, sport adapté, sport pour athlètes ayant un handicap/ayant une déficience/handicapés

汉法

残疾人体育比赛	【冬残奥通用】épreuve <u>d'handisport</u>/<u>pour athlètes ayant un handicap</u>/<u>pour athlètes ayant une déficience</u>/<u>pour athlètes handicapés</u>
残疾人体育运动	【冬残奥通用】sport paralympique
残疾人体育运动设备	【冬残奥通用】équipement de sport adapté, équipement de sport pour athlètes ayant une déficience, équipement de sport, équipement de sport pour athlètes ayant un handicap, équipement handisport, matériel de sport adapté, matériel de sport pour athlètes ayant un handicap, matériel de sport pour athlètes ayant une déficience, matériel handisport
残疾人越野滑雪	【残奥越野滑雪】【残奥冬季两项】ski de fond <u>adapté</u>/<u>handisport</u>/<u>pour athlètes ayant un handicap</u>/<u>pour athlètes handicapés</u>
残疾人越野滑雪（多用于视力障碍运动员）	【残奥越野滑雪】【残奥冬季两项】ski de fond pour athlètes ayant une déficience
残疾人运动员	【冬残奥通用】athlète (ayant un) handicap (AH)
残疾人运动员（多用于视力障碍运动员）	【冬残奥通用】athlète ayant une déficience
残疾人运动员	【冬残奥通用】athlète handicapé(,e)
残疾系数（根据残疾程度减少完成时间）	【残奥高山滑雪】【残奥冬季两项】【残奥越野滑雪】pourcentage de handicap
残肢	【冬残奥通用】moignon
残肢保护器	【冬残奥通用】couvre-moignon, protecteur de moignon
藏球	【冰壶】【轮椅冰壶】cacher une pierre
操舵带	【雪橇】sangle de guidage
操舵索	【雪车】câble de direction
操纵杆	【雪车】train articulé
操纵力	【自由式滑雪】force directionnelle
操纵球杆	【冰球】【残奥冰球】tricoter, tricotage, maniement du bâton, manier le bâton
侧板	【冰球】【残奥冰球】bande latérale
侧边推杆	【雪车】<u>barre</u>/<u>poignée</u> de poussée latérale
侧翻	【花样滑冰】roue

汉
法

侧风	【通用】vent contraire (pour l'athlète), vent <u>de côté</u>/<u>de travers</u>/<u>latéral</u>/<u>transversal</u> (météo)
侧滑	【滑雪通用】dérapage latéral, déraper latéralement
侧滑（制动时候）	【雪车】dérapage latéral (en freinant)
侧滑起跳	【花样滑冰】appel dérapé
侧空翻（空中技巧）	【自由式滑雪】saut périlleux <u>de côté</u>/<u>latéral</u> (saut)
侧拉姿势	【花样滑冰】position cambrée
侧面	【花样滑冰】profil
侧面（滑雪板的）	【滑雪通用】chant (d'un ski)
侧面的	【冰球】【残奥冰球】latéral(,e)
侧面托举	【花样滑冰】levée latérale
侧倾方向	【花样滑冰】sens de l'inclinaison
侧踢跳（空中技巧）	【自由式滑雪】les deux pieds projetés sur le côté (saut)
侧停	【花样滑冰】arrêt latéral
测角仪（用于运动员进行分组）	【冬残奥通用】goniomètre
测量	【冰壶】【轮椅冰壶】【跳台滑雪】mesurage, mesure
测量的距离（跳跃）	【跳台滑雪】longueur mesurée (d'un saut)
测量风速	【跳台滑雪】mesure de la vitesse du vent
测量精度	【跳台滑雪】exactitude des mesures
测量器	【跳台滑雪】mesureur
测量申请	【冬残奥通用】demande de mesurage
测量跳跃动作的距离	【跳台滑雪】mesure de la longueur d'un saut
测量仪器	【冰壶】【轮椅冰壶】【跳台滑雪】<u>appareil</u>/<u>instrument</u> de mesure
测量长度的仪表板	【高山滑雪】【残奥高山滑雪】panneau de mesure de longueur
测量助滑速度	【跳台滑雪】mesure de la vitesse de l'élan du sauteur
测试板	【冬残奥通用】planche de test
测试比赛	【花样滑冰】séance de test
测试单	【花样滑冰】feuille de test
测试汇总单	【花样滑冰】feuille de récapitulation des tests
测试记录	【跳台滑雪】dossier des résultats de tests
测试日	【花样滑冰】journée de test

测试赛	【跳台滑雪】manche d'essai
测试赛（于冬奥会一年前举办）	【通用】compétition d'essai <Canada>, compétition de test <Europe> (un an avant les Jeux Olympiques d'hiver)
测试委员会（俱乐部）	【花样滑冰】Comité des tests (d'un club)
测试现场教练	【花样滑冰】entraîneur sur les lieux du test
测试现场训练	【花样滑冰】entraînement sur les lieux du test
测速仪	【通用】indicateur de vitesse
差距	【花样滑冰】【北欧两项】écart
铲球（用冰球杆）	【冰球】【残奥冰球】pousser la rondelle/le disque (avec le bâton)
铲球传球	【冰球】【残奥冰球】passe balayée
长度	【雪车】【冰壶】【花样滑冰】【雪橇】【跳台滑雪】【滑冰通用】longueur
长度测量仪显示板	【跳台滑雪】mesures de longueur inscrites sur des panneaux (le long de la zone de réception)
长度的纪录	【跳台滑雪】inscription d'une longueur
长节目（单人滑以及双人滑）	【花样滑冰】programme long (en simple et en couple)
长距离比赛	【越野滑雪】(épreuve de) longue distance, longue distance
长距离竞速赛	【速度滑冰】épreuve/course de fond
长距离速度滑冰训练	【速度滑冰】entraînement de fond
长距离速度滑冰运动员	【速度滑冰】coureur(,euse) de fond; patineur(,euse) (de vitesse) de fond
长刃	【速度滑冰】longue lame
长射	【冰球】【残奥冰球】lancer à distance/de loin, tir à distance/de loin
长筒靴	【花样滑冰】chaussure de confection
长筒雪套	【越野滑雪】guêtre
长袖运动衣	【速度滑冰】maillot à manches longues
长轴(完成弧线以及8字图形中)	【花样滑冰】grand axe (dans l'exécution de courbe et de la figure huit)
超出的速度滑冰运动员	【速度滑冰】patineur(,euse) (de vitesse) qui dépasse

汉
法

超级大回转	【高山滑雪】【残奥高山滑雪】Slalom super géant, Super G, super géant
超时	【花样滑冰】dépasser le temps
超越	【通用】boucler, dépasser, doubler, dépassement
车轮雪橇训练	【雪橇】entraînement en luge sur roues
称重	【雪橇】pesée, pesage
称重器（用于雪车称重）	【雪车】instrument de pesage (pour la pesée des engins)
撑杆空翻（雪上芭蕾）	【自由式滑雪】culbute en appui sur les bâton (ballet)
成绩单	【通用】liste de résultats
成年组（年满 15 岁）	【花样滑冰】niveau senior
呈交书面申诉	【通用】demande en appel écrite
惩罚	【冬季两项】【冰球】【残奥冰球】pénalité
惩罚赛道	【雪车】parcours/piste de pénalité
惩戒程序	【通用】procédure disciplinaire
迟到	【滑雪通用】arrivée en retard
迟到的	【滑雪通用】tardif(,ve)
迟缓地	【冰球】【残奥冰球】à retardement
持续	【跳台滑雪】persister
持续的	【自由式滑雪】constant(,e)
持续的错误	【跳台滑雪】faute qui persiste, faute qui subsiste
持续的红灯（出发前 20 秒）	【跳台滑雪】feu rouge permanent (après les 20 secondes allouées avant le départ)
持续的绿灯（第一个 10 秒倒计时）	【跳台滑雪】feu vert permanent (10 pre-mières secondes du compte à rebours)
持续的下蹲姿势	【跳台滑雪】position accroupie maintenue
尺寸	【花样滑冰】【速度滑冰】dimension, grosseur
齿状顶端（冰球杆的一端，用于推动冰橇）	【残奥冰球】crampon
齿状顶端（残奥冰球杆）	【残奥冰球】dent
冲刺	【速度滑冰】course de vitesse
冲刺赛道	【越野滑雪】【残奥越野滑雪】parcours/piste de sprint
冲劲（维持线性动量）	【跳台滑雪】élan (maintien de la force d'impulsion)

冲力	【花样滑冰】force d'impulsion
冲量（质量×速度）	【花样滑冰】impulsion (masse×vitesse)
冲起	【花样滑冰】impulsion, poussée à la verticale (saut)
冲上冰面加入比赛	【冰球】【残奥冰球】se lancer à l'attaque
冲突	【冰球】【残奥冰球】collision
冲撞（犯规）	【冰球】【残奥冰球】rudesse (infraction)
充分伸展的双腿	【跳台滑雪】jambes complètement tendues
充分伸展紧绷的上半身	【跳台滑雪】buste/haut du corps complètement tendu
重播	【通用】reprise à l'écran
重复	【跳台滑雪】répéter, répétition
重复压实的助滑跑道	【跳台滑雪】piste d'élan redamée
重合	【花样滑冰】superposition
重新出发	【滑雪通用】reprise d'un départ
重新进行一场比赛	【冰壶】【轮椅冰壶】rejouer une partie
重新进行一次跳跃	【跳台滑雪】recommencer/répéter/reprendre un saut
重新举行比赛	【通用】reprendre/reprise d'une compétition
重新开始	【冰球】【残奥冰球】reprise 【跳台滑雪】recommencer, reprendre
重新开始的比赛	【雪车】【雪橇】manche reprise
重新开始的滑行	【雪车】【雪橇】descente reprise
重新取得	【冰球】【残奥冰球】recouvrer
重新跳跃	【跳台滑雪】répétition/reprise d'un saut
重新制作跳台	【自由式滑雪】refaçonner un tremplin
抽查	【雪橇】vérification au hasard
抽签	【通用】tirer au sort 【冰壶】【轮椅冰壶】déterminer au sort
抽签决定出发顺序	【雪橇】tirage au sort (pour déterminer l'ordre de départ)
抽签选择跑道	【速度滑冰】tirage au sort des pistes
出发	【雪橇】【越野滑雪】【残奥越野滑雪】【自由式滑雪】départ
出发！	【冬季两项】【残奥冬季两项】Partez! (signal de départ)【越野滑雪】Allez!
出发（专门为盲人运动员设计）	【残奥高山滑雪】【残奥冬季两项】【残奥越野滑雪】adaptation du départ

汉
法

出发把手	【雪橇】étrier de lancement
出发板	【雪车】bloc/poutre de départ
出发编号	【通用】numéro de départ
出发方式	【通用】méthode de départs
出发负责人（起点线处）	【雪橇】chef au départ (à la ligne de départ)
出发号码布（运动员比赛时别在背后）	【滑雪通用】dossard de départ, dossard, dossard No., numéro de dossard
出发和终点检查	【残奥高山滑雪】【残奥冬季两项】【残奥越野滑雪】contrôle du départ et de l'arrivée
出发机制	【通用】mécanisme de départ
出发间隔	【通用】intervalles de départ/entre les départs
出发门	【滑雪通用】porte/portillon/plate-forme de départ, portillon
出发排位	【残奥高山滑雪】【残奥越野滑雪】grille de départ
出发跑道	【越野滑雪】piste de départ
出发跑道及起跑线（出发区）	【雪橇】la piste d'élan et la ligne de départ
出发坡道	【雪橇】【残奥高山滑雪】rampe de départ
出发启动时间	【雪车】temps pour l'élan de départ
出发区	【残奥冬季两项】【雪橇】【雪车】【滑雪通用】aire de départ (comprend le poste de départ), emplacement/site du départ, zone de lancement/départ
出发时间	【通用】heure de départ, temps de départ
出发时钟	【残奥高山滑雪】【残奥冬季两项】【残奥越野滑雪】horloge de départ
出发顺序单	【通用】liste (de l'ordre) des départs (donne l'ordre de départ)
出发顺序单上的出发时间	【通用】heure/temps sur la liste de départs
出发速度	【冬季两项】【残奥冬季两项】vitesse de départ/initiale
出发位置	【通用】lieu de départ
出发信号	【残奥高山滑雪】【残奥冬季两项】【残奥越野滑雪】signal de départ
出发信号（可视信号）	【通用】signal de départ (visuel)
出发形式	【冬季两项】【残奥冬季两项】genre/type de départ

汉法

出发训练设备	【雪橇】installation pour l'entraînement/s'entraîner aux départs
出发之间加长的间隔	【滑雪通用】intervalles de départ rallongés/rallongés entre les départs
出发指令（声音信号）	【通用】signal de départ (sonore)
出发装置（出发区域）	【雪橇】installation au départ (dans l'aire de départ)
出发姿势（滑冰运动员等待出发信号时的身体姿势）	【残奥高山滑雪】【残奥越野滑雪】【残奥冬季两项】【滑雪通用】【滑冰通用】position de départ
出壶	【冰壶】【轮椅冰壶】lâcher de la pierre
出局	【冰壶】【轮椅冰壶】hors jeu
出口	【自由式滑雪】sortie
初始速度	【冬季两项】【残奥冬季两项】vitesse de départ/initiale
除名	【冰球】【残奥冰球】expulser
处罚	【跳台滑雪】pénalisation, punir, punition, sanction
处罚分钟	【冬季两项】【残奥冬季两项】minute de pénalité
处罚计时员	【冰球】【残奥冰球】chronométreur des pénalités/punitions
处罚记录	【冰球】【残奥冰球】registre de pénalité
处境艰难的	【冰球】【残奥冰球】harcelé,e
处境艰难的冰球运动员	【冰球】【残奥冰球】joueur harcelé
处于同一水平	【冰球】【残奥冰球】de plain-pied
处于完美平衡	【跳台滑雪】en parfait/plein équilibre
触冰（犯规）	【花样滑冰】effleurer la glace de la main (infraction), toucher la glace (infraction)
触犯的规则	【通用】règlement enfreint
触摸	【冰壶】【轮椅冰壶】maniement, manier
触碰	【短道速滑】toucher
穿越旗门	【高山滑雪】【残奥高山滑雪】franchir/passer la porte
传达	【跳台滑雪】transmission
传球	【冰球】【残奥冰球】passe, passer la rondelle/le disque
传球给队友	【冰球】【残奥冰球】faire une passe à un coéquipier, passer la rondelle/le disque à un coéquipier
传球前进	【冰球】【残奥冰球】passe avant

汉
法

传球至中区	【冰球】【残奥冰球】passe au centre
传统冰壶运动（健全人冰壶运动）	【轮椅冰壶】curling traditionnel
传统技术	【越野滑雪】【残奥越野滑雪】【冬季两项】【残奥冬季两项】ski classique/de style classique/de technique classique, classique, style/technique classique
传统技术比赛	【越野滑雪】【残奥越野滑雪】épreuve classique/en style classique/en technique classique
传统技术接力赛段	【越野滑雪】【残奥越野滑雪】parcours en style classique
传统技术赛道	【越野滑雪】【残奥越野滑雪】piste de classique/style classique/technique classique
创造一项纪录	【通用】établir un record (il n'y avait pas de record)
垂柳华尔兹（冰舞）	【花样滑冰】Valse Willow (danse)
垂直的	【雪橇】perpendiculaire
垂直分力（起跳的）	【花样滑冰】composante verticale (de l'appel d'un saut)
垂直门（闭口门）	【高山滑雪】【残奥高山滑雪】porte verticale (une porte fermée)
垂直速度（跳跃着陆动作中）	【花样滑冰】vitesse verticale (au moment de la réception au sol d'un saut)
垂直跳	【自由式滑雪】saut vertical
垂直托举（跳跃动作起跳时）	【花样滑冰】poussée verticale (au moment de l'appel d'un saut)
垂直运动	【滑雪通用】【残奥滑雪】mouvement vertical
垂直轴转体一周半（雪上芭蕾）	【自由式滑雪】tour et demi (ballet)
辞退	【冰球】【残奥冰球】congédier, remercier
从后面往前推	【短道速滑】pousser par derrière
从事冰壶运动	【冰壶】【轮椅冰壶】curler, jouer au curling
从一个旋转滑出	【花样滑冰】sortie d'une pirouette
从远处	【冰球】【残奥冰球】de loin
粗暴的	【冰球】【残奥冰球】brutal(,e)
粗暴对待	【冰球】【残奥冰球】molester, rudoyer
粗糙的一边（冰壶）	【冰壶】【轮椅冰壶】côté rugueux (de la pierre)

汉法

粗鲁的	【冰球】【残奥冰球】grossier(,ère), rude
粗野的比赛	【冰球】【残奥冰球】jeu brutal/robuste/rude
错过得分机会	【冰球】【残奥冰球】rater une occasion de marquer
错误	【花样滑冰】erreur
错误惩罚计算表	【跳台滑雪】barème pour la pénalisation des fautes
错误的	【冬季两项】【残奥冬季两项】faux(,sse)
错误的侧倾	【花样滑冰】fausse inclinaison
错误的接力交接动作	【越野滑雪】【残奥越野滑雪】passage de relais incorrect/incorrect du relais
错误的目标	【冬季两项】【残奥冬季两项】mauvaise cible
错误的通过（旗门）方式	【高山滑雪】【残奥高山滑雪】faute de passage, passage incorrect (d'une porte)

D

搭档	【花样滑冰】partenaire
搭档彼此把一只胳膊搭在对方的后背下部	【花样滑冰】un bras sur le bas du dos de chacun des partenaires
达到的距离	【跳台滑雪】longueur atteinte
达到的速度	【高山滑雪】【残奥高山滑雪】【雪车】【跳台滑雪】【越野滑雪】【残奥越野滑雪】vitesse atteinte
打败	【冰球】【残奥冰球】défaire
打冰球	【冰球】【残奥冰球】jouer la rondelle/le disque
打出冰场的冰球	【冰球】【残奥冰球】disque chez les spectateurs/hors de la patinoire/par-dessus la bande, rondelle chez les spectateurs/ hors de la patinoire/par-dessus la bande
打定	【冰壶】【轮椅冰壶】coup franc, frapper et rester (dans la maison), frapper une pierre adverse et s'immobiliser, frapper une pierre et s'immobiliser, frapper et demeurer
打防滑蜡	【越野滑雪】【残奥越野滑雪】【冬季两项】【残奥冬季两项】 fartage d'adhérence/de glisse/retenue

汉
法

打分	【通用】notation, noter, accorder des notes
打分（在跳跃、编舞、技术难度等方面）	【通用】accorder des points (pour les éléments sauts, chorégraphie, difficulté technique, etc.)
打滑	【滑冰通用】dérapage
打开的	【花样滑冰】ouvert(,e)
打蜡房	【越野滑雪】【残奥越野滑雪】【冬季两项】【残奥冬季两项】cabine/salle de fartage
打磨	【越野滑雪】lisser, polir
打磨冰刀刃	【滑冰通用】affiler/aiguiser des lames
打磨蜡	【滑雪通用】lisser le fart
打磨器	【越野滑雪】polissoir, liège à polir
打甩	【冰壶】【轮椅冰壶】frapper et rouler, frappé-roulé
大半径转弯	【残奥滑雪】virage à long rayon
大本营	【冰壶】【轮椅冰壶】but, cercles, cercles concentriques, grand rond, maison
大本营后半区力量	【冰壶】【轮椅冰壶】force à l'arrière de la maison
大本营前半区力量	【冰壶】【轮椅冰壶】force à l'avant de la maison
大本营前面	【冰壶】【轮椅冰壶】devant de la maison
大步	【冰球】【残奥冰球】enjambée
大罚	【冰球】【残奥冰球】pénalité/punition majeure
大回转	【高山滑雪】【残奥高山滑雪】géant, slalom géant (SG)
大回转比赛	【高山滑雪】【残奥高山滑雪】compétition de SG, compétition/parcours/piste de slalom géant
大奖赛评分标准	【自由式滑雪】système de points du Grand Prix
大口径	【冬季两项】【残奥冬季两项】gros calibre
大口径步枪	【冬季两项】【残奥冬季两项】fusil de gros calibre
大跳台（90 米）	【跳台滑雪】grand tremplin (90 m)
大跳台比赛（90 米）	【跳台滑雪】compétition sur grand tremplin (90 m)
代表	【通用】délégué(,e)
代理裁判	【花样滑冰】juge suppléant
代理队长	【冰壶】【轮椅冰壶】capitaine désigné(,e)
代替	【雪车】remplacement

汉法

带（球）	【冰球】【残奥冰球】dribbler
带领者	【冰球】【残奥冰球】meneur(,euse)
带子	【通用】ruban
待裁定临时重滑（重滑成绩有效与否须由仲裁委员会最终裁定）	【高山滑雪】【残奥高山滑雪】reprise sous réserve
待争夺的球	【冰球】【残奥冰球】disque/rondelle libre
担架	【通用】civière, brancard
担架式搬运工具	【通用】civière, brancard
单板滑雪	【残奥高山滑雪】monoski, uniski
单板滑雪（项目）	【单板滑雪】Snowboard
单板滑雪运动员	【残奥高山滑雪】monoskieur(,euse); skieur(,euse) en uniski; uniskieur(,euse)
单臂摆动滑跑	【速度滑冰】courir avec l'élan d'/en balançant un bras
单臂截肢者	【冬残奥通用】amputé(,e) d'un bras
单臂托举	【花样滑冰】levée par un bras, Statue de la Liberté
单步	【越野滑雪】pas simple
单侧截肢	【冬残奥通用】amputation simple/unilatérale, uni amputation
单独出发	【越野滑雪】【残奥越野滑雪】départ individuel
单独地	【花样滑冰】en solo
单发射击	【冬季两项】【残奥冬季两项】coup/tir simple, un seul tir
单杆滑行（每次单臂用力）	【越野滑雪】poussée simple (poussée d'un seul bras à la fois)
单滑雪板运动员	【残奥高山滑雪】athlète à un ski
单脚 3 字形	【花样滑冰】paragraphe trois
单脚交替滑行	【越野滑雪】pas glissé
单脚双 3 字形	【花样滑冰】paragraphe double trois
单跑道	【速度滑冰】【短道速滑】piste à couloir unique, piste unique
单人滑	【花样滑冰】patinage en simple/individuel, single
单人滑动作	【花样滑冰】mouvement du patinage en simple
单人滑运动员	【花样滑冰】patineur(,euse) de patinage en simple
单人雪橇	【雪橇】luge simple
单人雪橇比赛项目	【雪橇】Luge simple, simple (genre d'épreuve)

汉法

单人雪橇出发	【雪橇】départ pour les épreuves de luge simple
单人雪橇出发起点	【雪橇】départ pour les épreuves de luge simple
单人雪橇卧舱	【雪橇】siège de luge single
单人雪橇运动员	【雪橇】lugeur(,euse) en simple
单手触雪或滑雪板来恢复平衡（犯规）	【跳台滑雪】toucher la neige ou les skis d'une main pour maintenir son équilibre (infraction)
单跳（双人滑）	【花样滑冰】saut individuel (couple)
单腿跳（用于运动员分组）	【冬残奥通用】sauter sur une jambe
单腿站立（用于运动员分组）	【冬残奥通用】se tenir debout sur une jambe
单项比赛	【通用】course/épreuve individuelle【自由式滑雪】compétition à une épreuve
单足蹬冰	【越野滑雪】【残奥越野滑雪】pas de patineur simple
单足后内结环跳	【花样滑冰】Salchow sur un pied
单足结环 8 字图形	【花样滑冰】paragraphe boucle
单足括弧 8 字图形	【花样滑冰】paragraphe accolade
单足起跳	【花样滑冰】appel sur un pied
单足沙霍夫跳	【花样滑冰】Salchow sur un pied
单足完成的图形	【花样滑冰】figure exécutée sur un pied
单足旋转	【花样滑冰】pirouette sur un pied
单足转体	【花样滑冰】virage sur un pied
淡季	【通用】hors-saison, season morte
淡季滑冰学校	【花样滑冰】école de patinage hors-saison
弹仓	【冬季两项】【残奥冬季两项】chargeur, magasin
弹巢	【冬季两项】【残奥冬季两项】barillet
弹巢锁	【冬季两项】【残奥冬季两项】cylinder de culasse
弹壳	【冬季两项】【残奥冬季两项】douille, étui
弹膛	【冬季两项】【残奥冬季两项】chambre (à cartouche)
弹药	【冬季两项】【残奥冬季两项】poudre, munitions
挡光板	【越野滑雪】barrière de lumière
挡球	【冰球】【残奥冰球】arrêter/bloquer la rondelle, bloquer le disque
挡住守门员视线	【冰球】【残奥冰球】obstruer/voiler la vue (du gardien de but)

汉
法

刀槽半径（冰刀）	【花样滑冰】rayon (de profondeur) du creux d'affûtage
刀齿	【花样滑冰】dents (patin)
刀齿步	【花样滑冰】pas piqué
刀齿蹬冰	【花样滑冰】poussée de la pointe du pied
刀齿旋转	【花样滑冰】vrille (pirouette exécutée sur les dents de point)
刀刃蹬冰	【花样滑冰】poussée de la carre
刀刃后面的中间部分	【花样滑冰】partie médiane de la lame
刀刃弧度（在跳跃中）	【花样滑冰】courbe de la carre (dans un saut)
刀刃跳	【花样滑冰】saut de carre
刀刃在冰面上留下的印记	【花样滑冰】empreinte/marque/tracé de la lame sur la glace
到达	【跳台滑雪】atteindre
到达 K 点（着陆）	【跳台滑雪】atteindre le point K (à la réception)
到达缓冲区	【跳台滑雪】atteindre la zone de dégagement
到达终点的时间	【高山滑雪】【残奥高山滑雪】【越野滑雪】【残奥越野滑雪】【冬季两项】【残奥冬季两项】temps à l'arrivée/d'arrivée
倒滑压步	【花样滑冰】croisé arrière
倒计时	【跳台滑雪】compte à rebours
倒计时 20 秒	【跳台滑雪】décompte de 20 secondes, écoulement du délai de 20 secondes
倒计时声音信号	【残奥高山滑雪】signal acoustique de compte à rebours
得到分数（跳跃动作，编舞，技术难度等）	【通用】se voir attribuer des points (pour les éléments sauts, chorégraphie, difficulté technique, etc.)
得到认可的比赛	【冬残奥通用】épreuve sanctionnée
得分（球员获得）	【冰球】【残奥冰球】point (marqué par un joueur)
得分壶	【冰壶】【轮椅冰壶】pierre qui demeure en jeu/reste en jeu, pierre marqueuse, meneuse
得分机会	【冰球】【残奥冰球】occasion de marquer
得分手排名	【冰球】【残奥冰球】classement des pointeurs
得分王	【冰球】【残奥冰球】champion marqueur, meilleur buteur, meilleur compteur, meilleur marqueur
得分者	【冰壶】【轮椅冰壶】marqueur(,euse)

汉
法

得胜的	【冰球】【残奥冰球】gagnant(,e)
地面倾斜	【自由式滑雪】inclinaison du terrain
地区性体育协会	【通用】fédération régionale de sport, fédération sportive régionale
登记	【通用】enregistrement【跳台滑雪】inscription
登坡	【越野滑雪】【残奥越野滑雪】montée
蹬冰	【速度滑冰】【短道速滑】poussée【花样滑冰】poussée-élan
蹬冰步	【越野滑雪】【残奥越野滑雪】【冬季两项】【残奥冬季两项】pas de patin/patineur
蹬冰动作	【花样滑冰】mouvement de poussée-élan
蹬冰弧线	【花样滑冰】courbe de départ
蹬冰滑行（双人滑）	【花样滑冰】poussée-élan périmétrique (couple)
蹬冰滑行练习	【花样滑冰】exercice de poussée en périmètre
蹬冰技术	【花样滑冰】technique de poussée-élan
蹬冰前冲	【速度滑冰】élan
蹬冰热身	【花样滑冰】poussée de réchauffement
蹬冰刃	【花样滑冰】carre de poussée
蹬冰式转弯	【越野滑雪】pas tournant, virage pas tournant
蹬冰图形	【花样滑冰】tracé de poussée-élan
蹬冰腿	【速度滑冰】jambe de poussée
蹬冰向前滑行	【花样滑冰】poussée avant
蹬冰训练	【滑冰通用】exercice de poussée
蹬冰一大步	【速度滑冰】longue foulée
蹬冰转体	【花样滑冰】virage de la poussée-élan
蹬冰足	【花样滑冰】pied de départ, pied qui effectue la poussée
蹬冰足（刷冰时）	【冰壶】pied de poussée
蹬离冰面	【花样滑冰】poussée de départ
等待缆车的队列（滑雪运动员）	【滑雪通用】ligne de skieurs (attendant leur tour au bas d'une remontée)
等圆形大小	【花样滑冰】dimensions égales du cercle
低的	【自由式滑雪】bas(,sse)
低华尔兹旋转（双人滑）	【花样滑冰】pirouette basse valisée (couple)

低温	【冰球】【残奥冰球】hypothermie
低着陆	【跳台滑雪】réception basse
低姿势	【速度滑冰】position basse
敌对的	【冰壶】【轮椅冰壶】adverse
抵消	【冰球】【残奥冰球】neutraliser
底板	【越野滑雪】plaquette
底蜡	【越野滑雪】【残奥越野滑雪】【冬季两项】【残奥冬季两项】fart de base
递交书面抗议书	【通用】faire un protêt (par écrit) <Canada>, faire une réclamation (par écrit) <Europe>
第二轮比赛中颠倒的出发顺序	【雪橇】ordre de départ inversé en deuxième manche
第二名（多名中的第二名）	【通用】en deuxième place/position (2e de plus de 2)
第二名（只有两位）	【通用】en seconde place, en seconde position
第一次滑行	【残奥高山滑雪】première descente
第一个起跑线（集体起跑）	【速度滑冰】première ligne de départ (départ en groupe)
第一个弯道顶端标记	【速度滑冰】bloc/cône au sommet du premier virage
第一局领先	【冰壶】【轮椅冰壶】ouvrir la première manche
第一位滑雪运动员	【越野滑雪】【残奥越野滑雪】premier coureur/première coureuse; premier fondeur/première fondeuse
颠倒的	【雪车】inversé(,e)
颠倒的出发顺序	【雪车】ordre de départ inversé
点冰起跳	【花样滑冰】appel de saut de pointe
点冰跳	【花样滑冰】saut de pointe/piqué
点冰沃里跳	【花样滑冰】Walley piqué
点刀齿（冰上）	【花样滑冰】accrochage des dents de pointe (sur la glace)
点名	【通用】appel des noms
点球决胜	【冰壶】【轮椅冰壶】tirer vers le bouton
点杖	【高山滑雪】【残奥高山滑雪】planté de canne 【自由式滑雪】planté du bâton
电视观众	【通用】téléspectateur(,trice)
电视转播	【通用】diffusion télévisée, télédiffusion
电子靶	【冬季两项】【残奥冬季两项】cible électronique

汉
法

电子步枪（盲人或视力不佳的运动员用电子步枪射击，能够通过声音瞄准）	【残奥冬季两项】carabine électronique
电子出发门	【高山滑雪】【残奥高山滑雪】【跳台滑雪】portillon électronique (de départ)
电子出发信号	【越野滑雪】【残奥越野滑雪】【高山滑雪】【残奥高山滑雪】signal électronique de départ
电子记分牌	【通用】tableau d'affichage électronique, calcul électronique du classement (et affichage électronique des résultats)
电子计时	【滑雪通用】【冬残奥通用】chronométrage électronique
电子计时器	【通用】chronomètre à affichage numérique, chronomètre électronique
电子计时系统故障	【通用】panne du système de chronométrage électronique
电子通信设备	【越野滑雪】équipement de communication électronique
电子系统	【通用】système électronique
电子系统发出的声音	【通用】son provenant d'un système électronique
垫子	【冬残奥通用】coussin
吊袜带	【冰球】jarretière
吊销的执照	【雪车】licence retirée
吊销的资格证	【雪车】licence retirée
调换运动员	【冰球】【残奥冰球】changement de joueurs
跌倒	【通用】chuter【冰球】【残奥冰球】trébucher
跌倒在冰球上	【冰球】【残奥冰球】chuter sur la rondelle
顶端（冰球杆的一端，用于推动冰橇）	【残奥冰球】pic, pointe
顶端弯曲的	【冰球】【残奥冰球】recourbé(,e)
顶端弯曲的杆刃	【冰球】【残奥冰球】lame recourbée d'un bâton
定局	【冰壶】【轮椅冰壶】manche terminée
定制冰鞋	【花样滑冰】chaussure faite sur mesure
丢球	【冰球】【残奥冰球】abandonner la rondelle/le disque, perdre la rondelle/le disque
冬残奥站式滑雪运动员组	【冬残奥通用】classe des skieurs debout, classe LW debout

汉
法

冬残奥坐姿滑雪运动员组	【冬残奥通用】classe des skieurs assis, classe LW assis
东道国	【通用】nation hôte, pays hôte
东道主	【通用】hôte(,sse)
冬季奥林匹克运动会	【通用】Jeux Olympiques d'hiver, Jeux Olympiques d'hiver (JOH)
冬季残疾人奥林匹克运动会	【冬残奥通用】Jeux paralympiques d'hiver
冬季国际比赛	【冬残奥通用】compétition internationale d'hiver
冬季两项比赛	【冬季两项】<u>course</u>/<u>épreuve</u> de biathlon
冬季两项比赛日程	【冬季两项】calendrier des épreuves de biathlon
冬季两项滑雪射击（项目）	【冬季两项】【残奥冬季两项】Biathlon
冬季两项混合接力（女子2×6公里+男子2×7.5公里）（项目）	【冬季两项】Biathlon 2×6 km femmes+2×7,5 km hommes
冬季两项接力	【冬季两项】relais <u>de/en</u> biathlon
冬季两项男子10公里短距离	【冬季两项】Biathlon 10 km Sprint hommes
冬季两项男子 12.5 公里追逐（项目）	【冬季两项】Biathlon 12,5 km Poursuite hommes
冬季两项男子15公里集体出发（项目）	【冬季两项】Biathlon 15 km départ groupé hommes
冬季两项男子 20 公里个人（项目）	【冬季两项】Biathlon 20 km Individuel hommes
冬季两项男子4×7.5公里接力（项目）	【冬季两项】Biathlon relais 4×7,5 km hommes
冬季两项女子 10 公里追逐（项目）	【冬季两项】Biathlon 10 km Poursuite femmes
冬季两项女子 12.5 公里集体出发（项目）	【冬季两项】Biathlon 12,5 km départ groupé femmes
冬季两项女子 15 公里个人（项目）	【冬季两项】Biathlon 15 km Individuel femmes
冬季两项女子4×6公里接力（项目）	【冬季两项】Biathlon relais 4×6 km femmes
冬季两项女子7.5公里短距离（项目）	【冬季两项】Biathlon 7,5 km Sprint femmes

汉
法

冬季两项赛道	【冬季两项】parcours/piste de biathlon
冬季两项射击场地	【冬季两项】champ de tir de biathlon
冬季两项运动员	【冬季两项】biathlète, biathlonien(,ne)
冬季体育运动	【冬残奥通用】sport d'hiver
动量（质量×速度）	【花样滑冰】moment linéaire (masse×vitesse)
动量守恒定律	【花样滑冰】principe de la conservation du mouvement
动量转移	【花样滑冰】transfert de l'impulsion/du moment linéaire/du momentum
动态（保持平衡动作）	【自由式滑雪】dynamique (mouvement pour conserver l'équilibre)
动态并腿转弯	【自由式滑雪】virage en parallèle dynamique
动态平衡	【花样滑冰】équilibre dynamique
动作	【自由式滑雪】mouvement
动作的开始和结束	【自由式滑雪】au début et à la fin de l'exécution
动作的流畅	【自由式滑雪】fluidité du mouvement
动作幅度	【高山滑雪】【残奥高山滑雪】【自由式滑雪】AA, ADM, amplitude du mouvement/articulaire
动作和谐（双人滑或冰舞）	【花样滑冰】à l'unisson, harmonie (en couple ou en danse)
动作完成评分	【花样滑冰】notation concernant l'exécution
冻雪	【滑雪通用】neige glacée
陡坡	【雪橇】escarpement, pente raide
陡坡段	【越野滑雪】【残奥越野滑雪】passage raide
斗牛舞（冰舞）	【花样滑冰】Paso Doble (danse)
斗殴	【冰球】【残奥冰球】se battre, bagarre
堵塞	【滑雪通用】obstruction
度数	【自由式滑雪】degré
端区	【冰球】【残奥冰球】extrémité de la zone
端线界墙	【冰球】【残奥冰球】bande à l'extrémité de la patinoire
短传	【冰球】【残奥冰球】passe à courte distance/courte
短道	【短道速滑】courte piste
短道速度滑冰运动员	【短道速滑】patineur(,euse) de vitesse sur courte piste
短道速滑	【短道速滑】patin/patinage de vitesse sur piste courte

汉
法

短道速滑（项目）	【短道速滑】Patinage de vitesse sur piste courte
短道速滑比赛	【短道速滑】compétition de patinage de vitesse sur piste courte, rencontre de patinage de vitesse sur piste courte
短道速滑混合团体接力（项目）	【短道速滑】Patinage de vitesse sur piste courte relais par équipes mixtes
短道速滑男子1000米（项目）	【短道速滑】Patinage de vitesse sur piste courte 1000 m hommes
短道速滑男子1500米（项目）	【短道速滑】Patinage de vitesse sur piste courte 1500 m hommes
短道速滑男子 5000 米接力（项目）	【短道速滑】Patinage de vitesse sur piste courte relais 5000 m hommes
短道速滑男子500米（项目）	【短道速滑】Patinage de vitesse sur piste courte 500 m hommes
短道速滑女子1000米（项目）	【短道速滑】Patinage de vitesse sur piste courte 1000 m femmes
短道速滑女子1500米（项目）	【短道速滑】Patinage de vitesse sur piste courte 1500 m femmes
短道速滑女子 3000 米接力（项目）	【短道速滑】Patinage de vitesse sur piste courte relais 3000 m femmes
短道速滑女子500米（项目）	【短道速滑】Patinage de vitesse sur piste courte 500 m femmes
短的	【通用】court(,e)
短节目（单人滑以及双人滑）	【花样滑冰】programme court (en simple et en couple)
短距离比赛	【速度滑冰】【越野滑雪】【残奥越野滑雪】【冬季两项】【残奥冬季两项】courte distance, épreuve de courte distance【越野滑雪】【残奥越野滑雪】【冬季两项】【残奥冬季两项】compétition de sprint
短距离速度比赛	【越野滑雪】【残奥越野滑雪】course de vitesse
短距离速度滑训练	【短道速滑】entraînement de sprint
短距离速度滑冰运动员	【短道速滑】patineur(,euse) de vitesse de sprint【速度滑冰】patineur(,euse) (de vitesse) de courtes distances; coureur(,euse) de sprint

汉
法

短裤	【冰球】culotte
短跑道	【短道速滑】piste courte
短球杆	【残奥冰球】bâton court, petit bâton
短圈（赛道）	【越野滑雪】【残奥越野滑雪】【冬季两项】【残奥冬季两项】boucle courte
短筒袜	【通用】chaussette
短弯道	【残奥滑雪】court virage, virage court
短轴	【花样滑冰】petit axe
断续的	【跳台滑雪】intermittent(,e)
堆积	【冰球】【残奥冰球】entasser
队小罚	【冰球】【残奥冰球】pénalité de banc mineure/mineure d'équipe, punition mineure au banc/d'équipe
队衣	【冰球】【残奥冰球】chandail d'équipe
队友	【通用】coéquipier(,ère)
队友通过固定轮椅轮子的方式固定轮椅	【轮椅冰壶】immobilisation du fauteuil par un coéquipier
队员	【通用】équipier(,ère); membre d'une équipe
队员阵容	【花样滑冰】alignement
队员阵容（冰球队）	【冰球】【残奥冰球】composition (de l'équipe)
队长	【冰壶】【轮椅冰壶】【冰球】【残奥冰球】capitaine, capitaine d'une équipe
队长（国家队）	【通用】chef d'équipe (de l'équipe d'un pays)
队长（两位或四位队员团队）	【雪车】capitaine d'une équipe (de 2 ou 4 bobbeurs)
队长（某项目国家队）	【通用】chef d'équipe (pour un groupe d'athlètes d'un pays dans une discipline donnée)
对……有所争议	【通用】protester contre, dépôt d'un protêt<Canada>, dépôt d'une réclamation<Europe>
对称的	【花样滑冰】symétrique
对称滑行（双人滑）	【花样滑冰】patinage reflété/symétrique (couple)
对称曲线（一个转体）	【花样滑冰】lobes symétriques (d'un virage)
对跌倒的评判	【跳台滑雪】appréciation des chutes

对方球队队长	【冰壶】【轮椅冰壶】capitaine adverse/de l'équipe adverse
对角线	【花样滑冰】【冰球】diagonale
对角线短轴（冰舞）	【花样滑冰】petit axe diagonal (danse)
对赛道有深入了解	【雪橇】connaître la piste à fond
对身体及滑雪板的控制	【跳台滑雪】maîtrise du corps et des skis
对手	【通用】adversaire; opposant(,e); rival(,e)
对跳台的调整	【跳台滑雪】modification du profil d'un tremplin
对雪的压实	【自由式滑雪】compactage de la neige
对一项纪录的承认	【通用】homologation d'un record
蹲踞式旋转	【花样滑冰】pirouette assise
蹲踞式旋转姿势	【花样滑冰】position de rotation assise
蹲姿	【冰壶】【轮椅冰壶】【跳台滑雪】position accroupie
蹲姿（一种经典的旋转姿势）	【花样滑冰】position assise (une position classique pour la pirouette)
盾徽	【花样滑冰】écusson
多打少进球	【冰球】【残奥冰球】but marqué en avantage numérique, but marqué sur un jeu de puissance
多发性硬化症运动员	【冬残奥通用】athlète atteint de sclérose en plaques/SEP/SP
多用途冰刀	【花样滑冰】lame tout usage
夺得冠军	【冰球】【残奥冰球】gagner le championnat, remporter le championnat
夺回传球	【冰球】【残奥冰球】recouvrer une passe
夺取	【冰球】【残奥冰球】s'emparer
夺取板墙反弹球	【冰球】【残奥冰球】s'emparer du retour de la rondelle/du disque
躲避	【冰球】【残奥冰球】esquiver
躲闪身体阻截	【冰球】【残奥冰球】esquiver un plaquage/une mise en échec
舵手	【雪车】pilote
舵手一侧把手	【雪车】barre de poussée du pilote

汉
法

E

鹅颈形把手（冰壶的）	【冰壶】【轮椅冰壶】col de cygne(de la pierre), cou d'oie
额外的	【冰壶】【轮椅冰壶】【跳台滑雪】supplémentaire
恶意犯规	【残奥冰球】partie pour inconduite, extrême inconduite, match pour inconduite, méconduite pour le match, partie pour inconduite
儿童组	【花样滑冰】niveau pré-novice
儿童组比赛	【花样滑冰】épreuve de section pré-novice
耳聋的	【冬残奥通用】sourd(,e)
二垒队员	【冰壶】【轮椅冰壶】deuxième joueur(,euse)
二舍三入计算	【跳台滑雪】arrondir
二周点沃里跳	【花样滑冰】double Walley piqué
二周跳	【花样滑冰】double saut

F

发爆器	【冬季两项】【残奥冬季两项】amorce
发出出发指令（向运动员）	【速度滑冰】donner le signal de départ (aux patineurs et patineuses)
发带	【越野滑雪】serre-tête
发光的数字（记分牌上）	【通用】chiffres lumineux (sur un tableau d'affichage)
发光的字符（记分牌上）	【通用】caractères lumineux (sur un tableau d'affichage)
发卡门	【高山滑雪】【残奥高山滑雪】double porte verticale, double verticale, tracé en épingle à cheveux
发卡弯道	【雪橇】virage en épingle à cheveux
发令鸣枪	【通用】coup de départ/pistolet
发起	【滑雪通用】déclenchement
发育性残疾的（人）	【冬残奥通用】handicapé(,e) par un retard de développement

罚款	【通用】amende
罚圈	【冬季两项】【残奥冬季两项】boucle de pénalité
罚圈监督员	【冬季两项】【残奥冬季两项】<u>contrôleur</u>/<u>superviseur</u> de la boucle de pénalité
罚任意球	【冰球】【残奥冰球】lancer de <u>pénalité</u>/<u>punition</u>, tir de <u>punition</u>/<u>pénalité</u>/<u>fusillade</u>
帆布座位	【雪橇】siège de toile tendue
翻转	【雪车】renverser (se)
反攻	【冰球】【残奥冰球】contre-attaque
反手（手掌朝下）握住（冰刷）	【冰壶】prise par-dessus (pour tenir le balai)
反手握住（手握住把手）	【雪橇】prise par-dessus (des mains sur les barres de stabilité)
反向螺旋（双人滑）	【花样滑冰】spirales en directions opposées (couple)
反兴奋剂规则	【冬残奥通用】réglementation antidopage
反兴奋剂检查	【通用】contrôle antidopage
犯规	【冰球】【残奥冰球】infraction
犯规队	【冰壶】【轮椅冰壶】【冰球】【残奥冰球】équipe fautive
犯规队员	【冰球】【残奥冰球】joueur fautif
犯规行为	【通用】coup déloyal
方向标志（用于指示滑雪路线）	【越野滑雪】【残奥越野滑雪】flèche de direction/ directionnelle
方向改变	【残奥高山滑雪】changement de direction
方向盘	【雪车】volant
方形物	【冰球】【残奥冰球】carré
防风夹克	【通用】blouson
防护板	【冬残奥通用】clôture
防护围墙	【冬残奥通用】protections
防护栅	【冬残奥通用】barrière de sécurité
防滑蜡	【越野滑雪】【残奥越野滑雪】【冬季两项】【残奥冬季两项】fart de retenue
防滑物（鞋下）	【冰壶】【轮椅冰壶】frein (sous une chaussure)
防切割连指手套	【速度滑冰】moufle résistant aux coupures
防切割手套	【速度滑冰】gant résistant aux coupures
防守	【冰球】【残奥冰球】défense

汉
法

防守撤退	【冰球】【残奥冰球】repli défensif
防守的	【冰球】【残奥冰球】défensif(,ve)
防守队	【冰球】【残奥冰球】équipe à la défensive
防守队员	【冰球】【残奥冰球】défenseur, joueur(,euse) de défense
防守队员	【冰球】【残奥冰球】joueur(,euse) de défense
防守型打法	【冰球】【残奥冰球】jeu défensif
防线	【冰球】【残奥冰球】ligne défensive
防线（前方队员）	【冰球】【残奥冰球】trio défensif (se dit de joueurs d'avant)
防雪篱	【滑雪通用】clôture à neige
防御性投壶	【冰壶】【轮椅冰壶】lancer défensif
防撞头盔	【通用】casque de protection/protecteur
放大率	【花样滑冰】coefficient multiplicateur
放大效果（瞄准系统）	【冬季两项】【残奥冬季两项】effet grossissant (du système de visée)
放滑雪杖篮筐	【越野滑雪】【残奥越野滑雪】【冬季两项】【残奥冬季两项】panier du bâton de ski
放弃	【冰球】【残奥冰球】quitter
放枪	【冬季两项】【残奥冬季两项】lâcher
放松的	【跳台滑雪】détendu(,e)
放置（冰壶）	【冰壶】【轮椅冰壶】placer (une pierre)
飞行（跳跃的组成部分）	【跳台滑雪】vol (composante d'un saut)
飞行的最初阶段	【跳台滑雪】première partie du vol
飞行动作	【跳台滑雪】vol
飞行弧线（跳台）	【跳台滑雪】courbe de vol (du tremplin)
飞行弧线（跳台滑雪运动员）	【跳台滑雪】ligne de vol (d'un sauteur)
飞行滑雪（120米跳台滑雪）	【跳台滑雪】vol à ski (saut à ski sur tremplin de 120 m)
飞行滑雪运动员	【跳台滑雪】sauteur de vol à ski
飞行姿势的标准	【跳台滑雪】norme de style
飞行姿势分	【跳台滑雪】note de style
飞行姿势总分	【跳台滑雪】total des notes de style
非必要粗野动作（犯规）	【冰球】【残奥冰球】rudesse excessive (infraction)
违法的	【冰球】【残奥冰球】illégal(,e)

非法装备	【冬残奥通用】équipement <u>défendu</u>/<u>inadmissible</u>
非犯规队	【冰球】【残奥冰球】【冰壶】【轮椅冰壶】équipe non fautive
非官方结果	【通用】résultat non officiel
非空翻跳台	【自由式滑雪】tremplin à sauts droits
非泰勒马克式落地姿势	【跳台滑雪】sans position de télémark
非投壶队	【冰壶】【轮椅冰壶】équipe dont ce n'est pas le tour de jouer
非荧光胶带	【冰球】【残奥冰球】bande adhésive non fluorescente, ruban adhésif non fluorescent
非正规出发间隔	【滑雪通用】intervalles <u>de départ irréguliers</u>/<u>irréguliers entre les départs</u>
非正式的小组排名	【滑雪通用】classement non officiel par équipe
非正式时间	【通用】temps non officiel
非种子选手	【雪橇】non-classé(,e)
非种子选手小组	【雪橇】groupe <u>des non-classés</u>/<u>classées</u>
菲利浦跳	【花样滑冰】flip, saut flip
分岔路	【越野滑雪】【残奥越野滑雪】bifurcation
分道物	【冰壶】【轮椅冰壶】bande, barre de séparation
分壶	【冰壶】【轮椅冰壶】accrocher
分级变化	【冬残奥通用】<u>changement</u>/<u>modification</u> de la classification
分级别中心	【冬残奥通用】<u>aire</u>/<u>centre</u> de classification
分级评委会	【冬残奥通用】jury de classification
分级设备	【冬残奥通用】installations de classification
分级团队	【冬残奥通用】équipe de <u>classificateurs</u>/<u>classification</u>
分级系统	【冬残奥通用】système de classification
分进	【冰壶】【轮椅冰壶】accrocher
分开	【花样滑冰】éloignement
分开（双人滑以及冰舞中）	【花样滑冰】séparation (en couple et en danse)
分开抽签	【自由式滑雪】tirage au sort distinct
分开抽签（一次为跳台滑雪抽签，一次为越野滑雪抽签）	【北欧两项】tirage au sort <u>distinct</u>/<u>séparé</u>(un pour le saut, un pour le ski de fond)
分开出发顺序	【自由式滑雪】ordre de départ distinct

分开的	【自由式滑雪】distinct(,e)
分开的滑雪板	【跳台滑雪】position écartée des skis, skis écartés
分歧	【通用】différend
分区比赛	【花样滑冰】compétition de sous-section
分数	【通用】compte, marque, note, pointage, score
分数表格	【通用】formule de pointage
分数认同（比赛结束时双方队长对分数的共同认可）	【冰壶】【轮椅冰壶】entente sur le pointage
分腿举	【花样滑冰】levée (grand écart)
分腿跳	【花样滑冰】écarté, grand écart, saut écarté
分值系数	【自由式滑雪】【花样滑冰】【雪橇】coefficient
分组	【通用】classement par groupe【高山滑雪】【残奥高山滑雪】classement par série
分组抗议（对错误分组的抗议）	【冬残奥通用】protêt de classification
粉雪	【滑雪通用】poudreuse, neige poudreuse
风力条件	【跳台滑雪】état de vents
风速	【滑雪通用】vitesse/vélocité du vent
风速记录仪	【跳台滑雪】indicateur de vitesse de vent, anémomètre
风向玫瑰图	【滑雪通用】rose des vents
风向频率图	【滑雪通用】rose des vents
风向旗	【冬季两项】【残奥冬季两项】fanion indicateur du sens du vent/la direction du vent
封锁球	【冰球】【残奥冰球】immobiliser la rondelle/le disque
锋线	【冰球】【残奥冰球】ligne, ligne d'attaque, ligne offensive, triplette, trio d'attaque, trio offensif
伏卧射击位	【冬季两项】【残奥冬季两项】position couchée (pour tirer)
扶腰（双人旋转）	【花样滑冰】prise par la taille (pour pirouette en couple)
服用禁药	【冬残奥通用】infraction de dopage
服装	【雪橇】vêtement
服装重量限制	【雪橇】poids alloué pour les vêtements/des vêtements autorisés
服装装备	【滑雪通用】équipement vestimentaire

浮腿	【通用】【花样滑冰】jambe libre
浮腿动作	【花样滑冰】mouvement de la jambe libre
浮足	【花样滑冰】pied libre
符合	【跳台滑雪】conformité
幅度	【自由式滑雪】amplitude
俯身	【速度滑冰】se pencher
辅助蹬冰	【速度滑冰】poussée d'appoint
辅助器具	【冬残奥通用】appareil fonctionnel
辅助装置（辅助有需要的残疾运动员）	【冬残奥通用】accessoire fonctionnel
负分	【跳台滑雪】point en moins
负责比赛报告的官员	【雪橇】officiel responsable des rapports de la course/l'épreuve
负责的	【速度滑冰】responsable
负责检查冰刃和雪车的官员	【雪车】officiel responsable de la vérification des patins et des bobs
负责人	【速度滑冰】responsable
负责训练的职员	【冬残奥通用】personnel d'entraînement
负重服	【雪橇】veste lestée
附加处罚	【冰球】【残奥冰球】pénalité supplémentaire
副队长	【冰球】【残奥冰球】capitaine adjoint/assistant
副指挥	【冰壶】【轮椅冰壶】vice-capitaine
腹部功能（为运动员分组的身体特征指标）	【冬残奥通用】fonction abdominale
覆盖层	【跳台滑雪】revêtement, tapis

G

改造	【自由式滑雪】refaçonner
杆刃	【冰球】【残奥冰球】lame du bâton/de palette de bâton
杆刃刺人	【冰球】【残奥冰球】darder

杆刃刺人（犯规）	【冰球】【残奥冰球】avoir dardé, dartage (infraction)
感谢	【冰球】【残奥冰球】remercier
干扰对手比赛	【通用】gêner un compétiteur(,trice); entraver le jeu d'un compétiteur(,trice); nuire à la performance d'un compétiteur(,trice)
干扰官员（裁判）的处罚	【冰球】【残奥冰球】<u>pénalité</u>/<u>punition</u> pour avoir molesté un officiel
干扰竞争对手	【越野滑雪】【残奥越野滑雪】【冬季两项】【残奥冬季两项】gêner un concurrent(,e)
干雪	【高山滑雪】【残奥高山滑雪】【自由式滑雪】【跳台滑雪】【越野滑雪】【残奥越野滑雪】【单板滑雪】neige sèche
刚好越过一个冰壶	【冰壶】【轮椅冰壶】dépasser une pierre de justesse
钢架雪车运动	【钢架雪车】skeleton
钢橇刃（木质雪橇橇刃）	【雪橇】<u>lame</u>/<u>semelles</u> en acier (recouvrant les patins de la luge)
钢制板刃（滑雪板的）	【滑雪通用】carre <u>d'acier</u>/<u>méthanique</u> (d'un ski)
钢制滑刃	【雪车】patin <u>d'acier</u>/<u>en acier</u>
杠	【雪车】barre
高的	【自由式滑雪】haut(,e); élevé(,e)
高度	【越野滑雪】hauteur
高度（空间高度）	【花样滑冰】niveau supérieur (une division de l'espace)
高度差	【跳台滑雪】différence de hauteur
高度差（最高点和最低点之间）	【越野滑雪】différence d'altitude (DA) (entre le point le plus bas et le point le plus élevé)
高杆犯规	【冰球】【残奥冰球】avoir porté son bâton trop élevé
高杆击球	【冰球】【残奥冰球】porter son bâton élevé
高级教练	【花样滑冰】entraîneur senior
高级联赛	【冰球】【残奥冰球】ligue senior
高靠背	【冰球】【残奥冰球】dossier surélevé
高山滑雪	【残奥高山滑雪】ski alpin
高山滑雪男子大回转（项目）	【高山滑雪】Ski alpin slalom géant hommes
高山滑雪男子滑降（项目）	【高山滑雪】Ski alpin descente hommes

高山滑雪男子回转（项目）	【高山滑雪】Ski alpin slalom hommes
高山滑雪男子全能（项目）	【高山滑雪】Ski alpin combiné alpin hommes
高山滑雪男子超级大回转（项目）	【高山滑雪】Ski alpin super-G hommes
高山滑雪女子大回转（项目）	【高山滑雪】Ski alpin slalom géant femmes
高山滑雪女子滑降（项目）	【高山滑雪】Ski alpin descente femmes
高山滑雪女子回转（项目）	【高山滑雪】Ski alpin slalom femmes
高山滑雪女子全能（项目）	【高山滑雪】Ski alpin combiné alpin femmes
高山滑雪团体（项目）	【高山滑雪】Ski alpin épreuve par équipes
高水平参赛运动员	【通用】compétiteur(,trice) de grande classe
高素质运动员	【冰球】【残奥冰球】joueur de fort calibre
高速转弯	【冰球】【残奥冰球】virage passé à haute vitesse 【短道速滑】négocier
哥萨克跳（空中技巧）	【自由式滑雪】Cossack (saut)
割伤	【速度滑冰】coupure
隔板	【跳台滑雪】cloison
个人百分比（根据北欧百分比系统对滑雪者的完成时间进行调整）	【越野滑雪】【残奥越野滑雪】【冬季两项】【残奥冬季两项】pourcentage individuel
个人比赛	【越野滑雪】【残奥越野滑雪】épreuve individuelle
个人短距离比赛	【越野滑雪】【残奥越野滑雪】compétition de sprint individuel/individuelle de sprint
个人飞行姿势分	【跳台滑雪】note de style de chaque juge
个人风格	【跳台滑雪】style individuel
个人风格（跳台滑雪运动员）	【跳台滑雪】style personnel (du sauteur)
个人纪录	【通用】record individuel/personnel
个人间隔起跑比赛	【越野滑雪】【残奥越野滑雪】compétition à départ individuel par intervalles
个人竞速赛	【越野滑雪】【残奥越野滑雪】épreuve de sprint individuel/individuelle de sprint, sprint individuel
个人起跑比赛	【越野滑雪】【残奥越野滑雪】compétition de départ individuel
个人赛	【越野滑雪】【残奥越野滑雪】course individuelle
各就各位！	【速度滑冰】À la ligne de départ! A vos marques!

汉法

各就各位！预备！	【速度滑冰】Prêts! Prêtes!
给……加润滑油	【冬季两项】【残奥冬季两项】graisser
给步枪装子弹	【冬季两项】【残奥冬季两项】charger une arme
给对方施压	【冰球】【残奥冰球】presser l'adversaire
根据排名决定的种子选手位置	【雪橇】position déterminées selon le classement
更改滑行轨迹	【花样滑冰】corriger un tracé
更高的起跳台	【跳台滑雪】plate-forme plus haute
更换滑刃	【雪车】changement de patin, remplacement d'un patin
更换雪车	【雪车】changement/remplacement d'un bob(sleigh)
更换雪道	【越野滑雪】changement de piste/trace
更快、更高、更强	【通用】plus vite, plus haut, plus fort
更新的	【雪车】renouvelé(,e)
更新的资格证	【雪车】licence renouvelée
更衣室	【通用】vestiaire, chambre des joueurs
更正错误	【冰球】【残奥冰球】racheter une erreur
工作人员	【速度滑冰】préposé(,e)
弓背旋转	【花样滑冰】pirouette cambrée
弓身姿势	【花样滑冰】position cambrée
弓形的	【花样滑冰】cambré(,e)
公开赛	【通用】compétition ouverte
公里标记	【越野滑雪】【残奥越野滑雪】repère kilométrique
公里数标示牌	【越野滑雪】panneau kilomètre
公平	【冰球】【残奥冰球】égalisation
公平竞争	【通用】fair-play<Europe>, sportivité <Canada>
功能性训练	【速度滑冰】entraînement fonctionnel
功能障碍组	【冬残奥通用】classe de handicaps fonctionnels/ fonctionnelle
攻区	【冰球】【残奥冰球】zone d'attaque/offensive
供应商	【通用】fournisseur
肱骨截肢运动员	【冬残奥通用】athlète amputé au-dessus du coude/du bras/transhuméral
躬身转	【花样滑冰】pirouette dos cambré/cambrée

汉法

勾球	【冰球】【残奥冰球】crochet
勾手二周	【花样滑冰】double Lutz
勾手三周跳	【花样滑冰】triple Lutz
勾手跳	【花样滑冰】(saut) Lutz
勾手跳托举	【花样滑冰】levée de Lutz
钩形转弯	【花样滑冰】virage en forme de crochet
钩状	【花样滑冰】crochet
古代奥林匹克运动会（394 年以前）	【通用】Jeux Olympiques antiques
固定	【高山滑雪】【冬季两项】【残奥冬季两项】【自由式滑雪】【跳台滑雪】【越野滑雪】【残奥越野滑雪】【单板滑雪】【花样滑冰】fixation
固定冰刃	【雪车】patin fixe, patin immobile
固定的	【雪车】fixe, immobile
固定的轮椅	【轮椅冰壶】fauteuil roulant stationnaire
固定连接器（助滑器上）	【残奥滑雪】joint fixe (sur les bâtons d'appui)
固定器前端	【滑雪通用】butée (partie avant d'une fixation)
固定推杆	【雪车】poignée de poussée fixe
固定装置高度	【残奥高山滑雪】hauteur de la fixation
故意的	【冰球】【残奥冰球】délibéré(,e)
故意将球挤至边墙（犯规）	【冰球】【残奥冰球】chute délibérée sur la rondelle/le disque (infraction)
故意延迟抗议	【通用】protêt délibérément retardé<Canada>, protêt retardé intentionnellement<Canada>, réclamation délibérément retardée <Europe>, réclamation retardée intentionnellement <Europe>
故意阻人	【越野滑雪】obstruction intentionnelle
故障	【跳台滑雪】défaillance
刮刀	【滑雪通用】grattoir
刮蜡刀	【滑雪通用】grattoir de fart
关节固定术	【冬残奥通用】arthrodèse
观测	【冬残奥通用】observation

汉
法

观测点	【跳台滑雪】place d'observation
观测仪（教学辅助）	【花样滑冰】observateur (aide à l'enseignement)
观测有利位置	【通用】bonne vue sur l'installation, point d'observation
观众	【通用】spectateur(,trice)
官方比赛	【冬残奥通用】compétition officielle
官方比赛报告	【冰球】【残奥冰球】rapport officiel de match
官方称重（雪橇运动员赛前）	【雪橇】pesée officielle (des lugeurs, des lugeuses avant la course)
官方成绩	【冰球】【残奥冰球】【冰壶】【轮椅冰壶】<u>pointage/score</u> officiel
官方的标记地点	【跳台滑雪】poste de marquage officiel
官方的最终结果	【通用】résultat final officiel
官方供应商	【通用】fournisseur officiel
官方计时列表	【雪橇】liste des temps officiels
官方记分员	【冰球】【残奥冰球】<u>pointeur/marqueur</u> officiel, marqueur officiel des buts
官方结果	【通用】résultat officiel
官方决定	【通用】décision officielle
官方排名	【通用】classement officiel
官方时间（由裁判掌握）	【通用】temps officiel
官方赞助商	【通用】commanditaire officiel
官员	【通用】officiel
官员资格认证	【通用】accréditation d'un officiel
管蜡	【越野滑雪】【残奥越野滑雪】【冬季两项】【残奥冬季两项】poussette, tube de fart
惯性	【花样滑冰】inertie
惯用右手的冰壶运动员	【冰壶】【轮椅冰壶】curleur droitier/curleuse droitière ; joueur droitier/joueuse droitière
惯用右手的射手	【冬季两项】【残奥冬季两项】tireur droitier/tireuse droitière
惯用左手的冰壶运动员	【冰壶】【轮椅冰壶】joueur gaucher/joueuse gauchère; curleur gaucher/curleuse gauchère
惯用左手的射手	【冬季两项】【残奥冬季两项】tireur gaucher/tireuse gauchère

汉
法

光电计时	【自由式滑雪】chronométrage photo-électrique
光电技术	【通用】cellule photo-électrique
光电装置（步枪上的一种装置，在运动员有视力障碍的时候发出声音信号）	【残奥冬季两项】visée optronique
光滑的一边（冰壶的）	【冰壶】【轮椅冰壶】côté poli (de la pierre)
光觉（用于为运动员分组）	【冬残奥通用】perception de la lumière/lumineuse
光学设备（在步枪上的）	【冬季两项】【残奥冬季两项】dispositif optique (sur une carabine)
广播电视转播权	【通用】droits de télédiffusion et de radiodiffusion
规尺姿势（双人滑螺旋线中）	【花样滑冰】position de pivot (du patineur en couple dans la spirale)
规定动作	【花样滑冰】élément prescrit
规定动作（冰舞）	【花样滑冰】tracé prescrit (danse)
规定动作中的图形	【花样滑冰】forme d'une figure dans les imposées
规定节奏	【花样滑冰】tempo obligatoire
规定期限	【越野滑雪】délai prescrit
规定图形	【花样滑冰】figure imposée/obligatoire/obligatoire en simple
规定舞蹈	【花样滑冰】dance imposée
规则	【雪橇】règle
规则及评判标准	【自由式滑雪】règlement et critères de jugement, règles
规则手册	【通用】livre de règles
规章制度	【通用】règlement
规章制度手册	【通用】livre de règlement
轨迹（冰舞）	【花样滑冰】voie (danse)
贵宾	【通用】visiteur(,euse) de marque
贵宾区	【通用】aire réservée aux dignitaire
贵宾席	【通用】loge d'honneur
跪下	【冬季两项】【残奥冬季两项】à genoux
滚落线（雪上芭蕾）	【自由式滑雪】ligne de pente (ballet)
国产负重服	【雪橇】veste lestée de fabrication domestique
国际奥委会奥林匹克体育科学奖	【通用】Prix Olympique du CIO pour la Science Sportive

汉
法

国际比赛	【冬残奥通用】compétition internationale, rencontre internationale
国际冰橇冰球比赛	【残奥冰球】match international de hockey (sur) luge, partie internationale de hockey, rencontre internationale de hockey (sur) luge
国际裁判	【通用】arbitre/juge international
国际裁判资格执照（授予国际裁判的）	【通用】licence internationale d'officiel (remise aux arbitres internationaux)
国际残奥会勋章	【冬残奥通用】Ordre paralympique
国际残疾人奥林匹克委员会	【冬残奥通用】CIP, Comité international paralympique,
《国际残疾人奥林匹克委员会反兴奋剂条例》	【冬残奥通用】Code antidopage de l'IPC, IPC Anti-Doping Code, Guide antidopage de l'IPC
国际残疾人奥林匹克委员会北欧滑雪体育大会	【残奥越野滑雪】Assemblée sportive pour le ski nordique de l'IPC, Assemblée sportive pour le ski
国际残疾人奥林匹克委员会冰橇冰球章程	【残奥冰球】Règlement de hockey sur luge de l'IPC
国际残疾人奥林匹克委员会反兴奋剂手册	【冬残奥通用】Guide antidopage des comités organisateurs de compétitions sanctionnées de l'IPC
国际残疾人奥林匹克委员会手册	【冬残奥通用】Guide de l'IPC
国际残疾人奥林匹克委员会高山滑雪规则与条例	【残奥高山滑雪】Règlement de l'IPC relatif au ski alpin
国际冬季两项比赛日程	【冬季两项】Calendrier international du biathlon
国际广播联盟广播事务专家组	【通用】Groupe d'experts en matière de radiodiffusion de l'Union internationale de radiodiffusion
国际滑冰联合会短距离速滑比赛	【速度滑冰】compétition sur courte piste de l'I.S.U.
国际滑冰联合会速度滑冰锦标赛	【速度滑冰】championnats de patinage de vitesse de l'ISU
国际滑冰联盟测试系统	【花样滑冰】Programme des tests de l'Union internationale de patinage
国际滑联反兴奋剂规则	【残奥高山滑雪】【残奥越野滑雪】Règlement antidopage de la FIS
国际滑联高级赛事	【花样滑冰】compétition senior de l'UIP

国际滑联青少组比赛	【花样滑冰】compétition junior de l'UIP
国际滑雪联合会官方裁判	【滑雪通用】juge officiel de la FIS
国际滑雪联合会官方跳台滑雪裁判	【跳台滑雪】juge officiel de saut de la FIS
国际竞赛日程	【滑雪通用】Calendrier des compétitions internationales
国际盲人体育联合会高山滑雪2005—2009年规则手册	【残奥高山滑雪】Règlement Ski Alpin IBSA 2005—2009
国际盲人体育联合会高山滑雪规则条例	【残奥高山滑雪】Règles du ski alpin IBSA
国际无舵雪橇联合会体育年历	【雪橇】Calendrier sportif de la FIL
国际无舵雪橇联合会主席	【雪橇】président de la FIL
国际雪车联合会国际裁判	【雪车】Juge international de la FIBT
国际雪车联合会执照	【雪车】Licence de la FIBT
国际雪联技术代表	【滑雪通用】délégué technique de la FIS
国际雪联竞赛规则	【滑雪通用】règlements de la FIS (connus sous l'abrégé de la FIS), Les règlements des concours internationaux du ski (RIS)
国际雪联跳台滑雪裁判证书	【跳台滑雪】diplôme de juge de saut de la FIS
国际雪联跳台检查员	【跳台滑雪】inspecteur des tremplins de la FIS
国际雪联组织委员会	【滑雪通用】Comité d'organisation de la FIS
国际雪联新闻媒体委员会	【滑雪通用】Comité de la presse de la FIS
国际雪联警务委员会	【滑雪通用】Comité du service d'ordre de la FIS
国际雪联医务委员会	【滑雪通用】Comité médical de la FIS
国际雪橇竞赛规则	【雪橇】Règlement international de luge (IRO)
国家杯	【滑雪通用】Coupe des Nations
国家冰球联盟	【冰球】【残奥冰球】Ligue nationale de hockey (LH)
国家残奥冰球队	【残奥冰球】équipe nationale de hockey (sur) luge
国家大奖赛	【自由式滑雪】Grand Prix des Nations
国家短道速滑队淘汰赛	【短道速滑】éliminatoires pour la composition de l'équipe nationale (de patinage de vitesse), essais nationaux (de patinage de vitesse)
国家队	【通用】équipe nationale

汉法

国家队室内短道速滑淘汰赛	【短道速滑】éliminatoires pour la composition de l'équipe nationale de patinage de vitesse sur courte piste intérieure, essais nationaux sur courte piste intérieure, essais pour la composition de l'équipe nationale de patinage de vitesse sur courte piste intérieure
国家队室外短道速滑淘汰赛	【短道速滑】essais nationaux sur courte piste extérieure
国家队淘汰赛	【速度滑冰】<u>éliminatoires</u>/<u>essais</u> pour la composition d'une équipe (nationale)
国家反兴奋剂组织	【冬残奥通用】Association des organismes nationaux antidopage (ANADO)
国家滑雪队	【滑雪通用】équipe nationale de ski
国家徽章	【花样滑冰】écusson national
国家级双人滑测试	【花样滑冰】test de patinage en couple au niveau national
国家教练认证项目<加拿大>	【通用】Programme national de certification des entraîneurs <Canada>
国外参赛运动员	【通用】compétiteur(,trice) de l'étranger; compétiteur étranger/compétitrice étrangère; coureur(,euse) de l'étranger, coureur étranger/coureuse étrangère; participant(,e) de l'étranger; participant étranger/participante étrangère
过度的	【冰球】【残奥冰球】excessif(,ve)
过渡（两个坡之间）	【自由式滑雪】transition (rencontre de deux pentes)
过渡步（以在旋转中换足）	【花样滑冰】pas de côté (pour changer de pied dans une pirouette)
过渡曲线（助滑跑道和起跳台之间）	【跳台滑雪】courbe de raccordement (RJ) (entre la piste d'élan et la table du tremplin)
过早的	【花样滑冰】prématuré(,e)

H

汉法

还未出发的参赛选手	【跳台滑雪】compétiteur ne prenant pas le départ
海外	【花样滑冰】outre-mer
海外锦标赛	【花样滑冰】championnat à l'étranger/outre-mer

旱地（非冰面）训练	【通用】<u>entraînement/programme d'entraînement</u> hors-glace, <u>entraînement/programme d'entraînement</u> hors-neige
旱地训练	【通用】<u>entraînement/programme d'entraînement</u> hors-piste
夯实	【滑雪通用】damer
夯实紧密的	【跳台滑雪】damé ferme
夯实紧密的赛道（雪道）	【跳台滑雪】piste damée ferme
夯实跑道	【跳台滑雪】damer la piste
夯实雪道的机器	【滑雪通用】dameur (de piste)
毫无的	【冰球】【残奥冰球】nul(,le)
好的身体状态	【通用】bonne forme
号码布号码（运动员比赛时别在背后）抽签	【通用】tirage au sort des numéros de dossard
号码布上最小号码（运动员比赛时别在背后）	【越野滑雪】numéro de dossard le plus petit
合格的冰壶石	【冰壶】【轮椅冰壶】pierre admissible
合格的冰壶运动员	【冰壶】【轮椅冰壶】curleur(,euse) <u>admissible,</u> curleur qualifié/curleuse qualifiée
合乎规定的	【冰球】【残奥冰球】【速度滑冰】réglementaire
和谐的	【花样滑冰】harmonieux(,euse)
和谐的编曲	【花样滑冰】composition harmonieuse
荷兰华尔兹（冰舞）	【花样滑冰】Valse hollandaise (danse)
核对	【雪橇】vérification
核心球员	【冰球】【残奥冰球】joueur clé
核准的靶子	【冬季两项】【残奥冬季两项】approbation des cibles
盒式磁带录像机	【通用】magnétoscope
黑色滑雪护目镜（B1 组别运动员使用）	【残奥高山滑雪】【残奥冬季两项】【残奥越野滑雪】lunettes <u>de protection noires/de protection rembourrées/opaques</u>
横板登坡	【滑雪通用】montée en escalier
横穿	【高山滑雪】【残奥高山滑雪】traversée
横穿坡道	【越野滑雪】traversée <u>de la pente/d'une pente</u>
横的	【冰球】【残奥冰球】horizontal(,e)
横幅	【高山滑雪】【残奥高山滑雪】banderole

汉
法

横杆推挡	【冰球】【残奥冰球】charge avec la crosse, charge avec le bâton, double échec, double-échec (infraction)
横滑降	【高山滑雪】descente en biais, traversée de descente
横向传球	【冰球】【残奥冰球】passe de côté, passe latérale
横向动作	【残奥滑雪】mouvement latéral
横向滑行步（一位滑冰运动员）	【花样滑冰】glissade pas côte à côte (un seul patineur)
横向制动	【越野滑雪】【残奥越野滑雪】【冬季两项】【残奥冬季两项】freinage latéral
横向制动效果	【越野滑雪】【残奥越野滑雪】【冬季两项】【残奥冬季两项】effet de freinage latéral
横轴（冰舞）	【花样滑冰】axe transversal (danse)
红点	【冰球】【残奥冰球】point rouge
红黄牌体系	【自由式滑雪】système de cartes jaunes et rouges
红区	【越野滑雪】【残奥越野滑雪】ligne de contrôle
红色门	【高山滑雪】【残奥高山滑雪】porte rouge
红色旗子	【速度滑冰】drapeau rouge 【高山滑雪】【残奥高山滑雪】fanions rouges
红色指示灯	【冰球】【残奥冰球】lumière rouge
红线（关键 K 点标志）	【跳台滑雪】ligne rouge (indiquant le point critique K)
后避震	【雪车】suspension arrière/avant/des patins arrière
后部	【雪车】postérieur
后部（固定器的）	【滑雪通用】talonnière (partie arrière d'une fixation)
后刀座	【滑冰通用】plaque du talon (partie de la lame)
后刀座固定装置	【滑冰通用】fixation de la plaque du talon (sur des patins)
后面的	【雪车】arrière
后内点冰两周跳	【花样滑冰】double flip
后内点冰三周跳	【花样滑冰】triple flip
后内点冰跳	【花样滑冰】flip, saut flip
后内点冰一周跳	【花样滑冰】Salchow piqué
后内结环跳	【花样滑冰】Salchow, saut Salchow
后内结环跳起跳	【花样滑冰】appel de Salchow
后内结环跳一周	【花样滑冰】Salchow simple

后内两周	【花样滑冰】double Salchow
后内三周跳	【花样滑冰】(saut) triple Salchow
后内一周半跳	【花样滑冰】Salchow et demi
后内转体	【花样滑冰】virage intérieur arrière
后橇刃摩擦（在滑道上）	【雪橇】friction/frottement de l'arrière du patin (sur la piste)
后勤服务部门主管	【雪车】chef des services de soutien/organisateur
后屈小腿摆跳跃（空中技巧）	【自由式滑雪】Mule Kick (saut)
后刃	【雪车】patin arrière, patin postérieur
后手（最后一次投壶）	【冰壶】【轮椅冰壶】dernière pierre, marteau (dernier lancer d'une manche)
后手优势	【冰壶】【轮椅冰壶】avantage de la dernière pierre, avantage du marteau
后天（残疾）的	【冬残奥通用】acquis
后推杆	【雪车】barre/mât/poignée de poussée arrière
后退	【冰球】【残奥冰球】se replier, repli
后拖足	【花样滑冰】pied arrière
后外	【花样滑冰】arrière extérieur (ARE)
后外半周跳	【花样滑冰】demi-boucle, Euler, saut de demi-boucle
后外点冰半周跳	【花样滑冰】(saut de) demi-boucle piqué
后外点冰二周跳	【花样滑冰】double (saut de) boucle piqué
后外点冰三周跳	【花样滑冰】triple (saut de) boucle piqué
后外点冰四周跳	【花样滑冰】quadruple (saut de) boucle piqué
后外点冰跳	【花样滑冰】boucle piqué, cherry flip, saut de boucle piqué
后外点冰跳/后外点冰跳（组合跳）	【花样滑冰】saut de boucle piqué/saut de boucle piqué (combinaison)
后外点冰跳姿势	【花样滑冰】position du saut de boucle piqué
后外二周跳	【花样滑冰】double (saut de) boucle
后外结环两周连跳	【花样滑冰】combinaison de deux sauts de boucle
后外结环跳	【花样滑冰】boucle, Rittberger, saut de boucle
后外结环跳起跳	【花样滑冰】levée de boucle
后外三周跳	【花样滑冰】triple (saut de) boucle

汉
法

后外一周半跳	【花样滑冰】(saut de) boucle et demie
后卫线	【冰壶】【轮椅冰壶】ligne arrière
后续局	【冰壶】【轮椅冰壶】manche subséquente
后悬吊装置	【雪车】suspension (des patins) arrière
后轴	【雪车】train arrière
后足（刷冰时）	【冰壶】pied arrière
后坐辅助器	【冬季两项】【残奥冬季两项】<u>amortisseur</u>/<u>compensateur</u> de recul
后坐力	【冬季两项】【残奥冬季两项】recul
厚草皮	【跳台滑雪】gazon épais
厚度	【滑雪通用】épaisseur
厚运动装	【雪橇】survêtement
狐步舞（冰舞）	【花样滑冰】Fox-Trot, Foxtrot (danse)
弧度（冰上圆圈）	【花样滑冰】courbe (d'un cercle sur la glace)
弧度半径（R1，R2 或者 R3）	【跳台滑雪】rayon de la courbe (R1, R2 ou R3)
弧线	【花样滑冰】courbe, lobe
弧线步（冰舞步法或者连续步）	【花样滑冰】lobe (pas ou série de pas en danse)
弧线的长度	【花样滑冰】longueur de la courbe
弧线弧度（冰上舞蹈中）	【花样滑冰】courbe des lobes (en danse sur glace)
弧线曲度	【花样滑冰】<u>courbure</u>/<u>profondeur</u> du lobe
葫芦步	【花样滑冰】godille
互推接力	【短道速滑】relayer en se poussant
护齿	【冰球】【残奥冰球】protège-bouche, protège-dents
护大腿甲	【冰球】cuissard, protège-cuisse
护耳	【通用】cache-oreilles
护耳器	【冰球】【残奥冰球】protecteur d'oreille
护肩	【冰球】【残奥冰球】épaulière
护胫	【冰球】【残奥冰球】【短道速滑】protège-tibia
护具	【冰球】【残奥冰球】【冬残奥通用】équipement <u>de protection</u>/<u>protecteur</u>
护颏	【冰球】【残奥冰球】mentonnière
护目镜	【通用】lunettes, lunettes de <u>protection</u>/<u>sécurité</u>

护目镜（头盔的）	【冰球】【残奥冰球】visière
护目镜固定带	【通用】élastique de lunettes
护墙（跑道两边的）	【雪车】【雪橇】murs de protection (de chaque côté de la piste)
护手手套	【雪橇】gant protecteur
护腿	【冰球】【残奥冰球】jambière
护腿套	【越野滑雪】guêtre
护膝	【通用】genouillère, protège-genou
护胸甲	【冰球】【残奥冰球】plastron, plastron protecteur, protège-poitrine
护腰	【冰球】【残奥冰球】【雪橇】protège-reins
护肘	【雪车】【冰球】【残奥冰球】【短道速滑】coudière, protège-coude, protecteur de coude, protection de coude
花样滑冰	【花样滑冰】patinage artistique
花样滑冰比赛	【花样滑冰】compétition de patinage synchronisé
花样滑冰冰上舞蹈（项目）	【花样滑冰】Patinage artistique: danse (sur glace)
花样滑冰冰鞋（规定动作用）	【花样滑冰】chaussure pour les figures (imposées)
花样滑冰场次时间计划表	【滑冰通用】programme des séances de patinage
花样滑冰大奖赛加拿大站	【花样滑冰】Skate Canada
花样滑冰大奖赛美国站	【花样滑冰】Skate America
花样滑冰运动员	【花样滑冰】patineur(,euse) de patinage artistique
花样滑冰男子单人滑（项目）	【花样滑冰】Patinage artistique: patinage individuel hommes
花样滑冰女子单人滑（项目）	【花样滑冰】Patinage artistique: patinage individuel femmes
花样滑冰双人滑（项目）	【花样滑冰】Patinage artistique: patinage en couple
花样滑冰团体赛（项目）	【花样滑冰】Patinage artistique: épreuve par équipe
花样滑冰项目	【花样滑冰】programme de patinage
花样跳跃	【自由式滑雪】manœuvres multiples
花样旋转	【自由式滑雪】vrilles multiples
华尔兹	【花样滑冰】valse
华尔兹跳	【花样滑冰】saut de trois/de valse/valsé
华尔兹跳起跳	【花样滑冰】appel de saut valsé

汉
法

华尔兹托举	【花样滑冰】levée de valse
华尔兹握法（双人旋转握法）	【花样滑冰】prise de valse (pour pirouettes en couple)
华尔兹旋转（双人滑）	【花样滑冰】pirouette valisée (couple)
滑冰	【滑冰通用】patiner, patinage sur glace
滑冰场次	【滑冰通用】séance de patinage
滑冰方向	【速度滑冰】sens de la course
滑冰技术	【越野滑雪】【残奥越野滑雪】technique de patinage
滑冰连体服	【速度滑冰】combinaison mono-pièce, mono-pièce
滑冰跑道	【速度滑冰】piste de patinage
滑冰运动员	【滑冰通用】patineur(,euse)
滑冰运动员出场顺序	【花样滑冰】ordre d'exécution des patineurs(,euses)
滑步	【花样滑冰】glissade
滑出弧度	【花样滑冰】courbe de sortie
滑出跑道（失去控制）	【雪车】sortir de piste, déraper
滑出弯道	【速度滑冰】sortie du/de virage
滑出弯道进入直线跑道	【短道速滑】sortie de virage dans la ligne droite
滑出一个图案	【速度滑冰】suivre un tracé
滑出用刃	【花样滑冰】carre de sortie
滑道	【冰壶】【轮椅冰壶】【跳台滑雪】【速度滑冰】couloir【滑雪通用】piste
滑道底部	【雪车】【雪橇】fond de piste
滑道负责人	【雪橇】directeur de la piste/du parcours, inspecteur de la piste/du parcours
滑葫芦步	【花样滑冰】godiller
滑降（高山滑雪比赛项目之一）	【高山滑雪】【残奥高山滑雪】descente
滑降比赛	【高山滑雪】【残奥高山滑雪】course de/en descente
滑降高山滑雪运动员	【高山滑雪】【残奥高山滑雪】descendeur(,euse)
滑降技术	【越野滑雪】【残奥越野滑雪】technique de descente
滑降路线	【高山滑雪】【残奥高山滑雪】parcours de descente, piste de descente
滑降雪蜡	【高山滑雪】【残奥高山滑雪】fart de descente
滑降雪鞋<统称>	【高山滑雪】【残奥高山滑雪】chaussure de descente <générique>

滑降转弯	【高山滑雪】【残奥高山滑雪】virage aval
滑蜡	【越野滑雪】【残奥越野滑雪】【冬季两项】【残奥冬季两项】fart de glisse
滑刃半径（和冰面接触部分）	【雪车】rayon de la partie du patin (en contact avec la piste)
滑刃尺寸的测量仪器	【雪车】appareil de mesure de la dimension des patins
滑刃的滑行性能	【雪橇】glisse des patins
滑刃的悬挂装置	【雪车】suspension des patins
滑刃和冰面之间的摩擦系数	【雪车】coefficient de frottement entre le patin et la glace
滑刃后尖端	【雪车】pointe arrière du patin
滑刃尖端	【雪车】pointe du patin
滑刃宽度	【雪车】largeur des patins
滑刃末端	【雪车】point arrière du patin
滑刃前尖端	【雪车】pointe avant du patin
滑刃温度	【雪车】température des patins
滑刃温度测量仪器	【雪车】appareil de mesure de la température des patins
滑腿	【花样滑冰】jambe qui patine/traceuse
滑下	【越野滑雪】【残奥越野滑雪】descente
滑行	【冰壶】【轮椅冰壶】【越野滑雪】【残奥越野滑雪】【冬季两项】【残奥冬季两项】【雪橇】glisser, glissement
滑行并步（一种冰舞舞步）	【花样滑冰】chassé glissé (un pas de danse)
滑行步	【越野滑雪】【残奥越野滑雪】pas de glisse
滑行底（在一只鞋下面）	【冰壶】【轮椅冰壶】glisseur (sous une chaussure)
滑行轨迹	【花样滑冰】tracé【自由式滑雪】ligne
滑行轨迹（冰鞋刃在冰面上）	【花样滑冰】trace (de la lame sur la glace)
滑行轨迹（空中技巧运动员）	【自由式滑雪】trajectoire (d'un sauteur)
滑行阶段	【越野滑雪】【残奥越野滑雪】【冬季两项】【残奥冬季两项】étape/phase de glisse
滑行路线	【花样滑冰】tracé en danse sur glace, parcours
滑行能力（冰橇的）	【残奥冰球】glisse
滑行刃	【花样滑冰】carre de glissade
滑行失控	【滑冰通用】déraper
滑行性能（滑雪板）	【越野滑雪】【残奥越野滑雪】glisse

汉法

滑行训练	【高山滑雪】【残奥高山滑雪】【雪车】【雪橇】descente d'entraînement
滑行战略	【雪橇】stratégique de descente
滑行足	【花样滑冰】【冰壶】pied qui glisse
滑行足（刷冰时）	【冰壶】pied de glissade
滑雪板标记处	【越野滑雪】【残奥越野滑雪】【冬季两项】【残奥冬季两项】poste de marquage
滑雪板标记官员,滑雪板检查官员	【冬季两项】【残奥冬季两项】responsable du marquage des skis
滑雪板标记检查员	【越野滑雪】contrôleur du marquage des skis
滑雪板测试	【残奥高山滑雪】【残奥冬季两项】【残奥越野滑雪】essai de skis
滑雪板测试区	【越野滑雪】【残奥越野滑雪】【冬季两项】【残奥冬季两项】zone de test des skis/d'essai des skis
滑雪板长度	【滑雪通用】longueur d'un ski
滑雪板处于平行状态	【高山滑雪】【残奥高山滑雪】ski en parallèle
滑雪板弧度	【滑雪通用】cambrure du ski (rayon de courbure du ski)
滑雪板的不稳定性	【跳台滑雪】manque de sûreté sur ses skis
滑雪板底	【滑雪通用】semelle du ski
滑雪板底部涂防滑蜡的部位	【残奥越野滑雪】【残奥冬季两项】pochette de fartage, zone de poussée/retenu
滑雪板底蜡性能	【滑雪通用】aptitude à retenir le fart, retenue du fart
滑雪板分开距离过大	【跳台滑雪】skis trop écartés
滑雪板固定器	【滑雪通用】fixation de ski
滑雪板厚度	【滑雪通用】épaisseur du ski
滑雪板滑行雪槽（赛道上）	【越野滑雪】tracé des skis (sur la piste)
滑雪板检查	【滑雪通用】contrôle des skis
滑雪板宽度	【滑雪通用】largeur d'un ski
滑雪板内侧（转弯中的）	【滑雪通用】ski intérieur (dans un virage)
滑雪板平行状态	【跳台滑雪】position parallèle des skis
滑雪板前端翘起部分	【滑雪通用】spatule de ski (trop relevées ou plongeantes)
滑雪板刃	【滑雪通用】carre (de ski)【残奥高山滑雪】【残奥冬季两项】【残奥越野滑雪】lame de ski

汉
法

滑雪板刃控制	【自由式滑雪】contrôle des carres (des skis)
滑雪板尾	【滑雪通用】talon de ski
滑雪板之间的距离	【跳台滑雪】écart entre les skis
滑雪板制动（用于比赛或正式训练中）	【残奥高山滑雪】【残奥冬季两项】【残奥越野滑雪】frein de ski, ski frein, stop ski, stoppeur
滑雪板中部弯曲弧度	【滑雪通用】cambrure du ski (partie de la courbe au centre du ski)
滑雪板重量	【滑雪通用】poids d'un ski
滑雪板重量的减轻	【滑雪通用】allégement des skis
滑雪板助行器	【残奥滑雪】déambulateur sur ski, marchette sur ski
滑雪比赛前试滑赛道的人	【自由式滑雪】ouvreur(,euse)
滑雪槽	【越野滑雪】tracé de la piste, trace des skis sur la piste
滑雪道	【高山滑雪】【残奥高山滑雪】【越野滑雪】【残奥越野滑雪】【残奥冬季两项】piste/parcours de ski
滑雪服	【残奥高山滑雪】【残奥冬季两项】【残奥越野滑雪】combinaison de ski
滑雪护目镜	【滑雪通用】lunettes de ski
滑雪接力赛	【冬季两项】【残奥冬季两项】【北欧两项】【越野滑雪】【残奥越野滑雪】course de relais
滑雪裤	【滑雪通用】fuseau de ski, pantaski
滑雪路线距离	【越野滑雪】【残奥越野滑雪】【冬季两项】【残奥冬季两项】distance parcourue à ski
滑雪区域	【滑雪通用】domaine skiable
滑雪胜地	【滑雪通用】station de ski
滑雪袜	【滑雪通用】bas/chaussette de ski
滑雪鞋<加拿大>	【滑雪通用】bottine de ski <Canada>
滑雪鞋<统称>	【滑雪通用】chaussure de ski <générique>
滑雪靴	【高山滑雪】【残奥高山滑雪】chaussure à boucles【越野滑雪】soulier de ski【残奥高山滑雪】【残奥冬季两项】【残奥越野滑雪】botte/bottine de ski
滑雪靴固定装置	【越野滑雪】fourchette, arc (partie de la fixation qui retient à semelle de la chaussure)

汉
法

滑雪义肢	【残奥高山滑雪】jambe de ski, prothèse de ski
滑雪运动	【滑雪通用】ski
滑雪运动员	【滑雪通用】skieur(,euse)
滑雪杖	【滑雪通用】【残奥高山滑雪】【残奥冬季两项】【残奥越野滑雪】bâton (de ski)
滑雪中心	【滑雪通用】centre de ski
滑雪装备	【滑雪通用】équipement de ski
滑足	【花样滑冰】pied porteur/qui patine/traceur
划分	【冰球】【残奥冰球】division
划界限	【速度滑冰】délimitation
踝关节截肢的运动员	【冬残奥通用】athlète amputé au niveau de l'articulation de la cheville
坏的	【自由式滑雪】mauvais(,e)
缓冲	【越野滑雪】amortisseur, bande de fond de piste, pare-choc
缓冲（跳跃动作的一部分）	【跳台滑雪】dégagement (composition d'un saut)
缓冲跑道	【跳台滑雪】piste de dégagement
缓冲跑道尽头	【跳台滑雪】fin de la piste de dégagement
缓冲跑道末端	【跳台滑雪】extrémité de la piste de dégagement
缓冲跑道状态	【跳台滑雪】état de la piste de dégagement
缓冲区	【跳台滑雪】zone de dégagement (par rapport au tremplin)
缓冲区中间	【跳台滑雪】milieu de la zone/piste de dégagement
缓冲设施	【雪车】installations d'amortissage
缓和	【跳台滑雪】amortir
缓和着陆冲击	【跳台滑雪】amortir le choc/l'impact à la réception
缓判	【冰球】【残奥冰球】punition à retardement/retardée/différée, pénalité à retardement/retardée/différée
缓坡	【雪车】pente moyenne
换道	【速度滑冰】changement de couloir, déplacer la piste
换道区	【速度滑冰】croisement (endroit où les patineurs changement de couloir)
换道区裁判	【速度滑冰】arbitre au croisement (là où les patineurs ou les patineuses changent de couloir)

汉法

换足	【花样滑冰】changement de pied
患脑瘫痪运动员	【冬残奥通用】athlète atteint de paralysie cérébrale, athlète infirme moteur cérébral, athlète IMC
黄旗	【高山滑雪】【残奥高山滑雪】drapeau jaune
黄区	【高山滑雪】【残奥高山滑雪】zone jaune
黄铜弹壳	【冬季两项】【残奥冬季两项】douille de laiton
恢复比赛	【速度滑冰】faire reprendre une course, reprise d'une course
恢复平衡	【跳台滑雪】reprendre son équilibre
恢复体力	【通用】récupérer
恢复业余运动员身份	【通用】réintégration en tant qu'athlète amateur
徽标（运动项目的）	【通用】insigne (d'une discipline sportive)
回放录像裁定进球是否有效	【冰球】【残奥冰球】juge de but vidéo
回击	【冰球】【残奥冰球】riposte
回守区阻截（应对对方的进攻，快速回到本方守区）	【冰球】【残奥冰球】échec arrière
回转	【高山滑雪】【残奥高山滑雪】slalom
回转杆	【高山滑雪】【残奥高山滑雪】piquet de slalom
回转滑雪	【高山滑雪】【残奥高山滑雪】ski de slalom
回转滑雪比赛	【高山滑雪】【残奥高山滑雪】course de slalom
回转滑雪靴	【高山滑雪】【残奥高山滑雪】chaussure de slalom
回转门	【高山滑雪】【残奥高山滑雪】porte de slalom
回转赛道	【高山滑雪】【残奥高山滑雪】parcours/piste de slalom
回转线路	【越野滑雪】【残奥越野滑雪】couloir
回转项目参赛选手	【高山滑雪】【残奥高山滑雪】slalomeur(,euse)
汇报	【自由式滑雪】compte rendu
会员俱乐部	【花样滑冰】club d'appartenance
混合冰壶	【冰壶】【轮椅冰壶】curling mixte
混合冰壶锦标赛	【冰壶】Championnat mixte de curling
混合采访区（经过许可的媒体对运动员进行采访的区域）	【冬残奥通用】zone mixte/neutre
混合双人冰壶（项目）	【冰壶】Curling double
混合项目	【短道速滑】épreuve mixte, Snowboard épreuve mixte

汉
法

活动的标记	【速度滑冰】bloc/cône mobile
获得	【通用】emporter
获得批准的缺席	【冬残奥通用】absence approuvée
获胜	【通用】gagner

J

击败	【冰球】【残奥冰球】battre, déjouer, mater, vaincre
击败对手	【冰球】【残奥冰球】battre/défaire/déjouer/vaincre un adversaire
击打	【冰壶】【轮椅冰壶】【冰球】【残奥冰球】frapper, sortie, lancer de sortie
击打冰壶	【冰壶】【轮椅冰壶】sortir une pierre
击打未中	【冰壶】【轮椅冰壶】rater une sortie
击球	【冰球】【残奥冰球】projeter
击中裁判的冰球	【冰球】【残奥冰球】disque ayant touché/touchant l'arbitre, rondelle ayant touché/touchant l'arbitre
击中的声音信号（对于盲人或视力障碍的运动员，射击的结果是通过声音信号来识别的）	【残奥冬季两项】signal de cible touchée
击中官员（犯规）	【冰球】【残奥冰球】avoir frappé un officiel (infraction)
击走力量	【冰壶】【轮椅冰壶】pesanteur de lancer de sortie
机能分组（动作范围、协调和平衡方面的功能水平）	【冬残奥通用】classification fonctionnelle
机能水平	【冬残奥通用】capacité/habileté fonctionnelle
机械靶	【冬季两项】【残奥冬季两项】cible mécanique
机械的	【雪橇】mécanique
机械制动系统	【雪橇】système de freinage mécanique
肌腱保护	【冰球】【残奥冰球】protège-tendon
肌肉撕裂	【通用】claquage
肌无力	【冬残奥通用】faiblesse musculaire

奇数	【通用】nombre impair
奇数局	【冰壶】【轮椅冰壶】manche impaire
积雪	【滑雪通用】enneigement
积雪的跑道	【雪车】piste enneigée
积雪覆盖	【滑雪通用】couverture de neige
积雪厚度	【滑雪通用】épaisseur de la neige
基本技术	【越野滑雪】【残奥越野滑雪】technique de base
激光枪	【冬季两项】【残奥冬季两项】carabine à visée laser
激烈的身体冲撞	【冰球】【残奥冰球】mise en échec sévère, rude mise en échec
吉祥物	【通用】mascotte
级别低的官员	【冰球】【残奥冰球】officiel mineur
急救包	【通用】trousse de premiers secours/soins
急救处理	【通用】premiers secours/soins
急救服务	【通用】service de premiers secours/soins
急救设备	【通用】matériel de premiers secours/soins
急救团队	【通用】équipe de premiers secours/soins
急救雪橇	【通用】traîneau de premiers secours/soins, traîneau
急救站	【通用】poste de premiers secours/soins, poste de secours
急转弯	【冰球】【残奥冰球】virage brusque
急转弯道	【越野滑雪】【残奥越野滑雪】courbe serrée, virage serré
急转弯门	【自由式滑雪】porte de couloir coudé/en coude
急转弯线路	【自由式滑雪】couloir coudé
疾速出发	【通用】départ lancé
集结区	【短道速滑】zone de rassemblement
集体出发	【越野滑雪】【残奥越野滑雪】【速度滑冰】départ en groupe/en masse/groupé/simultanés/de groupe/de mass
集体出发比赛	【冬季两项】【残奥冬季两项】épreuve de départ en mass/groupé【速度滑冰】épreuve à départ en groupe
集训营	【冰球】【残奥冰球】camp d'entraînement
脊髓灰质炎致残的运动员	【冬残奥通用】athlète ayant des séquelles de polio, athlète handicapé par la polio, athlète poliomyélitique

汉
法

脊髓损伤运动员	【冬残奥通用】athlète blessé médullaire
脊柱侧凸的	【冬残奥通用】scoliotique
脊柱侧凸的运动员	【冬残奥通用】athlète scoliotique
脊椎裂	【冬残奥通用】spina bifida
计分	【通用】calcul/marquage des points, classement par points
计分办公室	【通用】bureau de calcul des résultats
计分办公室<加拿大>	【通用】bureau de pointage <Canada>
计分表<加拿大>	【通用】feuille de marque/pointage <Canada>
计时	【通用】chronométrage
计时裁判	【通用】juge-chronométreur(,euse), juge de chronométrage
计时的准确性	【自由式滑雪】exactitude du chronométrage
计时分（雪上技巧项目）	【自由式滑雪】notes de temps (épreuve de ski sur bosses)
计时负责人	【冬季两项】【残奥冬季两项】chef chronométreur
计时和数据处理负责人	【越野滑雪】【残奥越野滑雪】【冬季两项】【残奥冬季两项】 chef du chronométrage et du traitement des données
计时滑行	【通用】descente chronométrée
计时器	【通用】chronomètre
计时赛	【速度滑冰】essai chronométré
计时台	【通用】estrade pour les chronométreurs
计时系统故障	【通用】bris/défectuosité du système de chronométrage
计时训练	【通用】entraînement chronométré
计时员	【冰球】【残奥冰球】chronométreur(,euse)
计时员区域	【越野滑雪】aire des chronométreurs
计算表	【跳台滑雪】barème, barème pour les calculs
计算部门负责人	【冬季两项】【残奥冬季两项】chef (du bureau) des calculs
记分板	【通用】tableau d'affichage (des résultats)
记分官员	【通用】pointeur(,euse)
记分卡	【通用】carte de marquage
记分卡<加拿大>	【通用】carte de pointage <Canada>
纪录	【通用】record
纪录保持者	【通用】détenteur d'un record

记录卡片	【冰球】【残奥冰球】fiche
记录器	【速度滑冰】compilateur
记录圈数	【速度滑冰】inscrire les tours
记圈器	【速度滑冰】compteur/marqueur de tours
记者部门	【通用】section des correspondants
纪律委员会	【通用】Comité de discipline, Commission de discipline
技巧	【短道速滑】habileté
技术测距装置故障	【跳台滑雪】défaillance des appareils de mesure technique des longueurs
技术测量	【跳台滑雪】mesure technique (le produit ou l'action)
技术错误	【冰球】【残奥冰球】défaillance/erreur technique
技术代表	【残奥高山滑雪】【残奥冬季两项】【残奥越野滑雪】délégué technique (DT)
技术得分	【花样滑冰】valeur technique
技术动作表（节目）	【花样滑冰】tableau des éléments (d'un programme)
技术犯规	【冬季两项】【残奥冬季两项】faute technique
技术检查	【雪车】vérification technique
技术类比赛	【残奥高山滑雪】épreuve technique
技术难度	【自由式滑雪】difficulté technique
技术内容（节目）	【花样滑冰】contenu technique (d'un programme)
技术缺陷（步枪）	【冬季两项】【残奥冬季两项】défectuosité technique (du fusil)
技术设备（比赛用）	【越野滑雪】aménagements/installations techniques (pour une compétition)
技术数据（和跑道相关）	【雪车】données techniques (relatives à la piste)
技术水平得分	【花样滑冰】note pour la valeur technique
技术委员会	【冬季两项】【残奥冬季两项】Commission technique
技术训练	【速度滑冰】entraînement technique
季后赛	【通用】après la saison, après-saison【冰球】【残奥冰球】match/partie éliminatoire【冰壶】【轮椅冰壶】série éliminatoire
季后赛轮次	【冰球】【残奥冰球】ronde éliminatoire

汉法

季前	【冰球】【残奥冰球】avant-saison
季前赛	【冰球】【残奥冰球】<u>match/partie</u> d'avant-saison
既定训练（比赛前的）	【通用】entraînement prévu (avant une compétition)
继续进行比赛	【通用】poursuivre la compétition
继续有效	【跳台滑雪】subsister
加罚	【冰球】【残奥冰球】pénalité <u>additionnelle/supplémentaire</u>, punition <u>supplémentaire/additionnelle</u>
加高的	【雪橇】relevé(,e)
加工	【自由式滑雪】façonner
加强	【速度滑冰】renforcement
加强脚踝力量	【速度滑冰】renforcement des chevilles
加热	【雪车】chauffer
加热滑刃	【雪车】chauffer les patins
加热雪橇滑刃	【雪橇】chauffer <u>la semelle des patins/les patins</u>
加入	【通用】affiliation
加赛	【冰壶】【轮椅冰壶】<u>jeu/parcours</u> supplémentaire
加时赛	【冰球】【残奥冰球】supplémentaire, période de prolongation, période supplémentaire, prolongation
加速	【通用】accélération
加速力量	【通用】force d'accélération
加速弯道	【雪车】<u>courbe/virage</u> d'accélération
加长的	【滑雪通用】rallongé(,e)
加长间隔出发	【滑雪通用】départs à intervalles rallongés
嘉宾看台	【通用】estrade pour les invités
嘉年华探戈	【花样滑冰】Tango Fiesta
假臂	【冬残奥通用】prothèse de <u>bras/membre supérieur</u>
假动作	【冰球】【残奥冰球】feinte
假器（残疾人使用的）	【冬残奥通用】prothèse
假肢接受腔	【冬残奥通用】emboîture de la prothèse
驾驶	【雪橇】conduite
驾驶规则	【雪橇】règle de conduite
驾驭冰橇	【残奥冰球】manœuvrer la luge

坚固冰	【冰壶】【轮椅冰壶】【花样滑冰】【速度滑冰】【短道速滑】glace rapide
坚固的	【速度滑冰】résistant(,e)
坚硬的冰面（冰面过于干燥导致不滑）	【滑冰通用】glace dure (glace sèche qui ne glisse pas)
间隔	【通用】intervalle
间隔出发	【通用】【滑雪通用】départs décalés【越野滑雪】【残奥越野滑雪】【冬季两项】【残奥冬季两项】départ <u>décalé</u>/échelonné/échelonné dans le temps/par intervalle
间歇训练	【通用】entraînement par intervalles
肩膀	【花样滑冰】épaule
肩膀在雪橇上的垂直压力	【雪橇】pression perpendiculaire de l'épaule sur la luge
肩并肩燕式旋转（双人滑）	【花样滑冰】arabesque côte à côte (couple)
肩部托举	【花样滑冰】levée par l'épaule
肩部脱臼	【通用】luxation d'une épaule
肩部阻截	【冰球】【残奥冰球】mise en échec avec l'épaule
监控点（终点缓冲区的）	【雪橇】poste de contrôle (dans l'aire de dégagement)
监门员	【冰球】【残奥冰球】juge de but
检查	【通用】contrôle【跳台滑雪】【自由式滑雪】【越野滑雪】【残奥越野滑雪】inspection
检查点	【越野滑雪】poste de contrôle
检查滑雪板官员	【冬季两项】【残奥冬季两项】contrôleur des skis
检查卡	【通用】carte de contrôle
检查赛道（官员）	【滑雪通用】inspecter la piste (par les officiels)
检查员	【雪橇】inspecteur(,trice)【越野滑雪】contrôleur(,euse)
检查站点	【冬季两项】【残奥冬季两项】poste de contrôle
检镜仪（为运动员分组的仪器）	【冬残奥通用】frontofocomètre
检票员	【通用】contrôleur(,euse)
检眼镜（用于运动员分组）	【冬残奥通用】ophtalmoscope
减轻滑雪板重量阶段	【残奥滑雪】phase d'allégement
减缓着陆冲击力的难度	【跳台滑雪】difficulté à amortir <u>le choc</u>/l'impact à la réception
减速	【雪橇】décélération

汉
法

减速区	【雪车】【雪橇】piste de décélération
健康状况	【通用】état de santé
健全的	【冬残奥通用】non handicapé, valide
健全的肢体	【冬残奥通用】membre sain/valide
健身实心球	【冬残奥通用】ballon d'entraînement/d'exercice
渐进（从最简单到最复杂）	【自由式滑雪】progression (du plus simple au plus complexe)
箭头形起跑线	【越野滑雪】【残奥越野滑雪】formation en flèche, ligne de départ en forme de flèche
箭头形起跑线尖端	【越野滑雪】【残奥越野滑雪】pointe de la flèche
箭头状出发排位	【越野滑雪】【残奥越野滑雪】grille de départ en pointe de flèche
将冰壶轻推出大本营	【冰壶】【轮椅冰壶】sortir une pierre de justesse de la maison
将测量距离二舍三入	【跳台滑雪】arrondir la mesure de la distance
将枪中的弹药退出	【冬季两项】【残奥冬季两项】décharger une arme/carabine, désapprovisionner une arme/carabine
将球员转让（给其他球队）	【冰球】【残奥冰球】céder le contrat d'un joueur (à une autre équipe)
将腿固定在雪橇上	【残奥冰球】attacher les jambes sur la luge
将一名球员罚下场	【冰球】【残奥冰球】expulser un joueur du match
僵硬	【自由式滑雪】rigidité
僵直	【花样滑冰】raideur
奖杯	【通用】coupe
奖牌	【通用】médaille
奖牌获得者	【通用】gagnant(,e) d'une médaille, médaillé(,e)
奖项（奖金）重新分配	【通用】redistribution des prix
降雪，降雪量	【通用】chute de neige
交叉并步（冰舞中的一种滑翔步，两脚交替滑行）	【花样滑冰】chassé croisé (un pas de danse)
交叉的	【花样滑冰】croisé(,e)
交叉蹬冰（一种舞步）	【花样滑冰】poussée croisée (un pas de danse)
交叉点	【越野滑雪】【残奥越野滑雪】intersection, point d'intersection

汉法

交叉拉手	【花样滑冰】prise de main croisée
交叉内刃摇摆步	【花样滑冰】roulé swing croisé (un pas de danse)
交叉退步	【花样滑冰】sortie croisée
交叉旋转	【花样滑冰】pirouette pieds croisés
交叉训练	【冬残奥通用】entraînement croisé
交叉摇滚步	【花样滑冰】roulé croisé
交叠	【花样滑冰】chevaucher
交锋	【冰球】【残奥冰球】confrontation
交替蹬冰	【花样滑冰】course (un pas de danse), pas progressif, Pr
交替滑行步	【越野滑雪】【残奥越野滑雪】pas alternatif
浇冰	【冰球】【残奥冰球】arroser la <u>glace/patinoire</u>
胶布	【冰球】【残奥冰球】ruban gommé
角	【跳台滑雪】angle
角动量转移	【花样滑冰】transfert du moment angulaire
角度过大（刷冰）	【冰壶】dévier
角落防卫	【冰壶】【轮椅冰壶】garde <u>de côté/latérale</u>
矫形装置	【冬残奥通用】orthèse, appareillage orthopédique
矫正器（支架、背带等）	【冬残奥通用】appareil orthopédique
脚踝	【雪橇】【速度滑冰】cheville
脚尖着地滑行	【冰壶】【轮椅冰壶】glissade sur les orteils
脚踏板（坐姿滑雪配件）	【残奥高山滑雪】【残奥冬季两项】【残奥越野滑雪】repose-pieds
较差的赛道可视条件	【自由式滑雪】mauvaise visibilité du relief de la piste
较差的雪包可视条件	【自由式滑雪】mauvaise visibilité du relief des bosses
较低的平台（跳台上）	【跳台滑雪】plate-forme plus basse (sur le tremplin)
教练	【通用】entraîneur(,euse)
教练区	【冰球】【残奥冰球】zone des entraîneurs
教练席第一排	【跳台滑雪】plancher du permier gradin (entraîneur)
教练席楼层	【跳台滑雪】plancher de la tribune des entraîneurs
教练席楼层高度	【跳台滑雪】hauteur du plancher de la tribune des entraîneurs
教练席前面	【跳台滑雪】devant de la tribune des entraîneurs
教练员	【冰球】【残奥冰球】entraîneur(,euse)

汉
法

接传球	【冰球】【残奥冰球】recevoir une passe
接传球球员	【冰球】【残奥冰球】receveur(,euse) (d'une passe)
接力	【雪车】【冬季两项】【残奥冬季两项】【北欧两项】【越野滑雪】【残奥越野滑雪】【短道速滑】relais, relayer
接力裁判	【越野滑雪】【残奥越野滑雪】juge de relais
接力交接区出发	【冬季两项】【残奥冬季两项】départ dans la zone de passage des relais
接力起跑线	【越野滑雪】【残奥越野滑雪】ligne de départ du relais
接力区	【越野滑雪】【残奥越野滑雪】zone de passage des relais/d'échange/de relais
接力区裁判	【越野滑雪】【残奥越野滑雪】juge de passage des relais
接力区域裁判	【冬季两项】【残奥冬季两项】【北欧两项】【越野滑雪】【残奥越野滑雪】juge dans la zone de passage, juge du passage dans la zone de relais, juge du passage des relais
接力赛	【雪车】【冬季两项】【残奥冬季两项】【北欧两项】【越野滑雪】【残奥越野滑雪】course à relais, compétition/parcours/épreuve de relais, relais par équipe
接力赛出发	【滑雪通用】【残奥越野滑雪】départ du relais
接力赛道	【滑雪通用】parcours du relais, piste de relais
接力赛优胜者	【滑雪通用】vainqueur de l'épreuve de relais/du relais
接力团队	【雪车】【越野滑雪】【残奥越野滑雪】équipe de relais
接力中（队友的）前推	【短道速滑】poussée en relais
接力中的接触	【短道速滑】toucher en relais
接受（处罚）	【冰球】【残奥冰球】purger
接续步	【花样滑冰】série/suite de pas
节目图案	【花样滑冰】tracé de programme
节拍	【花样滑冰】tempo
节奏	【花样滑冰】rythme
节奏流畅的中心转移	【速度滑冰】déplacement du poids du corps avec rythme et de façon coulée
明星运动员	【冰球】【残奥冰球】joueur étoile/vedette/par excellence, vedette

汉
法

结冰（冰上赛道冰面）	【通用】réfrigération (revêtement de glace de la piste)
结束	【花样滑冰】terminer
结霜	【冰壶】【轮椅冰壶】accumulation de givre
截断	【冰球】【残奥冰球】intercepter
截瘫的（患者）	【冬残奥通用】paraplégique
截瘫运动员	【冬残奥通用】athlète paraplégique
截肢	【冬残奥通用】amputation, amputation de membre
截肢的（人）	【冬残奥通用】amputé(,e)
截肢运动员	【冬残奥通用】athlète amputé(,e)
界墙	【冰球】【残奥冰球】balustrade, bande, clôture, rampe
界外球	【冰球】【残奥冰球】disque/rondelle hors-jeu
金牌	【通用】or (médaille), médaille d'or
金属靶	【冬季两项】【残奥冬季两项】cible métallique
金属杆	【滑雪通用】bâton de métal/métallique
金属架冰橇	【残奥冰球】luge/traîneau à châssis métallique, traîneau d'armature en métal
金属尖（滑雪杖的）	【滑雪通用】point métallique (du bâton)
金属框架	【残奥冰球】cadre de métal
紧密夯实的跳台	【跳台滑雪】tremplin damé ferme
紧随其后的参赛选手	【通用】compétiteur(,trice) qui suit
紧随其后的速度滑冰运动员	【速度滑冰】patineur(,euse) (de vitesse) qui suit
锦标赛	【冰球】【残奥冰球】championnat
进攻	【冰球】【残奥冰球】attaque
进攻得分最佳区	【冰球】【残奥冰球】embouchure du but/filet
进攻的	【冰球】【残奥冰球】offensif(,ve)
进攻球员	【冰球】【残奥冰球】(joueur) attaquant
进攻型打法	【冰球】【残奥冰球】jeu offensif
进球	【冰球】【残奥冰球】but
进球得分	【冰球】【残奥冰球】compter (un but), marquer (un but)
进球平均数	【冰球】【残奥冰球】moyenne de buts
进入刃（旋转动作中）	【花样滑冰】carre d'entrée (dans une pirouette)

汉
法

进入淘汰赛的选手	【速度滑冰】participants(,es) aux éliminatoires
进行性肌萎缩	【冬残奥通用】myopathie
进展	【花样滑冰】déroulement
近防卫	【冰壶】【轮椅冰壶】garde courte
晋升击石	【冰壶】【轮椅冰壶】montée, monter, monter un placement/une pierre
晋升击走	【冰壶】【轮椅冰壶】sortie montée
禁用清单（兴奋剂）	【通用】Liste des interdictions
经过改装的冰球杆	【残奥冰球】bâton/crosse de hockey adaptée
经过特别改装的滑雪杖	【残奥高山滑雪】【残奥冬季两项】【残奥越野滑雪】bâton de ski adapté
精度射击	【冬季两项】【残奥冬季两项】tir de précision
精确	【跳台滑雪】exactitude
精确时间	【通用】temps précis
精英级别	【冬残奥通用】niveau compétitif
颈部保护器	【冰球】【残奥冰球】protège-cou, protège-gorge
警报信号	【自由式滑雪】signal d'avertissement
净重	【冰壶】【轮椅冰壶】pesanteur de garde
胫骨	【冰球】【残奥冰球】【短道速滑】tibia
胫甲	【冬残奥通用】jambière
痉挛状态	【冬残奥通用】spasticité, hypertonie spastique
竞赛	【通用】compétition, épreuve
竞赛的技术部分	【通用】déroulement technique d'une compétition
竞赛官员	【滑雪通用】officiel de la course
竞赛号码	【通用】numéro de coureur(,euse)
竞赛领导委员会（竞赛总监，起点负责人，终点处负责人，跑道负责人）	【雪橇】Comité de l'épreuve (directeur de l'épreuve, chef au départ, chef à l'arrivée, directeur du parcours)
竞赛条件下（赛道状态）	【越野滑雪】dans des conditions de course (état de la piste)
竞速赛	【速度滑冰】patin de sprint
竞争者	【冬季两项】【残奥冬季两项】concurrent(,e)

汉
法

静止冰壶	【冰壶】【轮椅冰壶】pierre immobile/immobilisée/stationnaire
镜式滑行（双人滑）	【花样滑冰】patinage reflété/symétrique (couple)
救援队	【冬残奥通用】équipe de secours
局（比赛）	【冰壶】【轮椅冰壶】bout, parcours, période
矩	【花样滑冰】moment
举杆过高	【冰球】【残奥冰球】porter son bâton élevé
举杆过高犯规	【冰球】【残奥冰球】faute de bâton/crosse
举起信号旗	【通用】hisser les couleurs/drapeaux
拒绝	【冰球】【残奥冰球】refus
拒绝比赛	【冰球】【残奥冰球】refus de jouer
具有技术功能的设备	【冬残奥通用】équipement/matériel avec fonction technique
俱乐部教练	【花样滑冰】entraîneur(,euse) du club
俱乐部之间的竞赛	【花样滑冰】compétition interclubs
距离	【通用】distance
距离标志	【跳台滑雪】marque de longueur
距离测量	【跳台滑雪】mesure de longueur
距离测量裁判	【跳台滑雪】juge des mesures de longueurs
距离测量卷尺	【跳台滑雪】ruban à mesurer les longueurs
距离记录点	【跳台滑雪】note de longueur
距离记录工作人员	【跳台滑雪】secrétaire aux mesures de longueurs
距离总分	【跳台滑雪】total des notes de longueur
卷尺	【跳台滑雪】mesure à ruban
决定性的	【冰球】【残奥冰球】décisif(,ve)
决定性的投壶	【冰壶】【轮椅冰壶】coup clé/décisif, lancer clé/décisif
决赛	【通用】finale
决胜局	【冰球】【残奥冰球】match décisif/final, partie décisive/finale
决胜局射门	【冰球】【残奥冰球】tir de bris d'égalité
军用步枪	【冬季两项】【残奥冬季两项】fusil militaire
均等的曲率	【花样滑冰】courbe uniforme, uniformité de la courbe
均匀分布凸起小冰点的冰面	【冰壶】【轮椅冰壶】glace perlée, pitons

汉法

K

开除	【冰球】【残奥冰球】renvoyer
开放跑道	【雪车】【雪橇】【滑雪通用】piste ouverte
开放赛道	【越野滑雪】ouvrir la piste
开放跳台	【跳台滑雪】【自由式滑雪】tremplin ouvert
开幕典礼的	【冰球】【残奥冰球】inaugural(,e)
开幕式	【通用】cérémonie d'ouverture
开枪	【冬季两项】【残奥冬季两项】tirer, faire feu, tirer un coup
开始	【冰球】【残奥冰球】début
开始（一场比赛）	【冰球】【残奥冰球】démarrage (d'une partie)
开始比赛	【冰球】【残奥冰球】amorcer un jeu, mise au/en jeu, engagement, remise en jeu
开始滑降	【越野滑雪】amorcer une descente
开始做规定动作	【自由式滑雪】commencer sa routine
开式背后交叉蹬冰	【花样滑冰】poussée-élan en (position) Kilian ouvert
开式莫霍克步（一种冰舞舞步）	【花样滑冰】Mohawk ouvert (un pas de danse)
开式握手姿势（冰舞狐步舞中的握法）	【花样滑冰】prise en position (de danse) ouverte
开式姿势（冰舞狐步舞中的握手法）	【花样滑冰】position (de danse) ouverte
勘测确认	【自由式滑雪】【跳台滑雪】【越野滑雪】【残奥越野滑雪】reconnaissance
看台	【通用】estrade, gradins, tribune
看台负责人	【越野滑雪】【残奥越野滑雪】【冬季两项】【残奥冬季两项】chef de l'estrade
抗议（对裁判裁定）	【冰球】【残奥冰球】contestation (de la décision de l'arbitre)
抗议无效	【通用】protêt rejeté<Canada>, réclamation rejeté <Europe>
抗阻训练	【通用】entraînement de résistance
可变条件（因为残疾水平不一）	【冬残奥通用】atteinte variable

汉
法

可得到的最高分	【花样滑冰】nombre maximum de points possibles
可调节滑刃	【雪车】patin articulé, patin mobile
可调节连接器（助滑器上）	【残奥滑雪】joint articulé (sur un bâton d'appui)
可获得分值	【花样滑冰】points possibles
可见性	【自由式滑雪】visibilité
可接受的	【冰球】【残奥冰球】admissible
可能的结果	【通用】résultat probable
可能会造成危险的低温	【跳台滑雪】température dangereusement basse
可伸缩滑雪杖	【高山滑雪】【残奥高山滑雪】piquet articulé
可收缩的	【雪车】rétractable
可收缩推杆（仅供舵手使用）	【雪车】barre de poussée rétractable (celle du pilote seulement)
可自选提前设备检查	【冬季两项】【残奥冬季两项】contrôle préliminaire facultatif de l'équipement
客场比赛	【冰球】【残奥冰球】match à l'étranger/sur la route, partie à l'étranger/sur la route
客队	【冰球】【残奥冰球】équipe des visiteurs, visiteurs
空调房	【通用】salle de conditionnement physique/de mise en condition/d'échauffement
空翻	【自由式滑雪】culbute, manœuvre à la verticale inversée
空翻（空中技巧）	【自由式滑雪】saut périlleux (saut)
空翻加转体	【自由式滑雪】saut périlleux avec rotation latérale/vrille(s)
空翻跳台	【自由式滑雪】tremplin pour sauts périlleux
空翻一周	【自由式滑雪】saut périlleux simple
空翻一周加转体	【自由式滑雪】saut périlleux simple avec vrille(s)
空间利用	【自由式滑雪】utilisation de l'espace
空局	【冰壶】【轮椅冰壶】manche nulle/sans point
空局策略	【冰壶】【轮椅冰壶】blanc intentionnel
空门	【冰球】【残奥冰球】but/filet désert
空中	【高山滑雪】【残奥高山滑雪】dans les airs
空中动作	【自由式滑雪】forme
空中动作缺乏稳定性	【跳台滑雪】manque d'assurance en vol

汉
法

空中飞行动作结束时	【跳台滑雪】à la fin du vol, dernière partie de vol
空中轨迹和高度（空中动作第二阶段）	【自由式滑雪】trajectoire et hauteur (2ᵉ phase des sauts)
空中技巧混合团体	【自由式滑雪】Ski acrobatique saut par équipes mixtes
空中转体（空中技巧）	【自由式滑雪】hélicoptère (saut)
空中转体（雪上芭蕾）	【自由式滑雪】rotation dans les airs (ballet)
孔眼（用于冰鞋系鞋带）	【花样滑冰】【速度滑冰】【短道速滑】œillet (pour lacer les patins)
控杆技术	【冰球】【残奥冰球】technique de maniement du bâton
控告	【通用】plainte
控球	【冰壶】【轮椅冰壶】contrôle de la rondelle/du disque/du palet
控球球员	【冰球】【残奥冰球】porteur de la rondelle/du palet/du disque
控制	【雪橇】guidage【自由式滑雪】contrôle
控制门	【自由式滑雪】porte de contrôle
口袋	【冰壶】【轮椅冰壶】poche
口号	【通用】credo
口头抗议	【通用】protêt verbal <Canada>, réclamation verbale <Europe>
扣动扳机	【冬季两项】【残奥冬季两项】appuyer sur/tirer la détente
胯骨	【花样滑冰】hanche
跨步	【速度滑冰】foulée【越野滑雪】pas marché
跨大步	【花样滑冰】grand pas
快步	【花样滑冰】pas rapide
快步（冰舞）	【花样滑冰】Quickstep (danse)
快溶解的冰	【滑冰通用】glace molle
快融化的雪	【滑雪通用】neige molle
快速地	【花样滑冰】rapidement
快速的	【花样滑冰】【冰球】【速度滑冰】rapide
快速滑（练习）	【花样滑冰】patiner rapidement (comme exercice)
快速蜡	【越野滑雪】【残奥越野滑雪】【冬季两项】【残奥冬季两项】fart de glisse

快速起动（坐姿滑雪者只能在出发门前被推一下，不允许快速起动）	【残奥高山滑雪】départ avec élan
快速射	【冰球】【残奥冰球】lancer/tir rapide
快速旋转	【花样滑冰】pirouette exécutée rapidement/rapide
快舞	【花样滑冰】danse rapide
宽度	【通用】largeur
髋关节支撑装置	【冬残奥通用】appareil fonctionnel pour la hanche
扩声系统（帮助 B1、B2 以及 B3 组运动员听到指令）	【残奥高山滑雪】【残奥冬季两项】【残奥越野滑雪】installation/système de sonorisation
扩音器（帮助 B1, B2 以及 B3 组运动员听到指令）	【残奥高山滑雪】【残奥冬季两项】【残奥越野滑雪】microphone
扩音装备（领滑员和运动员均可佩戴的可改善无线电通信接听效果的设备）	【残奥高山滑雪】【残奥冬季两项】【残奥越野滑雪】amplificateur

L

拉索托举	【花样滑冰】lasso
拉文斯堡华尔兹（冰舞）	【花样滑冰】Valse Ravensburger (danse)
蜡	【自由式滑雪】fart
蜡测试	【越野滑雪】【残奥越野滑雪】【冬季两项】【残奥冬季两项】test de fartage
蜡罐	【越野滑雪】poussette
来复线（枪的）	【冬季两项】【残奥冬季两项】rayure
拦截	【冰球】【残奥冰球】interception
栏线	【冰壶】【轮椅冰壶】ligne de cochon/jeu, hog score <Europe>, ligne des cochons
蓝调	【花样滑冰】Blues
蓝色旗门	【高山滑雪】【残奥高山滑雪】porte bleue

蓝线（将冰场划分为攻区、守区和中区的线）	【冰球】【残奥冰球】ligne bleue
篮筐	【滑雪通用】panier
缆车	【自由式滑雪】télésiège 【滑雪通用】monte-pente, remontée(s) mécanique(s), remonte-pente, téléski
缆车速度	【通用】vitesse d'un télésiège
缆车塔	【滑雪通用】pylône d'une remontée mécanique
浪费时间	【越野滑雪】perte de temps
老资格运动员	【冰球】【残奥冰球】vétéran, ancien joueur/ancienne joueuse
雷管	【冬季两项】【残奥冬季两项】capsule
累积的	【冰球】【残奥冰球】cumulatif(,ve)
累积距离	【冰壶】【轮椅冰壶】distance cumulative
累计时间	【通用】temps cumulatif (qui s'additionne en cours d'épreuve), temps cumulé (qu'on a additionné une fois la dernière épreuve terminée)
离开	【冰球】【残奥冰球】sortir
离开比赛	【冰球】【残奥冰球】quitter le match
离开冰场	【冰球】【残奥冰球】quitter la glace/patinoire
离开设有旗子标志的赛道	【越野滑雪】quitter la piste balisée/tracée
离心力	【雪车】force centrifuge
犁式滑降	【滑雪通用】chasse-neige
犁式滑降姿势	【滑雪通用】position de/en chasse-neige
犁式转弯	【滑雪通用】virage chasse-neige
礼仪	【冰壶】【轮椅冰壶】courtoisie
力度小的射门	【冰球】【残奥冰球】lancer/tir faible
力矩	【花样滑冰】moment d'une force
力量	【花样滑冰】force 【冰壶】【轮椅冰壶】force, vigueur
力量小的投壶	【冰壶】【轮椅冰壶】lancer mou
立即被纠正的失误	【跳台滑雪】faute immédiatement corrigée
立刃	【高山滑雪】【残奥高山滑雪】prise de carre(s)
立刃角度	【高山滑雪】【残奥高山滑雪】angle de prise de carre(s)

立式（射击）姿势	【冬季两项】tir debout
立姿	【花样滑冰】【跳台滑雪】position debout
立姿出发	【速度滑冰】position debout pour un départ arrêté
立姿射击	【冬季两项】position debout pour tirer
粒状雪	【滑雪通用】neige granuleuse
连贯的	【自由式滑雪】enchaîné(,e)
连贯平行式转弯	【自由式滑雪】virages en parallèle enchaînés/enchaînés en parallèle
连环射击	【冬季两项】série de tirs
连接	【雪车】raccordement
连接步法	【花样滑冰】pas de liaison/d'enchaînement
连连失败	【冰球】【残奥冰球】série de défaites/de revers/d'échecs
连桥	【雪橇】portique
连胜	【冰球】【残奥冰球】série de victoires
连跳	【花样滑冰】combinaison de sauts
连续步法	【花样滑冰】séquence de jeux de pieds
连续弹跳	【冰球】【残奥冰球】ricochet
连续的半圆对称图形	【花样滑冰】tracé symétrique de demi-cercles continus
连续的滚落线（雪上芭蕾）	【自由式滑雪】ligne de pente constante (ballet)
连续拍摄相机	【越野滑雪】caméra de chrono
连续判罚	【冰球】【残奥冰球】pénalité/punition consécutive
连续跳跃	【花样滑冰】séquence de sauts
连续性	【花样滑冰】continuité
连指手套	【速度滑冰】moufle
联合旋转	【花样滑冰】combinaison de pirouette
联盟	【冰球】【残奥冰球】ligue
联赛	【冰球】【残奥冰球】【冰壶】tournoi
练习裁判	【跳台滑雪】s'exercer à juger
练习跑道	【通用】course d'essai
练习赛	【跳台滑雪】manche d'essai
良好开端	【通用】départ lancé
两侧瘫痪的（人）	【冬残奥通用】diplégique

汉法

两侧瘫痪的运动员	【冬残奥通用】athlète diplégique
两侧斜坡	【雪车】remparts latéraux
两段扳机	【冬季两项】double détente
两个后外点冰组合跳	【花样滑冰】combinaison de deux sauts de boucle piqué
两脚架（机枪等的）	【冬季两项】【残奥冬季两项】bipied
两轮滑行赛制	【高山滑雪】【残奥高山滑雪】épreuve en deux manches
两腿之间很好的角度	【速度滑冰】bon angle des jambes, jambes dans un bon angle
两周葫芦步（适应性训练）	【花样滑冰】double godille (exercice de conditionnement)
两周空翻	【自由式滑雪】double saut périlleux
两周空翻加转体	【自由式滑雪】double saut périlleux avec vrille(s)
两周跳跃（雪上芭蕾跳跃）	【自由式滑雪】saut de 720 degrés (saut en ballet)
两周转体	【自由式滑雪】double vrille
列入计划表	【通用】inscrire <u>à l'horaire</u>/<u>au calendrier</u>, mettre <u>à l'horaire</u>/<u>au calendrier</u>
劣势	【冰球】【残奥冰球】désavantage, infériorité
裂口（刀刃上的）	【冰球】【残奥冰球】brèche (sur la lame)
裂隙灯（对运动员眼睛进行测试，以便对运动员进行分组）	【冬残奥通用】biomicroscopie, lampe à fente
临界低温	【跳台滑雪】température critique (trop basse)
临时的	【越野滑雪】provisoire
临时排名	【通用】classement provisoire
临时跑道	【越野滑雪】<u>parcours</u>/<u>piste</u> provisoire
临时暂停（一场比赛）	【冰球】【残奥冰球】suspension temporaire (du jeu ou d'une partie)
凌空	【冰球】【残奥冰球】au vol
凌空传球	【冰球】【残奥冰球】passe au vol
领导	【冬季两项】【雪橇】directeur(,trice)
领队	【冰球】【残奥冰球】directeur(,trice)
领队（国家队）	【通用】directeur de l'équipe
领滑员标志布（必须是荧光橙色，带有 G 字样）	【残奥高山滑雪】【残奥冬季两项】【残奥越野滑雪】dossard de guide

汉法

领滑运动员	【短道速滑】meneur(,euse)
领奖台	【通用】podium, podium des vainqueurs
领位员	【通用】ouvreur(,euse)
领先	【通用】avance
领先的滑冰运动员	【速度滑冰】【短道速滑】meneur(,euse); patineur(,euse) en tête
领先对手	【冰壶】【轮椅冰壶】devancer l'adversaire, prendre les devants
留球	【冰球】【残奥冰球】passe <u>courte arrière/en retrait</u>
留在大本营	【冰壶】【轮椅冰壶】<u>immobilisation/rester</u> dans la maison
流畅	【自由式滑雪】fluidité
流畅进行（一系列动作的）	【跳台滑雪】évolution (série de figure exécutées)
流畅的舞蹈动作	【花样滑冰】déroulement de la danse
流弹	【冬季两项】【残奥冬季两项】balle égarée
流局	【冰壶】【轮椅冰壶】manche blanche
流线型的	【雪车】aérodynamique
流线型外形	【雪车】forme aérodynamique
流线型罩	【雪车】capot, carénage (enveloppe aérodynamique)
隆起	【花样滑冰】protubérance
漏击	【冬季两项】【残奥冬季两项】<u>tir</u>/<u>coup</u> manqué, coup raté
陆地预备训练	【通用】préparation physique
鹿	【花样滑冰】cerf
鹿皮冰鞋	【花样滑冰】chaussure en peau d'élan
鹿跳	【花样滑冰】position <u>de biche</u>/<u>du cerf</u>, saut de biche, une biche
伦巴（冰舞）	【花样滑冰】Rumba (danse)
轮次	【冬季两项】【残奥冬季两项】tour
轮廓	【花样滑冰】profil
轮椅	【轮椅冰壶】chaise roulante, fauteuil roulant
轮椅冰壶	【轮椅冰壶】curling en fauteuil roulant
轮椅冰壶精英运动员	【轮椅冰壶】curleur(,euse) d'élite en fauteuil roulant

汉
法

轮椅冰壶运动员	【轮椅冰壶】curleur(,euse) en fauteuil roulant
螺栓	【冰壶】【轮椅冰壶】boulon
螺旋	【花样滑冰】spirale (un mouvement de transition)
螺旋弧度	【花样滑冰】courbe spirale
螺旋曲线（冰刃在冰面）	【花样滑冰】courbe en spirale (de la carre sur la glace)
螺旋图形	【花样滑冰】spirale (figure)
螺旋线	【花样滑冰】spirale de la mort
螺旋线滑入用刃	【花样滑冰】carre spiralée d'entrée
螺旋线滑行刃	【花样滑冰】carre de spirale/spiralée (carre décrivant la courbe)
螺旋旋转	【花样滑冰】pirouette en vrille/vrillée, position de la spirale/en spirale/spirale
落冰（跳跃动作的第四部分）	【花样滑冰】réception (au sol) (4e partie d'un saut)
落冰（托举动作的第四部分）	【花样滑冰】réception (4e partie d'une levée)
落冰刃	【花样滑冰】carre d'arrivée/de réception
落冰姿势	【花样滑冰】position à la réception/de réception
落下	【通用】chute, tomber
绿灯	【跳台滑雪】feu vert【冰球】【残奥冰球】lumière verte
绿线（跳台点标志）	【跳台滑雪】ligne verte (indiquant le point de table)

M

麻痹性痴呆	【冬残奥通用】parésie
马蹄形畸形	【冬残奥通用】pied bot équin, pied équin, équinisme
马祖卡跳	【花样滑冰】(saut) Mazurka
慢动作回放	【通用】ralenti (télévision), reprise au ralenti
慢速旋转	【花样滑冰】pirouette exécutée lentement/lente
慢速助滑跑道	【跳台滑雪】piste d'élan lente
慢舞	【花样滑冰】danse lente
盲人滑雪运动员	【残奥高山滑雪】【残奥冬季两项】【残奥越野滑雪】 skieur(,euse) aveugle

盲人越野滑雪运动员	【残奥越野滑雪】ski de fond pour <u>personnes aveugles</u>/<u>skieurs(,euses) aveugles</u>
盲人运动员	【冬残奥通用】athlète aveugle
铆钉	【滑冰通用】rivet
帽带下巴托（头盔扣在颌下的）	【冰球】【残奥冰球】jugulaire
帽子戏法（一名球员在单场比赛中攻入三球）	【冰球】【残奥冰球】tour du chapeau
没有成功的	【冬季两项】【残奥冬季两项】manqué(,e); raté(,e)
没有到达大本营	【冰壶】【轮椅冰壶】ne pas atteindre la maison
没有协助的	【冰球】【残奥冰球】sans aide
媒体代表	【通用】représentant de la presse
猛攻	【冰球】【残奥冰球】presser
弥补	【冰球】【残奥冰球】racheter
迷宫式弯道	【雪车】【雪橇】labyrinthe, labyrinthe <u>de glace</u>/<u>glacé</u>
密集扭夺	【冰球】【残奥冰球】mêlée, empilage
免去的罚圈	【冬季两项】boucle de pénalité omise
面罩（守门员）	【冰球】【残奥冰球】masque (de gardien)
瞄准	【冬季两项】【残奥冬季两项】mire
瞄准点	【冬季两项】【残奥冬季两项】point de <u>mire</u>/<u>visée</u>
瞄准具校正	【冬季两项】【残奥冬季两项】zérotage
瞄准器	【冬季两项】【残奥冬季两项】hausse
瞄准器调校	【冬季两项】【残奥冬季两项】ajustement de hausse, réglage de hausse
瞄准系统	【冬季两项】【残奥冬季两项】système de visée
瞄准线	【冬季两项】【残奥冬季两项】ligne de <u>mire</u>/<u>visée</u>(LDV)
瞄准训练	【冬季两项】【残奥冬季两项】exercices de visée
敏捷	【花样滑冰】vélocité
敏锐	【冬残奥通用】acuité
名次并列	【通用】à égalité
名次并列者	【通用】ex aequo
名人堂	【通用】Temple de la renommée
明星	【冰球】【残奥冰球】étoile
命中	【冬季两项】【残奥冬季两项】impact

汉
法

模拟的	【冰球】【残奥冰球】simulé(,e)
模拟赛	【冰球】【残奥冰球】match simulé
摩擦	【雪橇】friction, frottement
摩擦系数	【雪车】【雪橇】coefficient de frottement
磨冰刀刃	【滑冰通用】affûtage, aiguisage
磨冰机	【滑冰通用】resurfaceuse, resurfaceuse de glace
磨刀石	【花样滑冰】【速度速滑】【短道速滑】【滑冰通用】petite pierre, pierre d'affûtage/à affûter/à aiguiser
磨尖	【滑冰通用】aiguiser
磨平冰面	【短道速滑】égaliser la surface de la glace
磨刃	【滑冰通用】affûter
磨石	【滑冰通用】meule, meule à affûter/à aiguiser, pierre plate, pierre plate à affûter
末端	【冰壶】【轮椅冰壶】extrémité
莫霍克步（一种冰舞舞步）	【花样滑冰】Mo, Mohawk (un pas de danse)
莫霍克步进入	【花样滑冰】entrée du Mohawk
某两处之间的弧度	【跳台滑雪】couvre de raccordement entre… et …
母鹿	【花样滑冰】biche
拇指座	【冬季两项】【残奥冬季两项】appui pour le pouce, appui-pouce
木屑层（着陆区上的）	【跳台滑雪】couche de sciure (de bois) (sur la zone de dégagement)
木质	【速度滑冰】bois
木质假肢	【冬残奥通用】pilon
木质橇刀	【雪橇】patin de bois
目测	【跳台滑雪】mesure visuelle

N

男火炬手	【通用】porteur de la flamme/du flambeau
男女混合队	【越野滑雪】équipe mixte

汉法

男旗手	【通用】porteur de drapeau
男子 U 型场地技巧（项目）	【单板滑雪】Snowboard halfpipe hommes
男子冰壶（项目）	【冰壶】【轮椅冰壶】Curling tournoi hommes
男子冰球（项目）	【冰球】【残奥冰球】Hockey sur glace tournoi hommes
男子出发	【雪橇】départ hommes
男子大跳台（项目）	【单板滑雪】Snowboard big air hommes
男子单人雪橇（项目）	【雪橇】Luge simple hommes
男子队	【通用】équipe masculine
男子钢架雪车（项目）	【钢架雪车】Skeleton individuel hommes
男子平行大回转（项目）	【单板滑雪】Snowboard slalom géant parallèle hommes
男子坡面障碍技巧（项目）	【单板滑雪】Snowboard slopestyle hommes
男子双人雪车（项目）	【雪车】Bob à deux hommes
男子双人雪橇	【雪橇】luge double hommes
男子四人雪车（项目）	【雪车】Bob à quatre hommes
男子障碍追逐（项目）	【单板滑雪】Snowboard cross hommes
难度	【自由式滑雪】【越野滑雪】【残奥越野滑雪】difficulté
难度系数	【自由式滑雪】(coefficient du) degré de difficulté (D/D) 【花样滑冰】coefficient de difficulté
难度系数表（跳跃）	【自由式滑雪】tableau des degrés/du degré de difficulté (des sauts)
内部	【跳台滑雪】intérieur
内部的	【通用】intra-mural; intra-muros; intérieur(,e)
内部区域	【短道速滑】zone intérieure
内侧超出	【短道速滑】dépasser à l'intérieur
内侧杆	【高山滑雪】【残奥高山滑雪】piquet intérieur
内道	【速度滑冰】couloir intérieur
内道弧度	【速度滑冰】virage du couloir intérieur
内勾步转体（规定图形）	【花样滑冰】contre-accolade (un virage) (une figure imposée)
内勾狐步	【花样滑冰】Rocker Foxtrot (danse)
内环（圆形靶标）	【冬季两项】【残奥冬季两项】anneau central (d'une cible circulaire)
内结环步	【花样滑冰】boucle intérieure

汉
法

内起跳刃	【花样滑冰】carre d'appel intérieure
内圈	【冰壶】【轮椅冰壶】cercle intérieur, plus petit cercle
内刃	【花样滑冰】courbe intérieure
内刃（雪橇滑刃的）	【雪橇】arête intérieure (du patin)
内刃阿克谢尔跳（跳跃动作）	【花样滑冰】axel intérieur (un saut)
内刃停止	【花样滑冰】arrêt en chasse-neige
内刃摇摆步（一种舞步）	【花样滑冰】roulé swing (un pas de danse) (RSW)
内弯道	【速度滑冰】petit virage, virage intérieur
内弯道半径	【速度滑冰】rayon de courbure du petit virage
内旋	【冰壶】【轮椅冰壶】effet intérieur
内旋掌控	【冰壶】【轮椅冰壶】prise pour effet intérieur
能力	【跳台滑雪】puissance
能量守恒律	【花样滑冰】Loi de la conservation de la quantité de mouvement
逆时针旋转	【花样滑冰】pirouette de droite à gauche, rotation de droite à gauche
年长的	【冰球】【残奥冰球】ancien(,ne)
捻转步（一种舞步）	【花样滑冰】volte-face (un pas de danse)
碾压	【冰球】【残奥冰球】écraser
扭缠的	【花样滑冰】vrillé(,e)
扭转	【花样滑冰】torsion
扭转（空中技巧）	【自由式滑雪】Twister (saut)
农场俱乐部	【冰球】【残奥冰球】filiale, équipe-école, réseau de filiale/d'équipes-écoles
女队	【通用】équipe féminine
女火炬手	【通用】porteuse de la flamme, porteuse du flambeau
女旗手	【通用】porteuse de drapeau
女性性别检查	【通用】contrôle de féminité
女子 U 型场地技巧（项目）	【单板滑雪】Snowboard halfpipe femmes
女子比赛	【花样滑冰】compétition des femmes
女子冰壶（项目）	【冰壶】【轮椅冰壶】Curling tournoi femmes
女子冰球（项目）	【冰球】【残奥冰球】Hockey sur glace tournoi femmes

女子出发	【雪橇】départ femmes
女子大跳台（项目）	【单板滑雪】Snowboard big air femmes
女子单人雪车（项目）	【雪车】Bob individuel femmes
女子单人雪橇（项目）	【雪橇】Luge simple femmes
女子钢架雪车（项目）	【钢架雪车】Skeleton individuel femmes
女子平行大回转（项目）	【单板滑雪】Snowboard slalom géant parallèle femmes
女子坡面障碍技巧（项目）	【单板滑雪】Snowboard slopestyle femmes
女子双人雪车（项目）	【雪车】Bob à deux femmes
女子障碍追逐（项目）	【单板滑雪】Snowboard cross femmes

O

欧洲华尔兹（冰舞）	【花样滑冰】Valse européenne (danse)
偶数	【通用】nombre pair

P

排（看台，观众）	【通用】rangée (estrades, spectateurs)
排成行	【花样滑冰】alignement
排名	【通用】classement【自由式滑雪】point au classement, rang, rang au classement
排名（根据以往比赛成绩确定）	【通用】classement (aux fins d'une compétition, selon les résultats d'épreuves antérieures)
排名名次	【冰球】【残奥冰球】point de classement
排名前三位的团队	【雪车】trois premières équipes au classement
排名首位的团队	【通用】équipe première au classement, première équipe au classement
排名最后的几名	【通用】dernière places au classement
攀爬高度	【越野滑雪】longueur d'une montée

汉
法

判罚	【冰球】【残奥冰球】pénaliser, infliger une <u>pénalité/punition</u>【跳台滑雪】pénaliser
抛壳挺	【冬季两项】【残奥冬季两项】éjecteur
抛球	【冰球】【残奥冰球】se défaire <u>de la rondelle/du disque</u>
抛扔球杆	【冰球】【残奥冰球】lancer son bâton
抛跳（双人滑）	【花样滑冰】lancé, saut lancé (couple)
抛硬币	【越野滑雪】tirage à pile ou face, tirage au sort à pile ou face
跑（用来为运动员分组）	【冬残奥通用】courir
跑道划分	【速度滑冰】délimitation (piste)
跑道内侧超出	【短道速滑】dépassement de l'intérieur
跑道战略路径	【雪橇】approche stratégique (de la piste)
跑道侧边隔墙	【雪车】murs latéraux
跑道测量	【越野滑雪】mesurage <u>de la piste/du parcours</u>
跑道测量员	【速度滑冰】responsable de la piste
跑道的一段	【雪车】<u>portion/tronçon</u> d'une piste
跑道的直道部分	【雪车】【雪橇】droit d'une piste
跑道负责人	【速度滑冰】responsable de la piste
跑道工作人员	【速度滑冰】préposé(,e) à la piste
跑道宽度	【速度滑冰】largeur du couloir
跑道坡度	【跳台滑雪】inclinaison de la piste, pente
跑道外沿	【速度滑冰】extérieur de la piste
跑道维护	【通用】entretien de la piste
跑道维护人员	【雪车】【雪橇】chargé de l'entretien de la piste
跑道线标记	【速度滑冰】balise, marque
跑道线标记（用橡胶、木头或者其他适合的材料制成）	【速度滑冰】balise, bloc, cône (en caoutchouc, en bois ou autres matériaux appropriés)
跑道线的木质标记	【速度滑冰】bloc en bois, cône en bois
跑道中倾斜度最大的部分，跑道中最为陡峭的部分	【雪车】【雪橇】partie la plus inclinée de la piste
跑道最大长度	【雪车】【雪橇】longueur maximum de la piste
佩戴比赛号码	【通用】porter un numéro de coureur

汉法

配对的	【速度滑冰】jumelé(,e)
配重	【雪车】poids supplémentaire, poids ajouté (au bob), lest 【雪橇】lest
喷漆（给冰鞋雪板）	【通用】laquer (des patins et skis)
碰撞	【冰球】【残奥冰球】collision【跳台滑雪】choc
批准使用的推杆	【越野滑雪】appareil d'extension approuvé, tige de lancement approuvée
皮带	【冬残奥通用】courroie, harnais
皮垫圈	【冰壶】【轮椅冰壶】anneau scellé
皮肤损伤（假肢造成的）	【冬残奥通用】<u>érosion</u>/<u>lésion</u> cutanée
偏离	【冰球】【残奥冰球】dévier
偏离的传球	【冰球】【残奥冰球】passe déviée
偏离动作标准	【花样滑冰】écarts par rapport aux normes de style
偏离路线	【速度滑冰】déviation de parcours, dévier de son parcours
偏离圆形	【花样滑冰】déviation du cercle
偏离中心的	【滑冰通用】décentré(,e) (lame trop à gauche ou à droite de la bottine)
偏离中心的	【花样滑冰】excentrique
偏瘫的偏瘫患者	【冬残奥通用】hémiplégique
偏瘫运动员	【冬残奥通用】athlète hémiplégique
偏斜	【花样滑冰】déviation
偏心力	【花样滑冰】force excentrique
偏轴转体	【花样滑冰】virage hors-axe
骗取	【冰球】【残奥冰球】soutirer
拼抢凶狠积极的队员	【冰球】【残奥冰球】joueur combatif
平地	【越野滑雪】plat, section sur le plat, terrain (sur le) plat
平地地段赛道	【越野滑雪】<u>parcours</u>/<u>section de la piste</u> sur le plat
平地蹬冰步	【越野滑雪】【残奥越野滑雪】pas de patineur sur le plat
平地滑雪	【越野滑雪】ski sur le plat
平地交替滑行步	【越野滑雪】【残奥越野滑雪】【冬季两项】【残奥冬季两项】pas alternatif sur le plat
平地上的蹬冰步	【越野滑雪】pas de patinage sur le plat

汉法

平衡	【通用】équilibre
平衡点	【跳台滑雪】【越野滑雪】【残奥越野滑雪】【单板滑雪】point d'équilibre
平衡杆	【雪橇】barre de stabilité
平衡力量	【花样滑冰】contrepoids
平衡姿势	【花样滑冰】position qui fait contrepoids
平滑的过渡曲线	【雪橇】courbe de transition douce
平缓弧线	【花样滑冰】courbe plate
平局	【通用】égalité, ex æquo
平局比赛	【冰球】【残奥冰球】match à égalité/nul, partie à égalité/égale/nulle, rencontre à égalité/nulle
平局后的加时决赛	【冰壶】【轮椅冰壶】éliminatoire
平局决胜制	【通用】bris d'égalité
平均力量	【冰壶】【轮椅冰壶】pesanteur moyenne
平均坡度	【雪车】pente moyenne
平均值	【冰球】【残奥冰球】moyenne
平刃	【花样滑冰】plat de la lame
平刃（完成圆形时的失误）	【花样滑冰】plat (erreur dans l'exécution d'un cercle)
平刃（完成转三时的失误）	【花样滑冰】plat (erreur dans le virage trois)
平刃（一种滑行方式）	【冰壶】【轮椅冰壶】à plat (un type de glissade)
平刃部分（冰刀冰刃）	【速度滑冰】partie plate (de la lame)
平刃滑行	【冰壶】【轮椅冰壶】glissade à pied plat, glissade à plat
平刃滑行足	【冰壶】pied de glissade à plat
平台的斜度	【自由式滑雪】inclinaison du plateau
平台区长度	【自由式滑雪】longueur du plateau
平躺的	【雪橇】allongé(,e)
平躺姿势（在雪橇上）	【雪橇】position allongée (sur la luge)
平稳安全的姿势（跳台滑雪运动员）	【跳台滑雪】attitude calme (du sauteur)
平稳着陆	【跳台滑雪】réception assurée/sûre
平行的	【花样滑冰】【自由式滑雪】【跳台滑雪】parallèle
平行蹬冰	【花样滑冰】poussée-élan en parallèle

平行蹬冰图案	【花样滑冰】tracé de poussée-élan en parallèle
平行滑雪板	【跳台滑雪】skis parallèles
平行门（开口门）	【高山滑雪】【残奥高山滑雪】porte horizontal (une porte ouverte)
平行磨刃	【花样滑冰】affûtage parallèle
平行磨刃机器	【花样滑冰】machine à affûtage parallèle
平行赛事	【高山滑雪】【残奥高山滑雪】épreuve parallèle
平行式滑行（双人滑）	【花样滑冰】patinage à l'unisson/en parallèle(couple)
平行跳（双人滑）	【花样滑冰】saut «en parallèle» (couple)
平行线	【冰壶】【轮椅冰壶】lignes parallèles
平行雪槽	【越野滑雪】【残奥越野滑雪】【冬季两项】【残奥冬季两项】traces parallèles
平行雪道	【越野滑雪】pistes parallèles
平一项纪录	【通用】égaler/égaliser un record
平整的滑道	【跳台滑雪】piste nivelée
平整的跳台	【跳台滑雪】tremplin nivelé
评分（裁判）	【通用】attribution des points (par un juge)
评分标准	【花样滑冰】barème/échelle des notes
评分表	【跳台滑雪】point de table (PT)
评分记录单（裁判使用）	【花样滑冰】feuille de notation (à l'usage des juges)
评分总表	【花样滑冰】carte de résumé des notes
评估（对滑冰运动员的）	【花样滑冰】évaluation (des patineurs)
评判	【跳台滑雪】apprécier, évaluer
评判一个跳跃动作	【跳台滑雪】apprécier/évaluer un saut
评审团	【通用】jury, jury de competition
评委组成员	【通用】membre du jury
坡度	【雪车】gradient, pente
坡面弯道	【雪车】courbe relevé
扑球（守门员用手套）	【冰球】【残奥冰球】arrêt (par le gardien avec le mitaine), arrêt (par le gardien avec le gant)

汉
法

Q

漆（冰鞋雪板的）	【通用】laque (pour patins et skis)
旗杆	【通用】mât
旗门	【高山滑雪】【残奥高山滑雪】porte balisée/marquée par des fanions, porte
旗门杆	【高山滑雪】【残奥高山滑雪】piquet (d'une porte)
旗门编号	【高山滑雪】【残奥高山滑雪】numérotage des portes
旗门裁判（赛道上）	【高山滑雪】【残奥高山滑雪】juge de porte(sur le parcours)
旗门裁判检查	【高山滑雪】【残奥高山滑雪】contrôle des passages aux portes, contrôle du passage des portes
旗门宽度	【高山滑雪】【残奥高山滑雪】distance entre les fanions, largeur d'une porte
旗门旗子（回转门）	【高山滑雪】【残奥高山滑雪】fanion (porte de slalom)
旗门线	【高山滑雪】【残奥高山滑雪】ligne de porte
旗子	【通用】drapeau
旗子（标志赛道的）	【越野滑雪】【残奥越野滑雪】【冬季两项】【残奥冬季两项】drapeau
启动	【冰球】【残奥冰球】amorcer
启动的雪车	【雪车】bob prenant le départ
起点	【通用】point de départ【雪橇】poste de départ【高山滑雪】【残奥高山滑雪】bâtiment/cabane/cabine de départ
起点（接力）	【越野滑雪】place de départ (relais)
起点标	【高山滑雪】【残奥高山滑雪】poteaux de départ
起点裁判	【通用】juge au départ
起点处官员（发令员）	【通用】officiel au départs <Canada>, starter <Europe>
起点点名	【雪橇】appel au départ
起点负责人	【通用】chef de départ, responsable du départ, starter
起点海拔	【高山滑雪】【残奥高山滑雪】altitude au départ
起点记录员	【高山滑雪】【残奥高山滑雪】secrétaire au départ

汉法

起点线	【通用】ligne de départ
起点信号系统负责人	【雪橇】responsable du système de signalisation du départ
起伏	【自由式滑雪】ondulation
起伏不平	【高山滑雪】【残奥高山滑雪】dénivellation
起伏的冰面	【冰壶】【轮椅冰壶】glace qui courbe
起伏的地形	【越野滑雪】terrain accidenté
起滑架	【冰壶】【轮椅冰壶】appui-pied, bloc de depart, crampit
起跑犯规	【通用】faux départ
起踏器	【冰壶】【轮椅冰壶】appui-pied, bloc de depart, crampit
起踏器重量	【冰壶】【轮椅冰壶】pesanteur de bloc de départ
起踏线	【冰壶】【轮椅冰壶】ligne de l'appui-pied/de départ/du bloc de départ, foot score <Europe>
起跳	【花样滑冰】emtrée (dans un saut), appel 【跳台滑雪】poussée 【跳台滑雪】envol, détente
起跳（空中技巧动作的第一步）	【自由式滑雪】envol (première phase des sauts)
起跳（离开冰面的后内点冰跳、跳跃动作）	【花样滑冰】envol (mouvement, effort pour quitter la glace un flip ou un saut)
起跳（跳跃动作的第二部分）	【花样滑冰】appel (2e partie d'un saut)
起跳爆发力	【花样滑冰】force de l'appel
起跳刀刃弧度	【花样滑冰】courbe de la carre d'appel
起跳的同步性	【花样滑冰】synchronisation de l'appel
起跳动作	【花样滑冰】mouvement d'appel
起跳弧度	【花样滑冰】courbe d'appel (d'un saut)
起跳角度	【花样滑冰】angle (au moment) de l'appel
起跳进入刃	【花样滑冰】carre d'appel (d'un saut)
起跳跑道	【跳台滑雪】piste d'élan
起跳平台	【自由式滑雪】plate-forme
起跳刃	【花样滑冰】carre d'appel/de départ
起跳速度	【花样滑冰】vitesse de l'appel
起跳速度（旋转的）	【花样滑冰】vitesse d'entrée (dans une pirouette)
起跳台	【跳台滑雪】table du tremplin
起跳台高度	【跳台滑雪】hauteur de l'inclinaison de la table du tremplin

汉
法

起跳台倾斜角度	【跳台滑雪】angle d'inclinaison de la table du tremplin, inclination de la table du tremplin
起跳台赛道斜坡	【跳台滑雪】inclinaison de la piste d'élan
起跳台状态	【跳台滑雪】état de la table du tremplin
起跳腿	【花样滑冰】jambe d'appel
起跳姿势（跳跃中）	【花样滑冰】position de poussée (dans un saut), position d'envol
气枪	【冬季两项】【残奥冬季两项】carabine à air, carabine à air comprimé
气象站	【越野滑雪】station météorologique
器械设备检查	【冬残奥通用】contrôle de l'équipement
牵引力（使冰壶旋转的）	【冰壶】【轮椅冰壶】traction (rotation d'une pierre)
铅板（加在负重背心中）	【雪橇】disquette de plomb ajoutée (à la veste)
铅制配重物	【雪车】lest de plomb
前臂假肢	【冬残奥通用】prothèse de l'avant-bras, prothèse radiale
前变刃步	【花样滑冰】changement de carre avant
前侧翻	【花样滑冰】roue avant
前冲力	【花样滑冰】impulsion avant
前刀座	【滑冰通用】plaque avant
前刀座固定装置（冰鞋上）	【花样滑冰】fixation de la plaque avant (sur des patins)
前防卫	【冰壶】【轮椅冰壶】garde avant
前锋	【冰球】【残奥冰球】avance
前锋球员	【冰球】【残奥冰球】joueur d'avant
前冠军	【通用】ex-champion(,ne)
（前/后）空翻小跳台	【自由式滑雪】petit tremplin pour sauts périlleux (avant et arrière)
前滑刃	【雪车】patin antérieur, patin avant
前滑压步	【花样滑冰】croisé avant
前结环步	【花样滑冰】boucle avant
前进外转	【花样滑冰】avant extérieur (AVE)
前空翻（空中技巧）	【自由式滑雪】saut périlleux avant (saut)
前空翻（雪上芭蕾）	【自由式滑雪】culbute avant (ballet)

前空翻跳台	【自由式滑雪】tremplin pour sauts périlleux avant
前面	【冰球】【残奥冰球】【雪橇】devant
前内	【花样滑冰】avant intérieur (AVI)
前内 8 字形	【花样滑冰】figure huit AVI/intérieure avant, huit AVI/intérieur avant
前内结环步	【花样滑冰】boucle intérieure avant
前内起跳	【花样滑冰】appel AVI/intérieur avant
前内倾斜	【花样滑冰】inclinaison AVI/intérieure avant
前内刃	【花样滑冰】courbe AVI/intérieure avant
前内刃落地	【花样滑冰】réception AVI/intérieure avant
前内转三	【花样滑冰】trois AVI/intérieure avant, virage trois AVI/intérieure avant
前内转体	【花样滑冰】virage AVI/intérieure avant
前起跳刃	【花样滑冰】carre d'appel avant
前倾	【花样滑冰】inclinaison avant
前刃	【越野滑雪】courbe avant
前任的	【冰球】【残奥冰球】ancien(,ne)
前外 8 字形	【花样滑冰】huit AVE/extérieur avant, figure huit AVE/extérieur avant
前外蹬离滑行动力	【花样滑冰】T AVE/extérieur avant (poussée de départ)
前外起跳	【花样滑冰】appel AVE/extérieur avant
前外倾斜	【花样滑冰】inclinaison AVE/extérieur avant
前外刃	【花样滑冰】courbe AVE/extérieur avant
前外刃落地	【花样滑冰】réception AVE/extérieur avant
前外转三	【花样滑冰】trois AVE/extérieur avant, virage trois AVE/extérieur avant
前外转体	【花样滑冰】virage AVE/extérieur avant
前悬吊避震系统	【雪车】suspension avant
前掷线	【冰壶】【轮椅冰壶】ligne de cochon/jeu, hog score <Europe>, ligne des cochons
前掷线壶	【冰壶】【轮椅冰壶】cochon, pierre hors jeu, pierre hors-jeu

汉
法

前掷线违例	【冰壶】【轮椅冰壶】violation de la ligne de <u>cochon</u>/<u>jeu</u>
前轴	【雪橇】train avant
浅槽磨刃	【花样滑冰】affûtage moins <u>marqué</u>/<u>profond</u>
枪	【冬季两项】【残奥冬季两项】arme, arm à feu
枪柄	【冬季两项】【残奥冬季两项】poignée de fusil
枪弹	【冬季两项】【残奥冬季两项】<u>charge</u>/<u>grain</u> de plomb
枪管	【冬季两项】【残奥冬季两项】canon
枪机的撞针	【冬季两项】【残奥冬季两项】chien
枪架	【冬季两项】【残奥冬季两项】râtelier
枪口	【冬季两项】【残奥冬季两项】bouche
枪口初速（子弹）	【冬季两项】【残奥冬季两项】vitesse de départ (des cartouches)
枪栓	【冬季两项】【残奥冬季两项】cran, culasse, verrou
枪托上塞入拇指的孔	【冬季两项】【残奥冬季两项】cavité (pour le pouce dans la crosse)
枪支背带	【冬季两项】【残奥冬季两项】bretelle de <u>portage</u>/<u>transport</u>
枪支的搬运	【冬季两项】【残奥冬季两项】transport de la carabine
枪支和服装检查员	【冬季两项】【残奥冬季两项】contrôleur de l'armement et de l'habillement/<u>des vêtements</u>
枪支核验（通过标记方式）	【冬季两项】【残奥冬季两项】contrôle des armes (par marquage)
强打	【冰球】【残奥冰球】lancer frappé, tir frappé
强大的	【冰球】【残奥冰球】puissant(,e)
强壮彪悍的	【冰球】【残奥冰球】robuste
墙角	【冰球】【残奥冰球】coin
抢球	【冰球】【残奥冰球】s'emparer <u>de la rondelle</u>/<u>du disque</u>
敲退击石	【冰壶】【轮椅冰壶】frappé-poussé
橇刃温度	【雪橇】température des patins
切线	【速度滑冰】ligne de croisement
青年组	【跳台滑雪】catégorie senior, Senior
青年组球队	【冰球】【残奥冰球】équipe senior
青年组球员	【冰球】【残奥冰球】joueur senior, senior

青年组世界锦标赛	【速度滑冰】championnat mondial senior
青少年（的）	【花样滑冰】junior
青少年冰球比赛	【冰球】【残奥冰球】ligue junior
青少年冰球队	【冰球】【残奥冰球】équipe junior
青少年冰球运动员	【冰球】【残奥冰球】joueur junior, junior
青少年水平	【花样滑冰】niveau junior
轻触	【冰壶】【轮椅冰壶】effleurement, frôlement
轻触掠过	【冰壶】【轮椅冰壶】effleurer, frôler, ricocher, ricochet
轻度残疾	【冬残奥通用】déficience légère, handicap léger/minimal
轻度瘫痪	【冬残奥通用】parésie
轻而易举地超出	【越野滑雪】dépasser/doubler sans difficulté
轻击	【冰壶】【轮椅冰壶】flip
轻松赶超	【越野滑雪】dépassement sans difficulté
轻微蹲踞姿势	【残奥滑雪】position légèrement accroupie
轻微偏差	【跳台滑雪】déviation
轻微失误	【跳台滑雪】faute mineure
轻型钢雪橇橇刃（用于训练雪橇）	【雪橇】lame en acier léger (sur les luges d'entraînement)
倾斜	【短道速滑】【花样滑冰】inclinaison, incliner
清洁赛道	【冰壶】【轮椅冰壶】nettoyage de la piste
清扫	【冰球】【残奥冰球】balayer
清扫跑道（下雪后）	【雪车】balayer la piste (après une chute de neige)
清占位	【冰壶】【轮椅冰壶】déblayage, lancer de déblayage
球队席区域	【冰球】【残奥冰球】aire des bancs
球杆	【冰球】【残奥冰球】crosse
球杆阻截	【冰球】【残奥冰球】mise en échec avec le bâton
球门	【冰球】【残奥冰球】but, cage, filet (du gardien)
球门裁判	【冰球】【残奥冰球】arbitre de but
球门横梁	【冰球】【残奥冰球】bar horizontale (d'un but)
球门前区域（非球门区）	【冰球】【残奥冰球】devant de but/du filet (autre que l'enceinte)

汉
法

球门区	【冰球】【残奥冰球】devant du filet, embouchure du filet, enceinte du but, enclave du but/gardien, entrée du but, territoire de but, zone de but/du gardien
球门网	【冰球】【残奥冰球】filet, filet de hockey
球门线	【冰球】【残奥冰球】ligne de but
球门柱	【冰球】【残奥冰球】poteau de but
球探	【冰球】【残奥冰球】dépisteur(,euse); éclaireur(,euse); recruteur(,euse)
球员区域	【冰球】【残奥冰球】aire des joueurs
球员选秀	【冰球】【残奥冰球】repêchage de joueurs
球状面甲	【雪橇】visière
区域	【冰球】【残奥冰球】【短道速滑】zone, territoire【雪车】aire
曲背	【跳台滑雪】dos rond
曲度	【花样滑冰】courbure
曲度（滑雪板的）	【越野滑雪】【残奥越野滑雪】【冬季两项】【残奥冬季两项】cambrure
曲度（投壶路线）	【冰壶】【轮椅冰壶】degré de courbe
曲体和伸展	【花样滑冰】flexion et extension
驱动冰橇	【残奥冰球】propulser la luge
驱逐	【冰球】【残奥冰球】expulser
屈曲	【花样滑冰】【雪橇】flexion
屈体翻腾一周	【自由式滑雪】position carpée, un carpé【花样滑冰】saut groupé
躯干前倾	【跳台滑雪】dos cassé
躯干支撑装置	【冬残奥通用】appareil fonctionnel pour le tronc
躯体	【自由式滑雪】【雪橇】corps
取消比赛资格	【冰球】【残奥冰球】disqualifier
取消的	【冰球】【残奥冰球】annulé(,e)
取消资格	【通用】disqualification (DSQ)
去掉	【自由式滑雪】rejeter
去掉一个最低分	【自由式滑雪】rejeter une note la plus basse
去掉一个最高分	【自由式滑雪】rejeter une note la plus haute

汉法

去蜡器	【越野滑雪】【残奥越野滑雪】【冬季两项】【残奥冬季两项】défarteur
圈	【速度滑冰】anneau
圈（赛道）	【越野滑雪】【残奥越野滑雪】【冬季两项】【残奥冬季两项】boucle
全部设施	【通用】ensemble des installations
全国滑冰测试	【花样滑冰】tests nationaux de patinage artistique
全国滑冰测试项目	【花样滑冰】Programme des tests nationaux de patiange artistique
全国滑雪协会	【滑雪通用】Association nationale de ski
全国纪录	【通用】record national (performance)
全国锦标赛	【通用】Championat national
全速出击	【冰球】【残奥冰球】se lancer à l'attaque
诠释	【自由式滑雪】interpréter
蜷缩成一团的	【自由式滑雪】ramassé(,e)
缺乏起伏的斜坡	【自由式滑雪】pente sans ondulations
缺乏稳定性的跳台滑雪运动员	【跳台滑雪】sauteur manquant de <u>constance</u>/<u>sûreté</u>
缺失的标记	【速度滑冰】bloc manquant, cône manquant
确定路线	【高山滑雪】【残奥高山滑雪】tracer la piste

R

让出赛道	【越野滑雪】céder la piste
绕过	【冰球】【残奥冰球】contourner
绕过球门	【冰球】【残奥冰球】contourner <u>la cage</u>/<u>le but</u>/<u>le filet</u>
绕行杆（内侧杆）	【高山滑雪】【残奥高山滑雪】piquet-pivot (de virage) (piquet intérieur)
热蜡	【越野滑雪】【残奥越野滑雪】【冬季两项】【残奥冬季两项】fart chaud
热身	【通用】mise en train, se mettre en train【花样滑冰】échauffement

汉法

热身（一天刚开始）	【通用】échauffement, s'échauffer (en début de journée)
热身（运动暂停以后）	【通用】réchauffement (après un temps d'arrêt), se réchauffer (après un temps d'arrêt)
热身练习	【通用】exercice de mise en train/d'échauffement【跳台滑雪】saut d'échauffement
热身道	【越野滑雪】piste d'échauffement
热身区域（冰场上）	【花样滑冰】parcelle d'échauffement (sur la glace)
热身套装	【通用】survêtement d'échauffement
人工的	【滑雪通用】artificiel(,le)
人工辅助	【冬残奥通用】aide artificielle
人工赛道	【雪橇】Kunstbahn, piste artificielle/de Kunstbahn
人工赛道雪橇	【雪橇】luge de Kunstbahn, luge pour piste artificielle
人工造雪	【滑雪通用】enneigement artificiel, fabrication de neige
人工造雪机	【滑雪通用】canon à neige
人群控制	【通用】contrôle de la foule
人数优势	【冰球】【残奥冰球】avantage numérique
人造冰面	【冰球】【残奥冰球】【冰壶】【轮椅冰壶】surface glacée artificielle
认可	【跳台滑雪】homologation
认证确认	【通用】vérification des accréditations
认证准备（信息处理）	【通用】préparation des accréditations (traitement informatique)
任命的教练	【花样滑冰】entraîneur attitré
韧带扭伤	【通用】entorse, foulure (ligaments)
扔掉	【冰球】【残奥冰球】jeter
日程表	【冬季两项】【残奥冬季两项】calendrier
日间比赛	【雪橇】descente/manche de jour
日间滑行	【雪橇】descente/manche de jour
日间滑行练习	【雪橇】descente d'entraînement de jour
荣誉奖	【通用】prix d'honneur/honorifique
荣誉看台	【通用】estrade/tribune d'honneur
荣誉绕场一周	【通用】tour d'honneur

柔软的	【滑雪通用】mou(mol,molle)
柔软灵活	【花样滑冰】souplesse
入口坡道	【越野滑雪】rampe d'accès
软底鞋	【通用】chausson
软垫	【短道速滑】matelas
软蜡	【滑雪通用】【残奥越野滑雪】【残奥冬季两项】fart mou
锐角（双腿和滑雪板之间）	【跳台滑雪】angle aigu (entre les jambes et les skis)

S

赛场	【冰球】【残奥冰球】aréna
赛道	【滑雪通用】parcours de compétition, piste de compétition 【冬季两项】【自由式滑雪】trajectoire
（赛道）布置	【滑雪通用】aménagement (d'une piste)
赛道标志设置	【残奥高山滑雪】【残奥冬季两项】【残奥越野滑雪】balisage de piste, marquage de la piste
赛道布局设计	【冬季两项】【残奥冬季两项】【高山滑雪】【残奥高山滑雪】conception/configuration/dessin du parcours
赛道裁判<统称>（有时候也可以指代赛道上工作的官员）	【高山滑雪】【残奥高山滑雪】juge sur la piste <général> (mais peut aussi être un officiel particulier en fonction sur la piste)
赛道侧边隔墙	【雪车】parois de la piste
赛道长度	【通用】longueur du parcours/de la piste/des parcours/des pistes/du parcours
赛道的危险部分	【雪车】portion/tronçon dangereuse (de la piste)
赛道的一段	【雪车】【雪橇】portion/tronçon de la piste
赛道的一圈	【越野滑雪】【残奥越野滑雪】【冬季两项】【残奥冬季两项】tour
赛道的直道部分	【雪车】【雪橇】partie rectiligne d'une piste
赛道的准备	【高山滑雪】【残奥高山滑雪】préparation de la piste/du parcours

汉
法

赛道高度（不同比赛）	【越野滑雪】hauteur des pistes (pour les diverses épreuves)
赛道高度（一场比赛）	【越野滑雪】hauteur de la piste (pour une épreuve)
赛道海拔	【越野滑雪】altitude des pistes, altitude du parcours
赛道纪录	【通用】record du parcours, record de piste
赛道检查（由评委会成员完成）	【滑雪通用】inspection de la piste (par les membres du jury)
赛道宽度	【自由式滑雪】largeur du parcours【冰壶】【轮椅冰壶】largeur de la glace/piste
赛道路线	【高山滑雪】【残奥高山滑雪】【自由式滑雪】【跳台滑雪】【单板滑雪】【越野滑雪】【残奥越野滑雪】tracé, parcours, tracé/parcours de la piste
赛道末端	【冰壶】【轮椅冰壶】extrémité de la piste
赛道平面图	【雪车】schéma de la piste
赛道坡度	【自由式滑雪】pente du parcours
赛道圈	【通用】【残奥越野滑雪】【残奥冬季两项】tour de piste
赛道上的障碍（物）	【跳台滑雪】obstacle sur la piste
赛道上的照明	【速度滑冰】éclairage de la piste
赛道设计	【高山滑雪】【残奥高山滑雪】planification/traçage du parcours de la piste, tracé du parcours
赛道设计师	【高山滑雪】【残奥高山滑雪】traceur de la piste
赛道信号旗标（红色以及绿色小三角形赛道标志旗）	【高山滑雪】【残奥高山滑雪】fanion de piste (petits triangles rouges et verts au sol, délimitant la piste)
赛道状况勘察确认（由运动员完成）	【高山滑雪】【残奥高山滑雪】【自由式滑雪】【跳台滑雪】【越野滑雪】【残奥越野滑雪】【冬季两项】【残奥冬季两项】【单板滑雪】reconnaissance de la piste
赛道最大长度	【雪车】【雪橇】longueur maximale de la piste
赛道最小长度	【雪车】【雪橇】longueur minimale de la piste
赛段最高分	【越野滑雪】point le plus élevé de la piste
赛季的揭幕比赛	【冰球】【残奥冰球】match d'ouverture/inaugural d'une saison, partie d'ouverture/inaugural d'une saison
赛季开始	【通用】début de saison

赛前热身	【冰球】【残奥冰球】échauffement d'avant-match /d'avant-partie, mise en train d'ouverture/inaugural
赛前心中演练（心理准备）	【雪橇】descente imaginaire (préparation mentale)
赛事安保负责人	【通用】chef du contrôle et de la sécurité de la compétition
赛事日程	【通用】programme des épreuve
赛事总监	【通用】directeur de l'épreuve, directeur de la compétition
三板滑雪（1 个滑雪板，2 个助滑器）	【残奥滑雪】ski à trois traces (1 ski et 2 bâtons d'appui)
三板滑雪运动员	【残奥滑雪】trois traces, skieur(,euse) à trois traces
三次重复动作	【花样滑冰】triple répétition
三垒	【冰壶】【轮椅冰壶】troisième
三周阿克谢尔跳	【花样滑冰】triple Axel (Paulsen)
三周半跳	【花样滑冰】triple saut
三周混合垂直跳	【自由式滑雪】triple saut vertical mixte
三周空翻	【自由式滑雪】triple saut périlleux
三周空翻加转体	【自由式滑雪】triple saut périlleux avec vrille(s)
三周转体	【自由式滑雪】triple vrille
三字跳	【花样滑冰】trois sauté
三字小跳步	【花样滑冰】(saut) Mazurka
三座缆车	【滑雪通用】télésiège triplace/triple
散布	【冬季两项】【残奥冬季两项】dispersion
扫射	【冰球】【残奥冰球】lancer/tir balayé
扫雪机	【滑雪通用】chasse-neige (engin pour l'entretien des pistes)
沙霍夫跳	【花样滑冰】(saut) Salchow
沙霍夫跳起跳	【花样滑冰】appel de Salchow
沙霍夫跳一周	【花样滑冰】Salchow simple
纱布	【越野滑雪】compresse
刹车手	【雪车】freineur
砂纸	【越野滑雪】【残奥越野滑雪】【冬季两项】【残奥冬季两项】papier sablé
山坡上的旗门	【高山滑雪】【残奥高山滑雪】porte sur une pente en biais/dévers

汉法

山上板	【滑雪通用】ski amont
山下	【通用】aval
商标，商业品牌	【冬残奥通用】marque commerciale
上半身	【自由式滑雪】haut/partie supérieure du corps
上半身旋转	【花样滑冰】rotation du buste
上面的，上部的	【花样滑冰】supérieur(,e)
上坡侧	【滑雪通用】en amont
上坡道部分	【越野滑雪】section de la piste/du parcours en montée
上坡段赛道	【越野滑雪】【残奥越野滑雪】parcours en montée
上坡横穿	【越野滑雪】traverse amont
上坡技术	【越野滑雪】【残奥越野滑雪】technique de montée/utilisée dans les montées
上坡蜡	【越野滑雪】fart de montée
上坡转弯	【滑雪通用】virage amont
上山蹬冰步	【越野滑雪】pas de patinage en montée
上山交替滑行	【越野滑雪】pas alternatif en montée
上山缆车线	【滑雪通用】tracé d'une remontée mécanique
上山缆索	【滑雪通用】câble de remontée
上肢	【冬残奥通用】membre supérieur
上肢矫正	【冬残奥通用】orthèse de bras/membre supérieur
上肢截肢运动员	【冬残奥通用】athlète amputé d'un bras/membre supérieur
尚未开始	【雪橇】«n'a pas pris le départ»
尚未完成	【雪橇】«n'a pas terminé»
稍微躬身	【跳台滑雪】corps légèrement incliné
稍微屈膝	【雪橇】légère flexion des genoux
少打多进球	【冰球】【残奥冰球】but marqué en désavantage/infériorité numérique
少儿冰球运动员（15—17岁）	【冰球】【残奥冰球】joueur midget, midget
少年冰球运动员	【冰球】【残奥冰球】joueur juvénile, juvénile
少年冰舞铜牌	【花样滑冰】danse junior bronze
少年铜牌水平	【花样滑冰】niveau junior bronze
少年银牌水平	【花样滑冰】niveau junior argent

汉法

少年组	【跳台滑雪】catégorie junior, Junior, novice【花样滑冰】niveau novice
少年组冰球运动员	【冰球】【残奥冰球】joueur noice
哨声响起	【冰球】【残奥冰球】coup de sifflet
蛇形步	【花样滑冰】pas en serpentin
蛇形蹬冰	【花样滑冰】poussée-élan en serpentin
蛇形接续步	【花样滑冰】série/suite de pas en serpentin
蛇形门（闭口旗门组）	【高山滑雪】【残奥高山滑雪】chicane (succession de portes verticales)
蛇形图案	【花样滑冰】tracé en serpentin
蛇形姿势蹬冰	【花样滑冰】poussée en serpentin
设备器材（比赛用）	【通用】matériel (pour tenir l'épreuve)
设施	【雪橇】【跳台滑雪】installation
设施状态	【跳台滑雪】état des installations
设有路标的	【越野滑雪】fléché(,e)
设置（赛道）标志的人	【滑雪通用】baliseur(,euse); marqueur(,euse); traceur(,euse) (de piste)
设置标记的赛道	【越野滑雪】parcours balisé/fléché/jalonné/marqué, piste balisé/fléché/jalonné/marquée, sentier balisé/ fléché/ jalonné/marqué
设置出发点	【跳台滑雪】emplacement des plates-formes de départ
设置路标	【越野滑雪】baliser, flécher, jaloner, marquer
设置路线，赛道部署	【高山滑雪】【残奥高山滑雪】traçage du parcours/de la piste
设置旗门	【高山滑雪】【残奥高山滑雪】disposer/placer la porte
设置旗子标志的	【越野滑雪】balisé(,e); jalonné(,e); marqué(,e)
设置赛道标示	【滑雪通用】balisage du parcours, jalonnement de la piste
射击	【冬季两项】【残奥冬季两项】tir
射击靶场	【冬季两项】【残奥冬季两项】champ de tir <Canada>, stand de tir <Europe>
射击靶位分配人员	【冬季两项】【残奥冬季两项】placeur aux emplacements de tir, placeur au tir

汉法

射击靶位官员	【冬季两项】【残奥冬季两项】surveillant (du pas) de tir
射击靶位宽度	【冬季两项】【残奥冬季两项】largeur des emplacements/ points de tir
射击场	【冬季两项】【残奥冬季两项】pas de tir
射击场地	【冬季两项】【残奥冬季两项】emplacement de tir
射击场负责人	【冬季两项】【残奥冬季两项】chef du champ/stand de tir
射击道	【残奥冬季两项】couloir de tir
射击道记录员	【冬季两项】【残奥冬季两项】secrétaire de tir
射击道顺序	【冬季两项】【残奥冬季两项】ordre des lignes de tir
射击点编号	【冬季两项】【残奥冬季两项】numérotage des lignes/ postes de tir
射击垫	【冬季两项】【残奥冬季两项】natte/tapis de tir
射击分组	【冬季两项】【残奥冬季两项】groupement de tirs
射击环节	【冬季两项】【残奥冬季两项】séance de tir
射击及枪支的安全规定	【冬季两项】【残奥冬季两项】mesures de sécurité relatives à l'arme et au tir
射击技能	【冬季两项】【残奥冬季两项】habileté au tir
射击角度	【冬季两项】【残奥冬季两项】angle de tir
射击节奏	【冬季两项】【残奥冬季两项】cadence de tir
射击距离	【冬季两项】【残奥冬季两项】distance de tir
射击距离（射击靶位和靶子之间的）（50 米）	【冬季两项】distance de la surface des cibles (distance entre la ligne de tir et la surface des cibles) (50 m)
射击练习	【冬季两项】【残奥冬季两项】tirs d'entraînement/d'essai
射击区域（放置枪械以及靶子区域）	【冬季两项】【残奥冬季两项】ligne de tir (espace pour le canon de la carabine et la cible)
射击区域（射击者区域）	【冬季两项】【残奥冬季两项】ligne de tir (réservé au tireur)
射击区域宽度	【冬季两项】【残奥冬季两项】largeur des lignes de tir
射击失败（军械/卡宾枪）	【冬季两项】【残奥冬季两项】non-fonctionnement (arme/carabine)
射击时间	【冬季两项】【残奥冬季两项】temps de tir
射击踏垛	【冬季两项】【残奥冬季两项】banquette de tir
射击位置	【冬季两项】【残奥冬季两项】poste de tir

汉法

射击训练	【冬季两项】【残奥冬季两项】coup d'essai
射击运动员	【冬季两项】【残奥冬季两项】tireur(,euse)
射击指导	【冬季两项】【残奥冬季两项】directeur de tir
射门	【冰球】【残奥冰球】botter, tir, projection, tir au but, lancer, décocher un lancer, décocher un tir, lancer vers le but, lancer au but, lancer la rondelle, lancer le disque, tirer vers le but, tirer la rondelle vers le filet, tirer le disque
射门得分的球员	【冰球】【残奥冰球】marqueur(,euse)
射门射偏	【冰球】【残奥冰球】lancer à côté du but, lancer qui manque de précision, lancer raté, tir à côté du but, tir qui manque de précision, tir raté
射门顺序	【冰球】【残奥冰球】ordre des tirs
射门无效	【冰球】【残奥冰球】but annulé/refusé
射门员	【冰球】【残奥冰球】marqueur du but (qui a marqué le but), tireur au but (qui a effectué le lancer)
射偏	【冰球】【残奥冰球】faire dévier un lancer/tir
射偏了的射门	【冰球】【残奥冰球】lancer/tir dévié
射球	【冰球】【残奥冰球】lancer
射球出界	【冰球】【残奥冰球】dégager sa zone/son territoire
射手	【冰球】【残奥冰球】tireur(,euse)
射手的位置	【冬季两项】【残奥冬季两项】pas de tir
摄像机	【通用】caméra de vidéo
申请主办权的候选	【通用】candidature pour obtenir la tenue d'une compétition
伸展	【自由式滑雪】【跳台滑雪】extension
伸展的	【自由式滑雪】étendu(,e)
伸展的身体	【跳台滑雪】corps tendu
伸展紧绷的	【跳台滑雪】tendu(,e)
伸直	【跳台滑雪】redressement
伸直膝盖	【跳台滑雪】extension/redressement des genoux
身体冲撞	【冰球】【残奥冰球】plaquage, mise en échec
身体的垂直轴线	【自由式滑雪】axe vertical du corps
身体的伸展	【跳台滑雪】extension du corps

汉
法

身体动作	【自由式滑雪】mouvement du corps
身体接触	【残奥高山滑雪】【残奥冬季两项】【残奥越野滑雪】contact physique
身体截肢的一侧	【冬残奥通用】côté amputé
身体前倾	【跳台滑雪】pencher le corps en avant, se pencher en avant, se pencher vers l'avant
身体躯干	【冬残奥通用】tronc
身体躯干的控制	【冬残奥通用】contrôle du tronc
身体躯干平衡	【冬残奥通用】équilibre du tronc
身体伸直（着陆后）	【跳台滑雪】relèvement du corps (après la réception)
身体素质	【越野滑雪】【残奥越野滑雪】prédisposition physique
身体向内倾斜	【速度滑冰】se pencher vers le dedans
身体中心转移	【通用】déplacer le poids du corps
身体重量转移	【通用】déplacement de poids/du poids du corps, transfert du poids du corps
身体状态	【通用】condition physique, forme
身体姿势	【花样滑冰】alignement/position du corps
身体姿势（雪橇上的）	【雪橇】position du corps (sur la luge)
身体阻截	【冰球】【残奥冰球】plaquage, mise en échec
深度	【花样滑冰】profondeur
深度（球门网）	【冰球】【残奥冰球】profondeur (se dit du filet)
深度知觉（用于为运动员分组）	【冬残奥通用】perception de la profondeur
神射手	【冬季两项】【残奥冬季两项】bon tireur/bonne tireuse; tireur(,euse) d'élite
肾脏	【冰球】【残奥冰球】rein
声视信号（出发前30秒至45秒）	【雪橇】signal sonore et visuel (30 à 45 secondes pour prendre le départ)
声视信号（出发前60秒）	【雪车】signal sonore et visuel (60 secondes pour prendre le départ)
声音的	【雪橇】sonore
声音信号扩音（领滑员和运动员之间）	【残奥高山滑雪】【残奥冬季两项】【残奥越野滑雪】amplification de signaux vocaux

声音信号系统（盲人运动员或视力障碍的运动员依靠声音信号系统发出的信号判断步枪何时瞄准目标）	【残奥冬季两项】dispositif/système acoustique
声音信号（帮助盲人或视力障碍的运动员确定目标的位置）	【残奥高山滑雪】【残奥冬季两项】【残奥越野滑雪】signal sonore/acoustique
胜利	【通用】【冰球】【残奥冰球】gain, victoire
胜利者	【冰球】【残奥冰球】vainqueur
失败	【冰球】【残奥冰球】échec, défaite
失败的	【通用】défait(,e)
失聪滑雪运动员	【残奥滑雪】skieur sourd/skieuse sourde
失掉一个滑雪板	【自由式滑雪】perte d'un ski
失分	【跳台滑雪】perte de points
失利	【通用】perdre
失去摆臂动力	【速度滑冰】perdre de l'élan/le momentum du balancement de bras
失去的弹药	【冬季两项】【残奥冬季两项】munitions perdues
失去节奏	【越野滑雪】perte d'allure/de rythme
失去平衡	【越野滑雪】【冰壶】【轮椅冰壶】perte d'équilibre, perdre l'équilibre
失去正常出发机会（没有在出发信号发出时正常出发）	【速度滑冰】perdre le départ (ne pas partir au signal de départ)
失误	【通用】bavure, faute
犯错误	【通用】commettre une faute
湿雪蜡（滑雪板的）	【冬季两项】【残奥冬季两项】【越野滑雪】【残奥越野滑雪】klister
十分之一秒	【通用】dixième de seconde
十四步	【花样滑冰】Fourteenstep (danse)
石蜡	【滑雪通用】paraffine
石墨	【滑雪通用】graphite
时间	【花样滑冰】moment
时间表	【速度滑冰】fiche/feuille de temps

汉法

时间的延长	【跳台滑雪】prolongation
时间记录	【雪车】enregistrement des temps
时间记录系统	【雪车】système d'enregistrement des temps
时刻表	【通用】horaire
时限	【越野滑雪】délai
时长	【花样滑冰】【冰球】durée
实际比赛时间（一局比赛中）	【冰球】【残奥冰球】temps de jeu écoulé (dans une partie)
实际起跳角度（起跳的组成部分）	【花样滑冰】angle véritable de départ (composante de l'appel d'un saut)
实践（理论的补充）	【通用】pratique (complément de la théorie)
实施	【自由式滑雪】s'exécuter
实验跑道	【越野滑雪】【残奥越野滑雪】piste d'essai
实战测试	【冰球】【残奥冰球】match d'exhibition/hors-concours, partie d'exhibition/hors-concours
使（冰壶在松手的时候）旋转	【冰壶】【轮椅冰壶】imprimer un mouvement de rotation (à la pierre au moment du lâcher)
使……减速停下	【冰壶】【轮椅冰壶】【冰球】freiner
使……倾斜	【速度滑冰】pencher
使……不动	【冰球】【残奥冰球】immobiliser
使冰壶减速	【冰壶】【轮椅冰壶】ralentir la pierre
使冰壶偏离轨迹	【冰壶】【轮椅冰壶】faire dévier la pierre de sa trajectoire
使冰壶在冰面上滑行	【冰壶】【轮椅冰壶】glisser la pierre sur la glace
使冰壶停下	【冰壶】【轮椅冰壶】freiner la pierre
使产生裂缝	【速度滑冰】crevasser
使成圆形	【跳台滑雪】arrondir
使对方一位球员出局	【冰球】【残奥冰球】sortir un adveraire du jeu
使滑雪板在雪地上滑行	【越野滑雪】glisser le ski sur la neige
使平等	【短道速滑】égaliser
使平整	【短道速滑】égaliser
使守门员离场	【冰球】【残奥冰球】retirer le gardien de but
使受伤	【冰球】【残奥冰球】blesser
使用	【花样滑冰】utilisation

汉法

使用兴奋剂	【通用】dopage, doping
世界杯	【滑雪通用】Coupe du Monde
世界杯（个人）排名	【滑雪通用】classement de la Coupe du Monde
世界杯大赛	【滑雪通用】épreuve de la Coupe du Monde
世界杯国家排名	【滑雪通用】classement de la coupe du monde par nation
世界冰壶联合会秘书处	【冰壶】Secrétariat de la Fédération mondiale de curling
世界残疾人锦标赛	【冬残奥通用】Championnats mondiaux pour les handicapés
世界大学生冬季运动会	【通用】Jeux mondiaux universitaires d'hiver, Universiade d'hiver
《世界反兴奋剂条例》	【冬残奥通用】Code mondial antidopage (CMAD)
世界冠军	【冬残奥通用】champion du monde
世界花样滑冰锦标赛	【花样滑冰】Championnats du monde de patinage artistique
世界滑雪大会	【滑雪通用】Interski
世界级大赛	【通用】compétition mondiale
世界级滑冰运动员	【滑冰通用】patineur(,euse) de niveau (de compétition) mondial
世界纪录	【通用】record du monde/mondial
世界锦标赛	【通用】Championnat mondial, Championnat du monde
世界轮椅冰壶锦标赛	【越野滑雪】Championnat du monde de curling en fauteuil roulant
世界特殊奥林匹克运动会	【冬残奥通用】Jeux Olympiques spéciaux
势均力敌的比赛	【冰球】【残奥冰球】jeu/match/partie serrée
试滑	【高山滑雪】【残奥高山滑雪】【雪车】【雪橇】descente d'essai
试滑员	【高山滑雪】【残奥高山滑雪】【越野滑雪】【残奥越野滑雪】【雪车】【雪橇】ouvreur(,euse) de piste
试跳	【跳台滑雪】saut d'essai
试跳员	【跳台滑雪】sauteur d'essai
视觉的	【冬残奥通用】visuel(,le)
视觉和声音信号	【雪车】signal visuel et sonore
视觉判断	【越野滑雪】jugement visuel
视力水平（用于运动员分组）	【冬残奥通用】acuité visuelle (AV)

汉
法

视力条件（视力障碍运动员参赛资格条件）	【冬残奥通用】admissibilité visuelle
视力障碍	【冬残奥通用】déficience visuelle
视力障碍的	【冬残奥通用】partiellement voyant(,e)
视野	【冬残奥通用】vision
视野（用于运动员分组）	【冬残奥通用】champ de vision/visuel (CV)
视障运动员	【冬残奥通用】athlète ayant un handicap visuel, athlète ayant une déficience visuelle, athlète déficient visuel/déficiente visuelle, athlète malvoyant(,e)
适当的刷冰	【冰壶】balayage approprié
适应性训练	【花样滑冰】exercice de conditionnement
室内 400 米赛道速度滑冰	【速度滑冰】patinage de vitesse intérieur sur longue piste (400 m)
室内比赛	【速度滑冰】compétition/rencontre sur piste intérieure
室内冰场	【通用】patinoire couverte/intérieure
室内短道速滑	【短道速滑】patinage de vitesse sur piste courte couverte
室内滑冰	【滑冰通用】patinage en salle/à l'intérieur
室内滑冰跑道	【速度滑冰】tracé (patinage sur piste intérieure)
室内滑冰鞋	【速度滑冰】patin de patinage intérieur
室内接力赛	【速度滑冰】course à relais sur piste intérieure
室内跑道	【速度滑冰】piste intérieure
室内跑道集体出发	【速度滑冰】départ en groupe sur piste intérieure
室内速度滑冰	【速度滑冰】patinage de vitesse sur piste intérieure
室外比赛	【速度滑冰】compétition sur piste extérieure, rencontre sur piste extérieure
室外冰场	【滑冰通用】patinoire découverte/en plein air/extérieure/ouverte
室外滑冰	【滑冰通用】patinage à l'extérieur
室外滑冰冰鞋	【速度滑冰】patin de patinage extérieur
室外跑道	【速度滑冰】piste extérieure
室外跑道集体出发	【速度滑冰】départ en groupe sur piste extérieure

室外速度滑冰（400米跑道）	【速度滑冰】patinage de vitesse sur piste extérieure (nécessairement sur 400 mètres)
誓言（运动员和官员的）	【通用】serment (des athlètes et des officiels)
收紧前臂	【冬残奥通用】serrer les avant-bras
手触地（跳跃结束着陆时的错误动作）	【自由式滑雪】touché du sol (de la main après un saut, une erreur)
手背后滑跑	【速度滑冰】courir les mains <u>dernière le dos</u>/<u>sur le dos</u>
手臂	【花样滑冰】【短道速滑】bras
手臂伸展	【冰壶】【轮椅冰壶】extension du bras
手柄	【冰壶】【雪车】poignée
手部摆动（助滑）	【跳台滑雪】faire une rotation des mains (donne l'élan)
手部动作（用于运动员分组）	【冬残奥通用】mouvement de la main
手撑雪仗前空翻（雪上芭蕾）	【自由式滑雪】saut périlleux avant en appui sur les bâtons (ballet)
手持冰刷	【冰壶】prendre le balai
手触地面（雪上芭蕾）	【自由式滑雪】toucher du sol avec la main (ballet)
手的形状（用于运动员分组）	【冬残奥通用】forme d'une main
手动操作记分牌	【通用】tableau d'affichage manuel
手动打磨（冰刀刃）	【滑冰通用】affûtage à la main
手动计时	【通用】chronométrage manuel
手工加工（磨冰刀刃）	【滑冰通用】finissage à la main (de l'affûtage des lames)
手拉手蹬冰（双人滑）	【花样滑冰】poussée-élan main dans la main (couple)
手拉手握法	【花样滑冰】prise main dans la main
手拉手握法（双人滑及冰上舞蹈与搭档握手的一种方法）	【花样滑冰】main dans la main (une façon de tenir son/sa partenaire en couple et en danse)
手拉手姿势	【花样滑冰】position main dans la main
手套	【冰球】【残奥冰球】【滑冰通用】gant
手套（守门员用）	【冰球】【残奥冰球】mitaine (gardien de but)
手腕	【冰球】【残奥冰球】poignet
手握手	【花样滑冰】prise poignée de main
手指支架	【残奥冬季两项】repose-doigt
守门员	【冰球】【残奥冰球】gardien(,ne); gardien(,ne) de but

汉
法

守门员冰刀刃	【冰球】【残奥冰球】lame du gardien de but
守门员冰橇	【残奥冰球】luge du gardien (de but)
守门员挡球手套	【冰球】【残奥冰球】biscuit, bouclier, carré du gardien (de but), gant <u>bloqueur</u>/<u>carré</u>/<u>de blocage</u>, plaque du gardien de but
守门员护腿	【冰球】jambière de gardien de but
守门员球杆	【冰球】【残奥冰球】<u>bâton</u>/<u>crosse</u> du gardien de but
守门员身体护甲	【冰球】【残奥冰球】plastron du gardien de but
守门员抓球手套	【冰球】【残奥冰球】gant <u>attrape-disque</u>/<u>attrape-rondelle</u> de gardien de but, mitaine <u>attrape-disque</u>/<u>attrape-rondelle</u> de gardien de but, gant <u>attrape-disque</u>/<u>attrape-palet</u>/<u>attrape-rondelle</u>/<u>d'attrape</u>, mitaine <u>attrape-disque</u>/<u>attrape-rondelle</u>/<u>d'attrape</u>
守门员装备	【冰球】【残奥冰球】équipement du gardien de but
首场淘汰赛	【冰球】【残奥冰球】premier <u>match</u>/<u>partie</u> d'une série éliminatoire
首次滑行	【高山滑雪】【残奥高山滑雪】【雪车】【雪橇】première <u>manche</u>/<u>descente</u>
首发阵容	【冰球】【残奥冰球】formation <u>de début de match</u>/<u>initiale</u>/<u>partante</u>
首席冰面技术技师	【冰球】【残奥冰球】【冰壶】【轮椅冰壶】chef-technicien(,ne) de glace
受到	【冰球】【残奥冰球】écoper de ...
受到处罚	【冰球】【残奥冰球】écoper d'une <u>pénalité</u>/<u>punition</u>, être chassé (du jeu), être <u>pénalisé</u>/<u>puni</u>
受到处罚的运动员	【冰球】【残奥冰球】joueur <u>chassé</u>/<u>pénalisé</u>
受罚	【冰球】【残奥冰球】purger une <u>pénalité</u>/<u>punition</u>
受罚席	【冰球】【残奥冰球】banc <u>de pénalité</u>/<u>des pénalités</u>/<u>des punitions</u>, cachot, prison
授予资格证	【通用】octroi de permis
书面记录的顺序	【越野滑雪】ordre de l'enregistrement écrit <Europe>, ordre de l'inscription écrite <Canada>

汉
法

书面警告	【通用】avertissement écrit
书面申诉	【通用】protêt écrit <Canada>, réclamation écrite <Europe>
枢轴曲线	【花样滑冰】courbe pivotane
竖杆（确定出发线和终点线位置）	【越野滑雪】piquets verticaux (délimitant la ligne de départ et la ligne d'arrivée)
竖直轴线（转体中的）	【花样滑冰】axe vertical (dans un virage)
数字的	【冰球】【残奥冰球】numérique
数字显示（电子计时器）	【通用】inscription digitale (sur un chronomètre)
刷冰	【冰壶】balayer la piste/glace <Canada>, balayer le «rink» <Europe>, balayage, brossage
刷冰队员	【冰壶】balayeur(,euse), brosseur(,euse)
刷一下冰	【冰壶】coup de balai/brosse
甩（作用于冰壶上）	【冰壶】【轮椅冰壶】rouler (effet sur une pierre)
双臂摆动	【速度滑冰】balancement des bras
双臂摆动滑跑	【速度滑冰】courir avec l'élan des deux bras/en balançant les deux bras
双臂截肢者	【冬残奥通用】amputé(,e) des deux bras
双冰球杆（残奥冰球运动员使用两个冰球杆）	【残奥冰球】deux bâtons/crosses
双裁判制	【冰球】【残奥冰球】arbitrage à deux
双侧截肢	【冬残奥通用】amputation bilatérale/double
双侧截肢运动员	【冬残奥通用】athlète amputé bilatéral/de deux membres, athlète double amputé
双侧膝上截肢者	【冬残奥通用】amputé(,e) des deux jambes au-dessus des genoux
双侧膝下截肢者	【冬残奥通用】amputé(,e) des deux jambes au-dessous des genoux
双抽签（号码布号码及对手）	【高山滑雪】【残奥高山滑雪】double tirage (numéro de dossard et concurrent/concurrente)
双带（护目镜用）	【高山滑雪】【残奥高山滑雪】double élastique (pour lunettes)
双弹射击	【冬季两项】coup double
双耳式耳机	【残奥冬季两项】casque d'écoute

汉
法

双方人数均等进球	【冰球】【残奥冰球】but égalisateur
双飞	【冰壶】【轮椅冰壶】double sortie, double
双滑雪板	【残奥高山滑雪】【残奥冬季两项】【残奥越野滑雪】biski, bi-ski
双滑雪板滑雪运动员	【残奥高山滑雪】【残奥冬季两项】【残奥越野滑雪】skieur(,euse) en biski
双脚平行着陆（非泰勒马克式落地姿势）	【跳台滑雪】réception avec les pieds parallèles (sans position de télémark)
双脚前进滑行	【花样滑冰】glissé sur deux pieds
双脚跳跃	【花样滑冰】saut sur deux pieds
双秒表	【通用】chronomètre à rattrapant (pour les temps de passage)
双跑道	【速度滑冰】double/piste à deux couloirs, piste double
双平行雪道	【越野滑雪】deux pistes parallèles, pistes doubles parallèles
双人鲍步	【花样滑冰】Ina Bauer en couple
双人出发（平行回转）	【高山滑雪】【残奥高山滑雪】départ par deux (en slalom parallèle)
双人蹬冰	【花样滑冰】poussée-élan (du patinage) en couple
双人蹬冰练习	【花样滑冰】exercice de poussée-élan en couple
双人吊箱缆车	【高山滑雪】【残奥高山滑雪】【自由式滑雪】【跳台滑雪】【越野滑雪】【残奥越野滑雪】【单板滑雪】télésiège biplace
双人花样滑冰（项目）	【花样滑冰】Patinage artistique couples (une épreuve)
双人滑	【花样滑冰】couple (catégorie de patineurs et genre d'épreuve), patinage en couple
双人滑步法	【花样滑冰】jeu de pieds (du patinage) en couple
双人滑测试	【花样滑冰】test de patinage en couple
双人滑搭档	【花样滑冰】partenaires (couple)
双人滑的握手	【花样滑冰】prise de patinage en couple
双人滑动作	【花样滑冰】mouvement de patinage en couple
双人滑项目	【花样滑冰】programme (de patinage) en couple
双人旋转	【花样滑冰】pirouette en couple
双人雪车	【雪车】bob à deux, boblet

双人雪车世界锦标赛	【雪车】Championnats du monde de bob à deux
双人雪橇	【雪橇】luge double
双人雪橇（项目）	【雪橇】Luge double
双人雪橇出发起点	【雪橇】départ pour les épreuves de luge double
双人雪橇运动员（两位男运动员）	【雪橇】lugeurs en double (hommes seulement)
双刃冰橇	【冰球】【残奥冰球】luge/traîneau à deux lames
双三	【花样滑冰】double trois
双手触雪或滑雪板来恢复平衡（犯规）	【跳台滑雪】toucher la neige ou les skis des deux mains pour maintenir son équilibre (infraction)
双手射门	【冰球】【残奥冰球】tir des deux mains
双手通用的冰壶运动员	【轮椅冰壶】curleur(,euse) ambidextre; curleur gaucher et droitier/curleuse gauchère et droitière
双推	【越野滑雪】【残奥越野滑雪】【冬季两项】【残奥冬季两项】double poussée
双腿屈膝	【跳台滑雪】genoux pliés
双雪槽	【越野滑雪】【残奥越野滑雪】【冬季两项】【残奥冬季两项】deux traces, piste double, traces doubles
双雪槽线路	【越野滑雪】piste à double trace, piste à tracé double
双杖齐撑式	【越野滑雪】stakning
双杖推撑滑行	【越野滑雪】【残奥越野滑雪】【冬季两项】【残奥冬季两项】poussée simultanée
双重大罚	【冰球】【残奥冰球】pénalité/punition majeure double,
双重小罚	【冰球】【残奥冰球】pénalité/punition mineure double
双足蹬冰	【越野滑雪】【残奥越野滑雪】pas de patineur double
双足起跳	【花样滑冰】appel sur deux pieds
双足蛇形滑冰（一种练习）	【花样滑冰】patinage en slalom (un exercice)
双足旋转	【花样滑冰】pirouette sur deux pieds
双座（的）	【自由式滑雪】biplace
双座雪橇（雪橇种类）	【雪橇】luge double (genre d'engin)
双座雪橇卧舱	【雪橇】siège de luge double
霜	【通用】givre

汉
法

霜冰（外圈）	【速度滑冰】glace givrée, glace grise (anneau extérieur)
水平	【花样滑冰】niveau
水平的	【冰球】【残奥冰球】horizontal(,e)
水平分力（起跳的）	【花样滑冰】composante horizontale (de l'appel d'un saut)
水平距离（跳跃或者赛道中）	【高山滑雪】【残奥高山滑雪】distance horizontale (d'un saut ou d'un parcours)
水平速度（在起跳以及落冰时）	【花样滑冰】vitesse horizontale (au moment de l'appel et de la réception)
水平停止区	【跳台滑雪】piste/zone de dégagement horizontale
水平线	【越野滑雪】ligne transversale
水平姿势（空中动作时滑板以及运动员）	【跳台滑雪】position horizontale (des skis et du sauteur durant le vol)
顺畅的平行转弯	【自由式滑雪】virages fluides en parallèle
顺利完成比赛	【速度滑冰】bien terminer la course
顺序	【通用】ordre
私教课程	【花样滑冰】cours privé
死球	【冰球】【残奥冰球】déblaiement/dégagement refusé
四板滑雪（2个滑雪板，2个助滑器）	【残奥滑雪】ski à quatre traces (2 skis et 2 bâtons d'appui)
四板滑雪（通过扭转髋关节及上半身进行）	【残奥滑雪】ski à quatre traces (par rotation des hanches et du haut du corps)
四板滑雪运动员	【残奥滑雪】4-traces, quatre-traces, skieur(,euse) à quatre traces
四倍（的）	【自由式滑雪】quadruple
四分之一决赛	【冰球】【残奥冰球】quart de finale
四门旗门组	【高山滑雪】【残奥高山滑雪】chicane à quatre portes
四人滑	【花样滑冰】patinage en quatuor
四人雪车	【雪车】bob à quatre (l'engin)
四人雪车（项目）	【雪车】Bob à quatre (une épreuve)
四人雪车世界锦标赛	【雪车】Championnats du monde de bob à quatre
四肢瘫痪的	【冬残奥通用】quadriplégique, tétraplégique
四肢瘫痪的运动员	【冬残奥通用】athlète quadriplégique/tétraplégique

汉
法

四肢瘫痪者	【冬残奥通用】quadriplégique, tétraplégique
四周的	【花样滑冰】périmétrique
四周空翻	【自由式滑雪】quadruple saut périlleux
四周跳	【花样滑冰】quadruple saut
四周转体	【自由式滑雪】quadruple vrille
松焦油	【越野滑雪】résine de pin
苏格兰冰刷	【冰壶】brosse (écossaise)
速度	【自由式滑雪】【跳台滑雪】vitesse
速度滑冰	【速度滑冰】patinage/patin de vitesse
速度滑冰服（连身套装）	【速度滑冰】tenue de patinage de vitesse (combinaison mono-pièce)
速度滑冰连身套装	【速度滑冰】combinaison mono-pièce de patinage de vitesse
速度滑冰帽	【速度滑冰】bonnet, bonnet de course
速度滑冰男子 10000 米（项目）	【速度滑冰】Patinage de vitesse 10000 m hommes
速度滑冰男子 1000 米（项目）	【速度滑冰】Patinage de vitesse 1000 m hommes
速度滑冰男子 1500 米（项目）	【速度滑冰】Patinage de vitesse 1500 m hommes
速度滑冰男子 5000 米（项目）	【速度滑冰】Patinage de vitesse 5000 m hommes
速度滑冰男子 500 米（项目）	【速度滑冰】Patinage de vitesse 500 m hommes
速度滑冰男子集体出发（项目）	【速度滑冰】Patinage de vitesse départ groupé hommes
速度滑冰男子团体追逐（项目）	【速度滑冰】Patinage de vitesse Poursuite par équipe hommes
速度滑冰女子 1000 米（项目）	【速度滑冰】Patinage de vitesse 1000 m femmes
速度滑冰女子 1500 米（项目）	【速度滑冰】Patinage de vitesse 1500 m femmes
速度滑冰女子 3000 米（项目）	【速度滑冰】Patinage de vitesse 3000 m femmes
速度滑冰女子 5000 米（项目）	【速度滑冰】Patinage de vitesse 5000 m femmes
速度滑冰女子 500 米（项目）	【速度滑冰】Patinage de vitesse 500 m femmes
速度滑冰女子集体出发（项目）	【速度滑冰】Patinage de vitesse départ groupé femmes
速度滑冰女子团体追逐（项目）	【速度滑冰】Patinage de vitesse Poursuite par équipe femmes
速度滑冰椭圆形跑道	【速度滑冰】anneau (de patinage) de vitesse
速度滑冰鞋	【速度滑冰】chaussure de patinage de vitesse
速度滑冰运动员	【速度滑冰】patineur(,euse) de vitesse

汉
法

速度赛	【残奥高山滑雪】épreuve de vitesse
速降姿势	【高山滑雪】【残奥高山滑雪】【自由式滑雪】【跳台滑雪】【越野滑雪】【残奥越野滑雪】【单板滑雪】position de descente
塑料保护层	【跳台滑雪】revêtement/tapis de plastique
塑料保护层边缘	【跳台滑雪】bord du revêtement/tapis de plastique
塑料保护层覆盖的跳台	【跳台滑雪】tremplin avec revêtement/tapis de plastique
塑料保护层重量	【跳台滑雪】poids du revêtement de plastique
塑料标记物	【速度滑冰】bloc/cône en matière plastique
塑料界墙	【冰球】【残奥冰球】bande en plastique
随队参赛	【冰球】【残奥冰球】évoluer avec/jouer dans une équipe
随机	【雪橇】au hasard
损坏的横幅	【高山滑雪】【残奥高山滑雪】banderole déchirée
损坏的旗子	【高山滑雪】【残奥高山滑雪】fanion déchiré
缩小的出发间隔	【滑雪通用】intervalles de départ raccourcis/raccourcis entre les départs
缩小间隔出发	【滑雪通用】départs à intervalles raccourcis

T

他进球啦！	【冰球】【残奥冰球】«et c'est le but!», «il compte!»
太阳挡（下雨、下雪以及日晒情况下使用）	【雪车】pare-soleil, store parasol (en cas de pluie, neige ou soleil)
泰勒马克式落地姿势	【跳台滑雪】position de télémark/fendue, réception en position de télémark/fendue
瘫痪的	【冬残奥通用】paralysé(,e)
瘫痪的肢体	【冬残奥通用】membre paralysé
探戈握法	【花样滑冰】prise (de) Tango
探戈（冰舞）	【花样滑冰】Tango (danse)
弹出器	【冬季两项】【残奥冬季两项】éjecteur
弹传	【冰球】【残奥冰球】passe frappée courte

汉法

弹回	【自由式滑雪】rebond
弹射	【冰球】【残奥冰球】<u>lancer/tir</u> frappé court
弹射速度	【冬季两项】【残奥冬季两项】vitesse <u>de la balle/de la cartouche/du projectile</u>
弹跳技巧（雪上技巧）	【自由式滑雪】technique du rebond (ski sur bosses)
弹性着陆	【跳台滑雪】réception souple
膛线（枪的）	【冬季两项】【残奥冬季两项】rayure
躺着的	【雪橇】couché(,e)
淘汰	【冰球】【残奥冰球】sortir
淘汰的	【冰球】【残奥冰球】éliminatoire
淘汰赛	【通用】course éliminatoire【冰壶】【轮椅冰壶】【冰球】【残奥冰球】éliminatoires
淘汰制	【通用】système d'élimination
特定的出发间隔	【残奥滑雪】intervalles <u>de départs spéciaux/particuliers entre les départs/spéciaux entre les départs</u>
特定间隔出发	【滑雪通用】départs à intervalles spéciaux
特乐克式转弯	【越野滑雪】【残奥越野滑雪】virage en télémark
腾空（跳跃的第三部分）	【花样滑冰】trajectoire (3e partie d'un saut)
腾空（在旋转开始时）	【花样滑冰】envol (poussée du patineur au debut de la rotation dans les airs)
踢到其他球员身上	【冰球】coup de patin donné à un joueur
踢蜡	【越野滑雪】【残奥越野滑雪】【冬季两项】【残奥冬季两项】fart d'adhérence, fart de poussée
踢球	【冰球】coup de patin donné sur <u>la rondelle/le disque</u>, donner un coup de patin sur <u>la rondelle/le disque</u>
踢射	【冰球】tir botté
提出书面抗议	【通用】loger un protêt (par écrit) <Canada>, loger une réclamation (par écrit) <Europe>
提前出发	【自由式滑雪】départ avant le temps
提前的设备检查	【冬季两项】【残奥冬季两项】contrôle préliminaire de l'équipement
体操动作（雪上芭蕾）	【自由式滑雪】mouvements de gymnastique (ballet)

汉
法

体能	【冬残奥通用】capacité physique
体温过高	【冰球】【残奥冰球】hyperthermie
体育场（周围有看台的)	【通用】stade
体育场的限定区域	【越野滑雪】【残奥越野滑雪】zone marquée
体育场负责人	【越野滑雪】【残奥越野滑雪】【冬季两项】【残奥冬季两项】chef de stade
体育场馆的位置	【通用】emplacement d'une installation sportive
体育记者	【通用】correspondant sportif/correspondante sportive
体育解说评论员	【通用】commentateur sportif
体育联合会	【通用】fédération sportive
体育媒体	【通用】presse sportive
体育名人堂	【通用】Temple de la renommée des sports
体育明星	【通用】vedette sportive
体育年	【通用】Année sportive (année d'activités sportives d'un club ou dans une discipline donnée)
体育年鉴	【通用】annuaire des sports, annuaire du sport
体育赛事	【通用】épreuve sportive
体育设施	【通用】installation sportive
体育新闻广播	【通用】émission sportive
体育信息资源中心	【通用】Centre de documentation pour le sport (CDS)
体育医学医生	【通用】médecin de médecine sportive
体育运动	【通用】activité sportive
体育运动队	【通用】équipe sportive
体育指导员	【通用】conseiller sportif
体育专家	【通用】expert en sport, spécialiste du sport
替补裁判	【花样滑冰】juge substitut
替补队员	【通用】substitut; suppléant(,e)
替补教练	【花样滑冰】entraîneur remplaçant/entraîneuse remplaçante; entraîneur substitut
替补球员	【冰球】【残奥冰球】joueur remplaçant/joueuse remplaçante; joueur substitut; joueur suppléant/ joueuse suppléante
替补小组	【跳台滑雪】groupe supplémentaire

替补运动员	【冰壶】【轮椅冰壶】【北欧两项】remplaçant(,e)
替代指定的参赛者	【冬季两项】【残奥冬季两项】remplacement d'un concurrent par un substitut
天然冰	【滑冰通用】glace naturelle
天然冰场	【滑冰通用】patinoire de glace naturelle
天然的	【雪橇】naturel(,le)
天然赛道	【雪橇】Naturbahn, piste de <u>glace naturelle</u>/Naturbahn, piste naturelle
天然赛道雪橇	【雪橇】luge <u>de Naturbahn</u>/<u>pour piste naturelle</u>/<u>sur piste naturelle</u>
天然跳台	【跳台滑雪】tremplin naturel
天然助滑区	【跳台滑雪】élan naturel
填塞垫料	【冰球】【残奥冰球】rembourrage
填涂蜡	【越野滑雪】【残奥越野滑雪】【冬季两项】【残奥冬季两项】fart de retouches
调校	【冬季两项】【残奥冬季两项】ajustement, réglage
调整	【跳台滑雪】modification
调整后的时间	【残奥高山滑雪】【残奥冬季两项】【残奥越野滑雪】temps compensé
调整瞄准焦点	【冬季两项】【残奥冬季两项】ajustement de la mire, réglage des éléments de visée
挑传	【冰球】【残奥冰球】passe soûlée
挑射	【冰球】【残奥冰球】<u>lancer</u>/<u>tir</u> soûlée, soûler <u>la rondelle</u>/<u>le disque</u>
跳接蹲转	【花样滑冰】pirouette sautée en position assise
跳接旋转	【花样滑冰】pirouette sautée
跳接燕式	【花样滑冰】pirouette arabesque sautée, pirouette sautée en position arabesque
跳三	【花样滑冰】trois sauté
跳台	【自由式滑雪】【跳台滑雪】tremplin
跳台测试	【花样滑冰】essai du tremplin
跳台尺寸	【跳台滑雪】<u>dimension</u>/<u>grandeur</u> du tremplin

汉
法

跳台断面图	【跳台滑雪】profil d'un tremplin
跳台高度	【跳台滑雪】hauteur du tremplin
跳台合规许可证延期	【跳台滑雪】prolongation du certificat de <u>conformité/</u> <u>homologation</u> (d'un tremplin)
跳台和平台区之间的过渡区	【自由式滑雪】transition entre le tremplin et le plateau
跳台滑雪	【跳台滑雪】ski de saut, saut à ski
跳台滑雪（项目）	【跳台滑雪】Ski à saut
跳台滑雪比赛	【跳台滑雪】<u>compétition/épreuve</u> de saut à ski
跳台滑雪规则	【跳台滑雪】règlement de saut à ski
跳台滑雪混合团体（项目）	【跳台滑雪】Ski à saut par équipes mixtes
跳台滑雪空中技巧得分	【跳台滑雪】marques de saut (épreuve de sauts)
跳台滑雪男子个人标准台 （项目）	【跳台滑雪】Ski à saut individuel tremplin normal hommes
跳台滑雪男子个人大跳台（项目）	【跳台滑雪】Ski à saut individuel grand tremplin hommes
跳台滑雪男子团体（项目）	【跳台滑雪】Ski à saut par équipe
跳台滑雪女子个人标准台（项目）	【跳台滑雪】Ski à saut individuel tremplin normal femmes
跳台滑雪塔	【跳台滑雪】tour de départ
跳台滑雪运动员	【跳台滑雪】sauteur(,euse) (de saut à ski), sauteur à ski
跳台滑雪运动员的平稳姿势	【跳台滑雪】attitude sûre du sauteur
跳台滑雪运动员的舒展姿势	【跳台滑雪】position détendue du sauteur
跳台滑雪运动员动作稳定性 （动作的流畅）	【跳台滑雪】constance d'un sauteur (fluidité des mouvements)
跳台滑雪运动员空中动作的 理想姿势	【跳台滑雪】position idéale du skieur en vol
跳台滑雪运动员实力（力量）	【跳台滑雪】puissance d'un sauteur
跳台滑雪运动员位置	【跳台滑雪】place du sauteur (où il se trouve)
跳台滑雪运动员姿势	【跳台滑雪】position du sauteur
跳台纪录	【跳台滑雪】record <u>du/sur le</u> tremplin, saut record enregistré sur le tremplin
跳台宽度	【自由式滑雪】largeur du tremplin
跳台平面	【自由式滑雪】plat du tremplin
跳台前端	【跳台滑雪】nez (de la table) du tremplin

汉
法

跳台前端边缘	【跳台滑雪】extrémité du nez de la table
跳台前平台区	【自由式滑雪】plateau
跳台前平台区前端	【自由式滑雪】début du plateau
跳台倾斜度	【跳台滑雪】inclinaison de la table du tremplin
跳台雪道	【跳台滑雪】piste de saut
跳台养护	【跳台滑雪】entretien de la piste
跳台长度	【跳台滑雪】longueur de la table du tremplin
跳台状态	【跳台滑雪】état du tremplin
跳台准备工作	【跳台滑雪】préparation du tremplin
跳跃	【通用】【花样滑冰】【跳台滑雪】saut, sauter
跳跃距离测量仪器	【跳台滑雪】mesureur de longueur (de sauts)
跳跃距离测量员	【跳台滑雪】mesureur de longueur (de sauts)
跳跃动作	【花样滑冰】mouvement d'envol
跳跃动作的测量距离	【跳台滑雪】longueur de saut mesurée
跳跃动作的精确	【跳台滑雪】précision d'un saut
跳跃动作结束（缓冲跑道上）	【跳台滑雪】fin du saut (sur la piste de dégagement)
跳跃动作中的错误	【跳台滑雪】faute survenue en vol
跳跃蹲踞旋转	【花样滑冰】pirouette sautée assise
跳跃距离	【跳台滑雪】longueur d'un/du saut
跳跃起跳	【花样滑冰】départ de saut
跳跃腾空时的姿势	【花样滑冰】position dans les airs/durant l'envol (dans un saut)
跳跃转体	【花样滑冰】virage sauté
跳跃最后部分出现且未被纠正的失误	【跳台滑雪】faute commise pendant la dernière partie du saut et non corrigée
贴腮片	【冬季两项】【残奥冬季两项】appui-joue, busc
铁制配重物	【雪车】lest de fer
听力受损的滑冰运动员	【速度滑冰】patineur dur d'oreilles/patineuse dure d'oreilles; patineur malentendant/patineuse malentendante
停赛处罚	【冰球】【残奥冰球】pénalité/punition de match
停止	【花样滑冰】【冰球】【残奥冰球】arrêt
停止滑动的冰壶	【冰壶】【轮椅冰壶】pierre qui s'immobilise

汉法

停止信号	【速度滑冰】signal d'arrêt
通道	【冰壶】【轮椅冰壶】ouverture, passage
通道（平行排列的开口旗门构成）	【高山滑雪】【残奥高山滑雪】couloir (succession de plusieurs portes horizontales dans le prolongement l'une de l'autre)
通过旗门失误	【高山滑雪】【残奥高山滑雪】mauvais franchissement de la porte (faute de passage)
通过敲击滑雪杆进行引导	【残奥高山滑雪】【残奥冬季两项】【残奥越野滑雪】guidage en claquant les bâtons de ski
通过所有的检查站点	【越野滑雪】passer à tous les postes de contrôle
通过无线电通信进行引导	【残奥高山滑雪】【残奥冬季两项】【残奥越野滑雪】guidage par radio, radioguidage
通过语音信号进行引导	【残奥高山滑雪】【残奥冬季两项】【残奥越野滑雪】guidage par signal vocal
通过终点线	【通用】arrivée (action de franchir la ligne d'arrivée)
通往终点的跑道	【越野滑雪】piste d'arrivée
通行证	【通用】laissez-passer
同步	【通用】synchronisme【花样滑冰】synchronisation
同步跳跃（双人滑）	【花样滑冰】saut«en ligne» (couple)
同等程度残疾	【冬残奥通用】déficience comparable/équivalente, handicap comparable/équivalent
同时出发	【越野滑雪】【残奥越野滑雪】【冬季两项】【短道速滑】départs simultanés
同时出发（北欧两项接力赛）	【北欧两项】départ côte à côte (relais au combiné nordique)
同时出发（平行回转中两位滑雪运动员）	【高山滑雪】【残奥高山滑雪】départ en parallèle (2 skieurs en slalom parallèle)
同时的	【越野滑雪】simultané(,e)
同心圆	【冰壶】【轮椅冰壶】cercle concentrique, cerle
瞳孔放大剂（为运动员分组时使用）	【冬残奥通用】mydriatique
偷分	【冰壶】【轮椅冰壶】vol, voler la manche/le bout
偷分局	【冰壶】【轮椅冰壶】bout volé, manche volée

偷球	【冰球】【残奥冰球】soutirer <u>la rondelle</u>/<u>le disque</u> (à un adversaire)
头部创伤	【冬残奥通用】traumatisme crânien
头盔	【跳台滑雪】【越野滑雪】【残奥越野滑雪】casque
头盔（面罩）	【冰球】【残奥冰球】pare-visage, visière protectrice
头盔的护脸甲	【雪橇】visière
投壶	【冰壶】【轮椅冰壶】coup, lâcher, lancer, lancer <u>de la pierre</u>/<u>d'une pierre</u>/<u>une pierre</u>, tir
投壶队	【冰壶】【轮椅冰壶】équipe <u>active</u>/<u>lanceuse</u>/<u>dont c'est le tour de jouer</u>
投壶杆	【越野滑雪】appareil d'extension, tige de lancement
投壶距离	【冰壶】【轮椅冰壶】longueur du lancer (par le joueur)
投壶路线	【冰壶】【轮椅冰壶】ligne de lancer
投壶未中	【冰壶】【轮椅冰壶】rater un <u>coup</u>/<u>lancer</u>
投壶旋转失当	【冰壶】【轮椅冰壶】erreur de roulement des joueurs
投壶用力过大	【冰壶】【轮椅冰壶】lancer une pierre <u>avec trop de vigueur</u>/<u>lourdement</u>
投壶用力过小	【冰壶】【轮椅冰壶】lancer une pierre trop faiblement
投壶运动员	【冰壶】【轮椅冰壶】lanceur(,euse)
投掷出的冰壶石	【冰壶】【轮椅冰壶】pierre lancée, pierre tirée
突然获胜（加时赛）	【冰球】【残奥冰球】victoire en <u>période supplémentaire</u>/<u>prolongation</u> à but unique
图案形状	【花样滑冰】forme du tracé
图表	【自由式滑雪】tableau
图形	【花样滑冰】figure
图形动作用刃	【花样滑冰】lame pour les figures
图形轨迹方向	【花样滑冰】sens du tracé de la figure
图形组合	【花样滑冰】groupe de figures
徒步旅行滑雪	【越野滑雪】randonnée en ski, ski de randonnée
涂胶的	【冰球】【残奥冰球】gommé(,e)
涂蜡	【越野滑雪】【残奥越野滑雪】【冬季两项】【残奥冬季两项】fartage

汉法

涂蜡栓	【滑雪通用】liège
团队（滑雪项目中盲人运动员和领滑员组成的团队）	【残奥通用】équipe
团队打蜡房间	【越野滑雪】salle de fartage pour les équipes
团队滑雪运动员	【越野滑雪】【残奥越野滑雪】skieur(,euse) de l'équipe
团队接力	【雪车】relais par équipe
团队精神	【冬残奥通用】esprit d'équipe
团队刷冰	【冰壶】balayage en équipe
团队推动雪车前行	【雪车】poussée de l'équipe
团队行为	【冰球】【残奥冰球】<u>comportement</u>/<u>conduite</u> de l'équipe
团队准备区	【越野滑雪】【残奥越野滑雪】aire de préparation des équipes
团身空翻	【自由式滑雪】position groupée, un groupé
团身前空翻	【雪车】saut périlleux avant (position) groupée
团身姿势（速降姿势）	【滑雪通用】l'oeuf, position de recherche de vitesse, position de ramassée, position de l'œuf (une position de descente)
团体	【短道速滑】peloton
团体短距离比赛	【越野滑雪】【残奥越野滑雪】compétition de sprint par équipes
团体滑	【花样滑冰】patinage en groupe
团体接力	【越野滑雪】【残奥越野滑雪】relais par équipes
团体竞速赛	【越野滑雪】【残奥越野滑雪】épreuve de sprint par équipes, sprint par équipes
团体赛	【短道速滑】course en <u>groupe</u>/<u>peloton</u>【冬季两项】【残奥冬季两项】【北欧两项】【越野滑雪】【残奥越野滑雪】<u>compétition</u>/<u>course</u> par équipes
推	【短道速滑】pousser【雪车】poussée
推迟	【通用】ajourner, remettre, reporter
推迟（一场比赛）	【通用】remise, report (d'une compétition ou d'un match à une date ultérieure)

汉法

推迟一场比赛	【冰壶】【轮椅冰壶】【冰球】ajourner <u>un match</u>/<u>une partie</u>, remettre <u>un match à plus tard</u>/<u>une compétition</u>, reporter une <u>compétition</u>/<u>manche</u>
推动（坐姿滑雪者只能在出发门前推一下，不允许助跑出发）	【残奥高山滑雪】poussée
推杆	【雪车】<u>barre</u>/<u>mât</u>/<u>poignée</u> de poussée
推挤冲突	【冰球】【残奥冰球】bouscule, escarmouche
推进	【越野滑雪】【残奥越野滑雪】【冬季两项】【残奥冬季两项】poussée de bâtons
推行启动雪车	【雪车】lancer <u>le bob</u>/<u>l'engin</u>
推行雪橇（团队）	【雪车】poussée du bob (par l'équipe)
腿部保护装备	【冬残奥通用】coque de protection des jambes
腿部保护装置	【冬残奥通用】housse de protection des jambes
腿法（扫冰）	【冰壶】jeu de jambes (en balayant)
腿支架（膝–踝–足矫正器）	【冬残奥通用】appareil orthopédique pour la jambe, attelle de jambe, attelle jambière
退步（从一个图形中）	【花样滑冰】sortie d'une figure
退出	【通用】se retirer
退出比赛	【通用】se retirer d'une <u>compétition</u>/<u>course</u>/<u>épreuve</u>
退弹	【冬季两项】【残奥冬季两项】décharger
退回到己方地盘	【冰球】【残奥冰球】se replier dans <u>sa zone</u>/<u>son territoire</u>
退赛	【通用】forfait, retrait
臀带	【残奥高山滑雪】【残奥冬季两项】【残奥越野滑雪】sangle au niveau des hanches, sangle de hanche
托举	【花样滑冰】levée, porté (en couple et en danse)
托举动作	【花样滑冰】mouvement de levée
拖拽腿	【冰壶】jambe qui traîne
拖拽足	【冰壶】pied qui traîne
脱靶声音信号	【残奥冬季两项】signal de cible <u>ratée</u>/<u>manquée</u>
脱掉手套（意为开始打架）	【冰球】【残奥冰球】jeter les gants
脱臼	【通用】désarticulation, dislocation, luxation
驼鹿	【花样滑冰】élan

汉
法

椭圆形的	【短道速滑】ovale
椭圆形跑道	【速度滑冰】【短道速滑】piste ovale

W

外部	【冰壶】【轮椅冰壶】extérieur
外侧的	【通用】extérieur(,e)
外侧杆	【高山滑雪】【残奥高山滑雪】piquet extérieur
外侧滑雪板（转弯中的）	【滑雪通用】ski extérieur (dans un virage)
外道	【速度滑冰】couloir extérieur
外道弧度	【速度滑冰】virage du couloir extérieur
外勾步转体（规定动作）	【花样滑冰】contre-trois (figures imposées)
外勾转	【花样滑冰】contre-rotation
外国	【通用】étranger
外结环步	【花样滑冰】boucle extérieure
外科的	【冬残奥通用】chirurgical(,e)
外力协助	【雪车】aide de tiers
外起跳刃	【花样滑冰】carre d'appel extérieure
外圈	【冰壶】【轮椅冰壶】cercle extérieur, plus grand cercle
外圈边缘	【冰壶】【轮椅冰壶】rebord du cercle extérieur
外刃	【花样滑冰】carre extérieure
外刃（雪橇滑刃的）	【雪橇】arête extérieure (du patin)
外弯道	【速度滑冰】grand virage, virage extérieur
外弯道半径	【速度滑冰】rayon de courbure du grand virage
外旋	【冰壶】【轮椅冰壶】effet extérieur
外旋掌控	【冰壶】【轮椅冰壶】prise pour effet extérieur
外沿（冰壶赛道）	【冰壶】【轮椅冰壶】bord extérieur
外沿（跑道线标记的）	【速度滑冰】bord extérieur (des cônes)
弯道	【越野滑雪】【残奥越野滑雪】【冬季两项】【残奥冬季两项】【雪车】【雪橇】courbe, virage
弯道半径	【雪车】【雪橇】rayon d'un virage/d'une courbe

弯道半径（速度滑冰跑道）	【速度滑冰】rayon des virages (de l'anneau de vitesse)
弯道标记	【速度滑冰】bloc/cône marquant un virage
弯道裁判员	【速度滑冰】juge de virage
弯道技术	【速度滑冰】【越野滑雪】【残奥越野滑雪】technique de virage
弯道交叉步	【速度滑冰】croisé, pas croisé (dans les virages)
弯道进入	【速度滑冰】entrée du virage
弯道之间的衔接	【雪车】raccordement des virages/entre les virages, transition entre les virages
弯腰曲背的	【跳台滑雪】cassé(,e)
完成（滑降、回转、大回转）	【高山滑雪】【残奥高山滑雪】exécution (de la descente, du slalom, du slalom géant)
完成的跳跃	【跳台滑雪】saut terminé
完成动作	【自由式滑雪】compléter son exécution
完成每圈跑道用时	【速度滑冰】temps par tour
完成时间	【残奥高山滑雪】【残奥冬季两项】【残奥越野滑雪】temps à l'arrivée
完成双飞	【冰壶】【轮椅冰壶】réussir une double sortie
完成一次跳跃	【跳台滑雪】terminer un saut
完成一个旋转动作	【花样滑冰】terminer une pirouette
完美的跳跃动作	【跳台滑雪】saut idéal
完全平衡（滑雪运动员在滑雪板上）	【跳台滑雪】plein équilibre (du skieur sur ses skis)
完全失明的	【冬残奥通用】totalement aveugle
完全失明的运动员	【冬残奥通用】athlète totalement aveugle
完胜	【冰球】【残奥冰球】blanchissage, jeu blanc, victoire de... à 0
完胜对手	【冰球】【残奥冰球】battre un adversaire à zéro, blanchir un adversaire
完整跳跃中出现且未被纠正的失误	【跳台滑雪】faute commise pendant tout le saut et non corrigée
腕带	【滑雪通用】sangle
腕带（滑雪杖的）	【越野滑雪】【残奥越野滑雪】dragonne

汉
法

腕射	【冰球】【残奥冰球】<u>lancer</u>/<u>tir</u> des poignets
网	【自由式滑雪】filet
危险的	【雪车】【冰球】dangereux(,euse)
危险的比赛	【冰球】【残奥冰球】jeu dangereux
威斯特敏斯特华尔兹（冰舞）	【花样滑冰】Valse Westminster (danse)
违反规则	【通用】non-respect du règlement
违反规则的	【冰壶】【轮椅冰壶】indu(,e)
违反规则的处罚	【冬季两项】【残奥冬季两项】pénalité pour violation du règlement
违反规则中的一个条款规定	【跳台滑雪】contrevenir aux dispositions d'un article du règlement
违反体育道德行为的处罚	【冰球】【残奥冰球】<u>pénalité</u>/<u>punition</u> pour conduite anti-sportie
违反体育精神的行为	【通用】conduite antisportive
违规	【通用】infraction au règlement
违规的	【冰球】【残奥冰球】non réglementaire
违规设备	【冰球】【残奥冰球】équipement non réglementaire
违规行为	【冰球】【残奥冰球】inconduite
违禁药物	【通用】stupéfiant interdit, substance <u>de dopage interdite</u>/<u>dopante interdite</u>/<u>défendue</u>/<u>interdite</u>/<u>prohibée</u>/<u>proscrite</u>
违例处罚（10 分钟）	【冰球】【残奥冰球】<u>pénalité</u>/<u>punition</u> pour inconduite (10 minutes)
围栏封闭区	【滑雪通用】aire clôturée
围栏设计	【冰球】【残奥冰球】conception de la <u>balustrade</u>/<u>bande</u>/<u>clôture</u>
围墙	【冬残奥通用】barrière
唯一的	【短道速滑】unique
维护保养	【冰壶】【轮椅冰壶】【雪橇】entretien
维也纳华尔兹（冰舞）	【花样滑冰】Valse viennoise (danse)
卫冕冠军	【通用】tenant(,e) du titre de champion
为期一天的比赛	【通用】<u>compétition</u>/<u>concours</u>/<u>épreuve</u> d'une journée
为赛道做标记	【滑雪通用】balisage de la piste

为双侧膝上截肢运动员变化的大回转	【残奥滑雪】slalom géant pour amputés au-dessus du genou
为一个跳跃动作打分	【跳台滑雪】accorder des notes pour un saut, noter un saut
为运动员分组的医疗技术团队	【冬残奥通用】équipe de classification technique et médicale
未被纠正的	【跳台滑雪】non corrigé
未被纠正的轻微错误	【跳台滑雪】faute mineure non corrigée
未被纠正的失误	【跳台滑雪】faute non corrigée
未被纠正的严重错误	【跳台滑雪】faute majeure non corrigée
未被拦截的射门	【冰球】【残奥冰球】but (marqué) sans riposte
未被遮挡的冰壶	【冰壶】【轮椅冰壶】demeurer/rester à découvert
未过旗门	【高山滑雪】【残奥高山滑雪】manquer la porte (faute de passage)
未击中	【冰球】【残奥冰球】manquer, rater
未击中目标的处罚	【冬季两项】【残奥冬季两项】pénalité pour cible non atteinte
未接到的传球	【冰球】【残奥冰球】passe manquée, passe ratée
未接到的凌空传球	【冰球】【残奥冰球】passe ratée au vol
未命中的靶位	【冬季两项】【残奥冬季两项】cible manquée/ratée
未射中球门	【冰球】【残奥冰球】manquer le filet
未做标记的滑雪板	【越野滑雪】ski non marqué
位列第二	【冰壶】【轮椅冰壶】deuxième
位移（冰上）	【花样滑冰】déplacement (sur glace)
位置	【花样滑冰】position
温度	【雪橇】【通用】【跳台滑雪】température
温度图表	【越野滑雪】tableau des températures
文化活动日程	【通用】programme des activités culturelles
稳定静止状态（轮椅）	【冰壶】【轮椅冰壶】position stable, position stationnaire
沃里跳	【花样滑冰】Walley
卧舱	【雪橇】siège, siège moulé
卧姿	【雪橇】position couchée【冬季两项】【残奥冬季两项】position couchée, position de tir couché
握住（搭档）	【花样滑冰】prise (façon de tenir son/sa partenaire)

汉法

无人的	【冰球】【残奥冰球】désert(,e)
无霜窗玻璃（在出发屋上）	【雪橇】fenêtre à l'épreuve de du givre (aux postes de départ)
无线电通信	【通用】communication radiophonique, communication radio, radiocommunication
无懈可击的	【花样滑冰】sans bavure
无懈可击的退步（8 字形长轴）	【花样滑冰】sortie sans bavure (au grand axe, dans la figure huit)
无旋转	【冰壶】【轮椅冰壶】effet perdu
无荧光胶布	【冰球】【残奥冰球】bande adhésive non fluorescente
无阻挡视野观看比赛	【速度滑冰】champ de vision libre de la course
五发子弹弹仓	【冬季两项】【残奥冬季两项】<u>chargeur</u>/<u>magasin</u> à cinq coups
舞步	【花样滑冰】pas de danse
舞蹈变化	【花样滑冰】variation de danse
舞蹈变化及原创固定图形舞蹈	【花样滑冰】variation de danse et danse sur tracé original prescrit
舞蹈测试	【花样滑冰】test de danse
舞蹈的	【自由式滑雪】chorégraphique
舞蹈节奏	【花样滑冰】rythme de la danse
舞蹈节奏评分	【花样滑冰】notation concernant le rythme de la danse
舞蹈姿势	【花样滑冰】position de danse
舞蹈姿势整齐划一	【花样滑冰】position de danse à l'unisson
物流主管	【冬季两项】【残奥冬季两项】chef de la logistique
雾天地标（用松树树枝或松塔铺设在路线上）	【高山滑雪】【残奥高山滑雪】repère (branches ou cônes de sapin sur le parcours pour distinguer la piste dans le brouillard)

X

汉法

膝顶人（犯规）	【冰球】avoir donné du genou (infraction)
膝盖	【花样滑冰】【跳台滑雪】【短道速滑】genou

膝盖并拢	【花样滑冰】 faire se rejoindre les genoux, mettre les genoux ensemble
膝盖弯曲	【花样滑冰】 flexion du genou
膝关节以上截肢运动员	【冬残奥通用】 athlète amputé <u>au-dessus du genou</u>/<u>de la cuisse</u>/<u>fémoral</u>/<u>trans-fémoral</u>/<u>de la jambe</u>/<u>tibial</u>/<u>trans-tibial</u>
膝上义肢	【冬残奥通用】 prothèse <u>de cuisse</u>/<u>fémorale</u>
系紧（鞋带）	【滑冰通用】 laçage
系列跳跃	【花样滑冰】 série de sauts
狭缝灯（对运动员眼睛进行测试，以便对运动员进行分组）	【冬残奥通用】 biomicroscope, lampe à fente
下巴	【速度滑冰】 menton
下板	【高山滑雪】【残奥高山滑雪】 ski aval
下半场	【冰球】【残奥冰球】 deuxième demie
下部	【雪橇】 bas
下蹲的	【跳台滑雪】 accroupi(,e)
下滑位置	【高山滑雪】【残奥高山滑雪】【自由式滑雪】【跳台滑雪】【越野滑雪】【残奥越野滑雪】【单板滑雪】 position de descente
下面的	【花样滑冰】 inférieur(,e)
下坡	【通用】 aval
下坡侧	【高山滑雪】【残奥高山滑雪】【自由式滑雪】【跳台滑雪】【越野滑雪】【残奥越野滑雪】【单板滑雪】 en aval
下坡段	【越野滑雪】【残奥越野滑雪】 parcours en descente
下行压力	【雪橇】 pression vers le bas
下压及跳跃（花样滑冰女选手的动作，托举动作的第二部分）	【花样滑冰】 impulsion et saut (de la part de la patineuse, 2e partie d'une levée)
下肢	【自由式滑雪】 <u>bas</u>/<u>partie inférieure</u> du corps
下肢（腿）	【通用】 jambe, membre inférieur
下肢假肢	【冬残奥通用】 prothèse <u>de jambe</u>/<u>de membre inférieur</u>/<u>jambière</u>
下肢矫正法	【冬残奥通用】 orthèse <u>de jambe</u>/<u>de membre inférieur</u>/<u>jambière</u>

汉
法

下肢矫正器	【冬残奥通用】orthèse de jambe/de membre inférieur/jambière
下肢截肢运动员	【冬残奥通用】athlète amputé d'un membre inférieur/d'une jambe
夏季奥林匹克运动会	【通用】Jeux Olympiques d'été
夏季残疾人奥林匹克运动会	【冬残奥通用】Jeux paralympiques d'été
夏季两项	【冬季两项】biathlon d'été
夏季学校	【花样滑冰】école d'été
先天的（残疾）	【冬残奥通用】congénital(,e)
衔接	【雪车】【雪橇】transition
衔接（冰舞重心转移）	【花样滑冰】transition (transfert de poids en danse sur glace)
衔接（着陆跑道和终点跑道之间）	【自由式滑雪】(aire de) raccordement (entre la piste d'atterrissage et la piste de dégagement)
衔接动作	【花样滑冰】mouvement de transition/d'enchaînement
显示男子气概	【冰球】【残奥冰球】jouer l'homme
现代奥林匹克运动会	【通用】Jeux Olympiques modernes
现代奥林匹克之父顾拜旦	【通用】Père du mouvement olympique moderne, Coubertin
限定球	【冰壶】【轮椅冰壶】pierre étroite/mince
限定投壶距离	【冰壶】【轮椅冰壶】écart étroite/mince
限制赛道使用	【越野滑雪】limiter l'utilisation de la piste
限制线	【冰壶】【轮椅冰壶】ligne de courtoisie
线	【越野滑雪】ligne
线（冰面上的）	【冰球】【残奥冰球】ligne (sur la glace)
线（性）的	【花样滑冰】linéaire
线（运动员组成的防线等）	【冰球】【残奥冰球】ligne (joueurs)
线路	【通用】course
线性动量	【花样滑冰】implusion linéaire
相互接触接力	【短道速滑】relayer en se touchant
相互距离远的滑冰运动员	【速度滑冰】patineur distancé/patineuse distancée
相同的排名	【通用】même rang au classement
想象中的	【雪橇】imaginaire

汉
法

向后摆动（投壶过程中运动员投壶手臂）	【冰壶】<u>élan/mouvement</u> arrière
向后葫芦步	【花样滑冰】godiller vers l'arrière
向后空翻大跳台	【自由式滑雪】grand tremplin pour sauts périlleux arrière
向后燕式旋转	【花样滑冰】pirouette arabesque arrière
向内	【短道速滑】vers l'intérieur
向内的	【花样滑冰】intérieur(,e)
向内倾斜	【短道速滑】incliner vers l'intérieur
向内压力	【雪橇】pression vers l'intérieur
向前	【花样滑冰】avance (AV)
向前摆臂	【速度滑冰】balancement vers l'avant (des bras)
向前蹬离	【花样滑冰】poussée de départ avant
向前蹲踞式旋转	【花样滑冰】pirouette assise avant
向前葫芦步	【花样滑冰】godiller vers l'avant
向前起跳姿势	【花样滑冰】position d'appel avant
向前舞蹈姿势	【花样滑冰】position de danse vers l'avant
向前燕式旋转	【花样滑冰】arabesque avant
向前直立旋转	【花样滑冰】pirouette verticale avant
向圈外倾斜	【花样滑冰】inclinaison à l'extérieur du cercle
向外侧蹬冰	【速度滑冰】poussée latérale, poussée vers l'extérieur
向外的	【通用】extérieur(,e)
向外姿势	【花样滑冰】position (en position extérieure (une façon de tenir son/sa partenaire en danse sur glace, pour le Tango)
向一侧刃倾斜	【花样滑冰】inclinaison sur une carre
向右的	【花样滑冰】droit(,e) (D)
向左直立旋转	【花样滑冰】pirouette verticale <u>dans le sens inverse des aiguilles d'une montre/vers la gauche</u>
橡胶标记物	【速度滑冰】<u>bloc/cône</u> en caoutchouc
橡胶布（雪橇服）	【雪橇】tissu caoutchouté (pour survêtement de luge)
橡胶布（雪橇加速套装）	【雪橇】tissu recouvert d'une pellicule de plastique (pour survêtement de luge)

汉
法

橡胶材质的	【雪橇】caoutchouté(,e)
销连接固定	【越野滑雪】fixation à goupilles
小半径弯道	【通用】virage à court rayon
小的	【冰壶】【轮椅冰壶】petit(,e)
小罚	【冰球】【残奥冰球】<u>pénalité/punition</u> mineure
小口径	【冬季两项】【残奥冬季两项】petit calibre
小口径步枪	【冬季两项】【残奥冬季两项】arme de petit calibre
小块区域	【花样滑冰】parcelle
小联盟系统	【冰球】【残奥冰球】filiale, équipe-école, réseau de filiale, réseau d'équipes-écoles
小数	【花样滑冰】décimale, note décimale
小雪丘	【通用】【自由式滑雪】bosse
小职业球队联盟	【冰球】【残奥冰球】ligue mineure
小组	【通用】groupement, groupe
小组比赛	【花样滑冰】compétition de division(s)
小组抽签	【高山滑雪】【残奥高山滑雪】tirage au sort par groupe
小组冠军赛	【花样滑冰】championnats de divisions
小组教学	【花样滑冰】leçon de groupe
协调	【花样滑冰】unisson
协调（身体动作）	【自由式滑雪】coordination (des movements)
协调的动作	【跳台滑雪】mouvement harmonieux
协助给步枪装子弹	【残奥冬季两项】assistance pour charger la carabine
斜度（12 到 20 度）（雪上芭蕾场地）	【自由式滑雪】inclinaison (12 à 20 degrés) (terrain pour le ballet)
斜度（25 到 35 度）（雪上技巧场地）	【自由式滑雪】inclinaison (25 à 35 degrés) (terrain pour le ski sur bosses)
斜坡	【越野滑雪】【残奥越野滑雪】montée, pente, pente en <u>biais</u>/<u>dévers</u>
斜坡赛道长度	【高山滑雪】【残奥高山滑雪】longueur de la pente
斜线传球	【冰球】【残奥冰球】passe <u>en croisée/transversale/en diagonale</u>
斜向变刃	【花样滑冰】changement de carre en diagonale

鞋	【通用】chaussure
鞋带	【滑冰通用】lacet
鞋底为刷形的鞋	【雪车】chaussures à pointes
鞋底有钉子的鞋	【雪橇】chaussures à clous
心理建设（滑行的）	【雪橇】configuration mentale (de la descente)
心理准备	【通用】préparation mentale
新的开始	【花样滑冰】nouveau départ
新人	【通用】débutant(,e); novice; nouveau venu/nouvelle venue
新手	【通用】recrue
新闻报道区（记者席）	【通用】fosse de reportage
新闻报道员	【通用】reporters de la radio
新闻官员	【滑雪通用】chef de presse
新闻记者席	【冰球】【残奥冰球】passerelle de la presse
新闻媒体报道区	【通用】tribune de la presse
新闻媒体部门	【通用】section des journalistes
新闻媒体记者	【通用】journaliste, membres de la presse
新闻通报会	【通用】point de presse
新雪	【滑雪通用】neige fraîche
信号灯	【通用】signal lumineux
信号锣声	【冰球】【残奥冰球】gong
信号旗	【通用】drapeau indicateur【越野滑雪】【残奥越野滑雪】【冬季两项】【残奥冬季两项】fanion
信号旗标（红色以及绿色小三角形赛道标志旗）	【高山滑雪】【残奥高山滑雪】fanion directionnel (petits triangles rouges et verts au sol, délimitant la piste)
信号枪测试	【速度滑冰】coup d'essai
信号枪响（出发信号）	【速度滑冰】coup de feu (signal de départ)
信号强度	【残奥冬季两项】intensité du signal
信号装置	【雪橇】signalisation
信息服务	【通用】service de l'/d'information
星光华尔兹（冰舞）	【花样滑冰】Valse Starlight (danse)
行驶中的雪车	【雪车】bob sur route
形成钩状	【花样滑冰】faire un crochet

汉
法

形状	【通用】forme
兴奋剂	【通用】dopage, <u>drogue</u>/<u>substance</u> améliorant la performance sportive
兴奋剂犯罪	【冬残奥通用】infraction de dopage
兴奋剂管控	【通用】contrôle de dopage
兴奋剂管控站	【通用】poste de contrôle de dopage
胸带（坐式滑雪配件）	【残奥高山滑雪】【残奥冬季两项】【残奥越野滑雪】sangle <u>de poitrine</u>/<u>pectorale</u>
休息	【雪车】repos
休息区	【越野滑雪】refuge, relais (le long des pistes)
休息日（在训练和比赛之间）	【雪车】jour de repos (entre l'entraînement et la compétition)
休闲滑雪运动员	【越野滑雪】randonneur(,euse)
休闲舞者	【花样滑冰】patineur(,euse) de danse récréative
修理雪车的工作坊	【雪车】atelier de réparation des bobs
修理雪橇的工作坊	【雪橇】atelier de réparation des luges
修整冰面使其保证良好状态	【滑冰通用】remettre la glace en bon état
修整跑道	【滑雪通用】<u>remettre la piste</u>/<u>remise</u> en état (de la piste)
袖套	【通用】manchon
许可的压重物	【雪橇】lest autorisé, poids complémentaire autorisé
序数词	【花样滑冰】ordinal
宣布退出	【通用】déclarer forfait
悬挂减震装置	【残奥高山滑雪】【残奥冬季两项】【残奥越野滑雪】appareil de suspension, amortisseur
旋壶（进营）	【冰壶】【轮椅冰壶】effet, lancer de placement, placement, point
旋壶力量	【冰壶】【轮椅冰壶】lancer léger, pesanteur de lancer de placement
旋壶力量大	【冰壶】【轮椅冰壶】pesanteur de lancer <u>fort</u>/<u>vigoureux</u>
旋球	【冰壶】【轮椅冰壶】contournement
旋转	【花样滑冰】pirouette, révolution, rotation
旋转（花滑运动员）	【花样滑冰】tour
旋转（一只脚固定在冰面上）	【花样滑冰】pivot (une pirouette)

旋转滑入弧度	【花样滑冰】courbe d'entrée (d'une pirouette)
旋转的	【花样滑冰】rotatif(,ve)
旋转动作	【花样滑冰】mouvement de rotation, révolution d'une pirouette, rotation d'une pirouette, moment rotatif
旋转方向	【花样滑冰】sens de rotation, sens de la rotation
旋转结束动作	【冰壶】rotation de sortie (à la fin d'une pirouette)
旋转曲线	【冰壶】【轮椅冰壶】effet, courbe
旋转速度	【花样滑冰】vitesse de rotation/rotationnelle
旋转跳跃	【花样滑冰】saut avec rotation, saut en pirouette
旋转运动（冰壶）	【冰壶】【轮椅冰壶】mouvement de rotation (d'une pierre)
旋转轴	【花样滑冰】axe de la pirouette
旋转姿势	【花样滑冰】position de pirouette, position de rotation
选拔营（挑选国家队队员）	【冬残奥通用】camp de sélection
选手的参赛资格	【通用】qualification d'un compétiteur(,trice)
选择冰上占位（赛前）	【花样滑冰】choix de la glace/l'emplacement sur la glace (pour commencer une routine)
选择赛道	【北欧两项】choisir la piste
削剥击石	【冰壶】【轮椅冰壶】déblayage, lancer de déblayage
削剥力量	【冰壶】【轮椅冰壶】force de déblayage
削剥中心防卫石	【冰壶】【轮椅冰壶】déloger une garde centrale/médiane, déplacer une garde centrale/médiane, enlever une garde centrale/médiane
雪	【滑雪通用】neige
雪板交叉（空中技巧）	【自由式滑雪】Iron Cross (croix de fer) (saut)
雪包	【通用】【自由式滑雪】bosse
雪包顶端	【自由式滑雪】sommet (d'une bosse)
雪包侧面斜坡	【自由式滑雪】versant (d'une bosse)
雪包尺寸	【自由式滑雪】grosseur des bosses
雪包顶部	【自由式滑雪】faîte d'une bosse
雪槽（滑雪者在步道上产生的滑雪痕迹）	【越野滑雪】【残奥越野滑雪】【冬季两项】【残奥冬季两项】trace
雪槽深度	【越野滑雪】profondeur de la trace/du tracé

汉
法

雪层	【滑雪通用】couche de neige
雪车	【雪车】engin, bob
雪车（项目）	【雪车】bobsleigh
雪车跑道的起始部分	【雪车】tronçon de départ de la piste (de bobsleigh)
雪车底盘	【雪车】châssis
雪车队成员	【雪车】équipage
雪车滑刃	【雪车】patin, patin d'un bob
雪车驾驶团队	【雪车】équipage d'un bob
雪车赛道	【雪车】piste de bobsleigh
雪车赛道落差	【雪车】dénivellation de la piste de bobsleigh
雪车运动员	【雪车】bobbeur, bobeur
雪车重量	【雪车】poids de l'engin (le bob)
雪道负责人	【越野滑雪】【残奥高山滑雪】【残奥越野滑雪】【残奥冬季两项】chef de piste
雪道检查负责人	【冬季两项】【残奥高山滑雪】【残奥越野滑雪】【残奥冬季两项】chef du parcours, chef contrôleur des pistes
雪道检查员	【冬季两项】【残奥冬季两项】contrôleur de la piste, contrôleur du parcours
雪道维护	【滑雪通用】entretien/préparation des pistes
雪道状态	【高山滑雪】【残奥高山滑雪】état de la piste
雪堆（风吹积而成）	【滑雪通用】congère
雪花	【滑雪通用】flocon de neige
雪镜	【滑雪通用】lunettes de neige
雪况	【滑雪通用】conditions de neige, état de la neige, qualité de la neige
雪轮	【越野滑雪】panier en demi-lune
雪盲症	【滑雪通用】cécité/ophtalmie des neiges
雪橇	【雪橇】luge
雪橇（项目）	【雪橇】Luge
雪橇比赛	【雪橇】compétition de luge
雪橇参赛运动员	【雪橇】compétiteur(,trice) de luge
雪橇舵手	【雪橇】pilote

雪橇副舵手	【雪橇】assistant pilote, pilote en second
雪橇钢橇刃	【雪橇】lame d'acier d'un patin, semelle d'acier
雪橇滑刃	【雪橇】patin de la luge
雪橇滑刃（带有钢制底板）	【雪橇】patin (avec semelle en acier)
雪橇滑刃前端	【雪橇】devant du patin de la luge
雪橇滑刃温度检测	【雪橇】vérification de la température des patins
雪橇运动员体重	【雪橇】poids du concurrent(,e); poids du lugeur(,euse)
雪橇跑道	【雪橇】piste de luge
雪橇前连桥	【雪橇】portique avant de la luge
雪橇刃后部	【雪橇】arrière du patin (de la luge)
雪橇手柄	【雪橇】poignée de la luge
雪橇团体接力（项目）	【雪橇】Luge relais par équipe
雪橇训练运动服	【雪橇】survêtement d'entraînement pour la luge
雪橇运动	【雪橇】luge, sport de luge
雪橇运动服	【雪橇】survêtement pour la luge
雪橇运动员	【雪橇】athlète de luge; lugeur(,euse)
雪橇重量	【雪橇】poids de l'engin (la luge)
雪橇座位	【雪橇】siège
雪丘滑雪路线	【自由式滑雪】parcours pour le ski sur bosses
雪丘平整机	【高山滑雪】【残奥高山滑雪】aplanisseur/planeur de bosses (machinerie)
雪丘上的用刃	【自由式滑雪】prise de carres dans les bosses
雪上芭蕾	【自由式滑雪】ballet
雪上芭蕾空翻（手撑雪仗助力）	【自由式滑雪】culbute (ballet) (impulsion à l'aide des bâtons)
雪上芭蕾贝尔曼旋转	【自由式滑雪】vrille Bielmann (ballet)
雪上芭蕾比赛项目	【自由式滑雪】épreuve de ballet
雪上芭蕾规定动作	【自由式滑雪】routine de ballet
雪上技巧（猫跳）比赛路线	【自由式滑雪】parcours de bosses de compétition
雪上技巧动作组跳	【自由式滑雪】groupes de sauts dans le ski sur bosses
雪上技巧路线	【自由式滑雪】parcours de bosses

汉
法

雪上技巧项目	【自由式滑雪】bosses (une épreuve de ski acrobatique), épreuve de ski sur bosses, épreuve des bosses, ski sur bosses
雪上体育运动	【冬残奥通用】sport de neige
雪霜	【滑雪通用】neige givrée
雪温	【滑雪通用】température de la neige
循环赛	【冰壶】【轮椅冰壶】【冰球】【残奥冰球】tournoi à la ronde
训练	【通用】exercice, entraînement, s'entraîner, s'exercer
训练场地	【高山滑雪】【残奥高山滑雪】pente d'exercice/d'entraînement
训练房	【通用】salle d'exercice/d'entraînement
训练号码布	【通用】dossard d'entraînement
训练加时	【通用】temps d'exercice/d'entraînement supplémentaire
训练进度表	【通用】horaire d'entraînement
训练跑道	【通用】couloir/parcours d'entraînement, pistes d'exercice/ d'entraînement
训练时间	【自由式滑雪】temps d'entraînement/d'exercice
训练用背带	【花样滑冰】harnais (aide pour l'enseignement)
训练用雪橇	【雪橇】luge d'entraînement
迅速换人（运动员）	【冰球】【残奥冰球】changement rapide (de joueurs)

Y

压步	【花样滑冰】croisé, pas croisé【冰球】croisement (de joueurs sur la glace)
压得很紧实的坡道	【自由式滑雪】pente bien damée
压过的很紧实的雪地表面	【自由式滑雪】surface bien damée
压过的赛道（使用机器）	【越野滑雪】piste damée/entretenue (à l'aide de machinerie)
压过的雪槽（使用机器）	【越野滑雪】piste tracée (à l'aide de machinerie)
压过雪的雪道	【自由式滑雪】parcours damé
压紧	【冰球】【残奥冰球】tasser
压力	【雪橇】pression

汉
法

压力控制	【通用】contrôle de la pression
压实（雪道）	【滑雪通用】damage des pistes
压线	【冰壶】【轮椅冰壶】mordeuse, pierre mordeuse
压制雪槽机	【越野滑雪】appareil de traçage mécanique machine à tracer les pistes
压重物	【雪橇】poids complémentaire
哑射	【冬季两项】【残奥冬季两项】coup à sec, tir à vide, tir fictif
亚军（队）	【通用】second(,e)
亚军（队）（多名中的第二名）	【通用】deuxième
延迟	【自由式滑雪】【滑雪通用】retard, retardement
延迟比赛（犯规）	【冰球】【残奥冰球】avoir retardé le jeu (infraction)
延迟出发	【通用】【高山滑雪】【残奥高山滑雪】【自由式滑雪】【跳台滑雪】【越野滑雪】【残奥越野滑雪】【单板滑雪】départ en retard/retardé, retard au départ
延迟的	【冰球】【残奥冰球】différé(,e); retardé(,e)
延迟的阿克塞尔跳	【花样滑冰】axel retardé
延迟的登记	【滑雪通用】enregistrement en retard/tardif <Europe>, inscription en retard/tardive <Canada>
延迟更正的失误	【跳台滑雪】faute corrigée avec retard/en retard
延迟开赛	【短道速滑】retarder le départ d'une course
延迟抗议	【通用】protêt retardé <Canada>, réclamation retardée <Europe>
延误的	【滑雪通用】tardif(,ve)
延长	【越野滑雪】prolongement
延长的	【雪橇】allongé(,e)
延长的起点线	【越野滑雪】ligne de départ prolongée
延长赛	【冰壶】【轮椅冰壶】bout/manche supplémentaire
延长时间（进球后一场比赛停止）	【冰球】【残奥冰球】période supplémentaire, prolongation (avec arrêt de la partie dès qu'un but est marqué)
严格训练	【通用】entraînement sérieux/soigné
严厉处罚错误	【跳台滑雪】pénaliser/punir sévèrement une faute
严肃地	【冰球】【残奥冰球】gravement

汉
法

严重错误	【跳台滑雪】faute majeure
严重地	【冰球】【残奥冰球】gravement
严重犯规	【越野滑雪】infraction majeure
严重偏差	【跳台滑雪】écart
严重违规	【冰球】【残奥冰球】grossière inconduite
严重违规处罚	【冰球】【残奥冰球】<u>pénalité/punition</u> de match pour inconduite, <u>pénalité/punition</u> de partie pour inconduite, <u>pénalité/punition</u> pour grossière inconduite
严重违例判罚	【冰球】【残奥冰球】pénalité de méconduite pour le match, pénalité de partie, punition de partie pour inconduite, <u>pénalité/punition</u> d'extrême inconduite
研磨设备	【滑冰通用】étau (pour affûter), équipement d'affûtage
掩盖	【冰球】【残奥冰球】voiler
掩护性传球	【冰球】【残奥冰球】passe voilée
掩护性射门	【冰球】【残奥冰球】lancer voilé, tir voilé
眼底镜（用于为运动员分组）	【冬残奥通用】ophtalmoscope
眼科医师	【冬残奥通用】ophtalmologiste, ophtalmologue
演绎音乐	【自由式滑雪】interpréter la musique
燕式旋转	【花样滑冰】pirouette arabesque
扬声器系统	【通用】système de <u>haut-parleurs/sonorisation</u>
扬声系统（使 B1、B2 以及 B3 组运动员听到指令）	【残奥高山滑雪】【残奥冬季两项】【残奥越野滑雪】sonorisation
洋基波尔卡（冰舞）	【花样滑冰】Polka Yankee (danse)
腰包	【越野滑雪】sac banane, sacoche de ceinture
腰部	【冰球】【残奥冰球】reins
腰部托举	【花样滑冰】levée par la taille
邀请	【花样滑冰】invitation
邀请赛	【花样滑冰】compétition invitation
摇摆	【短道速滑】balancement
摇摆的	【速度滑冰】ballant(,e)
摇摆的手臂	【速度滑冰】bras ballant
摇摆莫霍克步（一种冰舞舞步）	【花样滑冰】Mohawk swing (un pas de danse)

摇摆舞	【花样滑冰】Rocker Foxtrot (danse)
摇摆舞（冰舞）	【花样滑冰】Danse Swing (danse)
摇滚步	【花样滑冰】roulé, roulement
摇晃（完成圆形时）	【花样滑冰】sinuosités (dans l'exécution d'un cercle)
业余爱好者	【通用】amateur(,euse), emthousiaste, fervent(,e)
夜间比赛	【雪车】manche de nuit
夜间滑行	【雪车】【雪橇】descente de nuit
夜间训练滑行	【雪橇】descente d'entraînement de nuit
液蜡	【高山滑雪】【残奥高山滑雪】【自由式滑雪】【越野滑雪】【残奥越野滑雪】【单板滑雪】fart liquide
一队滑行穿插到另一列中（队列滑）	【花样滑冰】intersection
一对双人滑	【花样滑冰】couple
一发子弹弹仓	【冬季两项】【残奥冬季两项】chargeur/magasin à un coup
一分钟处罚	【冬季两项】【残奥冬季两项】minute de pénalité de tir, pénalité d'une minute
一杆两用的冰球杆	【残奥冰球】bâton/crosse à deux fonctions
一个蹬冰步动作（交替滑行步中）	【越野滑雪】【残奥越野滑雪】un pas
一个节目的结束	【花样滑冰】fin d'un programme
一个跳台的制作和准备	【自由式滑雪】apprêt d'un tremplin
一个跳跃动作的评判	【跳台滑雪】notation d'un saut
一个图形的滑行轨迹	【花样滑冰】tracé d'une figure
一个图形的完成	【花样滑冰】exécution d'une figure
一局（比赛）	【冰球】【残奥冰球】【越野滑雪】période de jeu
一局（冰球比赛）	【冰球】【残奥冰球】engagement, tiers, vingt, période
一局比赛的第二部分	【冰壶】【轮椅冰壶】seconde moitié/tranche d'une manche
一局比赛暂停	【雪车】arrêt/interruption d'une manche
一局比赛终点	【冰壶】【轮椅冰壶】extrémité où se joue la manche
一垒	【冰壶】【轮椅冰壶】premier(,ère)
一圈计时	【速度滑冰】chronométrage d'un tour
一致	【花样滑冰】uniformité

汉法

一致的	【花样滑冰】uniforme
一周半跳跃（雪上芭蕾）	【自由式滑雪】saut de 540 degrés (ballet)
一周跳	【花样滑冰】saut simple
一周跳跃（雪上芭蕾）	【自由式滑雪】saut de 360 degrés (ballet)
一字步（过渡动作）	【花样滑冰】grand aigle (un mouvement de transition)
衣帽间	【通用】salle de casiers
医学检查	【冬残奥通用】examen médical, visite médicale
仪器	【雪车】appareil
移除一个冰壶	【冰壶】【轮椅冰壶】déloger/déplacer/enlever une pierre
移动方向	【花样滑冰】direction/sens du déplacement
移动中的冰壶	【冰壶】【轮椅冰壶】pierre en mouvement
移动中意外受触的冰壶石	【冰壶】【轮椅冰壶】pierre touchée en mouvement
移交接力棒	【冬季两项】【残奥冬季两项】【北欧两项】【越野滑雪】【残奥越野滑雪】échange de relayeur, passage/remise du relais
移交接力棒区域	【冬季两项】【残奥冬季两项】【北欧两项】【越野滑雪】【残奥越野滑雪】zone de passage des relais, zone du passage de relais
已创建的纪录	【通用】record établi
已经过去了的	【冰球】【残奥冰球】écoulé(,e)
已经确定好的出发时间	【通用】heure de départ prévue
已经完成的一次射击	【冬季两项】【残奥冬季两项】coup tiré
已注册参赛者人数	【通用】nombre de compétiteurs inscrits/compétitrices enregistrées <Canada>, nombre de participants inscrits/compétitrices inscrites <Canada>, nombre d'inscriptions <Canada>, nombre d'enregistrement <Europe>
以多打少	【冰球】【残奥冰球】attaque à cinq/en avantage numérique/massive, jeu de puissance, supériorité numérique
以官方（跳台滑雪）裁判身份行使裁判职责	【跳台滑雪】agir en qualité de juge officiel (de saut)
以少打多	【冰球】【残奥冰球】désavantage/infériorité numérique, jeu en désavantage/infériorité numérique

以站姿参加比赛	【残奥高山滑雪】【残奥冬季两项】【残奥越野滑雪】compétitionner debout
以坐姿参加比赛	【残奥高山滑雪】【残奥冬季两项】【残奥越野滑雪】compétitionner/courir assis
义肢	【冬残奥通用】membre artificiel
异常情况	【通用】circonstance fortuite/inusitée
意外受触的冰壶石	【冰壶】【轮椅冰壶】pierre touchée
意志力	【冬残奥通用】endurance mentale
因为错过旗门被取消比赛资格	【高山滑雪】【残奥高山滑雪】disqualification pour une porte manquée
因为某些特殊原因被取消比赛资格	【冬季两项】【残奥冬季两项】disqualification pour des raisons explicites/précises
因为受到处罚而人数不足的队伍	【冰球】【残奥冰球】équipe pénalisée, équipe qui joue en désavantage/infériorité numérique
音乐干扰	【花样滑冰】arrêt/interruption de la musique
银牌	【通用】argent (médaille), médaille d'argent
银刷杯（20 世纪 60 年代冰壶世界锦标赛最高荣誉）	【冰壶】Balai d'argent (trophée, emblème de la suprématie mondiale au curling)
引导（B 组运动员必需）	【残奥高山滑雪】【残奥冬季两项】【残奥越野滑雪】guidage
隐形眼镜	【冬残奥通用】lentille (oculaire) de contact
印刷错误	【通用】erreur d'écriture, faute d'impression
印象	【自由式滑雪】impression
应该执行的决定	【通用】décision exécutoire
英尺或米测量卷尺	【跳台滑雪】ruban à mesurer en pieds ou en mètre
鹰展（空中技巧）	【自由式滑雪】Spread Eagle (saut)
赢得	【冰球】【残奥冰球】remporter
赢得淘汰赛	【冰球】【残奥冰球】gagner les éliminatoires, remporter les éliminatoires
硬件装备（滑雪板、滑雪靴、固定器、滑雪杖等）	【滑雪通用】équipement rigide (skis, chaussures de ski, fixations, bâtons, etc.)
硬蜡（用于滑雪杖）	【滑雪通用】fart dur (en bâtonnet)
硬雪	【滑雪通用】neige dure

汉法

硬着陆	【跳台滑雪】réception dure, réception raide
拥挤（赛事观众在场馆内）	【冰球】【残奥冰球】emplir (un lieu), s'entasser (spectateurs dans un lieu)
用冰橇前端进行阻截	【残奥冰球】<u>mise en échec/plaquage</u> avec l'avant de la luge
用冰橇一侧进行阻截	【残奥冰球】<u>mise en échec/plaquage</u> avec le côté de la luge
用弹夹（给步枪）装子弹	【冬季两项】【残奥冬季两项】chargement (d'une arme) à l'aide d'un chargeur
用杆勾人（犯规）	【冰球】【残奥冰球】accroche, accrochage, avoir accroché (infraction)
用杆击打	【冰球】【残奥冰球】cingler, frapper avec le bâton
用杆击打（犯规）	【冰球】【残奥冰球】cinglage (infraction)
用杆捅掉对方的运球	【冰球】【残奥冰球】harponnage, harponner (un joueur adverse)
用肩膀和双臂控制（雪橇）	【雪橇】<u>guidage</u> (de la luge)/<u>pression sur la luge</u> à l'aide des épaules et des bras
用脚踝下压雪橇滑刃	【雪橇】exercer une pression sur le patin à l'aide de la cheville
用力刷冰	【冰壶】balayage vigoureux
用沥青涂抹	【越野滑雪】goudronnage
用内刃滑行	【花样滑冰】<u>glisser/patiner</u> sur la carre intérieure
用平刃滑行	【花样滑冰】<u>glisser/patiner</u> sur le plat (de la lame)
用刃滑行	【花样滑冰】<u>glisser/patiner</u> sur une carre
用刃压力	【花样滑冰】pression de la carre
用手触球（犯规）	【冰壶】maniement <u>de la rondelle/du disque</u> avec la main, manier <u>la rondelle/le disque</u> avec la main (infraction)
用双杆助力前行	【滑雪通用】se pousser des deux bâtons
用腿控制（雪橇）	【雪橇】<u>guidage</u> (de la luge)/<u>pression sur la luge</u> à l'aide des jambes
用外刃滑行	【花样滑冰】<u>glisser/patiner</u> sur la carre extérieure
用于训练的开放跳台	【跳台滑雪】tremplin ouvert pour l'entraînement
优勒跳	【花样滑冰】Euler

优势	【冰球】【残奥冰球】avantage
优秀的参赛运动员	【通用】compétiteur(,trice) d'élite
油蜡（涂在滑雪板底部的，可改善滑行性能）	【越野滑雪】fart liant
有竞赛资格的跳台滑雪运动员	【跳台滑雪】sauteur qualifié/sauteuse qualifiée
有参赛资格的选手	【通用】joueur(,euse) admissible; joueur qualifié/joueuse qualifiée; compétiteur qualifié/compétitrice qualifiée; participant qualifié/participante qualifiée
有规律的	【冰球】【残奥冰球】régulier(,ère)
有过失的	【花样滑冰】avec erreur(s), avec faute(s)
有好的滑行性能（滑雪板）	【越野滑雪】avoir une bonne glisse
有弧度的冰刀刃	【冰球】【残奥冰球】lame courbe, lame recourbée
有弧度的着陆坡（O 和 P 之间）	【跳台滑雪】piste de réception (courbée) (entre O et P),
有划痕的	【短道速滑】sillonné(,e)
有划痕的冰面	【短道速滑】glace sillonnée
有节奏的运动	【花样滑冰】mouvement rythmé
有力的射门	【冰球】【残奥冰球】lancer puissant, tir puissant
有裂缝的	【速度滑冰】crevassé(,e)
有裂缝的冰	【花样滑冰】【速度滑冰】【短道速滑】glace crevassée
有缺陷的	【冬季两项】【残奥冬季两项】défectueux(,euse)
有声电动出发信号	【残奥高山滑雪】【残奥越野滑雪】signal de départ acoustique
有视力残疾的（人）	【冬残奥通用】handicapé visuel/handicapée visuelle
有视力残疾的人	【冬残奥通用】malvoyant(,e)
有填充护垫的手套	【冰球】【残奥冰球】gant rembourré
有问题的靶子	【冬季两项】【残奥冬季两项】fausse cible
有限视力	【冬残奥通用】vision restreinte
有限制的录入人数	【速度滑冰】nombre limité d'inscriptions <Canada>, nombre limité d'enregistrements <Europe>
有效出发	【高山滑雪】【残奥高山滑雪】bon départ, départ valable
有效的刷冰	【冰壶】balayage efficace

汉
法

有争议的	【冰球】【残奥冰球】contesté(,e)【冬季两项】【残奥冬季两项】litigieux(,euse)
有争议的靶子	【冬季两项】【残奥冬季两项】panneau de tir litigieux
有争议的点	【通用】point litigieux
有争议的射门	【冰球】【残奥冰球】but contesté
有资格的裁判员	【通用】juge qualifié(,e)
有资质的	【冰球】【残奥冰球】【冰壶】qualifié(,e)
有资质的官员	【速度滑冰】officiel qualifié
右边锋	【冰球】【残奥冰球】aile droite, ailier/flanc droit (position)
右杆	【冰球】【残奥冰球】bâton droit, crosse droite
右后点冰	【花样滑冰】piqué droit arrière
右后内	【花样滑冰】droit arrière intérieur (DARI)
右后内刃	【花样滑冰】carre DARI/intérieure droite arrière
右后外	【花样滑冰】droit arrière extérieur (DARE)
右后外刃	【花样滑冰】carre DARE/extérieure droite arrière
右后卫	【冰球】【残奥冰球】arrière droit
右滑刃	【雪车】patin (du côté) droit
右脚蹬冰	【花样滑冰】poussée de la jambe droite
右面的	【花样滑冰】droit(,e) (D)
右面的角度	【花样滑冰】angle droit
右内刃	【花样滑冰】carre intérieure droite
右前（球员位置）	【冰球】【残奥冰球】avant droit (joueur)
右前锋	【冰球】【残奥冰球】avant droit
右前内	【花样滑冰】droit avant intérieur (DAVI)
右前内刃	【花样滑冰】carre DAVI/intérieure droite avant
右前外	【花样滑冰】droit avant extérieur (DAVE)
右前外刃	【花样滑冰】carre DAVE/extérieure droite avant
右手投壶	【冰壶】【轮椅冰壶】lancer de la main droite
右外刃	【花样滑冰】carre extérieure droite
右弯道（雪车赛道）	【雪车】【雪橇】virage à droite (d'une piste de bobsleigh)
鱼跃戳球阻截	【冰球】【残奥冰球】échec-plongeon

渔网内衣	【越野滑雪】«filet», maillot de corps à résille, tricot de corps en filet
与……对决	【通用】être en compétition contre, être opposé à
与纪录持平	【通用】record égalé
语音信号	【残奥高山滑雪】signal vocal
预备的	【冰球】【残奥冰球】préliminaire
预定目标	【冰壶】【轮椅冰壶】cible indiquée
预期成绩	【通用】résultat attendu
预设路线	【速度滑冰】parcours prévu
预旋转	【花样滑冰】pré-rotation
预选赛	【冰球】【残奥冰球】tour préliminaire, ronde préliminaire 【冬残奥通用】épreuve de qualification
原创设定图案舞蹈	【花样滑冰】danse sur tracé original prescrit
原始天然构造（赛道）	【越野滑雪】configuration naturelle (du tracé de la piste)
原始位置	【冰壶】【轮椅冰壶】position initiale
圆心线	【冰壶】【轮椅冰壶】bouton, centre de la maison, ligne de balayage/de marque/du T/de pointage, mouche, T, tee, tee score <Europe>
圆形侧边线	【花样滑冰】ligne latérale du cercle
圆形的	【冰球】【残奥冰球】arrondi(,e)
圆形尖端	【花样滑冰】sommet du cercle
圆中线	【花样滑冰】ligne médiane du cercle
远	【冰球】【残奥冰球】loin
远防卫	【冰壶】【轮椅冰壶】garde longue
跃起	【跳台滑雪】élan
越过滚落线	【花样滑冰】traverser la ligne de pente
越过终点线	【通用】franchir la ligne d'arrivée
越位	【冰球】【残奥冰球】hors-jeu
越位缓判	【冰球】【残奥冰球】hors-jeu différé/retardé
越野滑雪	【越野滑雪】【残奥越野滑雪】【冬季两项】【残奥冬季两项】ski de fond
越野滑雪比赛	【越野滑雪】compétition de ski de fond

汉
法

越野滑雪比赛用滑板	【越野滑雪】skis de course/fond
越野滑雪技术	【越野滑雪】【残奥越野滑雪】【冬季两项】【残奥冬季两项】technique de ski de fond
越野滑雪节	【越野滑雪】loppet
越野滑雪路线	【越野滑雪】parcours de ski de fond
越野滑雪男子 15 公里（传统技术）（项目）	【越野滑雪】Ski de fond: 15 km classique hommes
越野滑雪男子 4×10 公里接力（项目）	【越野滑雪】Ski de fond relais 4×10 km hommes
越野滑雪男子 50 公里集体出发（自由技术）（项目）	【越野滑雪】Ski de fond 50 km classique, départ groupé
越野滑雪男子个人短距离（自由技术）（项目）	【越野滑雪】Ski de fond: sprint libre hommes
越野滑雪男子双追逐（15 公里传统技术+15 公里自由技术）（项目）	【越野滑雪】Ski de fond skiathlon 15 km+15 km hommes
越野滑雪男子团体短距离（传统技术）（项目）	【越野滑雪】Ski de fond: sprint classique par équipes hommes
越野滑雪女子 10 公里（传统技术）（项目）	【越野滑雪】Ski de fond: 10 km classique femmes
越野滑雪女子 30 公里集体出发（传统技术）（项目）	【越野滑雪】Ski de fond 30 km classique, départ groupé
越野滑雪女子 4×5 公里接力（项目）	【越野滑雪】Ski de fond relais 4×5 km femmes
越野滑雪女子个人短距离（自由技术）（项目）	【越野滑雪】Ski de fond: sprint libre femmes
越野滑雪女子双追逐（7.5 公里传统技术+7.5 公里自由技术）（项目）	【越野滑雪】Ski de fond skiathlon 7,5 km+ 7,5 km femmes
越野滑雪女子团体短距离（传统技术）（项目）	【越野滑雪】Ski de fond: sprint classique par équipes femmes
越野滑雪跑道	【越野滑雪】piste de ski de fond

越野滑雪赛段的最高分	【越野滑雪】point le plus élevé <u>d'un parcours de ski de fond</u>/<u>d'une piste</u>
越野滑雪赛事	【越野滑雪】【残奥越野滑雪】course (de ski) de fond (la compétition), épreuve (de ski) de fond
越野滑雪体育场	【越野滑雪】【残奥越野滑雪】stade de ski de fond
越野滑雪相关规则	【北欧两项】règlements relatifs à la course de fond
越野滑雪靴	【越野滑雪】【残奥越野滑雪】【冬季两项】【残奥冬季两项】<u>botte</u>/<u>chaussure</u> de ski de fond
越野滑雪运动员	【越野滑雪】fondeur(,euse)
越野滑雪运动员	【越野滑雪】coureur(,euse) de ski de fond; skieur(,euse) de fond
运动冰橇	【冰球】【残奥冰球】luge sportive
运动场	【通用】<u>centre</u> /<u>complexe</u> sportif
运动队官员	【冰球】【残奥冰球】officiel d'équipe
运动机能失调的运动员	【冬残奥通用】athlète ataxique
运动机能障碍	【冬残奥通用】handicap locomoteur
运动竞赛	【通用】compétition sportive
运动觉	【花样滑冰】<u>sens</u>/<u>sensibilité</u> kinesthésique
运动觉的	【花样滑冰】kinesthésique
运动康复疗法	【冬残奥通用】thérapie <u>du sport</u>/<u>sportive</u>
运动衫（冰壶）	【冰壶】【轮椅冰壶】chandail, t-shirt (de curling)
运动射击	【冬季两项】【残奥冬季两项】tir sportif
运动员	【通用】personnalité sportive; sportif(,ve)
运动员出发顺序	【通用】ordre de départ des concurrents(,es); ordre des départs, ordre de départ
运动员出发顺序名单	【残奥高山滑雪】【残奥冬季两项】【残奥越野滑雪】liste (de l'ordre) des départs
运动员村	【冬残奥通用】village des athlètes
运动员分组	【冬残奥通用】classification des athlètes
运动员分组办公室	【冬残奥通用】salle de classification
运动员分组设备	【冬残奥通用】<u>équipement</u>/<u>matériel</u> pour la classification
运动员护裆	【冰球】【残奥冰球】coquille

汉
法

运动员集合接待区	【花样滑冰】aire d'accueil des patineurs
运动员记录	【冰球】【残奥冰球】fiche d'un joueurs
运动员精神	【通用】esprit sportif
运动员排名	【通用】classement des concurrents(,es)
运动员身份证明	【通用】carte d'identité de l'athlète
运动员位置	【冰壶】【轮椅冰壶】position du joueur
运动员席	【冰球】【残奥冰球】banc de l'équipe, banc des joueurs
运动员医务室	【通用】cabinet de consultation de médecine sportive
运动员招募计划项目	【冬残奥通用】programme de recrutement d'athlètes
运动员姿势	【冰壶】【轮椅冰壶】position du joueur
运动治疗师	【通用】thérapeute en sport
运动中的冰球	【冰球】【残奥冰球】<u>disque/rondelle</u> en mouvement
运球	【冰球】【残奥冰球】dribbler la rondelle
运输跑道（把雪车运到起点）	【雪车】piste de remontée des engins

Z

杂物（冰面上的）	【滑冰通用】corps étranger, débris, débris sur la glace, déchets
再次取消比赛资格	【通用】disqualification répétée
再次投壶	【冰壶】【轮椅冰壶】relancer, relancer une pierre
在（比赛）现场的	【通用】sur les lieux (de compétition)
在（椭圆形）冰场上滑冰	【速度滑冰】patiner en ovale
在（椭圆形）速度滑冰场上滑冰	【速度滑冰】patiner sur un anneau de vitesse
在……的指挥下	【冰壶】【轮椅冰壶】sous la direction de...
在冰场上	【花样滑冰】«sur le terrain», sur la glace
在冰面留下滑行轨迹	【花样滑冰】tracer sur la glace
在冰面上滑行	【冰壶】【轮椅冰壶】【滑冰通用】glissement sur la glace
在冰面上喷洒水滴	【冰壶】【轮椅冰壶】vaporisation de la piste
在滑雪板底部涂蜡	【滑雪通用】fartage des skis, faire le fartage, farter, mettre le fart

汉法

在滑雪板上做标记	【越野滑雪】【残奥越野滑雪】【冬季两项】【残奥冬季两项】marquage des skis
在计算机中心负责报告的官员	【雪橇】officiel responsable des résultats au Centre des données informatiques
在跑道上训练	【自由式滑雪】s'exercer sur le parcours
在坡度变化中安全过渡	【跳台滑雪】maîtriser le passage du changement de pente/d'inclinaison de la piste
在起点和终点线的官员（裁判）	【自由式滑雪】officiels au départ et à l'arrivée
在前面	【冰球】【残奥冰球】【雪橇】devant
在下巴处系紧	【速度滑冰】attache sous le menton
在雪车上跳	【雪车】sauter dans le bob
暂停	【冰球】【残奥冰球】suspension
暂停（两局比赛之间）	【冰球】【残奥冰球】pause/entracte entre deux périodes
赞助	【通用】commandite
赞助商	【通用】commanditaire
糟糕的设备	【冰壶】【轮椅冰壶】équipement en mauvais état
噪音	【残奥高山滑雪】【残奥冬季两项】【残奥越野滑雪】bruit
增补参赛者的注册	【通用】enregistrement/inscription d'un participant/d'une participante supplémentaire
增加	【冰壶】【轮椅冰壶】augmenter, augmentation
增加摆臂	【速度滑冰】augmentation de l'élan/du balancement d'un bras (ou des bras)
增加投壶距离	【冰壶】【轮椅冰壶】augmenter la distance couverte sous l'impulsion du lancer
粘壶	【冰壶】【轮椅冰壶】appuyer sur/geler une pierre
占据某个排名	【花样滑冰】emprise (sur une position au classement)
占位	【冰壶】【轮椅冰壶】garde
战略的	【短道速滑】stratégique
战略技巧	【短道速滑】action/habileté stratégique
战术	【通用】tactique
站立式出发	【速度滑冰】départ debout
站在出发位置	【速度滑冰】prendre la position de départ

汉
法

站姿滑雪运动员	【残奥高山滑雪】【残奥冬季两项】【残奥越野滑雪】skieur(,euse) debout
站姿接力	【残奥越野滑雪】relais debout
站姿组	【冬残奥通用】catégorie Debout
掌心贴掌心握手	【花样滑冰】prise paume-à-paume
障碍（物）	【滑雪通用】obstacle
障碍追逐混合团体	【单板滑雪】Snowboard cross par équipes mixtes
召回……	【速度滑冰】rappeler...à l'ordre
照明	【速度滑冰】éclairage
折射计	【冬残奥通用】réfractomètre
着陆	【自由式滑雪】atterrissage
着陆（空中跳跃动作的组成部分）	【跳台滑雪】réception (composante d'un saut)
着陆超过 K 点	【跳台滑雪】dépasser le point K (à la réception), saut avec réception au-delà du point K
着陆冲击	【跳台滑雪】contact/pression de la réception
着陆错误	【跳台滑雪】faute à la réception
着陆动作缺乏稳定性	【跳台滑雪】manque d'assurance à la réception
着陆跑道	【跳台滑雪】piste de réception【自由式滑雪】piste d'atterrissage
着陆跑道的不确定性	【跳台滑雪】manque d'assurance sur la piste de réception
着陆坡 L 弧度	【跳台滑雪】zone de réception courbée L
着陆坡边缘	【跳台滑雪】bords de la piste de réception
着陆坡道状态	【跳台滑雪】état de la piste de réception
着陆坡坡度	【跳台滑雪】inclinaison de la zone de réception
着陆前准备	【跳台滑雪】préparation prématurée à la réception
着陆区	【跳台滑雪】zone de réception
着陆太低	【跳台滑雪】réception trop basse
着陆雪道表面	【自由式滑雪】surface de la piste d'atterrissage
着陆在斜坡	【高山滑雪】【残奥高山滑雪】réception sur une pente en biais/dévers

阵型	【冰球】【残奥冰球】formation, trio
震动	【雪车】vibration
争球点	【冰球】【残奥冰球】point de mise <u>au jeu</u>/<u>en jeu</u>, point d'engagement
争球圈	【冰球】【残奥冰球】cercle de mise <u>au jeu</u>/<u>en jeu</u>, cercle d'engagement
争球线	【冰球】【残奥冰球】ligne de mise <u>au jeu</u>/<u>en jeu</u>
争取时间	【冰球】【残奥冰球】gagner du temps, tuer le temps
征服对手	【冰球】【残奥冰球】<u>écraser</u>/<u>mater</u> un adversaire
布置雪道	【滑雪通用】aménagement des pistes
整流罩	【雪车】capot, carénage (enveloppe aérodynamique)
整体印象	【跳台滑雪】impression d'ensemble
正确的低姿势	【速度滑冰】bonne position <u>basse</u>/<u>de base</u>
运动员正确的滑冰姿势	【速度滑冰】position correcte du patineur/de la patineuse
正确的滑行轨迹	【花样滑冰】régularité du tracé
正赛未分胜负后的加赛	【冰球】【残奥冰球】bris d'égalité, jeu décisif
正式训练	【通用】entraînement officiel
正手（手掌朝上）握住（冰刷）	【冰壶】prise par-dessous (pour tenir le balai)
正向旋转	【花样滑冰】pirouette avant
正在进行中的比赛	【冰壶】【轮椅冰壶】<u>jeu</u>/<u>manche</u> en cours
支撑	【自由式滑雪】appui
支撑腿	【速度滑冰】jambe <u>d'appui</u>/<u>support</u>
支持者	【冰球】【残奥冰球】partisan(,e); supporteur
支持	【冰球】【残奥冰球】supporter
支架（步枪的）	【残奥冬季两项】appui-main
支柱（冰刀）	【滑冰通用】montants (de la lame)
肢体畸形（胚胎发育障碍导致）	【冬残奥通用】dysmélie
直达的	【高山滑雪】【残奥高山滑雪】non-stop
直道	【通用】droit (d'une piste), ligne droite【速度滑冰】course en ligne droite
直道（速度滑冰冰场）	【速度滑冰】ligne droite (de l'anneau de vitesse)
直的	【雪车】droit(,e)

汉
法

直滑	【高山滑雪】【残奥高山滑雪】descente en trace directe, trace directe
直滑降	【残奥滑雪】descente glissée
直径 12 英尺的圆（大本营最大的圆）	【冰壶】【轮椅冰壶】cercle de douze pieds
直立背后交叉握手双人旋转	【花样滑冰】debout, en position Kilian; pirouette debout en position Kilian (couple); pirouette en couple
直立旋转	【花样滑冰】pirouette debout, pirouette verticale
直立姿势	【花样滑冰】position verticale
直射	【冰球】【残奥冰球】lancer/tir droit
直体（姿势）	【自由式滑雪】position étendue
直线（雪橇跑道）	【雪橇】droit (un droit), ligne droite (de la piste de luge)
直线	【花样滑冰】ligne longitudinale
直线步法	【花样滑冰】pas en ligne droite
直线登坡滑行	【越野滑雪】【残奥越野滑雪】【冬季两项】【残奥冬季两项】montée directe
直线轨迹	【冰壶】【轮椅冰壶】trajectoire directe【花样滑冰】tracé droit
直线接续步	【花样滑冰】série/suite de pas en ligne droite
直线跑道和弯道之间的衔接	【雪车】【雪橇】raccordement/transition entre le droit et les virages
直线图形	【花样滑冰】tracé en ligne droite
直线运动	【花样滑冰】mouvement linéaire
职业教练	【通用】entraîneur professionnel
职业体协	【冰球】【残奥冰球】ligue majeure
职业性联盟	【冰球】【残奥冰球】ligue majeure
职业运动队	【冰球】【残奥冰球】équipe professionnelle
职业运动员	【冰球】【残奥冰球】joueur professionnel
纸靶	【冬季两项】【残奥冬季两项】cible en papier (utilisée à l'entraînement et pour les tirs d'essai)
指定区域（测量员和裁判员）	【跳台滑雪】tronçon attribué (à un mesureur ou à un juge)

汉法

指定时间（冰壶运动员的道德守则规定比赛应在指定时间开始）	【冰壶】【轮椅冰壶】temps prescrit
指定替补	【高山滑雪】【残奥高山滑雪】substitut désigné; remplaçant désigné/remplaçante désignée
指定协助区（允许助滑员帮助视力障碍运动员的区域）	【残奥越野滑雪】【残奥冬季两项】zone de tenue, zone désignée pour la tenue
指挥	【冰壶】【轮椅冰壶】skip
指挥比赛	【冰壶】【轮椅冰壶】【冰球】【残奥冰球】<u>conduire</u>/<u>diriger</u> le jeu
指示灯	【通用】lumière indicatrice
制定规定	【速度滑冰】délimitation
制动	【雪橇】freinage
制动器	【雪车】frein
制动区（到达终点之后）	【雪车】【雪橇】piste de freinage (après la ligne d'arrivée)
制胜进球	【冰球】【残奥冰球】but <u>décisif</u>/<u>gagnant</u>/<u>vainqueur</u>
制胜射门	【冰球】【残奥冰球】tir au but décisif
制造	【滑雪通用】fabrication
制造准备一个跳台	【自由式滑雪】<u>apprêter</u>/<u>façonner</u> un tremplin
治疗用药豁免	【冬残奥通用】Autorisation d'usage à des fins thérapeutiques (AUT)
致使严重受伤	【冰球】【残奥冰球】blesser gravement
秩序井然的比赛	【通用】déroulement ordonnée d'une <u>compétition</u>/<u>rencontre</u>
智力障碍的	【冬残奥通用】handicapé mental/handicapée mentale
中半径转弯	【残奥滑雪】virage à moyen rayon
中部的	【花样滑冰】médiane
中场休息	【冰球】【残奥冰球】mi-temps
中度残疾	【冬残奥通用】déficience moyenne, handicap moyen
中断	【花样滑冰】【雪车】interruption
中断的比赛	【冰球】【残奥冰球】jeu qui avorte
中断一局比赛	【跳台滑雪】interrompre une manche
中锋	【冰球】【残奥冰球】avant-centre, centre, joueur de centre

汉
法

中间的	【花样滑冰】intermédiaire
中间计时站点	【越野滑雪】poste de prise des temps de passage, poste de prise des temps intermédiaires
中距离	【速度滑冰】demi-distance, demi-fond
中距离比赛	【速度滑冰】course de demi-fond 【越野滑雪】【残奥越野滑雪】demi-fond, épreuve de demi-fond
中距离速度滑冰训练	【速度滑冰】entraînement de demi-fond
中距离速度滑冰运动员	【速度滑冰】coureur(,euse) de demi-fond; patineur(,euse) (de vitesse) de demi-fond
中立的	【冰球】【残奥冰球】neutre
中区	【冰球】【残奥冰球】centre, zone central/neutre, tiers médian
中区红色虚线（中线）	【冰球】【残奥冰球】【花样滑冰】ligne centrale/rouge, ligne du centre, ligne pointillée (au centre)
中区红线	【冰球】【残奥冰球】ligne du centre
中速	【速度滑冰】vitesse intermédiaire
中速转弯	【高山滑雪】【残奥高山滑雪】virage passé à vitesse moyenne
中线	【冰壶】【轮椅冰壶】ligne centrale/de centre/médiane
中心	【冰壶】【轮椅冰壶】centre du T <Canada>, centre du tee <Europe>【花样滑冰】centre
中心标记（图形的）	【花样滑冰】marquage des centres (pour les figures)
中心的	【冰球】【残奥冰球】central(,e)
中心跑道（用红色标记）	【速度滑冰】piste centrale (tracée en rouge)
中心线	【冰壶】【轮椅冰壶】ligne de balayage/marque/pointage, ligne du T, tee score <Europe>
中止	【冰球】【残奥冰球】avorter
终点	【通用】arrivée (lieu ou ligne où se termine une épreuve)
终点裁判	【通用】juge à l'arrivée/d'arrivée, arbitre de l'arrivée
终点处	【雪橇】poste d'arrivée
终点处监控摄像头	【越野滑雪】【残奥越野滑雪】caméra de contrôle d'arrivée
终点负责人	【雪橇】chef à l'arrivée (à la ligne d'arrivée)
终点海拔	【高山滑雪】【残奥高山滑雪】altitude à/de l'arrivée

终点检查员	【高山滑雪】【自由式滑雪】【跳台滑雪】contrôleur(,euse) à l'arrivée
终点门柱	【高山滑雪】【残奥高山滑雪】porte aux d'arrivée/marquant l'arrivée
终点跑道（从着陆跑道到安全围栏处）	【自由式滑雪】piste de dégagement (du bas de la piste d'atterrissage à la clôture de sécurité)
终点区	【雪橇】arrivée, zone d'arrivée
终点区（减速道后面）	【雪车】【雪橇】aire/piste de dégagement (après la piste de décélération)
终点区（赛道终点线后面）	【高山滑雪】【残奥高山滑雪】piste de dégagement (après la ligne d'arrivée d'un parcours)
终点区的特殊区域	【高山滑雪】【残奥高山滑雪】«aire spéciale» de l'aire d'arrivée
终点区域	【通用】aire d'arrivée, emplacement/site de l'arrivée
终点摄像	【通用】photo-finish <Europe>, photographie d'arrivée, photo d'arrivée, photo témoin
终点时钟	【残奥高山滑雪】【残奥冬季两项】【残奥越野滑雪】horloge d'arrivée
终点线	【通用】ligne d'arrivée, arrivée
终点线标记	【高山滑雪】【残奥高山滑雪】balisage (de la ligne d'arrivée)
终点线裁判	【速度滑冰】juge à la ligne d'arrivé
终点线带	【通用】ruban de l'arrivée
终点线的延长	【越野滑雪】prolongement de la ligne d'arrivée
终点线官员	【通用】officiel à l'arrivée
终点直道	【速度滑冰】ligne droite d'arrivée
种子选手组	【雪橇】groupe d'élite, groupe des classés(,es)
仲裁委员会	【通用】jury d'appel
重度残疾	【冬残奥通用】déficience grave/sévère, handicap grave/lourd/sévère
重力	【雪车】【跳台滑雪】force de gravité (force d'attraction), gravité
重量	【通用】poids 【冰壶】【轮椅冰壶】pesanteur

汉法

重量监控（雪车及雪车运动员的）	【雪车】contrôle du poids (des engins et des bobbeurs)
重量控制	【雪车】contrôle de poids
重量图	【雪车】tableau des poids
重量限制	【雪橇】poids maximum autorisé
重量转移	【通用】transfert de poids
重心	【跳台滑雪】【越野滑雪】【残奥越野滑雪】【单板滑雪】centre de gravité
重心转移动作	【花样滑冰】mouvement de transfert de poids
重要人物	【通用】dignitaire, haute personnalité, personnage/personnalité de marque
轴线	【花样滑冰】axe
轴线校准	【冬季两项】【残奥冬季两项】axe de tir
肘关节	【雪车】【自由式滑雪】【冰球】【短道速滑】coude
肘关节以上截肢运动员	【冬残奥通用】athlète amputé(,e) au-dessus du coude/du bras; athlète amputé transhuméral/athlète amputée transhumérale
肘击	【冰球】donner du coude
肘下截肢运动员	【冬残奥通用】athlète amputé(,e) au-dessous du coude/de l'avant-bras; athlète amputé transradial/athlète amputée transradiale
肘形弯曲的	【自由式滑雪】coudé(,e)
侏儒运动员	【冬残奥通用】athlète de petite taille, athlète nain
逐出冰场	【冰球】【残奥冰球】expulser de la partie/patinoire, expulser du jeu
主办城市	【通用】ville hôte
主办一场比赛	【通用】être hôte d'une compétition, organiser une compétition
主裁判	【冰壶】【轮椅冰壶】arbitre en chef
主裁判助理	【冰壶】【轮椅冰壶】arbitre adjoint principal/adjointe principale; arbitre adjoint(,e) en chef
主场	【冰球】【残奥冰球】à domicile

汉
法

主场比赛	【冰球】【残奥冰球】 <u>match/partie</u> à domicile
主场球队	【冰球】【残奥冰球】équipe locale
主导臂（引导运动的手臂）	【速度滑冰】bras qui dirige le mouvement
主教练	【冰球】【残奥冰球】entraîneur(,euse) en chef, entraîneur(,euse)-chef
主力	【冰壶】【轮椅冰壶】premier(,ère)
主力运动员	【冰壶】【轮椅冰壶】joueur(,euse) de tête, premier joueur/ première joueuse
主跑道（用红色标记）	【速度滑冰】piste principale (tracée en rouge)
主赛道	【冬季两项】【残奥冬季两项】trace principale, piste principale
主体框架（冰橇的）	【残奥冰球】cadre principal
主席	【通用】président
助攻	【冰球】【残奥冰球】aide, assistance, mention <u>d'assistance/ d'aide</u>, passe décisive
助攻王	【冰球】【残奥冰球】meilleur assistant
助滑测速仪器（跳台滑雪运动员）	【跳台滑雪】appareil de mesure de la vitesse de l'élan (du sauteur)
助滑道	【跳台滑雪】élan【自由式滑雪】piste d'envol
助滑道宽度	【跳台滑雪】largeur de (la piste) d'élan
助滑道两侧边缘	【跳台滑雪】bords (latéraux) de la piste d'élan
助滑动作（跳跃中）	【跳台滑雪】élan (composante d'un saut)
助滑跑道	【跳台滑雪】trace pour l'élan du skieur, trace sur la piste d'élan
助滑器	【残奥高山滑雪】bâton de ski <u>d'appoint/d'appui</u>, bâton stabilisateur, stabilisateur, stabilo
助滑器（一对）	【残奥滑雪】bâtons (de ski) <u>d'appoint/d'appui</u> (une paire)
助滑速度	【跳台滑雪】vitesse de l'élan
助滑雪道长度	【跳台滑雪】longueur de <u>la piste d'élan/l'élan</u>
助滑雪道直道部分	【跳台滑雪】partie droite de la piste d'élan
助滑雪道状态	【跳台滑雪】état de <u>la piste d'élan/l'élan</u>
助跑（出发时）	【雪车】course d'élan (élan de départ)
注册	【通用】enregistrement

汉
法

注册登记的雪车	【雪车】bob/bobsleigh inscrit
注册费	【通用】droit d'enregistrement <Europe>, droit d'inscription <Canada>
注册时间	【通用】temps enregistré
柱	【冰球】【残奥冰球】poteau
抓地摩擦（橡胶鞋底）	【冰壶】frein (semelle de caoutchouc, sous l'une des deux chaussures)
专业电声眼镜	【残奥冬季两项】verres électro-acoustiques spécialisés
转动惯量	【花样滑冰】moment d'inertie
转动惯性	【花样滑冰】inertie rotative
转三（单人滑或冰舞）	【花样滑冰】virage trois (en simple ou en danse)
转三滑入	【花样滑冰】entrée du virage trois
转体	【花样滑冰】【自由式滑雪】vrille
转体（空中技巧）	【自由式滑雪】vrille (saut)
转体（托举或者跳跃的第三部分）	【花样滑冰】rotation (3ᵉ partie d'une levée ou 3ᵉ partie d'un saut)
转体（雪上芭蕾）	【自由式滑雪】rotation (ballet)
转体360度（空中技巧）	【自由式滑雪】vrille complète (saut)
转体360度（雪上芭蕾）	【自由式滑雪】tour complet (ballet)
转体半周	【自由式滑雪】demi-vrille
转体动作	【花样滑冰】mouvement de virage
转体技术	【花样滑冰】technique du virage
转体空翻360度	【自由式滑雪】saut périlleux entièrement vrillé
转体图案	【花样滑冰】empreinte du virage
转体一周	【自由式滑雪】vrille simple
转体一周、一周半、两周、两周半（雪上芭蕾）	【自由式滑雪】rotation de 360, 540, 720, 900 degrés (ballet)
转体着陆	【跳台滑雪】chute avec rotation
转弯（高速）	【短道速滑】négocier un virage
转弯技术	【越野滑雪】【残奥越野滑雪】technique de changement de direction
转向技术	【雪橇】technique de guidage

转向力	【自由式滑雪】effort directionnel
装备	【通用】équipement
装弹药	【冬季两项】【残奥冬季两项】chargement
状况糟糕（雪面或者滑道）	【滑雪通用】piètre état (de la neige, du parcours)
状态	【跳台滑雪】état
撞倒一位运动员	【冰球】【残奥冰球】projeter un joueur sur la glace
撞针	【冬季两项】【残奥冬季两项】percuteur
追逐	【冰球】【残奥冰球】【速度滑冰】【越野滑雪】【残奥越野滑雪】poursuite
追逐冰球的球员	【冰球】【残奥冰球】joueur à la poursuite de la rondelle/du disque
追逐出发	【越野滑雪】【残奥越野滑雪】【冬季两项】【残奥冬季两项】départ poursuite
追逐赛	【速度滑冰】course de poursuite
准备	【自由式滑雪】apprêt, apprêter
准备（滑雪转弯第一步骤）	【滑雪通用】préparation (1ère phase d'un virage en ski)
准备（托举或者跳跃的第一部分）	【花样滑冰】préparation (1ère partie d'une levée ou d'un saut)
准备阶段	【花样滑冰】phase de préparation
准备区	【自由式滑雪】zone de préparation
准备投壶的姿势	【冰壶】【轮椅冰壶】posture (en lançant la pierre)
准确的	【冰球】【残奥冰球】précis(,e)
准确的传球	【冰球】【残奥冰球】passe précise
准星	【冬季两项】【残奥冬季两项】guidon, mire avant
准星护圈	【冬季两项】【残奥冬季两项】guidon annulaire
姿势	【冰壶】【轮椅冰壶】【花样滑冰】posture, position
姿势的控制	【冬残奥通用】contrôle postural
资格赛	【冬残奥通用】ronde de qualification
资格审查标准	【通用】norme de qualification
资深教练	【花样滑冰】entraîneur(,euse) senior
子弹	【冬季两项】【残奥冬季两项】balle, cartouche, projectile

汉
法

子弹发射技术故障	【冬季两项】【残奥冬季两项】défectuosité technique des cartouches
自动武器	【冬季两项】【残奥冬季两项】arme automatique
自我控制（跳台滑雪运动员）	【跳台滑雪】maîtrise de soi (d'un sauteur)
自选图案（冰舞）	【花样滑冰】tracé libre (danse)
自由的	【通用】libre
自由防守区	【冰壶】【轮椅冰壶】zone de garde protégée
自由防守区冰壶石	【冰壶】【轮椅冰壶】pierre en zone de garde protégée
自由滑	【花样滑冰】libre
自由滑（单人滑与双人滑）	【花样滑冰】style libre (en simple et en couple)
自由滑比赛	【花样滑冰】compétition de style libre
自由滑冰鞋	【花样滑冰】chaussure pour le style libre
自由滑测试	【花样滑冰】test de style libre
自由滑场次	【花样滑冰】séance de patinage libre
自由滑动作	【花样滑冰】mouvement de style libre
自由滑节目（单人滑与双人滑）	【花样滑冰】programme (de style) libre (en simple et en couple)
自由滑节目时长	【花样滑冰】durée du programme (de style) libre
自由技术	【越野滑雪】【残奥越野滑雪】【冬季两项】【残奥冬季两项】style/technique libre
自由技术滑雪	【越野滑雪】【残奥越野滑雪】【冬季两项】【残奥冬季两项】ski de (pas de) patin, ski de patinage, ski de style libre
自由技术赛道	【越野滑雪】【残奥越野滑雪】piste de/en technique libre
自由技术赛段	【越野滑雪】【残奥越野滑雪】parcours de/en style libre, parcours en technique libre
自由式步枪	【冬季两项】【残奥冬季两项】arme libre
自由式滑雪	【自由式滑雪】ski acrobatique
自由式滑雪男子 U 型场地技巧（项目）	【自由式滑雪】Ski acrobatique: ski halfpipe hommes
自由式滑雪男子大跳台（项目）	【自由式滑雪】Freeski big air hommes
自由式滑雪男子空中技巧（项目）	【自由式滑雪】Ski acrobatique: sauts hommes

自由式滑雪男子坡面障碍技巧（项目）	【自由式滑雪】Ski acrobatique: ski slopestyle hommes
自由式滑雪男子雪上技巧（项目）	【自由式滑雪】Ski acrobatique bosses hommes
自由式滑雪男子障碍追逐（项目）	【自由式滑雪】Ski acrobatique: ski cross hommes
自由式滑雪女子 U 型场地技巧（项目）	【自由式滑雪】Ski acrobatique: ski halfpipe femmes
自由式滑雪女子大跳台	【自由式滑雪】Freeski big air femmes
自由式滑雪女子空中技巧（项目）	【自由式滑雪】Ski acrobatique: sauts femmes
自由式滑雪女子坡面障碍技巧（项目）	【自由式滑雪】Ski acrobatique: ski slopestyle femmes
自由式滑雪女子雪上技巧（项目）	【自由式滑雪】Ski acrobatique bosses femmes
自由式滑雪女子障碍追逐（项目）	【自由式滑雪】Ski acrobatique: ski cross femmes
自由式滑雪世界杯大奖赛	【自由式滑雪】Grand Prix de la Coupe du Monde de Ski acrobatique
自由式滑雪世界杯巡回赛	【自由式滑雪】Circuit de la Coupe de Monde de ski acrobatique
自由式滑雪运动员	【自由式滑雪】skieur(,euse) de ski acrobatique
自由舞	【花样滑冰】danse libre
自由职业教练	【花样滑冰】entraîneur indépendant
总分	【冬残奥通用】pointage total, total des points
总分数	【跳台滑雪】note finale, total des points, note totale
总领队	【冰球】【残奥冰球】directeur gérant/directrice gérante; directeur général/directrice générale
总平均值	【冰球】【残奥冰球】moyenne cumulative
总时长	【通用】【残奥冬季两项】totalisation/addition/totalité des temps, temps combiné
总体表现	【自由式滑雪】ensemble de la performance

汉法

总体印象	【自由式滑雪】impression générale
总长度（雪橇滑道）	【雪橇】longueur maximale totale (de la piste de luge)
总重量（雪车+运动员+配重物）	【雪车】poids total (engin+bobbeurs+lest)
总重量（雪橇+运动员+配重物）	【雪橇】poids total (luge+lugeurs+lest)
纵大一字跳（雪包上空中技巧）	【自由式滑雪】Daffy (saut en ski sur bosses)
纵向的	【花样滑冰】vertical(,e); longitudinal(,e)
纵向轴（冰舞）	【花样滑冰】axe longitudinal (danse)
足	【花样滑冰】pied
足尖步的使用	【花样滑冰】usage du pas de pointe
阻碍通道	【冰壶】【轮椅冰壶】bloquer une ouverture
阻挡	【冰球】【残奥冰球】arrêter, bloquer, obstruer
阻人（犯规）	【冰球】【残奥冰球】obstruction(infraction)
组（A、B、C）	【冰球】【残奥冰球】groupe (A, B, C), poule (A, B C)
组合	【花样滑冰】【短道速滑】combinaison
组合跳跃动作	【自由式滑雪】combinaison de sauts faisant partie du même groupe
组织委员会	【通用】Comité d'organisation (FIS)
最初的	【冰球】【残奥冰球】initial(,e)
最大的	【雪橇】maximal(,e)
最大落差	【高山滑雪】【残奥高山滑雪】dénivellation maximale
最大坡度	【滑雪通用】pente maximale
最大倾斜度	【高山滑雪】【残奥高山滑雪】inclinaison maximale
最大限重	【雪车】poids <u>limite</u>/<u>maximum</u>
最大值	【雪橇】maximum
最大重量（44 磅即 19.96 千克）	【冰壶】【轮椅冰壶】poids maximale (de la pierre) (44 lb ou 19,96 kg)
最低出发门	【跳台滑雪】plate-forme de départ la plus basse
最低点（赛道或线路）	【越野滑雪】point le plus bas (de la piste/du parcours)
最低分数	【花样滑冰】note <u>minimale</u>/<u>minimum</u>
最低分数（被去掉的）	【跳台滑雪】note la plus basse (supprimée)
最低平均坡度	【雪车】pente moyenne minimum
最高的出发门	【跳台滑雪】plate-forme de départ la plus haute

汉
法

最高分数（被去掉的）	【跳台滑雪】note la plus élevée (supprimée)
最高速度	【通用】vitesse <u>de pointe</u>/<u>maximale</u>
最后 100 米	【冬季两项】【残奥冬季两项】le dernier 100 mètres
最后 100 米超出	【通用】<u>dépasser</u>/<u>doubler</u> dans le dernier 100 mètres
最后 200 米	【越野滑雪】le dernier 200 mètres
最后的排名	【通用】classement final
最后一局	【冰壶】【轮椅冰壶】dernier <u>bout</u>, dernière <u>manche</u>
最后一轮比赛	【冰壶】【轮椅冰壶】dernier jeu, manche finale
最后一圈	【速度滑冰】dernier tour
最佳得分手	【冰球】【残奥冰球】le meilleur marqueur (de buts), le meneur (au chapitre des buts comptés)
最佳矫正视力（视力残疾运动员分组的标准）	【冬残奥通用】meilleur œil avec correction
最近（的）冰壶	【冰壶】【轮椅冰壶】pierre la plus proche
最外面的外道出发位置（集体出发）	【速度滑冰】position de départ la plus à l'extérieur (départ en groupe)
最快时间	【速度滑冰】temps le plus rapide
最里面的内道出发位置（集体出发）	【速度滑冰】position de départ la plus à l'intérieur (départ en groupe)
最小的	【花样滑冰】minimal(,e)
最小落差	【高山滑雪】【残奥高山滑雪】dénivellation minimale
最小坡度	【滑雪通用】pente minimale
最小倾斜度	【高山滑雪】【残奥高山滑雪】inclinaison minimale
最小值	【花样滑冰】minimum
最有希望获胜的	【通用】favori(,te)
最终成绩	【通用】résultat final
最终角逐	【冰球】【残奥冰球】ronde des finales
最终时间	【冬季两项】【残奥冬季两项】temps final
遵守指令	【越野滑雪】suivre les indications
遵循	【越野滑雪】suivre
边锋	【冰球】【残奥冰球】aile, flanc
左边（的）	【花样滑冰】gauche (G)

汉
法

左边锋	【冰球】【残奥冰球】<u>aile/ailier/flanc</u> gauche
左杆	【冰球】【残奥冰球】<u>bâton/crosse</u> gauche
左后内刃	【花样滑冰】carre intérieure gauche arrière
左后外刃	【花样滑冰】carre extérieure gauche arrière
左后卫	【冰球】【残奥冰球】arrière gauche (joueur de défense)
左滑刃	【雪车】patin du côté gauche, patin gauche
左脚蹬冰	【花样滑冰】poussée de la jambe gauche
左脚旋转	【花样滑冰】pirouette avant
左内刃	【花样滑冰】carre GI, carre intérieure gauche
左前（球员位置）	【冰球】【残奥冰球】avant gauche (joueur)
左前内	【花样滑冰】gauche avant intérieur (GAVI)
左前内刃	【花样滑冰】carre GAVI, carre intérieure gauche avant
左前外	【花样滑冰】gauche avant extérieur (GAVE)
左前外刃	【花样滑冰】carre <u>extérieure gauche avant/GAVE</u>
左手投壶	【冰壶】【轮椅冰壶】lancer de la main gauche
左外刃	【花样滑冰】carre extérieure gauche (GE)
左弯道	【雪车】【雪橇】virage à gauche
作用于跑道的垂直压力	【雪橇】pression perpendiculaire à la piste
坐轮椅残疾人运动员	【冬残奥通用】athlète en fauteuil roulant
坐式滑雪板	【残奥高山滑雪】【残奥冬季两项】【残奥越野滑雪】appareil de ski assis, fauteuil-ski, ski en luge, ski sur luge
坐式滑雪板底架	【残奥高山滑雪】【残奥冬季两项】【残奥越野滑雪】châssis du fauteuil-ski, châssis
坐着的	【雪橇】assis(,e)
坐姿	【雪车】【雪橇】position assise
坐姿（出发前在雪橇里以及到达终点后）	【雪橇】position assise (sur la luge avant le départ, après l'arrivée)
坐姿（腿向前笔直状态）	【残奥越野滑雪】jambes allongées
坐姿（直背）	【雪橇】dos droit
坐姿高山滑雪	【残奥高山滑雪】ski alpin assis, ski alpin en position assise, ski alpin sur luge

坐姿滑雪	【残奥高山滑雪】【残奥冬季两项】【残奥越野滑雪】ski assis, ski en position assise, ski sur luge
坐姿滑雪比赛	【残奥高山滑雪】【残奥冬季两项】【残奥越野滑雪】compétition de ski <u>assis</u>/<u>sur luge</u>
坐姿滑雪运动员	【残奥高山滑雪】【残奥冬季两项】【残奥越野滑雪】skieur assis/skieuse assise, skieur(,euse) sur luge
坐姿滑雪组别	【残奥高山滑雪】【残奥冬季两项】【残奥越野滑雪】catégorie de ski <u>assis</u>/<u>en position assise</u>/<u>sur luge</u>
坐姿平衡（为运动员分组的身体条件标准）	【冬残奥通用】équilibre <u>assis</u>/<u>en position assise</u>
坐姿越野滑雪	【残奥越野滑雪】【残奥冬季两项】ski de fond <u>en position assise</u>/<u>sur luge</u>/<u>assis</u>
坐姿组	【冬残奥通用】catégorie Assis
座垫（冰橇座斗）	【残奥冰球】coussin de siège
座垫（坐姿滑雪部件）	【残奥高山滑雪】【残奥冬季两项】【残奥越野滑雪】mousse d'assise, coussin de siège
座斗（冰橇）	【残奥冰球】siège
座斗宽度（冰橇）	【残奥冰球】largeur du siège
座位（观众看台）	【雪车】siège (dans les estrades)
座位（坐式单板或双板的）	【冬残奥通用】siège, chaise, siège coque
做标记（滑雪板和步枪）	【冬季两项】【残奥冬季两项】marquage (des skis et des armes)
做假动作	【冰球】【残奥冰球】feindre, feinter
做犁式滑降	【滑雪通用】<u>descendre en</u>/<u>faire du</u> chasse-neige
做赛道标记（用橡胶、木头或者其他适合的材料制成的小标记块）	【速度滑冰】balisage de la piste (avec des cônes ou des blocs)

汉法

附　录^①

冬奥会及冬残奥会历史

中国参加冬奥会及冬残奥会历史

2022 年北京冬奥会及冬残奥会
介绍

国际及国内体育组织及管理机构

国际及国内大型冬季体育运动会

---

① 附录部分所有资料均由作者整理自国际奥委会官方网站（https://olympics.com）以及北京
2022 年冬奥会及冬残奥会组委会官方网（https://www.beijing2022.cn/）。

图书在版编目（CIP）数据

法汉-汉法冰雪体育运动项目词典 / 曹克洁著. 一杭
州：浙江大学出版社，2021.12
（中华译学馆. 汉外翻译工具书系列）
ISBN 978-7-308-22238-9

Ⅰ.①法… Ⅱ.①曹… Ⅲ.①冰上运动－词典－法、
汉②雪上运动－词典－法、汉 Ⅳ.①G862-61
②G863-61

中国版本图书馆 CIP 数据核字(2021)第 276564 号

法汉-汉法冰雪体育运动项目词典
曹克洁　著

策划编辑	包灵灵	
责任编辑	陆雅娟	
责任校对	田　慧	
封面设计	周　灵	
出版发行	浙江大学出版社	
	（杭州天目山路 148 号　邮政编码 310007）	
	（网址：http://www.zjupress.com）	
排　　版	浙江时代出版服务有限公司	
印　　刷	浙江省邮电印刷股份有限公司	
开　　本	880 mm×1230 mm　1/32	
印　　张	13	
字　　数	458 千	
版 印 次	2021 年 12 月第 1 版　2021 年 12 月第 1 次印刷	
书　　号	ISBN 978-7-308-22238-9	
定　　价	58.00 元	